Harald Lemke
Politik des Essens

XTEXTE

Harald Lemke (Dr. phil. habil.) lehrt Philosophie an der Universität Lüneburg sowie am Interdisziplinären Zentrum für Gastrosophie, Universität Salzburg. Bei transcript erschien von ihm »Die Kunst des Essens. Eine Ästhetik des kulinarischen Geschmacks« (2007) und »Die Tischgesellschaft. Philosophische und kulturwissenschaftliche Annäherungen« (2008, hg. zus. mit Iris Därmann). Seine Forschungsschwerpunkte sind Ethik, Politik, Ästhetik, Alltagskultur sowie eine kritische Theorie des guten Lebens.

Harald Lemke
Politik des Essens
Wovon die Welt von morgen lebt

[transcript]

Bibliografische Information der Deutschen Nationalbibliothek
Die Deutsche Nationalbibliothek verzeichnet diese Publikation in der Deutschen Nationalbibliografie; detaillierte bibliografische Daten sind im Internet über http://dnb.d-nb.de abrufbar.

© 2012 transcript Verlag, Bielefeld

Die Verwertung der Texte und Bilder ist ohne Zustimmung des Verlages urheberrechtswidrig und strafbar. Das gilt auch für Vervielfältigungen, Übersetzungen, Mikroverfilmungen und für die Verarbeitung mit elektronischen Systemen.

Umschlaggestaltung: Kordula Röckenhaus, Bielefeld
Umschlagabbildungen: Nele Gülck: »Gärten für Alle«-Kunstaktion von
 Susan Leibovitz Steinman, im Rahmen von Kultur|Natur.
 Elbinselsommer 2008, Hamburg S-Bahnstation Wilhelmsburg;
 Harald Lemke: Demonstration anlässlich des G8-Gipfeltreffens
 Heiligendamm 2007
Korrektorat: Anna Tabea Koepp, Bielefeld
Druck: Aalexx Buchproduktion GmbH, Großburgwedel
ISBN 978-3-8376-1845-7

Gedruckt auf alterungsbeständigem Papier mit chlorfrei gebleichtem Zellstoff.
Besuchen Sie uns im Internet: *http://www.transcript-verlag.de*
Bitte fordern Sie unser Gesamtverzeichnis und andere Broschüren an unter:
info@transcript-verlag.de

Inhalt

Vorweg | 11

Der Hunger der Welt und das Elend der Philosophie | 23
    Horkheimer und die täglichen Massaker des Dritten Weltkrieges | 24
    Zur Ideologie einer (neo-)liberalen Gerechtigkeitstheorie | 26
    Das Rettungsboot-Kommando | 27
    Die nicht mehr feierliche Politik der Entwicklungshilfe | 31
    Wer stellt Hunger und Armut ins Zentrum der
        politischen Philosophie? | 35
    Protest, Wählen gehen, politisches Engagement | 41
    Gutes tun durch das Spenden von Geld? | 44
    Die Ohnmacht der Spendenethik | 46
    Glück, Gerechtigkeit, Praktikabilität | 48

Der Gesichtskreis der politischen Gastrosophie | 51
    Moralphilosophischer Neomarxismus | 53
    Machtverhältnisse der internationalen Rechtsordnung | 57
    Opportunitätskosten eines unpolitischen Reformismus | 61
    Der gute Unternehmer und der Klassenkampf | 63
    Zum Beispiel Fairness im Supermarkt: Täglich Gutes tun | 66
    Gastrosophische Aufklärung und der Betrug an den Massen | 69
    Der Welthunger und die Selbsthilfe der ethisch Essgestörten | 72
    Die Radikalisierung der politischen Ökonomie | 76
    Fairer Handel | 82
    Etwas mehr fürs Essen ausgeben und sonst nichts? | 86

Rebellische Bäuerinnen und Bauern im globalen Kampf
um Ernährungssouveränität | 91
    Das Aroma der Rebellion: Zapatistas und fairer Biokaffee | 95
    Ya basta: Eine andere Welt ist möglich! | 97
    ›Räte der Guten Regierung‹ | 101

Battle of Seattle, José Bové und die kreative Demontage
     von McDonald's | 104
Roquefortkäse und die WTO | 105
Die Niederlage der Mächtigen | 108
La Via Campesina: Der bäuerliche Weg und weitere Weise
     auf dem richtigen Weg | 111
Gastrosophisch erweiterte Ethik des Menschenrechts auf Nahrung | 114
Das Happy End des globalen Agrarkapitalismus | 117

Grundsätze einer souveränen Agrikultur | 119
   1. Grundsatz: Land für alle und Gemeinbesitz der Erde | 119
   Wiederaneignung der Gemeingüter | 121
   2. Grundsatz: Ethische Zentrierung der Ökonomie im Gemeinwohl | 124
   3. Grundsatz: Der gerechte Preis | 127
   4. Grundsatz: Weltagrarpolitik einer deglobalisierten
        lokalen Nahrungsproduktion | 133
   Der europäische Traum von einer Gemeinsamen Politik
   der Ernährungssouveränität | 137
   Spezielle Einsatzkräfte und verschiedene Komitees
        für eine bessere Welternährungspolitik | 139
   Zur Neubesetzung der Tafelrunde der UN-Gastrosophen | 142

**Gastropolis (I): Politisches Gärtnern oder die Keimzelle
der gastropolitanen Bewegung | 147**
   Subsistenz zwischen lokaler Autarkie und kosmopolitischer Mischkost | 155
   Selbstbestimmtes Tun und Verwandlung von Lohnabhängigen
        in selbstwirtschaftende Produzenten | 156
   Lohn und normativer Mehrwert der Subsistenz-Ökonomie | 160
   Menschen-Pflanzen-Symbiosen und die Würde der Tomate | 163
   Monsantos Saatgutimperium und Kubas
        postkommunistische Gartenparadiese | 167
   Revolution der Städte | 170

Gastropolis (II): Zur Gastrosophie der Stadt | 175
   Die Neue Wirtlichkeit unserer Städte | 177
   Urbane Gärtnerei als praxisbasierte Polis | 178
   Strukturwandel der Öffentlichkeit | 183
   Gärtner als Akteure auf der Bühne der Stadt | 186
   Gentrifizierung oder was Gastropoliten adelt | 188
   Unterentwickelte Stadtentwicklungspolitiken | 191

Hoffnungsschimmer und warum sich Stadt
   nur von unten gut entwickeln kann | 193
Masterpläne und das Recht auf Freiheit | 196

Schlaraffenlandkulisse im Adipositas-Dispositiv | 201
   Sozialpathologien der Vereinten Fastfood-Nationen | 204
   Moderne Bio-Macht und ihr Dispositiv | 207
   Fett machende Umwelt und das Tugendideal
      des unersättlichen Konsumenten | 209
   Industrielle Meisterköche und fette Gewinne | 212
   Opiate und Vormünder des Volkes | 217
   Paradiesgärten und das Selbstmordkommando | 220
   Trügerisches Schlaraffenland: Volksfeste der Unterwerfung | 224
   Gesundheitspolitischer Aktionsplan ›Fit statt Fett‹ | 227
   Warum es am leichtesten ist, sich falsch zu ernähren | 231

Gastropolitik (I): Politischer Hedonismus zwischen Ästhetik und Ethik am Beispiel von Slow Food | 235
   Aperitif: Diet for a Small Planet | 236
   Alice in Wonderland: Zur Ästhetik der kulinarischen Existenz | 238
   Eine sensationelle Erfolgsstory | 242
   Projekte und Aktivitäten | 246
   Mutter Erde Folklore? | 249
   Eine neuartige Kultur- und Bildungspolitik | 251

Gastropolitik (II): Politik machen, ohne um Macht zu kämpfen | 253
   Auch Marxisten haben ein Recht auf gutes Essen | 255
   Reale Anarchie der gastropolitischen Aktivitäten und Praxen | 258
   Slow Democracy: Subcomandante Marcos versus Carlo Petrini | 261
   Strenge Hierarchie und der perfekte Antiführer | 263
   Was Slow Food fehlt: Ethik, Alltagsküche, Gastrosophie | 266
   Das Menschenrecht auf den Genuss von gutem Essen | 271

Veganer werden? Peter Singer als politischer Hedonist und Gastroethiker | 275
   Stärken und Schwächen einer interventionistischen Philosophie | 275
   Eine weitere Provokation: Die Philosophie des Essens | 279
   Gastrosophische Grundlagen von Singers Ethik | 281
   Eine halbherzige Gastroethik? | 284
   Die Spezifik einer Ethik des Essens | 289

Lehrt Singer die Moral einer strikt veganen Diät? | 292
Shoppen als politische Aktion | 297
Ergänzende kochkünstlerische Prinzipien und Kriterien
   eines ethisch guten Essens | 306
Die Lust und das Glück, das ethisch Gute zu tun | 311

Literatur | 317

Zueignung

Dieses Buch ist zwei Ereignissen gewidmet, die auf eine aberwitzige Weise miteinander verbunden sind. Ich widme es einem Tierarzt, der als Direktor eines städtischen Schlachthofes entlassen wurde, weil er sich den Machenschaften der Stadtpolitik und Fleischindustrie nicht beugen wollte sowie einer Gruppe von Aktivisten, die andernorts auf dem brachliegenden Gelände einer ehemaligen Rindermarkthalle urbane Gemüsegärten entstehen lassen wollen, um ungenutzte Parkplätze in einen Ort der aktiven Demokratie zu verwandeln.

Vorweg

»Selbstverständigung (kritische Philosophie)
der Zeit über ihre Kämpfe und Wünsche: Dies
ist eine Arbeit für die Welt und für uns.«

Karl Marx

Der Umschlag dieses Buches zeigt zwei Momentaufnahmen von sozialen Bewegungen und Aktivitäten, die für eine neue Politik des Essens kämpfen. Beide Male geht es um die gleiche Sache, doch die Praxis des politischen Kampfes unterscheidet sich auf eine Weise, die für den vorliegenden Versuch einer politischen Philosophie des Essens oder Gastrosophie von grundsätzlicher Bedeutung ist. Einmal wird gekämpft, indem protestiert wird: In einem Demonstrationszug durch die Straßen einer Stadt zeigen sich engagierte Bürger und Aktivisten, um zum Abschluss an einem öffentlichen Platz ihre politische Forderung, die sich gegen die herrschende Agrarpolitik ausspricht, bekannt zu geben. Das andere Foto zeigt einen politischen Kampf, der auf den ersten Blick unpolitisch wirkt: Stadtbewohner gärtnern miteinander, um inmitten der urbanen Umgebung mit Nachbarn Gemüse anzubauen und sich in diesem öffentlichen Akt ihr Recht auf Stadt zu nehmen.

Man sieht zwei unterschiedliche Aggregatzustände des Politischen; wir sehen politische Praxis als demonstrativen Protest und als agrikulturelle Politik. Oder etwa nicht? Dass demonstrativer Protest als politische Praxis gilt, scheint sich von selbst zu verstehen. Doch wie selbstverständlich ist es, bloßes Gärtnern im öffentlichen Stadtraum als politische Arbeit zu begreifen? Wer nimmt die kulturelle Praxis des Eigenanbaus von lustigem Gemüse als eine Aktivität wahr, die Politik macht, ohne um die Macht zu kämpfen? Wer nimmt sie als die sogar politischste und vielleicht sogar revolutionärste Tat der Gegenwart ernst, ohne die gesellschaftliche Veränderung kaum denkbar und die Rettung der Welt aus der globalen Krise kaum möglich sein wird?

Jedenfalls zeigen die beiden Momentaufnahmen einer Politik des Essens überall wachsende Keimzellen der politischen Wunschproduktion oder der lokalen Nahrungsproduktion. Die eine Szene spielte sich 2007 in Heiligendamm während einer Großdemonstration anlässlich eines G8-Treffens der Staats- und

Regierungschefs der acht mächtigsten Länder ab. Das andere Bild zeigt eine Urban Gardening Aktion, die Teil einer künstlerischen Intervention der kalifornischen Künstlerin Susan Leibovitz Steinman war und die als ein temporäres Projekt im Rahmen der kulturellen Plattform Kultur|Natur im Hamburger Stadtteil Wilhelmsburg stattfand. Da ein Kapitel dieses Buches sich ausführlich mit den Aktivitäten dieser neuen gastropolitanen Bewegung beschäftigen wird, will ich hier das andere Bild erläutern, auf dem Demonstranten ein Transparent mit der Parole *Food Sovereignty: Now!* tragen. Es handelt sich um Aktivisten der Europäischen Koordination Via Campesina, einer international organisierten Bäuerinnen- und Bauernvereinigung, die durch die Straßen von Rostock zogen, um für eine andere Agrar- und Ernährungspolitik zu demonstrieren. Zum Abschluss der Demonstration hielten namhafte Persönlichkeiten Reden. Neben der populären Globalisierungskritikerin und Saatgut-Aktivistin Vandana Shiva sprach an diesem Tag als Hauptredner der Auftaktkundgebung Jean Ziegler, ehemaliger Soziologie-Professor und UN-Sonderbeauftragter für das Recht auf Nahrung. Ziegler erinnert sich an die Szenerie:»Heiligendamm, die G-8-Staatschefs hinter Stacheldraht. Ein Unterseeboot, Polizeihelikopter, 12.000 schwer bewaffnete Polizisten vor diesem Hotelkasten – von Wilhelm II. an die baltische See gesetzt – und jenseits des Stacheldrahtes Mecklenburgs die Zelte von 180.000 Menschen: Gewerkschafter, links, rechts. Alles, was sie wollen, alle Altersklassen, aus 41 Ländern, die gesagt haben: ›So eine Welt nicht, wie ihr sie da fabriziert‹«.[1]

Wie kaum ein anderer setzt sich Jean Ziegler unermüdlich für eine andere Welt ein. »Die planetarische Zivilgesellschaft«, wie er sagt, »die gibt es, sie ist ein identifizierbares, historisches Subjekt! Das ist kein vages Projekt, sondern das sind Bewegungen, die sich langsam koordinieren, wie ein lebendes Internet, die wachsen und getragen sind ausschließlich vom moralischen Imperativ. Nicht von einer politischen Theorie. Es gibt kein Zentralsekretariat, es gibt keinen Vorstand, es gibt kein Programm, das man verteidigen kann. Nichts. Es sind Leute, die im Kampf stehen.« Bei vielen Vortragsgelegenheiten spricht sich Ziegler für diese Leute und für ihren politischen Kampf aus. In seinen zahlreichen Büchern kritisiert er die globalen Ernährungsverhältnisse und die verheerenden Auswirkungen des neoliberalen Weltagrarhandels als ein »Imperium der Schande«. Er zeigt die Ursachen auf, »wie der Hunger in die Welt kommt«, und er wagt es, sich mit »den neuen Herrschern der Welt« anzulegen – sogar auf die Gefahr hin, als aufrührerischer Redner mancherorts nicht willkommen geheißen, wenn nicht sogar angefeindet und ausgeschlossen zu werden.[2] Wie kürzlich, als er auf Einladung des Bundeslandes Salzburg mit einer Rede die

---

1 | Ziegler, Das tägliche Massaker des Hungers.
2 | Vgl. Ziegler, Das Imperium der Schande; ders., Wie kommt der Hunger in die Welt?; ders., Die neuen Herrscher der Welt und ihre globalen Widersacher.

dortigen Festspiele für Oper, Schauspiel und Konzert eröffnen sollte, dann aber kurzfristig ausgeladen wurde. Dass sich dieser Vorfall ausgerechnet in Salzburg abspielte, ist besonders bedauerlich, insofern es sich dabei um den zurzeit einzigen Ort im deutschsprachigen Kulturkreis handelt, wo die städtische Universität Studienmöglichkeiten in einem *Zentrum für Gastrosophie* anbietet.

Erst recht gilt es also, den Festspielredner und Heiligendamm-Demonstranten Jean Ziegler hier zu Worte kommen zu lassen: »Es sind die Widerstandsfronten, die sich in diesen sozialen Bewegungen mobilisieren. Die aber so mächtig sind, dass heute keine Welthandelskonferenz mehr auf europäischem Boden stattfinden kann.« Dem fügt er hinzu: »Ich möchte, dass Sie mir glauben, dass dieses historische Subjekt heute eine soziale Kraft ist und wächst und kumulative Kraft hat. Diese planetarische Zivilgesellschaft ist die Hoffnung im theoretischen Klassenkampf, wie Sartre sagt; das sind die neuen Bewusstseinsinhalte wie im praktischen Klassenkampf, nämlich dem Kampf um die Herrschaftsbeziehungen, wie sie tatsächlich auf dieser Welt sind«.[3] Was diesen Kampf schürt und was die Leute massenhaft auf die Straßen treibt und sie dazu bewegt, für bessere Ernährungsverhältnisse – für Ernährungssouveränität – zu kämpfen, sind alarmierende Wahrheiten: Inmitten des einzigartigen Reichtums der gegenwärtigen Weltgesellschaft leidet jeder sechste Mensch an Hunger und Unterernährung, während inzwischen genauso viele Menschen an zu vielem Essen und an krank machender Fettleibigkeit als gesundheitlicher Folge ihrer Fehlernährung leiden. Riesige Mengen Getreide werden weltweit geerntet, mehr als je zuvor. Doch nur die Hälfte von dieser üppigen Ernte dient der menschlichen Sättigung. Der Rest wird zu Tierfutter, Sprit und Industrierohstoff verarbeitet. Was immer mehr Leute aufbringt und in historische Subjekte einer planetarischen Zivilgesellschaft oder einer kosmopolitischen Tischgesellschaft verwandelt, ist die unglaubliche Tatsache, dass das weltweite Nahrungsgeschehen zu den Hauptursachen für den Klimawandel, das Artensterben, für Umweltzerstörung, Süßwasserverknappung, für Armut, Landflucht und soziale Ungerechtigkeit gehören. Wir stecken in einer globalen Nahrungskrise. Sie wirkt in allen anderen Krisen unserer Zeit mit: in der Krise der Banken, der Wirtschaft, der Politik, der Arbeit, der Versorgung, der Gesundheit, der Kulturen, kurz: in der allgemeinen Sinn- und Systemkrise.

Und dieses System, nennen wir es das gastrokapitalistische System, ist in jeder Hinsicht am Ende. Längst ist klar: Entgegen des eigenen Heilsversprechens verhilft es nicht allen Menschen zu Wohlstand und gutem Essen. Statt einem guten Leben für alle produziert es tägliches Elend für die Mehrheit. Statt die Menschen weltweit satt und glücklich zu machen, schafft es weltweit fortwährend Hunger. Beispielsweise, indem es mit Lebensmitteln *spielt*, obwohl schon jedem Kleinkind beigebracht wird, dass man das nicht tut. Dies geschieht an

---

3 | Ziegler, Das tägliche Massaker des Hungers.

den Börsen, wo mit Nahrungsmitteln und Agrarrohstoffen spekuliert wird.[4] Angesichts dieser obszönen Verhältnisse hatte Ziegler bei seiner Festrede in Salzburg den anwesenden Honoratioren und Opernliebhabern ins Gewissen reden wollen; er hätte gesagt: »Wegen des Zusammenbruchs der Finanzmärkte sind die Hedgefonds und andere Groß-Spekulanten auf die Agrarrohstoffbörsen umgestiegen. Mit Termingeschäften, Futures etc. treiben sie die Grundnahrungsmittelpreise in astronomische Höhen«.[5] Solche und ähnliche Sätze, die die verheerenden Folgen des gegenwärtigen Kasino-Kapitalismus kritisieren, wären inmitten des Festspielsaals gefallen, wo »viele der Schönen und der Reichen, der Großbankiers und der Konzern-Mogulen dieser Welt« zusammengekommen waren, um Oper, Schauspiel und Konzerte zu genießen.

Wahr ist, dass in vollständiger Anonymität Großbankiers und Kleinspekulanten mit ein paar Mausklicks Millionen Tonnen Mais, Reis, Soja oder Weizen kaufen und verkaufen. Die Spekulation von Kapitalanlagen auf den Märkten für Getreide trägt zu drastischen Schwankungen der Nahrungsmittelpreise bei. Vor allem aber treiben die Gewinnspiele im Kasino-Kapitalismus deren Preise in die Höhe. Durch die künstliche Verteuerung haben sich beispielsweise die Kosten für eine Tonne Getreide innerhalb nur eines Jahres verdoppelt. Investmentbanken wie die Deutsche Bank und Goldman Sachs sowie die Finanzmanager von Versicherungen, Pensionsfonds und Stiftungen, die das Geld ihrer Aktionäre vermehren sollen, sind dadurch mitverantwortlich für die Hungersnöte unter den Ärmsten dieser Welt: Ihr Spieltisch treibt viele weitere Millionen ins Elend. Sie investieren Geld, das für die Altersvorsorge gespart oder für gemeinnützige Zwecke gestiftet wurde, in Wetten auf das tägliche Brot jener Menschen, welche sich die drastisch steigenden Preise immer weniger leisten können. Und nirgendwo steigt die Profitrate schneller und höher als auf dem Kapitalmarkt für Lebensmittelanlagen.

Am Ende seiner nicht gehaltenen Rede hätte Ziegler, der seit 2008 als Vizepräsident des Beratenden Ausschusses des UNO-Menschenrechtsrats amtiert, einen Traum erwähnt. Er hatte vor, zu erzählen, dass der Tag kommen werde, wo Menschen in Frieden, Gerechtigkeit, Vernunft und Freiheit, befreit von der Angst vor materieller Not, zusammenleben werden, und er hätte der versammelten Festgesellschaft in feierlichem Ton gesagt: »Wunder könnten in Salzburg geschehen: Das Erwachen der Herren der Welt. Der Aufstand des Gewissens! Aber keine Angst, dieses Wunder wird in Salzburg nicht geschehen!«[6] Ziegler sollte recht behalten: Ein gastrosophisches Wunder ist in Salzburg bis jetzt nicht geschehen. Stattdessen luden die Herrschaften ihn als vorgesehenen Festredner kurzerhand aus.

---

4 | Vgl. Schumann, Die Hungermacher.
5 | Ziegler, Der Aufstand des Gewissens, 8.
6 | Ebd., 12.

In der Moral oder Unmoral dieser Geschichte steckt auch eine Lektion für diese Art von philosophischer Intervention. Wer so spricht wie Ziegler, wer über die Politik des Essens in einem derart strengen, moralischen Ton redet oder schreibt, wird es immer schwer haben, seine Zuhörerinnen und Zuhörer oder Leserinnen und Leser und erst recht das allgemeine Publikum von der Ethik und der Politik eines für alle guten Essens bzw. Lebens zu überzeugen. Wer mag schon moralisch belehrt und mit dem eigenen schlechten Gewissen konfrontiert werden, solange man selbst keine Lust auf Besseres verspürt und nicht weiß, was dafür ›Gutes‹ getan werden könnte. Für die philosophische Küche heißt das nicht zuletzt: Biete keine Ethik ohne politischen Hedonismus an und mache deine Idee des Guten jedem damit schmackhaft, dass sie nicht nur aber durchaus auch einen »Lebensgenuss gewährt und doch bloß moralisch« ist, wie der Vernunfttheoretiker Immanuel Kant wusste.[7]

Insofern war es eigentlich ein kleiner rhetorischer Kunstgriff des angefragten Redners Ziegler, sich zu entscheiden, den künstlerischen Kontext und festlichen Anlass zu nutzen, um über den Zusammenhang von Kapital und Essen oder gutem Geschmack und Gewissensbissen zu sprechen. Wo sonst ist derlei möglich? Und ist es nicht jedes Mal ein eminent politischer Akt des »Wahrsprechens« (Foucault), wenn jemand in der Eröffnungsrede eines Opernfestivals – mehr noch als vor Demonstranten einer Kundgebung der Globalisierungskritiker – den geschmacklosen Lebensmittelspekulationen an den internationalen Agrarbörsen den bürgerlich-humanistischen Traum von einer anderen Welt entgegenhält, in der Menschen, befreit vom Elend materieller Not, in Frieden, Gerechtigkeit, Vernunft und Freiheit zusammenleben?

Es spricht alles dafür, dass die Preise für Lebensmittel steigen werden. Die kurze Ära eines billigen Schlaraffenlands in den Wohlstandsländern des reichen Nordens steht vor ihrem historischen Ende. Wie lange noch wird sich die durchschnittliche Bevölkerung an der üppigen Auswahl von verzehrfertiger Industriekost auf den vollen Regalen der ›Supermärkte‹ erfreuen können? Was wird aus jener, heute üblichen Vorstellung von dem angeblich guten Leben, welches für viele nichts mehr ist als das tägliche Stück Fleisch auf ihrem Teller, wenn dieser archaische Inbegriff des sozialen Prestige und des gesellschaftlichen Wohlstandes, wenn dieses Stück männlicher Macht und Stärke wieder für die meisten unerschwinglich geworden sein wird? Keine Frage, dieses ›Unglück‹ ist so sicher wie das absehbare Ende der kurzen Ära des Erdöls als billiger Energiequelle.

Man muss dazu wissen, dass unter den gegenwärtigen Produktionsbedingungen jede Nahrungskalorie zu ihrer vielschrittigen Erzeugung und Bereitstellung für den Endverbraucher durchschnittlich zehn Kalorien aus Erdöl verschlingt. Statt dass die Menschheit aus ihrer landwirtschaftlichen Nahrungs-

---

7 | Kant, Metaphysik der Sitten, 626.

produktion erneuerbare Energie gewinnt, gehört die moderne Agrarindustrie zu ihren größten Energiefressern. Wird das Erdöl knapper, werden die energiebezogenen Kosten unserer Nahrungsmittel teurer, solange es nicht anders (energetisch besser) produziert wird.[8] Ebenso wird der auf den Wasser- und Landressourcen lastende Druck zunehmen. Die in vielen traditionellen Anbauregionen für die Landwirtschaft nutzbaren Flächen unterliegen zunehmend Nutzungseinschränkungen und der Anbau muss auf weniger erschlossene Regionen und Randgebiete mit geringerer Fruchtbarkeit ausgedehnt werden. Diese neu zu erschließenden Erdböden sind oft dem Risiko ungünstiger Witterungseinflüsse ausgesetzt. Zumal die Folgen des Klimawandels weitere Anbauflächen auffressen. Darum schrumpfen parallel zum Anstieg der allgemeinen Produktionskosten die agrarischen Erträge.

Erhebliche Kapitalinvestitionen in Produktivitätssteigerungen werden notwendig, um zu gewährleisten, dass der Bedarf gedeckt werden kann – was sich selbstverständlich in den Lebensmittelpreisen widerspiegeln wird. Ach ja, und in den nächsten Jahrzehnten wird sich unsere gegenwärtige Tischgesellschaft noch einmal um weitere zwei bis drei Milliarden Menschen erweitern. Die Ernährungs- und Agrarorganisation der Vereinten Nationen (FAO) rechnet damit, dass bis 2050 doppelt so viele Nahrungsmittel produziert werden müssen. Auch der Hunger einer zunehmenden Weltbevölkerung wird das tägliche Essen mit Sicherheit verteuern. Ganz unabhängig von der Frage, wie vielen Erdbewohnern die erforderlichen Mittel, um sich zu ernähren, fehlen werden, steht eines schon fest: Mit der industriellen Landwirtschaft, wie wir sie aus der Ära der gastrokapitalistischen Produktionsweise kennen, und mit fleischversessenen Geschmacksgewohnheiten, wie sie uns die vorherrschende Esskultur antrainiert, wird es nicht gelingen, den Bedarf und den Alltag eines für alle guten Essens zu erfüllen.

Noch rufen die sich verschlechternden Ernährungsverhältnisse in den reichen Ländern keine massenhaften Unruhen hervor, obgleich es in der Volksküche schon spürbar kocht und die gastrosophischen Gegenkräfte unter der breiten Bevölkerung täglich stärker werden. In vielen Teilen der Welt aber, wo es den Menschen erheblich schlechter geht, wo Armut und Hunger herrschen und wo bereits geringe oder vorübergehende Verteuerungen der Lebensmittel die Lage kritisch und krisenhaft verschlimmern, sind zahlreiche Rebellionen zu verzeichnen. Nicht selten richten sich gewaltsame Ausschreitungen gegen das, was mit dem westlichen Globalisierungsregime in Verbindung gebracht wird, etwa Reiseagenturen, ausländische Autos, Luxushotels und Büros internationaler Organisationen. Doch die Proteste nehmen unterschiedliche Formen an. In Marokko, Brasilien und Haiti entluden sie sich als klassische Brotrevolten; im Sudan, in der Türkei und Chile begannen Aufstände als friedliche Demonstra-

---

8 | Vgl. Shiva, Soil Not Oil; Rubin, Warum die Welt immer kleiner wird.

tionen und Straßenaktionen, die in spontane Gewaltausbrüche umschlugen, oder sie nahmen die Form des Generalstreiks an wie in Peru, Bolivien, Griechenland und Indien. In anderen Fällen änderte sich die Taktik und kanalisierte sich im Verlauf der Proteste in politische Selbstorganisation.[9]

Obgleich die Anlässe, Dynamiken und Stoßrichtungen dieser Proteste sehr unterschiedlich sein können, besteht eine weltweite Gemeinsamkeit darin, dass deren Kristallisationspunkte aufgrund des globalen Urbanisierungsprozesses vermehrt in den Städten liegen, wo internationale Politik, nationale Entwicklung und das Gerechtigkeitsbedürfnis der Bevölkerung aufeinander treffen.[10] Die in der Folge der aktuellen Systemkrise aufflammenden Hungerrevolten sind auf alle Fälle ein untrügliches Anzeichen dafür, dass viele Gesellschaftsgruppen die Missachtung ihrer elementaren Interessen sowie die fortgesetzte Verletzung ihrer Rechte nicht ohne Gegenwehr hinnehmen werden. Wegen dieser kosmopolitischen Konstellation rücken die zunehmenden Hungerunruhen und Brotproteste ins Zentrum der sozialphilosophischen Frage, ob die allgegenwärtigen Widerstände gegen die hegemonialen Lebensbedingungen – insbesondere in den Armutsstädten der Entwicklungsländer, aber nicht nur dort – zu einer einheitlichen Widerstandsfront heranreifen. Sicherlich trifft es zu, dass die Zukunft der menschlichen Solidarität tatsächlich von der entschlossenen Weigerung der neuen städtischen Armen abhängen wird, ihre endgültige Marginalisierung innerhalb des globalen Kapitalismus zu akzeptieren, wie der Stadtforscher Mike Davis meint.[11]

Ob allerdings die neuen städtischen Armen wirklich die neuen Hoffnungsträger einer revolutionären Kraft verkörpern und ob die urbanen Massen zu einer entschlossenen Weigerung fähig sind, wird die zukünftige Geschichte zeigen. Weit wahrscheinlicher als von den neuen städtischen Armen und den Hungernden dieser Welt wird die Zukunft der menschlichen Solidarität von den sozialen Bewegungen und den neuen politischen Akteuren abhängen, die eine total kapitalisierte Welt satthaben: von den verwöhnten Konsumenten und Kosmopoliten einer urbanen Mittelschicht, die sich bessere Lebens- und Ernährungsverhältnisse für alle wünschen. Wir stehen heute genau an dieser Weggabelung der Geschichte: Zu den (noch) überwiegend spontanen und unorganisierten Aufständen der städtischen Armen in den Entwicklungsländern kommen in den westlichen Metropolen der wachsende Protest der urbanen Zivilgesellschaft und deren spezielle Erfahrungen als politisch entrechtete Stadtbewohner hinzu; ermutigt durch den international organisierten Widerstand der ländlichen Bauernbewegungen wie La Via Campesina. Doch die sozialen

---

9 | Vgl. Holt-Giménez/Patel, Food Rebellions!
10 | Vgl. Walten/Seddon, Free Markets and Food Riots.
11 | Vgl. Davis, Planet der Slums, 210.

Kräfte und Wünsche von heute unterscheiden sich in vielerlei Hinsicht vom historischen Proletariat, auf das Karl Marx seine ganze Hoffnung setzte.

Vor dem Hintergrund dieser Diagnose lautet mein Vorschlag, die gesellschaftlichen Prozesse und Kämpfe der Gegenwart aus dem Fokus des ebenso globalen wie alltäglichen Nahrungsgeschehens philosophisch zu reflektieren. Beabsichtigt ist, uns mit einem ungewohnten und schlichten Gedanken vertraut zu machen. Und zwar mit der gastrosophischen Erkenntnis, dass das Essen politisch ist. Vielleicht ist gegenwärtig nichts politischer. Gewiss aber ist das Essen politischer, als dies vielen lieb ist. Doch die Erkenntnis, dass die Ernährungsverhältnisse politisch sind, setzt eine »Revolution der Denkart« – um noch einmal mit den Worten des großen Aufklärers Kant zu sprechen – voraus, die es durchaus mit jener aufnehmen kann, die einst das kritische Denken auf den Weg gebracht hat. Heute besteht das Erwachen aus dem »dogmatischen Schlummer« (Kant) freilich nicht mehr darin, einzusehen, dass sich die Erde um die Sonne dreht und nicht umgekehrt, oder darin, zu verstehen, dass sich die äußeren Gegenstände nach der menschlichen, unserer inneren Erkenntnis richten und nicht umgekehrt.

Heute ist eine Revolution der Denkart erforderlich, die unser Verhältnis zur Welt und zu uns selbst aus dem Dogma eines entpolitisierten Ernährungsbewusstseins befreit: Der vorherrschenden Denkgewohnheit, welche uns glauben macht, Essen sei ein rein privates Vergnügen unserer Innerlichkeit, das nichts mit der äußeren Welt zu tun habe. Leider entspricht dies nicht den Tatsachen. Spätestens im Zeitalter des globalen Kapitalismus und dessen weltweiten Wirtschaftsverflechtungen stellt jedes Lebensmittel und jeder Essakt komplexe Beziehungen unter unzähligen Menschen und nicht-menschlichen Lebewesen und Realitäten her. Weil das so ist und in dem Maße, wie das Essen des einen mit dem Leben (dem Wohle oder Wehe) von anderen zu tun hat, ist es politisch. Ob wir es wollen oder nicht: Das Essen politisiert uns. Noch die unpolitischste Person kann nicht anders, als politisch agieren, um sich zu ernähren.

Unser alltäglichstes Handeln ist sogar extrem politisch, weil unzählige Konflikte und Krisen unserer Zeit daraus entstehen und darin buchstäblich münden. Das globale Nahrungsgeschehen beherrscht die politische Agenda aller Länder. Schon jeder einzelne Faktor für sich genommen – Landeigentum, Agrarhandel, Klimawandel, Gentechnik, Migration, Lebensmittelskandale, Alltagskultur, Gesundheit, Geschmack – beinhaltet große Herausforderungen für die Politik. Dadurch aber, dass das globale Nahrungsgeschehen all diese Faktoren in sich bündelt, potenziert sich dessen politische Brisanz. Die Gastrosophie führt die Komplexität dieser Faktoren auf ihre gemeinsame Quelle zurück: Auf das vermeintlich nebensächliche und unpolitische, alltägliche Essen aller Menschen. Der täglichen Lebenspraxis einer sich ernährenden Menschheit entspringen politisch allseits brisante Welt- und Selbstbezüge.

Indes ist unsere Zivilisation nicht gut vorbereitet, diese Macht des Essens zu begreifen. Davon, dass alle Welt mit größter Selbstverständlichkeit einen gastrosophischen Kosmopolitismus lebt, sind wir noch Lichtjahre entfernt. Doch durch eine Revolution unserer ernährungsphilosophischen Denkart kann sich das jederzeit ändern. Durch die systematische Rückbindung der Folgen und Nebenwirkungen unzähliger Handlungen an ihren gemeinsamen Ursprung im Essen kann die Gastrosophie allenthalben zu einem besseren Verständnis der sachlichen Zusammenhänge sowie der Ursachen und der Veränderungsmöglichkeiten der gegenwärtigen Politik verhelfen. Sie macht auf äußerst anschauliche Weise verständlich, dass das globale Nahrungsgeschehen und unser diesbezügliches Alltagshandeln das bislang unverstandene Zentrum der meisten gesellschaftlichen Fragen und Krisen der Politik bilden.

Indem die Philosophie anhand des Essens die herrschende Politik reflektiert, denkt sie zugleich über das Wesen der Politik nach und nicht zuletzt über sich selbst als politisches Unternehmen. Ein erster Schritt, das Wesen der Politik zu durchschauen, ist bereits getan, sobald sich die Menschen keinen Illusionen über die herrschende Politik hingeben. Sicherlich: Die Krise der Welternährung ist eine Frage der Politik. Doch es zeugt von einer apolitischen Denkweise, zu glauben, die Politik »drücke sich bisher um eine Antwort«.[12] Schön wäre es, wenn sie sich um eine Antwort auf die globale Ernährungskrise bloß gedrückt hätte und bislang untätig gewesen wäre. Doch die politischen Verhältnisse sind anders: Die Politik vertritt die *falschen Antworten*; sie managt die Krise – im negativsten Sinne des Wortes. Denn das Krisenmanagement der herrschenden Politik beseitigt ganz offensichtlich nicht die Krisen, sondern bewirkt und verwaltet sie im Sinne ihrer eigenen Interessen.

Ausgehend vom Politikum des Essens nähert sich die Philosophie einer kritischen Reflexion der *politischen Ökonomie*. Die globalen Ernährungsverhältnisse als Teil der politischen Ökonomie zu betrachten, bedeutet zu verstehen, dass die Lebensmittelindustrie und der Weltagrarhandel zu den größten Wirtschaftsbereichen zählen und mit Essen nicht nur Menschen satt gemacht werden, sondern damit viele Menschen auch ihr Geld machen. Meistenteils geschieht dies nicht durch Spekulationen an den Börsen, sondern schlicht beim täglichen Einkauf von Supermarktkunden. Doch geht es nicht darum, die alten Rezepte (vor allem von Marx) bloß nachzukochen. Eine philosophische Reflexion der aktuellen Nahrungskrise beinhaltet vielmehr die Möglichkeit und die Notwendigkeit, das traditionelle (vor allem marxistische) Verständnis der kapitalistischen Politik zeitgemäß zu erneuern und zugleich dessen Fehler zu korrigieren.

Als politische Philosophie interessiert sich die Gastrosophie für die politische Ökonomie des Essens, weil sich anhand des Nahrungsgeschehens mit hoher Präzision staatliche Gesetze, rechtliche Instrumente und institutionelle

---

12 | Bommert, Kein Brot für die Welt.

Maßnahmen benennen lassen, wodurch die Politik sich zum Gehilfen des globalen Kapitalismus macht und ihm erst die politischen Rahmenbedingungen verschafft, die er braucht. Zwar brachte der UN-Ausschuss für Wirtschaftliche, Soziale und Kulturelle Rechte erst kürzlich wieder seine »tiefe Besorgnis« über die Auswirkungen der europäischen Agrar- und Handelspolitik zum Ausdruck, weil diese Politik durch die Exportsubventionen, die sie für landwirtschaftliche Erzeugnisse aus der Überschussproduktion Europas finanziert, in Entwicklungsländern nachweislich das Menschenrecht auf Nahrung verletzt. Trotzdem unternehmen die Regierungen der reichen Demokratien trotz internationaler Vereinbarungen, Menschenrechte in der Handelspolitik einzuhalten, kaum etwas, um ihre Agrar- und Ernährungspolitik gemäß den Prinzipien der Ernährungssouveränität umzustellen.

Gleichwohl haben sich in den zurückliegenden Jahrzehnten konkrete Alternativen und normative Übereinkünfte entwickelt, die inzwischen längst in zahlreichen offiziellen Stellungnahmen, internationalen Beschlüssen und rechtlichen Normbegründungen allgemeine Geltung beanspruchen. In allen Teilen der Welt existieren unzählige Beispiele und Kräfte praktizierter Alternativen, die den Beweis erbringen, dass ökologische Nachhaltigkeit, soziale Gerechtigkeit, gesunde Lebensmittel und kulinarischer Lebensgenuss keine abstrakte Utopie sind, sondern die verfügbaren Zutaten eines für alle guten Essens. Der Grund dafür, dass Jean Ziegler von einer Welt, wo Menschen befreit von Hunger und der Angst vor materieller Not in Frieden, Gerechtigkeit, Vernunft und Freiheit zusammenleben, nur träumen kann, ist nicht die Irrealität dieser universellen Werte und moralischen Rechte, sondern die verschiedenen und gegensätzlichen Interessen, die ihre gesellschaftliche Durchsetzung verhindern.

So ist der Ausgangspunkt einer politischen Gastrosophie gerade die irritierende Tatsache, dass die Prinzipien einer Politik des Essens, die dem allgemeinen Wohl verpflichtet ist, mehr oder weniger bekannt sind. Sicherlich bleiben weitere Klärungen solcher normativen Grundlagen stets unabgeschlossen; erst recht bleiben Wertübereinkünfte gesellschaftlich umkämpft. Aber wir stehen heute längst nicht mehr vor der üblichen Ratlosigkeit, nicht bestimmen zu können, was getan werden müsste, um die allgemeine Krise durch eine bessere Praxis zu ersetzen. Es mangelt nicht so sehr an wissenschaftlich hinreichend begründeten und moralphilosophisch verallgemeinerungsfähigen Erkenntnissen des ethisch Guten. Woran es mangelt, ist die allseitige Praxis dieses Guten. Nicht nur in der Politik, sondern auch in unserem Alltagsleben.

Darum birgt die Gastrosophie gerade für das politische Denken und Handeln wichtige Implikationen. Sie zeigt, dass gesellschaftliche Veränderungen nicht nur von der Politik ›von oben‹ kommen und eingefordert werden sollten. Dieser unzeitgemäßen und undemokratischen Auffassung des Politischen, welche noch aus Zeiten des Absolutismus und Totalitarismus stammt, hat eine politische Philosophie der Gegenwart das Selbstverständnis einer aktiven, partizipatorischen und radikalen Demokratie entgegenzuhalten sowie den Begriff einer Souveränität, die vom Primat einer politischen Ethik der Alltagspraxis ausgeht. Sobald in unserem politischen Denken und Handeln »der Kopf des Königs gefallen« ist, wozu uns Michel Foucault ermutigte, tritt die anarchische Tatsache zum Vorschein, dass jeder durch das eigene Handeln ständig Politik macht. Um dieses politische Alltagsgeschehen als den historischen Prozess von Krisen, Konflikten, Konfrontationen und Kämpfen zu erfassen, kommt es – auch philosophisch – darauf an, das Verhältnis von Macht und Selbst »vom Kopf auf die Füße zu stellen« (Marx) und weder Politik noch politische Ökonomie als ein Herrschaftsgeschehen zu begreifen, welches von oben nach unten durchregiert.

Anhand des Essens lässt sich Politik von unten denken und praktizieren. Alles Essen ist politisch und alles daran hängt ab von den politischen Wirkungen unserer Praxis: von den reproduktiven Wirkungen einer angepassten Praxis ebenso wie den transformativen Wirkungen einer anderen Praxis. Jedes Mal, wenn wir, wo es in unserer Macht liegt, anders handeln, anders essen – gut essen –, entstehen jene politischen Kräfte, die die kulturell hegemonialen Ernährungsverhältnisse verändern. Freilich verändern sich diese nicht mit einem Mal und nicht durch ein einzelnes Handeln. Doch sie ändern sich nur durch das Handeln der Einzelnen – aller – und schon längst befinden wir uns inmitten dieser gesellschaftlichen Veränderungen. »Es reicht! Wir haben es satt, alles zu schlucken, was ihr uns vorsetzt!« rufen viele Menschen angesichts menschenunwürdiger Ernährungsverhältnisse. Sie haben nichts zu verlieren, höchstens eine bessere Lebenspraxis zu gewinnen, bei der »das Ändern der Umstände« und die »menschliche Tätigkeit oder Selbstveränderung« zusammenfallen.[13] Warum sollte im Anschluss an Marx die revolutionäre Tatsache, dass das Selbst am Weltgeschehen mitwirkt, nicht als »neuer Humanismus« bezeichnet werden, wie es der Slow-Food-Gründer Petrini tut? Vielleicht wäre es aber weniger verfänglich und zeitgemäßer, wenn diesbezüglich von einem alltäglichen Kosmopolitismus oder einem politisch-ethischen Praxismus gesprochen würde. Viel wichtiger aber ist: Die neuen politischen Subjekte und Kollektive der gastrosophischen Revolution werden überall – langsam aber stetig – *mehr*.

Für eine politische Gastrosophie ergibt sich aus diesem *Faktum* einer praktischen Vernunft des besseren Essens die theoretische Aufgabe, in der politischen Subjektwerdung das ethische Bestreben um Souveränität und Selbstbestimmung wahrzunehmen. Man hört häufig, dass das Tun und die Lebenspraxis der Einzelnen nichts an ›den Strukturen‹, ›dem Ganzen‹, ›dem System‹ ändern könnten und es lächerlich sei, etwas ›im Kleinen‹ verändern zu wollen. Daran ist richtig, dass es uns nicht gelingen wird, durch unser Einkaufverhalten die EU-Agrarsubventionspolitik zu ändern oder die gesetzlich festgelegten Grenz-

---

13 | Marx, Thesen zu Feuerbach, 3. These.

werte für Dioxinrückstände in Lebensmitteln auf null herabzustufen oder eine Kennzeichnungspflicht von hilfreichen Produktinformationen durchzusetzen. Dergleichen Regelungen kommen ausschließlich durch politische Strukturen und Institutionen in die Welt.

Doch der springende Punkt und sicherlich auch die größte Irritation, die von der Gastrosophie als politischer Philosophie ausgeht, ist, dass sich diese Strukturen und das Ganze nur ändern, sofern der politische Souverän – das Volk, die Allgemeinheit, wir alle, jeder einzelne – dies ›von unten‹ erzwingt und durch das eigene Handeln ermöglicht. Zu den Entscheidungen, die diesbezüglich von jedem zu treffen sind, müssen wir uns täglich mehrmals verhalten. Der Umstand oder gar die Zumutung, dass wir alle mitentscheiden und Politik ›mitmachen‹, ob wir es persönlich nun wollen oder nicht, ist zweifelsohne eine ungewohnte Situation der Mitbestimmung und der Mitverantwortung. Dies verdankt sich weder einer aufrührerischen Laune der Philosophie noch dem rebellischen Appell zum Selbstregieren. Der ungewohnten Situation der Mitbestimmung und der Mitverantwortung in den Dingen des Essens liegt der kapitalistische Entwicklungsprozess einer umfassenden Demokratisierung und Individualisierung der Gesellschaft zugrunde. Wie weit die Macht der Einzelnen geht, lässt sich gerade anhand des Fleischkonsums sehr konkret vor Augen führen: Niemand hindert uns daran, andere Dinge zu essen und dadurch die leidvolle Welt der industriellen Massentierhaltung, mitsamt ihrer vielfältigen Auswirkungen auf das Schicksal unseres Planeten und unserer selbst, abzuschaffen. Doch es geht dabei nicht um das als weltanschaulicher Meinungsstreit geführte Für oder Gegen den Vegetarismus. Es geht um weit mehr als um das Verspeisen von Tieren.[14] ›Weniger oder gar kein Fleisch zu essen‹ heißt in die Sprache der politischen Philosophie übersetzt: Sich weniger oder gar nicht an Dingen zu beteiligen, deren Auswirkungen in vielerlei Hinsicht nachweislich schlecht sind und die sich im Prinzip auch vermeiden lassen. Nicht nur durch unpopulären Verzicht, sondern allenthalben durch gute Alternativen. Alle, die im Bereich des Essens ›politisch‹ sein wollen, in dem Sinne, dass sie die vorherrschenden Geschmacksgewohnheiten zu ihrem eigenen Wohle und zum Wohle anderer ändern wollen, können das Glück nutzen und genießen, dafür nichts weiter tun zu müssen, als möglichst gut zu essen. Kein Wunder, dass immer mehr Menschen sich diesen politischen Hedonismus aneignen. Indem sie dies tun, kämpfen sie für eine bessere Politik des Essens und ermöglichen die gesellschaftlichen Bedingungen, damit sich unsere Welt politisch, ökonomisch und kulturell zu einem besseren Ort verändern *kann*.

---

14 | Vgl. Foer, Tiere essen.

Der Hunger der Welt
und das Elend der Philosophie

In einem Aufsatz zur Aktualität der Kritischen Theorie aus den frühen 1970er Jahren sieht Max Horkheimer eine zentrale politische Aufgabe der Philosophie darin, »dass die Dritte Welt nicht mehr hungert oder an der Hungergrenze leben muss«.[1] Von einer Welt ohne Hunger sind wir gegenwärtig noch weiter entfernt, als dies schon zu seiner Zeit der Fall war. Die Situation hat sich verschlimmert. Gewiss hat es in der geschichtlichen Entwicklung der Menschheit wiederholt Zeiten tragischer Hungersnöte und extremer Armut gegeben. Auch führten die Machtverhältnisse in vielen Gesellschaften dazu, dass die große Mehrheit der Bevölkerung mit bescheidenen Mitteln auskommen musste. Doch noch nie gab es derart viele Menschen, die so arm und mittellos sind, dass sie nicht genug zu essen haben und an den physischen Folgen chronischer Unterernährung sterben, wie heute – in einer Welt des Überflusses und Übergewichts.

Durch den Philosophen Max Horkheimer, der bereits vor 40 Jahren den ›Welthunger‹ thematisierte, kam damals ein gesellschaftlicher Tatbestand zur Sprache, den er selbst als ›Ungerechtigkeit und Grauen‹ bezeichnete. Dieses moralische Werturteil darf sicherlich auch heute noch mit einer breiten Zustimmung rechnen. Etwas anderes, was der renommierte Begründer der Kritischen Theorie sagt, wird hingegen auf weniger Akzeptanz stoßen. Denn, »was im Allgemeinen so nicht ausgedrückt wird«, ist seine kritische Feststellung, dass wir »die Glücklichen« seien, die dieses Unrecht und Grauen von Hunger und Armut nicht leiden müssen, zugleich als Bürger der reichen Länder in der Ersten Welt »davon profitieren, dass ihr Glück vom Unglück anderer« abhinge.

Dass ›wir‹, also alle Glücklichen, die sich über ein üppiges Angebot an billigen Nahrungsmitteln in allgegenwärtigen Supermärkten freuen können, von der massenhaften Armut in den Ländern der Dritten Welt profitieren, drückt in der Tat einen ungemütlichen Gedanken aus. Ist es nicht üblich, zu glauben, die Profiteure dieser Verhältnisse seien allemal nicht wir, sondern ›die ande-

---

1 | Horkheimer, Kritische Theorie gestern und heute, 171.

ren‹ – die profitmaximierenden Unternehmen und deren politische Helfershelfer; kurz: ›das Kapital‹ und ›die Politik‹? Ich denke, es sollte die Aufgabe der Philosophie sein, die unsichtbaren und verschleierten, durchweg politischen Zusammenhänge dieses Glaubens aufzuzeigen. Diese philosophische Aufgabe wird von der Frage geleitet, was jeder von uns ›Glücklichen‹ dagegen tun könnte, nicht (weiter so) von der Ungerechtigkeit des Welthungers und dem Unglück der Armen zu profitieren. Was sollten, so ist zu fragen, die Bürger der wohlhabenden Demokratien in der Ersten Welt tun, damit – Max Horkheimers Forderung aufgreifend – die Dritte Welt nicht mehr hungert oder an der Armutsgrenze leben muss?

HORKHEIMER UND DIE TÄGLICHEN MASSAKER DES DRITTEN WELTKRIEGES

Wenn eine kritische Theorie des Welthungers die Praxis einer politischen Ethik aufzeigte, die uns im Alltag möglich ist und für das Zustandekommen einer gerechteren Welt konstitutiv wäre, gelänge es der politischen Philosophie, soziale Kräfte der ›gesellschaftlichen Veränderung‹ zu reflektieren. Die Ungerechtigkeit des Welthungers, die in so vielen Teilen der Erde herrscht und täglich ihren Tribut fordert, begegnet den meisten von uns im Alltag gewöhnlich in der abstrakten Gestalt von Zahlen und Statistiken. Laut eines aktuellen Berichtes der Landwirtschafts- und Ernährungsorganisation (FAO) der Vereinten Nationen waren im Jahre 2011 über eine Milliarde Menschen extremer Armut ausgesetzt.[2] Unter Hunger leidet jeder sechste Mensch. Alle fünf Sekunden – mit jedem Satz, den Sie hier lesen – stirbt einer von ihnen an den Folgen der miserablen Lebensverhältnisse. Das sind mehrere Millionen Welthungeropfer pro Jahr. Und dieses massenhafte Sterben geschieht nun schon seit über vier Jahrzehnten, seit Horkheimers philosophischer Forderung einer Welt ohne Hunger Anfang der 1970er Jahre. Armut tötet jährlich mehr Menschen, als der ganze Zweite Weltkrieg an menschlichen Opfern verschuldete.

Hätten Medien und Journalisten daran Interesse, müsste jede beliebige Tageszeitung täglich mit den Schlagzeilen titeln: ›Gestern in zahlreichen Ländern erneut mehrere Zehntausend Menschen elendig massakriert.‹ Daneben ein Foto, das ein Massengrab mit bis auf die Knochen abgemagerten Leichnamen zeigt. Den nächsten Morgen dann wieder der gleiche Bericht: ›Gestern in zahlreichen Ländern 37.549 Menschen elendig massakriert.‹ Tag für Tag und das nicht nur schon seit Jahrzehnten, sondern das Gleiche auch für die kommenden Jahrzehnte. Mit wachsenden Zahlen. Denn die Anzahl der Hungeropfer ist kontinuierlich gestiegen und wird mit hoher Wahrscheinlichkeit in Zukunft

---

2 | Vgl. FAO, World Food Report 2011.

weiter steigen. Als Folge der dramatischen Preissteigerungen für Nahrungsmittel im Jahre 2008, im Zuge der weltweiten Finanzkrise, nahm die Zahl der Unterernährten sprunghaft um 100 Millionen Menschen zu.

Von dem »täglichen Massaker des Hungers« spricht jemand, der diese drastischen Worte nicht unbedacht wählt. Für den ehemaligen Soziologie-Professor und UN-Sonderbeauftragten für das Recht auf Nahrung Jean Ziegler, der eingangs schon kurz zu Worte kam, ist der massenhafte Tod von wehrlosen Zivilisten und friedfertigen Menschen das Ergebnis eines unerklärten »Dritten Weltkrieges«.[3] In diesem Wirtschaftskrieg werden Millionen nicht durch militärische Gewalt und Bomben ermordet, sondern durch die weit perfideren Mittel Armut und fehlendes Essen. Nicht nur Jean Ziegler, auch andere kritische Theoretiker und Empörte bezeichnen die böse Banalität des Welthungers als einen kriegsähnlichen »Massenmord«, beispielsweise die Gerechtigkeitstheoretiker Thomas Pogge und Peter Singer.

Doch ist es wirklich angemessen und sinnvoll, so zu sprechen? Wer führt diesen Weltkrieg gegen die Menschheit? Mit welchem Ziel? Oder wer sieht menschenverachtende Aktionen von wild gewordenen Gewaltkommandos, die in bürgerkriegsähnlichen Zuständen die Ärmsten und die Welthungeropfer jagen und skrupellos massakrieren? Es sind eben keine Krieger und keine feindlichen Streitkräfte, die durch die Dörfer oder städtischen Slums der Dritten Welt streifen, um dort den täglichen »Massenmord« an mehreren Zehntausend Hilfsbedürftigen anzurichten. Doch es irritiert zweifelsohne, dass Maßnahmen zur Beendung des weltweiten Darbens ausgerechnet als ›Krieg‹ oder ›Kampf gegen den Welthunger‹ bezeichnet werden. Wem wird damit der Kampf angesagt? Und wieso überhaupt kämpfen, wo es doch ums Essen und darüber hinaus um ein für alle besseres Leben geht?

Der vielfach erklärte Kampf gegen den Welthunger ist ein Kampf gegen einen gesichtslosen Feind. In ebendieser Unsichtbarkeit verstecken sich seine kriegsähnliche Gewalt und seine tödliche Wirksamkeit. Tückisch ist auch jene Selbstverständlichkeit, mit der sich viele an die gesellschaftliche Realität und die dauerhafte Normalität ›des Welthungers‹ gewöhnt haben. Es scheint, als gehöre der Welthunger in unsere Alltagssprache und unsere Welt wie schlechtes Wetter oder unerfreuliche Krankheiten oder andere Dinge, die sich niemand wünscht, die aber doch irgendwie dauerhaft da sind und sich scheinbar nicht ändern lassen. Jugendliche wachsen heute in eine Wirklichkeit hinein, in der sich von selbst zu verstehen scheint, dass ›der Welthunger‹ eine Misere von weit entfernten ›Entwicklungsländern‹ ist; er erscheint als ein Problem der anderen, an dem man selbst nicht beteiligt ist, zumindest nicht so, dass man etwas dafür könnte.

---

3 | Vgl. Ziegler, Die neuen Herrscher der Welt und ihre globalen Widersacher; ders., Wie kommt der Hunger in die Welt?

Niemand von uns ist am Massenmord von fremden Armen beteiligt. Dass Milliarden von Menschen nicht genug Lebensmittel haben und im Elend leben müssen, ist schlimm und nicht gut, werden sich die meisten sagen. Aber was, fragen sie sich, habe ich mit deren Schicksal und Unglück zu tun? Es existiert kein sichtbarer Zusammenhang zwischen meinem alltäglichen Leben und dem der Hungernden. Doch wie die Dinge nun einmal stehen: Dieser Anschein und Schleier des Unwissens trügt. Ein solcher globaler und zugleich kausaler Zusammenhang existiert durchaus; was den Wohlstand der Nationen mit dem Elend der Welt verbindet, ist jene »unsichtbare Hand«, von der als Erster der Philosoph Adam Smith sprach. Allerdings seinerseits ohne das Ganze zu durchschauen.

ZUR IDEOLOGIE EINER (NEO-)LIBERALEN GERECHTIGKEITSTHEORIE

Was hat die gegenwärtige Philosophie zu den politisch-ökonomischen Ursachen des Welthungers zu sagen? Und welche Rezepte kann sie, über die kritische Analyse seiner Zusammenhänge hinaus, zu seiner praktischen Bewältigung bieten? Die Antwort auf diese drängenden Zukunftsfragen fällt enttäuschend, obgleich nicht ganz überraschend aus. Zwar haben in der jüngsten Vergangenheit speziell Theorien zur sozialen Gerechtigkeit und neuerdings verstärkt auch zur globalen Gerechtigkeit innerhalb der politischen Philosophie an Bedeutung gewonnen, wie insgesamt die praktische Philosophie mit dem Boom der angewandten Ethik an gesellschaftliche Relevanz gewonnen hat. Doch ist eine intensive Auseinandersetzung mit der Welthungerproblematik ausgeblieben. Sogar die Ton angebende Gerechtigkeitstheorie von John Rawls geht darauf nicht ein.[4] Zwar entwirft seine Philosophie das Konzept einer gerechten Politik und gerechter staatlicher Institutionen, die politische Maßnahmen rechtfertigen, wodurch die Lebenslage von Armen beziehungsweise von Bürgern, denen es sozial am schlechtesten geht, verbessert werden müssten. Doch schränkt Rawls die normative Reichweite seines Gerechtigkeitsdenkens auf den moralischen Partikularismus einer ausschließlich nationalen, innerstaatlichen Politik ein. Bezogen auf die fundamentale Frage einer globalen und kosmopolitischen Gerechtigkeit zwischen den Ländern und Völkern sieht Rawls keine philosophischen Gründe für die Notwendigkeit einer gerechteren internationalen (oder transnationalen) Politik. Seiner Auffassung nach ist jedes Land sowohl für den eigenen Wohlstand als auch für die existierende Armut selbst verantwortlich. »Ich glaube«, schreibt Rawls, »dass die Ursachen des Wohlstandes eines Volkes und der verschiedenen Formen dieses Wohlstandes sowohl in seiner politischen Kultur

---

4 | Vgl. Rawls, Theorie der Gerechtigkeit.

liegen und in den religiösen, philosophischen und moralischen Traditionen, welche die Grundstruktur seiner politischen und sozialen Institutionen stützen, als auch im Fleiß und in der Kooperationsfähigkeit seiner Mitglieder, all dies getragen von seinen politischen Tugenden«.[5] Die einzigen Ursachen sozialen Übels innerhalb ärmerer Gesellschaften wären demnach entweder das Ergebnis einer entsprechend unterentwickelten Kultur oder die Konsequenz von »Unterdrückungsregimes und korrupten Eliten«.[6]

Rawls' Philosophie des Elends widerspricht dem von Horkheimer zeitgleich formulierten Gedanken, dass die reichen Völker der Ersten Welt von der Armut der Dritten Welt profitieren. Indem ausschließlich innerstaatliche Faktoren wie Unterdrückung und Korruption als die maßgeblichen Gründe neben Fleiß, politischen Tugenden und philosophischen, religiösen oder (offenbar automatisch partikularen) moralischen Traditionen angeführt werden, schweigt sich die (neo-)liberale Gerechtigkeitstheorie von Rawls zu den politisch-ökonomischen Zusammenhängen und Ursachen des Wohlstandes der westlichen Nationen aus. Man kann das auch so sagen: Wer eine philosophische Rechtfertigung sucht, um die Bürger der Wohlstandsländer von jeglicher Verantwortung gegenüber dem Hunger unter der Bevölkerung des globalen Südens freizusprechen, dem liefern die Schriften von John Rawls die passende Ideologie. Diese harsche Kritik wurde wohl am vehementesten und zugleich am profundesten von seinem bekanntesten Schüler Thomas Pogge vorgetragen.[7]

DAS RETTUNGSBOOT-KOMMANDO

Eine weit radikalere philosophische Rationalisierung für eine Politik des andauernden, stillschweigend kalkulierten Welthungers haben die ›Rettungsboot‹-Theoretiker Paul Ehrlich und Garrett Hardin geleistet. Zur gleichen Zeit, während Max Horkheimer die Hoffnung der Kritischen Theorie auf eine Welt ohne Hunger zum Ausdruck brachte, legten es Ehrlich und Hardin darauf an, die politische Öffentlichkeit davon zu überzeugen, dass den hungernden Menschen in den armen Ländern *nicht* geholfen werden darf: Sie verteidigten eine Politik des kontrollierten Hungersterbens. Ehrlich spricht wörtlich von einem zu befürwortenden Absterben (engl. *die back*) eines Teils der wachsenden Weltbevölkerung. Das explizite Ziel dieser neomalthusianischen Weltpolitik soll sein, den Wohlstand und den ressourcenhungrigen Lebensstil des Westens auch für die Zukunft uneingeschränkt sicherzustellen.[8] Die ähnlich skrupellose

---

5 | Rawls, Das Recht der Völker, 134.
6 | Rawls, Politischer Liberalismus, 89.
7 | Vgl. Pogge, Rawls on International Justice; ders., ›Armenhilfe‹ ins Ausland.
8 | Vgl. Ehrlich, Die Bevölkerungsbombe.

Argumentation des Biologen Hardin entwirft eine Gedankenwelt, in welcher reiche Länder gleichsam zu Inseln der Glückseligen werden oder eben, in seinen Worten, zu Rettungsbooten (engl. *life boats*), die sich auf einem bedrohlichen Meer von Armut und Hunger über Wasser halten (müssen).[9] Sicherlich trifft an dieser Situation zu, dass die glücklichen Insassen dieser Rettungsboote für ihren üppigen Reiseproviant nahezu alle verfügbaren Ressourcen der Erde (ver-)brauchen und aufessen. Wollten sie, wovon Hardin ausgeht, dem permanenten Festmahl auf diesem luxuriösen Traumschiff entsprechend weiter leben und ihren Lebensstandard retten, müssten sie alles daran setzen, dass die verzweifelten Armen, die in den weltweiten Untiefen des Hungerns unterzugehen drohen, es nicht schaffen, an Bord zu gelangen. Um den Lebensraum der Reichen gegen Notleidende, Eindringlinge und Hilfesuchende erfolgreich abzugrenzen und den westlichen Lebens- und Ernährungsstil zu sichern, bleibt uns folglich nichts anderes, so Hardin, als »ununterbrochen gegen Zusteigende auf der Hut sein«.[10]

Während der neoliberale Demagoge Hardin sich dafür ausspricht, die Ärmsten verhungern zu lassen, erwägt der neomalthusianische Bevölkerungstheoretiker Paul Ehrlich zur politischen Durchsetzung seines menschenverachtenden Programms die Zwangssterilisation in bevölkerungsreichen Ländern durch die Beigabe von Sterilisationsmittel zum Trinkwasser und zur Nahrung (zusätzlich zu finanziellen Anreizen und Sanktionen durch eine flankierende Steuergesetzgebung). Demgegenüber funktioniert Hardins Strategie weit kostengünstiger und effektiver: Man braucht weiter nichts zu tun, als den Menschen in Entwicklungsländern so wenig wie möglich oder am besten gar nicht zu helfen, und gleichzeitig kann für die Menschen in der Ersten Welt alles so bleiben, wie es ist. Massiv eingreifen tun die Regierungen der reichen Länder erst dann, folgt man Hardins neoliberaler Politik, wenn es der Kommandowirtschaft selbst an den Kragen geht. Wie beispielsweise in der aktuellen Weltwirtschaftskrise, wo gigantisch teure ›Rettungsschirme‹ aufgespannt werden, um die Banken und Finanzmärkte – die eigentlichen Kommandozentralen – zu retten.[11] Wer bleibt selbstverständlich im Regen stehen? Die Volksmassen, die ›99 Prozent‹, auf deren Kosten die Party der glücklichen Gewinner, Kapitaleigentümer und Aktionäre weitergehen kann. Der Schirm, der die Banken und die Finanzmärkte rettet, ist eine Art Enteignungsinstrument der Gemeingüter und des Volksvermögens. »Banken zu retten«, stellt Robert Misik klar, »heißt nicht nur, wichtige Institutionen für die Wirtschaft aufzufangen (weshalb es zu den Notprogrammen

---

9 | Vgl. Hardin, Lifeboat Ethics.
10 | Ebd., 24.
11 | Vgl. Dietrich, EU am Ende?.

keine gute Alternative gab), es heißt auch, die Finanzvermögen der Besitzenden zu retten«.¹²

Dort aber, wo sich doch total Verzweifelte und (Todes-)Mutige aufmachen, um sich buchstäblich über Rettungsboote auf die Wohlstandsinseln des globalen Nordens zu retten, dort leisten sich die reichen Staaten – in bemerkenswerter Übereinstimmung mit Hardins Philosophie – teure Sicherheitssysteme und Grenzpatrouillen. Frontex, eine gut bezahlte Sicherheitsfirma, die im Auftrag der Europäischen Union die nordafrikanischen Küstengebiete kontrolliert, ist eine reale Umsetzung des Rettungsboot-Kommandos und dessen Weltwirtschaftsregime. Angenommen nur zehn Prozent der eineinhalb Milliarden Menschen, die 2020 auf dem afrikanischen Kontinent leben werden, wollten ihrem sicheren Schicksal entkommen, dann wird Europa noch reichlich Geld in seinen Kampf gegen den Welthunger stecken müssen.¹³ Für diejenigen Gemüter in den reichen Ländern, denen diese Politik des kontrollierten Massensterbens des verwalteten Welthungers als Schattenseite einer repressiven Migrationspolitik moralische Skrupel bereitet, hat Hardin nichts als Hohn übrig: »Einige sagen, sie fühlen sich schuldig für ihr Glück. Meine Antwort ist simpel: ›Steig aus und überlasse deinen Platz jemand anderem.‹«¹⁴

Die ebenso banale wie böse Logik dieser Rettungsboot-›Ethik‹ sieht vor, dass die bedürftige Person, die an die Stelle der Person mit dem moralischen Gewissen träte, sich nicht schuldig fühlte für sein Glück. Täte sie es, würde sie erst gar nicht an Bord gehen (dürfen). So werden letztlich nur skrupellose Personen ›gemeinsam in einem Boot‹ sitzen, die jedes ethische Verantwortungsgefühl gegenüber dem Meer der Armen und Hungernden ›dort draußen‹ zu unterdrücken wissen oder sich dieses mit der Zeit abgewöhnen. Gerade die von Hardin auf den Begriff gebrachte Einsicht, dass das eigene Glück kausal vom Unglück anderer abhängt, weil man an diesem ›Glück‹ – der normalen Lebensweise der durchschnittlichen Bevölkerung in den Wohlstandsnationen – nichts ändern will, veranlasst die reichen Staaten zu einer kaltblütig kalkulierten Welthungerpolitik.

Entsprechend attackiert Hardin sowohl die Anfang der 1970er Jahre aktuellen Pläne zur Einrichtung einer *World Food Bank* als auch die Erwägung einer nicht-repressiven Einwanderungspolitik in den USA, mit der Begründung, beide Varianten einer Politik des Gemeinwohls oder der ›Allmende‹ würden die ›tragische‹ Konsequenz einer Beeinträchtigung des westlichen Wohlstandes haben. Doch keiner oder zumindest nicht die Mehrheit der Bürger der Wohlstandsländer seien zu einer Veränderung der eigenen Lebensweise bereit.

---

12 | Misik, Anleitung zur Weltverbesserung, 205.
13 | Vgl. Davis, Planet der Slums; Stone, Beyond the Fence; Eigmüller, Grenzsicherungspolitik.
14 | Hardin, Lifeboat Ethics, 17.

Hardins Rettungsboot-Ethik versteht sich bewusst als politische Antwort und neoliberale Alternative zu einer kosmopolitischen Ethik globaler Gerechtigkeit, die zu dieser Zeit von der politischen Linken und einigen linken Theoretikern – in der Metapher des Planeten Erde als dem gemeinsamen Raumschiff aller Menschen als gleichen Passanten – gefordert wird. Beispielsweise fordert Peter Singer angesichts von Hungersnöten nach Überflutungen in Bangladesch von den reichen Ländern, insbesondere den Vereinigten Staaten, eine humanitäre Rettungsaktion.[15]

Heute stellt sich vor diesem Hintergrund und angesichts der politischen Realität der Gegenwart die nur noch rhetorische Frage: »Werden die Menschen in den USA, die – gemessen an der Auslandshilfe pro Kopf – die geizigsten Menschen sind, bereit sein, sich selbst zu besteuern, um beim Umsiedeln von Millionen von Menschen zu helfen, die wahrscheinlich aus dicht besiedelten Mega-Delta-Regionen wie Bangladesch flüchten müssen?«[16] Und ohne weiteres lässt sich mit Mike Davis dieser realistische Pessimismus vorspinnen: »Was aber, wenn anstelle von wachrüttelnden heldenhaften Innovationen und internationaler Kooperation wachsende Umweltprobleme und gesellschaftliche Unruhen die Elite dazu antreiben, sich noch fieberhafter vom Rest der Menschheit abzukapseln? Die globale Schadensminderung würde man in diesem unerforschten, aber nicht unwahrscheinlichen Szenario stillschweigend zugunsten einer schnelleren Investition in eine selektive Anpassung für Erste-Klasse-Menschen aufgeben – oder ist dies längst geschehen? Für diese Menschen werden grüne Oasen dauerhaften Reichtums auf einem ansonsten gebeutelten Planeten geschaffen.«

Entgegen der Ethik einer politischen Weltordnung, die sich am Gemeinwohl – an den Menschenrechten und am gerechten Teilen des gemeinsamen Besitzes an Ressourcen sowie des gesellschaftlichen Reichtums – orientiert, propagieren Neomalthusianer oder Neoliberale wie Hardin die Kontrolle der Ressourcen und Besitzreichtümer innerhalb des kapitalistischen »Systems des privaten Eigentums«.[17] Es ist bezeichnend, dass die Welthungerpolitik jeden kritischen Bezug zum herrschenden Weltwirtschaftssystem vermeidet: Kein Wort zu den strukturellen, ökonomischen Ursachen der Armut in der ausgebeuteten Dritten Welt. Stattdessen liefert Hardin wie kein anderer Theoretiker und auch weit unverblümter als John Rawls' Theorie der ›Gerechtigkeit‹ genau jene Argumente, die den Bürgern und Regierungen der angeblich hoch entwickelten Länder dazu verhilft, seit Jahrzehnten mit einer Politik leben zu können, die den Welthunger – das massenhafte Unglück anderer – als Bedingung und Begleiterscheinung der eigenen Lebensweise hinnimmt und organisiert.

---

15 | Vgl. Singer, Hunger, Wohlstand, Moral.
16 | Davis, Wer wird die Arche bauen?, 28.
17 | Hardin, Tragedy of the Commons, 277.

Was ist es anderes als moralischer Zynismus oder (auf die reale Weltpolitik der neoliberalen Ära bezogen, in der die USA als alleinige Supermacht agierte) was ist es anderes als ›amerikanischer Pragmatismus‹ in seiner extrem rechts-republikanischen Provenienz (eines Ronald Reagan oder Georg W. Bush, gegen den die Obama-Regierung mit bislang mäßigem Erfolg ankämpft)[18], zu denken, eine andere Welt sei nicht möglich? *There Is No Alternative*. Der Philosoph Richard Rorty hat die Implikationen dieses so genannten TINA-Syndroms ausbuchstabiert: »Angenommen, es existierte kein denkbarer Weg, um den ärmeren fünf Milliarden Bürgern der Mitgliedstaaten der Vereinten Nationen angenehme Lebenschancen zu gewährleisten, um gleichzeitig die demokratischen soziopolitischen Einrichtungen der eine Milliarde Reichen weiter aufrechtzuerhalten. Dann werden diese die armen und unglücklichen fünf Milliarden als Zusatzbelastung zu ihrer moralischen Anforderung behandeln, die keine Rolle in ihrem moralischen Leben zu spielen vermag. Die reichen und unglücklichen Leute werden rasch unfähig sein, die Armen und Unglücklichen als ihre Mitmenschen wahrzunehmen und als Angehörige eines gemeinsamen ›Wir‹«.[19] Der kritische Neopragmatist Rorty durchdenkt diese menschenverachtende Moral bis zu ihrem grauenvollen Ende: »Wenn wir realisieren, dass es praktisch nicht möglich ist, eine Person oder eine Gruppe zu retten, dann ist es so, als ob sie für uns schon tot wären. Diese Leute sind, wie wir sagen, ›für uns gestorben‹.« Man muss den Tatsachen ins Gesicht sehen: Vielen Menschen bleibt das Schicksal Fremder gleichgültig, nicht bloß das der Ärmsten in der Dritten Welt; schon im Alltag das der Bettler und anderer Hilfsbedürftiger. Gewiss, niemand ist daran interessiert, dass es Elend auf der Welt gibt. Man wünscht sich das nicht. Aber es kümmert die meisten eben auch nicht weiter. Alles das scheint wenig mit ihrem Alltagsleben zu tun zu haben. Sie quälen ›ihre eigenen Sorgen‹.

Die nicht mehr feierliche Politik der Entwicklungshilfe

Befürworter des kalkulierten Welthungers und Massensterbens kommen innerhalb des Kanons der politischen Philosophie ohne kritische Kommentare oder moraltheoretische Distanzierung zu Wort. Zwar wird die ›Rettungsboot-Ethik‹ mitunter als zynisch bezeichnet, beispielsweise von Thomas Kesselring, doch hält dies den Autor nicht davon ab, Hardin ausdrücklich zu loben mit den Worten, dieser sei »ein gewiefter Provokateur, der seine Leser gerne schockiert« und das sei »durchaus verdienstvoll«.[20] Gleichwohl scheint sich weder in der Philo-

---

18 | Vgl. Singer, The President of Good & Evil.
19 | Rorty, Who Are We?, 321.
20 | Kesselring, Ethik der Entwicklungspolitik, 38.

sophie noch in der bürgerlichen Öffentlichkeit jemand zu wagen, die machtpolitischen Interessen der reichen Staaten derart unverhohlen zu verteidigen (und derart zu rechtfertigen, wie es Garrett Hardin getan hat). Im Gegenteil bekennen sich die Politiker und die Bürger der Wohlstandsländer ganz offiziell zu dem moralischen Gebot, dass der Welthunger bekämpft werden müsse. Sie lassen keinen Weltgipfel ungenutzt, entschieden zu fordern, dass endlich rasch etwas dagegen zu geschehen habe. Statt die Armen rigoros von ihrem Festmahl auszuschließen, sprechen sie davon, ihnen helfen zu wollen bei ihrer nachholenden Entwicklung, und schicken ihnen regelmäßig – als Beweis ihres guten Willens – etwas Nahrungsmittel und Geld: Welthungerpolitik *as usual*.

Bei vielen Gelegenheiten und in unzähligen Dokumenten haben die Reichen ihren gewissenhaften Wunsch beteuert, eine Welt zu schaffen, in der niemand hungern muss. Angesichts ihrer entwicklungspolitischen Ideale und ihrer Hungerhilfeprogramme scheint es, als ob sich die internationale Politik eher Horkheimers Utopie einer gerechten Welt verpflichtet fühlt und nicht etwa Hardins Rettungsboot-Kommando. Anlässlich des ersten Welternährungsgipfels im Jahre 1974 verkündete der damalige US-Außenminister Henry Kissinger in einer energischen Rede mit dem alarmierenden Titel *Krieg dem Hunger*: »Die begründete Prämisse unserer Ära ist, dass wir zum ersten Mal die technischen Kapazitäten haben, um die Menschheit von Hungerleid zu befreien.« Kissinger verband diesen Fortschrittsglauben mit dem humanistischen Versprechen, dass kein Kind hungrig zu Bett gehen werde, dass keine Familie sich um das tägliche Brot sorgen müsse und dass die Zukunft und die Fähigkeiten keines menschlichen Wesens durch Fehlernährung beeinträchtigt sein würden: innerhalb eines Jahrzehntes!

In welchem eklatanten Gegensatz dieses moralische Versprechen zur politischen Realität steht, war von Anfang an offensichtlich. Die Generalversammlung der Vereinten Nationen beschloss, ihren feierlich erklärten Kampf gegen den Hunger durch eine lächerliche Maßnahme anzugehen: durch internationale Hilfeleistungen im Wert von 0,7 Prozent der jährlichen Bruttonationaleinnahmen der reichen Länder. Das entspricht einer Gesamtsumme, die den Promille-Bereich ihres kollektiven Reichtums nicht überschreitet. Selbst drei Jahrzehnte danach gab es unverändert viele Kinder, die hungrig zu Bett gehen, Familien, die sich um das tägliche Brot sorgen müssen und die entwürdigende Beeinträchtigung der Zukunft und Fähigkeiten unzähliger menschlicher Wesen durch Fehlernährung. Also bekräftigte die Staatengemeinschaft anlässlich eines relativ seltenen Ereignisses der Menschheitsgeschichte – auf dem Jahrtausendgipfel in New York im September 2000 – erneut mit der Zahlung des gleichen geringen Anteils ihren entschiedenen Willen, Armut zu bekämpfen. Nun aber soll es (noch) etwas länger dauern: bis 2015. Wir werden es erleben! Und obendrein verkürzt sich das moralische (universalistische) Ziel einer Welt ohne Hunger auf den halbherzigen Utilitarismus, dass man den Anteil der

Hungernden auf der Welt bis dahin lediglich halbieren wolle.[21] In den zurückliegenden Jahren haben die Reichen den Ärmsten auf diese Weise ›Entwicklungshilfe‹ in Höhe von 2,3 Billionen Dollar bezahlt.[22] Wären Staaten wie die USA oder Deutschland einfache Personen mit durchschnittlichen Einkommen, entspräche dieses Geld circa 0,3 Prozent ihres Vermögens oder etwa 6 Euro (9 US-Dollar) bei einem monatlichen Gehalt von 2000 Euro (3000 US-Dollar).[23] Tatsächlich lag der Durchschnittswert für Mitgliedsstaaten der Organisation für wirtschaftliche Zusammenarbeit und Entwicklung im Jahre 2007 auch nicht etwa bei 0,7, sondern bei 0,26 Prozent.

Ist das ein Grund zum Feiern? Im November 2011 feierte das Bundesministerium für wirtschaftliche Zusammenarbeit und Entwicklung (BMZ) den 50. Jahrestag seines Bestehens. Es hatte eigentlich wenig Grund dazu. Gegenwärtig leistet das deutsche Entwicklungshilfeministerium weniger Entwicklungshilfe als in seinem Gründungsjahr und dies auch noch mit dem erklärten Ziel, in den nächsten Jahren seine Hilfeleistungen weiter kürzen zu wollen.[24] Ist schon die Maxime der reichen Staaten, läppische 0,7 Prozent ihres wachsenden Wohlstandes spenden zu wollen, ein moralisches Armutszeugnis, wird diese christliche Barmherzigkeit in Tat und Wahrheit noch unterboten. Beurteilt man die politische Praxis der Regierungen danach, was sie im Kampf gegen die Armut bewirken, dann weist die vorherrschende Entwicklungspolitik deutliche Ähnlichkeit zum neoliberalen Rettungsboot-Kommando auf: das kalkulierte Fortbestehen millionenfachen Hungersterbens.

Würden die reichen Länder den Welthunger ähnlich rigoros bekämpfen, wie sie terroristische Bedrohungen bekämpfen und teure Kriege in Entwicklungsländern führen, dann lägen die jährlichen Ausgaben für Entwicklungs- und Welthungerhilfe auch nicht bei der gegenwärtigen Summe (von 100 Milliarden Euro). Die Summen entsprächen der hoheitlichen Höhe der jährlichen Militärausgaben, also dem Zehnfachen. Wie viel Mittel in kürzester Zeit von den Regierungen der reichen Nationen zur Verfügung gestellt werden *könnten*, sobald der politische Wille da wäre, haben in den letzten Jahren die gigantischen Rettungspakete für die in Not geratenen Banken gezeigt. Diese kathartische Erkenntnis eines zurückgewonnenen Primats der Politik vor dem Kapital ist das eigentliche Lehrstück der aktuellen Finanzkrise und der unerwartete Nekrolog auf die neoliberale Ära.[25] Statt den Kasino-Kapitalismus zu retten, bedürfte es eines ähnlich beherzten und durchsetzbaren Rettungsprogramms, um die in

---

21 | Vgl. UNO Millenniumsentwicklungsziele.
22 | Vgl. Easterley, The White Man's Burden, 4.
23 | Vgl. Singer, The Life You Can Save, 106.
24 | Vgl. Deutsche Welthungerhilfe und terre des hommes Deutschland, Die Wirklichkeit der Entwicklungshilfe.
25 | Vgl. Harvey, Kleine Geschichte des Neoliberalismus; ders., Der Finanzstaatsstreich.

ständiger Not oder Normalität lebenden Menschen zu retten. Eine solche Rettungspolitik verlangt freilich das politische Primat des Allgemeinwohls vor dem Privatkapital der Wenigen. Dass es zu dieser Rettungsaktion fortgesetzt nicht kommt, beweist das realpolitische Desinteresse der reichen Demokratien, an dem ungerechten Arrangement der globalen Tischordnung irgendetwas Wesentliches ändern zu wollen, und beweist ihren schlechten Geschmack, trotz allem hungrige Fremde und unwillkommene Gäste immer noch nicht an ihrem täglichen Festmahl teilnehmen zu lassen.

Will man die Ursachen verstehen, warum nach beinahe einem halben Jahrhundert ›Entwicklungshilfe‹ immer noch mehr Menschen hungern und in Armut leben als je zuvor in ihrer Geschichte und das, obwohl es gleichzeitig noch nie so viele Reichtümer und technische Möglichkeiten gab wie heute, so sind dafür schlicht und einfach die realen – und nur begrenzt moralischen – Interessen der reichen Länder ausschlaggebend. Wären sie ernsthaft an einer gerechten Welt interessiert, könnte niemand im ganzen Universum sie daran hindern, diese Vernunftidee einer globalen Ethik gemeinsam praktisch anzuwenden. Mit anderen Worten, die Entwicklungs- und Welthungerhilfe der mächtigsten Regierungen tut nichts dagegen, dass alles so bleibt, wie es ist, und zwar bereits seit Jahrzehnten erfolgreich.

In welchem Maße die übliche Entwicklungshilfepolitik primär dem wirtschaftlichen Eigeninteresse der reichen Staaten dient und dieses flankiert, ist an der Logik des UN-Nahrungshilfeprogramms (WFP) zu erkennen. Der größte Teil des Budgets des Hilfeprogramms und der größte Teil der ausgelieferten Nahrungsmittel kommen von einzelnen Regierungen, die ihre Hilfebereitschaft mit bestimmten strategischen Motiven verbinden. Diese List der strategischen Hilfe geht auf die US-amerikanische Agenda zurück, die bereits im Jahre 1954 als *Public Law 480* wirksam wurde. Das politische Ziel des Gesetzes war es, laut offizieller Erklärung, »die Grundlagen für eine permanente Expansion unserer Ausfuhren von landwirtschaftlichen Produkten mit dauerhaften Vorteilen für uns selbst und für Völker in anderen Ländern zu schaffen«.[26]

An diesem Kalkül hat sich seitdem wenig geändert, stattdessen wurde seine krude Logik vielfach übernommen. Politisch gewollt und gesetzlich festgelegt muss auch heute ein Großteil der Nahrungshilfe durch Unternehmen des eigenen Landes erzeugt, gekauft, verarbeitet, transportiert und verteilt werden. Diese Regelung führt dazu, dass insbesondere einheimische Nahrungsproduzenten, landwirtschaftliche Zulieferbetriebe (wie Düngemittel- und Pestizidhersteller, Spediteure) und einige große Zwischenhändler an den staatlichen Hilfsgeldern verdienen. Lediglich zwei US-amerikanische Großkonzerne (ADM und Cargill), die drei Viertel des globalen Getreidehandels kontrollieren, haben Verträge mit ihrer Regierung abgeschlossen, um einen großen Teil der

---

26 | Morgan, Merchants of Grain, 147f.

Getreidelieferung abzuwickeln. Noch bessere Geschäfte machen die wenigen Transportfirmen, welche die Hilfeleistungen ausliefern. Neben solchen und ähnlichen ›Zwischenkosten‹ werden beispielsweise in Form von so genannten technischen Hilfen große Geldsummen für Expertengehälter und Bürokratie ausgegeben und veruntreut.

Am Ende erreicht nur noch ein Bruchteil des ursprünglichen Spendenbetrags die bedürftigen Menschen. Mit anderen Worten, man kann etliche Ineffizienzen der staatlich finanzierten Hilfe kritisieren.[27] Doch diese moralische Kritik will nicht wahrhaben, dass die gängige Welthungerpolitik durchaus äußerst effektiv ihr Ziel verfolgt, neben einigen Spenden für die Ärmsten vor allem mächtigen Wirtschaftsinteressen im eigenen Land zu dienen.[28] Die nach willkürlichem Ermessen und nach wechselnden Launen vergebenen Hilfsgelder an arme Länder verkaufen sich sehr wirkungsvoll als mediale Public-Relations-Kampagne.[29] So bezeichnet der Politologe William Whit das erwähnte *Public Law 480* rückblickend als »perfekte liberal-humanitäre Geste der USA gegenüber den Hungernden dieser Welt«.[30]

Nicht weniger als die amerikanische Regierung knüpfen auch die europäischen Regierungen oder jedes andere Geberland strategische (Sicherheits-, Migrations-, Macht-, Wirtschafts-)Interessen an ihre ›Hilfe für die Dritte Welt‹. Man darf darüber gerne etwas staunen; sagt uns unsere ethische Intuition nicht, dass Hilfe immer bedingungslos geleistet werden sollte, um als eine uneigennützige, ethische Handlung gelten zu können? Doch halten wir bei aller Irritation fest: Es ist ein und derselbe Geist der gegenwärtigen Weltpolitik, dem es gelingt, ein Kalkül, das die Not anderer bewusst zum eigenen Vorteil ausnutzt, als Hilfe auszugeben und zugleich eine Politik des nicht verhinderten Hungersterbens als eine Rettungsboot-Ethik zu rechtfertigen.

WER STELLT HUNGER UND ARMUT INS ZENTRUM DER POLITISCHEN PHILOSOPHIE?

Muss sich die gegenwärtige Philosophie mit dieser Lage der Dinge abfinden? Wie verhält sie sich gegenüber dem Zynismus der herrschenden Politik? Sollte die eigenartig viel diskutierte und wenig kritisierte Theorie der Gerechtigkeit von John Rawls weiterhin der Höhepunkt des philosophischen Gerechtigkeitsdenkens der Gegenwart sein? Und wo sind die vehementen Zurückweisungen der tagtäglich auf die Praxis angewandten ›Ethik‹ des Rettungsboots-Komman-

---

27 | Vgl. Maxwell/Barett, Food Aid After Fifty Years.
28 | Vgl. Lappé/Collins, Mythos vom Hunger.
29 | Vgl. Latouche, Die Ideologie der Entwicklung.
30 | Whit, World Hunger, 20.

dos in dem tosenden Meer von immer neuen Büchern und wässrigen Diskursen zur angewandten Ethik? Was sagte es über das politische Selbstverständnis der Philosophen und Philosophinnen aus, wenn der Welthunger – das wahrscheinlich größte Unrecht unserer Zeit – kein Schwerpunktthema ihrer Arbeiten, Konferenzen und Seminare wäre? Oder sind politische Fragen der globalen Ernährungsverhältnisse ein bekannter Erkenntnisgegenstand der philosophischen Forschung und Texte? Welche ethischen Angelegenheiten unseres Lebens könnten wichtiger sein als eine Praxis, durch die wir ständig ins Weltgeschehen eingreifen und unser Selbst konstruieren?

Für das Fortleben des Impulses, den Horkheimer bewegt hatte, als er die Aufgabe der Kritischen Theorie in den Kontext einer politischen Philosophie des Welthungers brachte, scheint es mir jedenfalls unerlässlich, weiter nach den philosophischen Bedingungen der praktischen Möglichkeiten zu fragen, diese ungerechten Verhältnisse zu ändern. Eine prominente Stimme innerhalb der politischen Philosophie und Ethik der Gegenwart, die trotz der realen weltpolitischen Verhältnisse an Horkheimers Utopie einer von Hunger und Armut befreiten Welt festhält, ist sicherlich Peter Singer. Singer gilt als einer der einflussreichsten Denker unserer Zeit.

Tatsächlich machte ihn ein früher Artikel zur Welthungerproblematik mit dem Titel *Famine, Affluence, and Morality* über Nacht zu einem international viel beachteten Philosophen.[31] Dieser Aufsatz erschien 1972, beinahe zeitgleich zu Horkheimers Forderung, dass die Dritte Welt nicht mehr hungern oder an der Hungergrenze leben dürfe. Während Horkheimers programmatische Bezugnahme auf das Welthungerdrama in der späteren Entwicklung der Kritischen Theorie der Frankfurter Schule keine systematische Bedeutung erlangte, ist Singer in den zurückliegenden Jahrzehnten in vielen seiner Werke auf sozialphilosophische Fragen der Gerechtigkeit eingegangen.[32] Umso fragwürdiger ist es, dass die ›Philosophie von Peter Singer‹ lediglich mit seinen einschlägigen Beiträgen zur Bioethik in Verbindung gebracht wird. Wie der Unwillen einiger Kritiker und Kollegen zu erklären ist, nicht wahrnehmen zu wollen, dass im Zentrum seiner Philosophie eine globale Ethik der Gerechtigkeit und des für alle guten Lebens steht, wird mich noch beschäftigen. An dieser Stelle gilt es festzuhalten, dass Singers Überlegungen zur Welthungerproblematik mit seiner erst kürzlich erschienenen Publikation *Leben retten* (im Original *The Life You Can Save*) nun in systematischer Form vorliegen.[33]

Vorgreifend ist hier wenigstens mit wenigen Worten anzumerken: Singers Welthungerphilosophie stellt unverständlicherweise keine sachlichen Bezie-

---

31 | Vgl. Singer, Hunger, Wohlstand und Moral.
32 | Vgl. Singer, Praktische Ethik; ders., *One World*; ders., *Wie sollen wir leben?*
33 | Vgl. Singer, Leben retten. Wegen der lückenhaften und ungenauen Übersetzung ins Deutsche zitiere ich vorzugsweise das englische Original in eigener Übersetzung.

hungen oder thematischen Brücken zu dem eigenen und erst jüngst in seinem Buch *Eating – What We Eat And Why It Matters* vorgestellten Versuch her, eine Theorie gerechter Ernährungsverhältnisse zu entwickeln.[34] Darin wird erstmals der Ansatz zu einer eigenständigen Ethik des Essens oder – wie man in Anlehnung an die von ihm maßgeblich mitbegründete Bioethik sagen könnte – einer Gastroethik entwickelt, die weit über jenen bekannten tierrechtsethischen Standpunkt hinaus geht, von dem aus seine Texte schon länger für die Notwendigkeit einer vegetarischen beziehungsweise veganen Ernährungsweise argumentieren. So kommt es, dass Singer seine Leser mit einem schwer zu durchschauenden Parallelismus seiner Betrachtung, einem einseitigen Fokus und Perspektivismus des Denkens konfrontiert (der sich teilweise, so jedenfalls ist meine Vermutung, auf seinen philosophischen Interventionismus zurückführen lässt): Seine Schriften behandeln die moralphilosophischen Fragen des Welthungers *unabhängig* von den globalen Ernährungsverhältnissen und deren politischen Ökonomie, obwohl sie sachlich miteinander aufs engste verwoben sind.

Doch trotz der eigentümlichen und sachlich unbefriedigenden Koexistenz einer philosophischen (welthungerphilosophischen) Behandlung der Hunger- und Armutsproblematik an einer Stelle und einer philosophischen (gastrosophischen) Beschäftigung mit den ethischen Dimensionen des globalen Nahrungsgeschehens an anderer Stelle, lohnt sich eine intensive Auseinandersetzung mit Singers welthungerphilosophischen Vorschlägen für eine gerechtere Welt. Denn seine Reflexionen bringen ein weit verbreitetes Moralbewusstsein bezüglich unseres Umgangs mit dem Thema ›Hunger und Armut in der Dritten Welt‹ auf den Punkt. Darüber hinaus lässt sich an dem von ihm vorgeschlagenen Lösungsansatz – einer Ethik des Geldspendens – die theoretische Fehlkonstruktion einer ›Welthunger‹-Philosophie als solcher studieren. Ihr mehrfacher Konstruktionsfehler ist es, die Ungerechtigkeit der herrschenden Weltwirtschaftspolitik (erstens) ausschließlich oder (zweitens) doch primär durch (drittens) den humanitären Aktionsplan einer (viertens) spendenfinanzierten Entwicklungshilfe für (fünftens) die Armen und Hungernden in der Dritten Welt abschaffen zu wollen.

Als Ausgangspunkt wählt Singer die Beschreibung einer sehr selten auftretenden Situation, die darüber hinaus keinen thematischen Bezug zum Welthunger aufweist: Er beschreibt die Notlage eines Kindes, das in einem modrigen Bassin zu ertrinken droht. Automatisch drängen sich moraltheoretische Bedenken auf, um die es Singer mit diesem Beispiel geht: Sollten wir – jeder zufällige Passant, jeder beliebige Mensch – in dieser Situation nicht das Kind retten? Im Übrigen lässt sich dieses Beispiel ebenso gut heranziehen, um die Kant'sche Moraltheorie zu erläutern: Auch sie baut auf dem Gedanken auf, dass

---

34 | Vgl. Singer/Mason, Eating.

es praktisch vernünftig (›moralisch gut‹) und unsere (›kategorische‹) Pflicht sei, in dieser und jeder vergleichbaren Situation zu helfen.³⁵

Dieses bewusst gewählte Eingangsbeispiel seines Seminars zur ›praktischen Ethik‹ löst bei den Studierenden stets die (zumindest verbal bekundete) Bereitschaft aus, in dieser Situation Hilfe leisten zu wollen, auch wenn dies zur Konsequenz hätte, dass sie dabei ihre teuren Schuhe oder Kleidungsstücke dreckig machen würden oder zu einem wichtigen Geschäftstermin zu spät kämen. Wahrscheinlich wird auch die Mehrheit von uns in dieser Notsituation Hilfe leisten (zumindest dies ebenfalls gewissenhaft bekennen wollen). Singer wählt dieses Beispiel einer spontanen, allgemeinmenschlichen, ›universellen Hilfsbereitschaft‹ angesichts eines in Not geratenen Fremden bewusst als faktischen Beleg für die (zumindest rhetorische) Evidenz eines humanistischen Moralempfindens. Dieses Moralverständnis steht im größtmöglichen Widerspruch zu dem erwähnten menschenverachtenden Rettungsboot-Kommando, wonach wir in dieser Situation das moralische Recht oder die Selbstgerechtigkeit aufbringen sollen, einfach weiterzugehen und das arme Kind wie jeden anderen Notleidenden ertrinken zu lassen, damit wir dabei unsere teuren Schuhe nicht dreckig machen oder zu unserem wichtigen Geschäftstermin zu spät kommen.

Wenn aber die überwiegende Mehrheit der Menschen es für moralisch gutheißt, dass dem besagten Kind geholfen werden sollte, dann – so Singers Schlussfolgerung – stimmt es mit diesem Gerechtigkeitsempfinden und mit diesem Verständnis des moralisch Guten überein, dass wir auch jeden anderen Menschen, der sich in einer ähnlichen Lage befindet – was zweifelsohne bei den hungrigen Kindern und den armen Erwachsenen in vielen Teilen der Welt der Fall ist – zu helfen haben. Und weil unser Beistand, das zu ertrinken drohende Kind zu retten, mit einem ›gewissen Opfer‹ verbunden wäre, so müssten wir auch unsere Bereitschaft, den Hungernden zu helfen, uns ›etwas kosten‹ lassen. Neben der theoretischen Klärung der Frage, was wir in Kauf nehmen würden und wie viel es uns kosten würde, das moralisch Gute zu tun – hier: Notleidenden zu helfen –, geht es Singer darum, dass sich die Bürger der reichen Demokratien nicht einmal ihre Füße (ihre teuren Schuhe oder Kleidungsstücke) dreckig zu machen brauchen und erst recht nicht ihr ganzes Hab und Gut oder gar ihr eigenes Leben zu opfern brauchen, um das Leben anderer zu retten.

Aus diesen Überlegungen stellt er ein ethisches Prinzip auf, wonach jeder Mensch, der etwas Schlechtes verhindern beziehungsweise Gutes tun und eine wohltätige Handlung (die dem Wohl anderer oder dem Gemeinwohl aller dient) vollbringen kann, dies auch tun sollte, soweit es in seiner Macht liegt. In Singers eigenen Worten: »Wenn es in unserer Macht steht, etwas Schlechtes zu

---

35 | Vgl. Steigleder, Vernunft und Universalismus am Beispiel Immanuel Kants, 58.

verhindern, ohne dabei etwas von vergleichbarer moralischer Bedeutung zu opfern, so sollten wir dies, moralisch gesehen, tun«.[36]

Wenn unfreiwilliges Hungerleiden und extreme Armut in einer Welt der Überfülle und des Reichtums etwas Schlechtes, ein moralisches Übel und Unrecht sind und deren dauerhafte Verhinderung oder Minderung etwas Gutes ist und dem menschlichen Wohl entspricht, dann sind wir – konkret die durchschnittlichen Bürger der vermögenden Ersten Welt und universell alle Menschen, insoweit es in deren Macht steht, so zu handeln – ethisch dazu verpflichtet, diesbezüglich Gutes zu tun und alles Richtige zu veranlassen (bzw. alle Rechte der Menschen zu fordern), so dass derartige Schlechtigkeiten abgewendet oder verhindert werden. Dies beinhaltet für Singer die Konsequenz: »Wenn wir neue Kleider kaufen, nicht um uns warm zu halten, sondern nur, um ›gut gekleidet‹ zu sein, so befriedigen wir kein wichtiges Bedürfnis. Wir würden nichts von Bedeutung opfern, wenn wir weiterhin unsere alten Kleider trügen und das Geld stattdessen der Welthungerhilfe spendeten. Auf diese Weise würden wir eine andere Person vor dem Hungertod bewahren.« Denn: »Wir sind dazu verpflichtet, das Geld zu spenden, und es ist moralisch falsch, es nicht zu tun«.[37]

Diese moraltheoretische Herleitung von individuellen Hilfe- oder Gerechtigkeitspflichten, seinen Teil im Kampf gegen den Welthunger zu leisten, bietet ebenso eine philosophische Begründung dafür, wie die gängige politische Hunger- und Entwicklungshilfe auf ein solides ethisches Fundament gestellt werden könnte. Demnach wird erforderliche Hilfe geleistet (oder sollte jedenfalls geleistet werden), nicht etwa aus christlicher Barmherzigkeit oder aus gelegentlicher, karitativer Wohltätigkeit oder sonst einer beliebigen Laune des Herzens heraus, sondern aufgrund der ethischen Selbstverpflichtung gegenüber dem Begriff und Ideal einer Gerechtigkeit, welche Hunger und Armut als etwas gleichermaßen für alle Menschen (universell) Schlechtes bewertet.

Vor diesem Hintergrund wird erst richtig verständlich, worin der moralische Skandal und Ausverkauf der gängigen Hungerhilfe- und Entwicklungspolitik besteht: Obwohl die reichen Staaten das ethische Gebot der sozialen Gerechtigkeit anerkennen und den über Jahrzehnte – trotz ihrer ›Hilfe‹ – fortgesetzten Welthunger nicht als Armutszeugnis ihrer Politik wahrhaben wollen, tun sie abgesehen von den gängigen Hilfeprogrammen nichts, obwohl dies in ihrer Macht stände. Es zählt zu den großen Verdiensten von Singers Philosophie des Welthungers, sich keineswegs mit dieser deprimierenden Feststellung abzufinden. Statt angesichts der politischen Verhältnisse zu resignieren oder theoretische Vorschläge für politische Reformen zu ersinnen, in der naiven Hoffnung, dass die internationale Politik diese Reformen dann und deshalb umsetzen wer-

---

36 | Singer, Hunger, Wohlstand und Moral, 39.
37 | Ebd., 43.

de, schlägt Singer einen anderen Weg ein. Er setzt auf die ethische Praxis jedes Einzelnen von uns und der zur kritischen kosmopolitischen Masse vereinigten Individuen. »Meine Absicht ist es«, schreibt Singer, »Sie, den einzelnen Leser, zu überzeugen, dass Sie einiges mehr tun können und tun sollten, um den Armen zu helfen«.[38]

Auch wenn die Politik nicht tut, was sie im Kampf gegen den Hunger tun könnte und tun sollte, bleiben immer noch die Bürger, die ihrem Sinn für Gerechtigkeit ethische Taten folgen lassen können. »Wenn wir«, wie Singer vorschlägt, »die Ethik an die erste und die Politik an die zweite Stelle setzen, können wir die Leute danach beurteilen, was sie jetzt tun, statt danach, für wen sie stimmen oder was ihrer Meinung nach geschehen sollte. Sind Sie gegen die heutige Verteilung der Ressourcen zwischen den reichen und den armen Ländern? Wenn Sie dagegen sind und in einem der reichen Länder leben, was tun Sie deswegen?«[39] Das sind berechtigte Fragen.

Mit dem Schritt, die Ethik an die erste und die Politik an die zweite Stelle zu setzen, spricht Singer einen wichtigen Gedanken der praktischen Philosophie an. Obwohl ich später auf diese Einsicht zurückkommen werde, sind hier einige provisorische Bemerkungen angebracht. Denn das über Jahrhunderte hinweg vom philosophischen Kanon aufbereitete und inzwischen gesellschaftlich verbreitete Verständnis von Politik hindert uns bislang erfolgreich daran, diese Vorrangstellung des Ethischen zu denken. Denn das, was man die ›Souveränität der Ethik‹ und die Priorität oder das Primat der ethischen Praxis vor der Politik nennen könnte, steht am Anfang der notwendigen Neuerfindung eines ethischen Begriffs des Politischen und mithin der politischen Philosophie selbst als Teil der philosophischen Ethik. Eine philosophische Ethik, die Leute danach beurteilt, was sie tun oder was sie nicht tun, bildet den programmatischen Grundsatz einer neuen praktischen Philosophie, die sich als Theorie des guten Lebens versteht oder genauer: als eine Ethik der Alltagspraxis, Gutes zu tun.

Die angesprochene Priorität der ethischen Alltagspraxis vor ›der Politik‹ betrifft auch das Wesen des Politischen. Das Politische beschränkt sich nicht darauf, das Geschäft von Berufspolitikern und Parlamenten, von Regierungen und ihrer Gesetzgebung, von Staaten und ihren Institutionen, einschließlich ihrer

---

38 | Singer, Leben retten, 31.
39 | Singer, Wie wir leben sollen?, 254. Dem fügt er hinzu: »Wir können auch nicht auf die Regierungen warten, damit sie die nötigen Änderungen herbeiführen. Es liegt nicht im Interesse von Politikern, die Grundvorstellungen der Gesellschaft, die sie an ihre Spitze gewählt hat, in Frage zu stellen. Würden sich zehn Prozent der Bevölkerung eine bewusst ethische Lebenseinstellung zu eigen machen und entsprechend handeln, dann wäre die Veränderung bedeutender als irgendein Regierungswechsel. Die Kluft zwischen einer ethischen und einer egoistischen Lebenseinstellung ist viel grundsätzlicher als die zwischen rechter und linker Politik.«

ethischen oder rechtlichen Normen zu sein. In einem umfassenden und grundlegenden Sinne einer philosophischen Politologie gedacht, ist jeder Mensch auf vielseitige Weise in seiner alltäglichen Lebenspraxis politisch aktiv. Es gibt keine ethische Lebenspraxis, die nicht zugleich eine immanent politische Praxis wäre und es gibt keine praktische Alltagsethik, die nicht zugleich eine politische Ethik wäre. Während ›die Politik‹ der Regierungen und der zwischenstaatlichen Institutionen auch ohne die politische Beteiligung ›des Volkes‹ funktioniert oder durchgesetzt werden kann und die herrschende Politik sogar der politischen Beteiligung oder der ethischen Praxis häufig entgegenwirkt, so kann sie doch nicht verhindern, dass der Souverän – das Volk, die Leute, wir alle, jeder Einzelne – durch verschiedene Aktivitäten des ethischen Handelns (und Selbstregierens) das Politische selbst in die Hand nimmt. Deshalb ist die von Peter Singer aufgeworfene Frage schwer zurückzuweisen: Wenn Sie gegen die politische Ungerechtigkeit des Welthungers sind, ähnlich wie auch Sie es ethisch gutheißen werden, dass einem ertrinkenden Kind geholfen werden muss – was tun Sie dann praktisch, im Alltag, tagtäglich gegen den Welthunger? Was steht in der Macht jedes Einzelnen von uns, dieser ethisch ungerechten Situation entgegenzuwirken und diesbezüglich politisch Gutes zu tun?

Protest, Wählen gehen, politisches Engagement

Zur Klärung dieser Fragen lassen sich, folgt man weiter Singer, unterschiedliche Antworten und mehrere Handlungsoptionen erwägen. Hingegen stellt Singer selbst lediglich *eine* gute Handlung – die Geldspende an Hilfeorganisationen – in den Mittelpunkt seines Welthungerdenkens. Zu den guten Taten oder wenigstens zu den einfachsten Dingen eines politischen Handelns gegen Ungerechtigkeiten gehört zweifelsfrei auch der Protest, die Empörung. *Protestiert!*, *Empört euch!* – so lauten der Wahlspruch und der erste von vielen Schritten einer politischen Ethik jedes Menschen, der die hegemoniale Politik des Hungers und anderen Unrechts satt hat.[40]

Es würde wenig kosten, uns über das kalkulierte Hungersterben zu empören und über diesen Unmut hinaus Forderungen an die Politik zu stellen, extreme Armut endlich aus der Welt zu schaffen. Sehr viele tun dies. Schon deutlich weniger nutzen die praktische Möglichkeit, »an ihre parlamentarischen Vertreter zu schreiben, um eine Erhöhung der staatlichen Hilfsmittel zu fordern« oder »auf die Straße zu gehen« oder »symbolische Fastenaktionen durchzuführen«.[41] Immerhin nehmen solche Empörungen und Proteste unter den Bürgern

---

40 | Vgl. Hessel, Empört euch!; Geiselberger, Und jetzt? Politik, Protest und Propaganda.
41 | Singer, Hunger, Wohlstand und Moral, 37.

der reichen Länder seit Jahren zu. Inzwischen befinden wir uns in der bemerkenswerten Situation, in der neben zahlreichen politischen Aktionen und dem ›zivilgesellschaftlichen Engagement‹, also der dauerhaften politischen Aktivität von Nichtregierungsorganisationen, eine große Menge von theoretischen Analysen und wissenschaftlichen Arbeiten existieren, die sich für eine andere Politik aussprechen und aufzeigen, was politisch konkret getan werden müsste.[42]

In diesen Formen und Spielarten des politischen Widerstandes auf die öffentliche Meinung und die vorherrschende, hegemoniale Politik einzuwirken, trägt zu den notwendigen Voraussetzungen für gesellschaftliche Veränderungen bei. Und da es dabei häufig nicht um bloßen Widerstand geht, sondern um ein konstruktives Anderssein – anders handeln, anders denken, anders fühlen, anders leben –, sind diese Aktivitäten selbst schon konstitutive Elemente solcher Veränderungen und reale Kräfte einer anderen Gesellschaft. Doch kritische Forderungen und Appelle oder stimmige Theorien zu politischen Reformen bleiben, so wohldurchdacht sie sein mögen, als solche praktisch tatenlos und unwirksam, solange sie nicht von der Politik umgesetzt werden oder nicht die Massen ergreifen. Dieser Umstand ist ein weiterer Grund des philosophischen Plädoyers für die Priorität der ethischen Alltagspraxis vor der Politik einschließlich des bloßen politischen Protests. Singer formuliert diese Erkenntnis mit den Worten: »Wir können auch nicht auf die Regierungen warten, damit sie die nötigen Änderungen herbeiführen. Es liegt nicht im Interesse von Politikern, die Grundvorstellungen der Gesellschaft, die sie an ihre Spitze gewählt hat, in Frage zu stellen«.[43]

Doch über die öffentlich kundgetane Empörung gegen die amtierende Regierung hinaus ist es uns Bürgern in den demokratischen Staaten praktisch möglich, um politische Veränderungen herbeizuführen, diejenige Partei zu wählen (oder sogar zu gründen), die gegen den weltweiten Hunger und seine Ursachen wirklich angeht. Freilich setzt diese Option voraus, dass diese Partei tatsächlich an die Regierung gelangt. Doch selbst wenn – wie die Dinge nun mal stehen – dieser unwahrscheinliche Fall einträte, auch dann noch wäre »die richtigen Politiker und Politikerinnen zu wählen, nicht genug«.[44]

Im Unterschied zur kritischen Meinung, zum politischen Appell oder zum regelmäßigen Wahlgang ist das Mitbestimmen in einer geeigneten politischen Partei oder das Mitwirken in einer Initiative oder Nichtregierungsorganisation, um einer gerechten Welthungerpolitik größere Unterstützung zu verleihen, bereits mit deutlich ›mehr Kosten‹ (an Zeit und Energie) verbunden. Doch es besteht kein Zweifel, dass uns diese Möglichkeit des politischen Handelns und Wirkens offen steht und sich auf diese Weise jeder in einem hohen Maße für

---

42 | Vgl. Notes from Nowhere, Wir sind überall.
43 | Singer, Wie wir leben sollen?, 264.
44 | Ebd., 254.

politisch Gutes einsetzen kann. Deshalb könnte die ethische Praxis eventuell – jedenfalls nach Singers konsequenter Argumentation – sogar bedeuten, »den Beruf aufzugeben, das Haus zu verkaufen und nach Indien zu gehen, um für eine Hilfsorganisation zu arbeiten«.

Zwar scheint Singer einen solchen ethischen Heroismus angesichts des Ausmaßes des Hungerleidens theoretisch durchaus für vertretbar und wünschenswert zu halten. Jedoch stellt sein konkreter Vorschlag, was jeder von uns für eine gerechtere Welt tun könnte und tun sollte, letztlich nicht die maximale und, streng moralisch beurteilt, durchaus denkbare Forderung auf, unser ganzes Leben der Hilfe der Ärmsten zu widmen. In den Mittelpunkt der ethischen Praxis soll vor allem eine Sache treten, die uns vergleichsweise wenig Tun abverlangt. Der gerechtigkeitstheoretische Grundsatz von Singers Welthungerphilosophie besagt: Um unserer ethischen Pflicht gerecht zu werden, ist es den allermeisten von uns praktisch möglich, den Armen etwas von unserem Wohlstand – etwas Geld – zu geben, um ihre Lebenssituation zu verbessern. Jeder durchschnittliche Bürger in den reichen Ländern befindet sich in der glücklichen Lage, etwas Geld für eine bessere Welt ausgeben und abgeben zu können. Zumindest im Prinzip, nämlich unter der Voraussetzung, dass der Wille da ist, sich wirklich, also durch Taten und nicht nur mit Worten, für seine Gerechtigkeitspflicht verantwortlich zu zeigen.

Für Singer beinhaltet eine solche kosmopolitische ›Ethik des Gebens‹ die notwendige Revision des vorherrschenden Wertesystems und des Kernbestandes gängiger moralischer Normen. Danach wäre das Zahlen eines gewissen Betrags, um seinen Teil dafür zu leisten, den Hunger aus der Welt zu schaffen, keine unverbindliche Wohltätigkeit einiger Gutmenschen. Es wäre vielmehr eine für jeden verbindliche ethische Pflicht: Diese nicht zu tun und sein Geld ausschließlich für teure Autos oder Kleidung und dergleichen Dinge eines unersättlichen Konsums auszugeben, ist dann und darum eindeutig moralisch falsch. Hingegen könnte »eine neue Kultur des Gebens« jedem von uns sehr konkret vor Augen führen, was wir tun können, um etwas von unserem Geld für eine bessere Welt auszugeben. Diese simple und an sich gute Tat könnte uns sogar, wie Singer argumentiert, »glücklicher machen«, weil die Beteiligung an dem kollektiven Bestreben, den ärmsten Menschen der Welt zu helfen, unser Leben »sinnvoller und erfüllter« machen würde.[45] Was die philosophischen Glückstheorien schon lange wissen, scheinen aktuelle Studien der empirischen Sozialforschung zu bestätigen: Heute ist die Mehrheit von uns der Auffassung, dass viel Geld oder viele Dinge haben und in fettem Wohlstand leben wie eine Made im Speck alleine nicht glücklich mache.[46]

---

45 | Singer, The Life You Can Save, 170.
46 | Vgl. Layard, Die glückliche Gesellschaft; Wilkinsen/Pickett, Gleichheit ist Glück.

Um die allgemeine Überzeugungskraft und das philosophische Gewicht seines spendenethischen Ansatzes zu stärken, erinnert Singer ausdrücklich daran, dass »über Jahrhunderte hinweg weise Leute gesagt haben, dass Gutes zu tun Erfüllung mit sich bringt. Buddha riet seinen Anhängern: ›Beherzige es, Gutes zu tun. Tue es wieder und wieder, und du wirst mit Freude erfüllt sein.‹ Sokrates und Platon lehrten, dass der gerechte Mensch auch glücklich sei. Ebenso Epikur«.[47] Tatsächlich teilen Epikur, Sokrates und Buddha die Erkenntnis, dass wir Menschen Tag für Tag glücklich leben könnten, falls es uns glückt, neben anderen Dingen und Aktivitäten auch ethisch gut zu essen. Doch der hier diskutierte Vorschlag von Singer, Gutes zu tun, um den Welthunger zu bewältigen, stellt nicht die ethische Praxis und das Glück eines für alle guten Essens ins Zentrum der Betrachtung, sondern einzig und allein die Gabe und Geste der Geldspende. Damit beschränkt Singer unsere Gerechtigkeitspflicht und unsere mögliche Weisheit auf die simple Tat, einen gewissen Betrag an Hilfsorganisationen zu zahlen; seine Philosophie schlägt damit ihrerseits den durch die gängige Politik bereits ausgetretenen und letztlich abwegigen Pfad ein. Das einzige, womit sich Singers Welthungerphilosophie von der internationalen Welthungerpolitik unterscheidet, besteht lediglich in der an uns alle gerichteten Aufforderung, das zu spendende Geld (aus den erwähnten Gründen) nicht an staatliche Institutionen und Nahrungsmittelprogramme zu überweisen, sondern an Nichtregierungsorganisationen, wie etwa die Hilfs- und Entwicklungsorganisation Oxfam International (die Singer oft anführt), die eine möglichst wirkungsvolle und nachhaltige Hilfe zur Selbsthilfe gewährleisten.

GUTES TUN DURCH DAS SPENDEN VON GELD?

Durch die Mitfinanzierung von Hilfsprojekten stellen viele parapolitische oder, wie man sie eher nennt, zivilgesellschaftliche Organisationen unter Beweis, dass Armut zu bekämpfen praktisch nicht schwer ist. Dabei gilt fast immer, wie Singer zu Recht feststellt: »Würden die Hilfsorganisationen mehr Geld haben, könnten sie mehr tun und mehr Leben ließen sich retten«.[48] Als ein Beispiel, worauf sich auch Singer bezieht, ist hier an das Millenniums-Dörfer-Projekt des Entwicklungshilfeprogramms der Vereinten Nationen zu denken. Anders als die meisten Hilfsprojekte, die lediglich auf eine einzige Maßnahme abzielen, verfolgt das UN-Projekt ein umfassendes Aktionsprogramm, das in sorgsam ausgewählten Dörfern in verschiedenen ländlichen Regionen Afrikas umgesetzt wird. Das Projekt bietet bäuerlichen Gemeinschaften unter anderem Düngemittel und bessere Samenauswahl an, um landwirtschaftliche

---

47 | Singer, The Life You Can Save, 171.
48 | Vgl. ebd., 5.

Erträge zu verbessern, außerdem Beratung bei der Diversifizierung von Export-Anbaupflanzen. Nach einiger Zeit sollen sich die Bäuerinnen und Bauern durch ihre besseren Ernteerträge selbst versorgen können und ein ständiges Einkommen durch den Verkauf ihrer Geldfrüchte (Cash Crops) haben, welches sie von extremer Armut befreien soll.[49] Durch die Anschubfinanzierung zum Aufbau von Infrastruktur (wie Straßen, Kommunikationstechnik, Wasser- und Gesundheitseinrichtungen) sowie zur Verbesserung der allgemeinen Lebensbedingungen (wie Bildung, Wissen, Arbeitskraft, Geschlechterverhältnisse) sollen die Menschen in die Lage versetzt werden, durch ihre eigene Arbeit zu genug Einkommen zu gelangen, um schließlich in den Genuss eines gewissen Wohlstandes zu kommen.

Nehmen wir für einen Moment lang an, das Spenden von Geld an Entwicklungshilfeorganisationen und für Projekte wie den Millenniums-Dörfern sei wirklich das Beste, was die Menschen in der Ersten Welt zur Linderung des Welthungers in den Entwicklungsländern tun können. Umgehend drängt sich die Frage auf, wie viel jeder von uns geben sollte? Ab welchem Wohlstand beginnt überhaupt die moralische Pflicht, etwas von seinem Geld abzugeben? Was wäre unsere persönliche, den ungleichen Vermögensverhältnissen jeweils entsprechende faire Abgabe? Zweifelsohne fällt der gerechte Anteil, den jemand zahlen kann, relativ zum verfügbaren Reichtum einer Person sehr unterschiedlich aus. Jemand, der ›sehr viel‹ besitzt, kann entsprechend ›mehr‹ zahlen im Vergleich zu jemandem, der ›weniger‹ Geld zur Verfügung hat.

Zur Klärung der praktischen Frage, wie viel der gerechte Anteil für jeden Haushalt wäre, stellt Singer umfangreiche Berechnungen an, die allerdings hier nicht das eigentlich Entscheidende sind. Denn von größerer philosophischer Bedeutung als eine genaue Festlegung der fälligen Spendenbeträge ist die moraltheoretische Erkenntnis, dass schon eine moderate Spende von allen, die entsprechend ihrer finanziellen Möglichkeiten tatsächlich in der Lage wären, dieses ›bisschen‹ zu tun, um die Welt gerechter zu machen, reichen würde, um Entwicklungshilfeprojekten große Summen zur Verfügung stellen zu können. Als das leitende Prinzip eines in jedem Fall gerechten Anteils genügt es, sich an der folgenden schlichten Faustregel zu orientieren: Je mehr einer hat, desto mehr sollte er geben.

Aus dieser progressiven Spendepflicht errechnet Singer, dass Superreiche (Menschen, die mehr als zehn Millionen Dollar jährlich verdienen) ein Drittel ihres üppigen Vermögens spenden sollten und gleichwohl weiterhin ein vergleichbar luxuriöses Leben führen könnten. Bei einer graduellen Verringerung der Spendenbeträge hätte die große Mehrheit der Bevölkerung in den reichen Ländern (mit einem durchschnittlichen Einkommen) nicht mehr als fünf Prozent ihres Geldes zu zahlen und Haushalte mit geringem Einkommen maxi-

---

49 | Vgl. www.millenniumvillages.org (Stand 06.06.2012).

mal bis zu einem Prozent. Singer erläutert: »Würde das Schema, das ich hier nahelege, weltweit angewandt, wären mehr als 1,5 Billionen Dollar jährlich für Entwicklungshilfe da. Das ist achtmal mehr als das, was laut Schätzungen der UN-Einsatzkräfte gebraucht wird, damit die Millenniums-Entwicklungsziele bis 2015 erreicht werden, und das Zwanzigfache der Differenz zwischen dieser Summe und den tatsächlich offiziellen Entwicklungshilfeverpflichtungen«.[50]

Die Ohnmacht der Spendenethik

Werden Sie, wenn Sie es nicht ohnehin schon tun, ab morgen oder vielleicht noch heute Singers Welthungerphilosophie beherzigen und für die Welthungerhilfe spenden und Ihren gerechten Anteil an Oxfam überweisen? Dann tun Sie dies![51] Wie realistisch ist es, dass auf diese Weise die Weltpolitik gerechter wird und das Hungerleiden in den Entwicklungsländern sich in ein besseres Leben und Essen verwandelt? Ich denke, dies ist unrealistisch. Der Hauptgrund, warum ich denke, dass Singers Philosophie des Welthungers mit einer Ethik des Spendens ein unrealistisches Universalrezept bietet, ist recht schlicht. Er hat damit zu tun, dass die Idee einer gerechten Verteilung des weltgesellschaftlichen Reichtums nichts beinhaltet, womit die eigentlichen Gründe für den unerklärten »Dritten Weltkrieg« (Ziegler) und den täglichen »Massenmord« (Pogge) nachhaltig bekämpft werden könnten. Diese grundsätzliche Kritik richtet sich gleichwohl nicht gegen die von Singer vorgeschlagene gesellschaftstheoretische Priorität der politischen Ethik eines jeden von uns vor der staatlichen Politik. Ich stimme ihm darin zu, dass jeder etwas (Gutes) tun könnte, und dass es auf der Welt auch in Zukunft weiter ungerecht zugehen wird, solange nicht jeder seinen eigenen Anteil dazu beiträgt, dass es gerechter zugeht, indem er alles (Gutes) tut, was dafür von ihm selbst getan werden muss. Nur verfehlt es die Sache, wenn man meint, es ginge dabei letztendlich um Verteilungsgerechtigkeit weltweit und darum, den Reichtum der Ersten Welt durch Spenden an die Armen in der Dritten Welt umzuverteilen. Der Fehler einer solchen Philosophie, deren wohlmeinender Humanismus dem realpolitischen Rettungsboot-Kommando aus ganzem Herzen widerspricht, ist schlicht, dass sie die politisch-ökonomischen Zusammenhänge des Welthungers und damit deren Hauptursache nicht richtig in den Blick bekommt.

So wurde von Anfang an und über die zurückliegenden Jahrzehnte hinweg von vielen Stimmen die Kritik – gerade auch gegen Singers Spendenethik – vorgetragen, dass private oder staatliche Spendengelder für Entwicklungshilfe-

---

50 | Singer, The Life You Can Save, 167
51 | Peter Singer hat für diese Hoffnung eine eigene Website einrichten lassen: www.thelife.com (Stand 06.06.2012).

politik nicht wirklich helfen, den Hunger aus der Welt zu schaffen, und dass dieses gesellschaftliche Unrecht primär durch eine gerechtere Wirtschaftspolitik verhindert werden könnte.[52] Doch selbst wenn die Spendenethik lediglich als ein unersetzliches zivilgesellschaftliches Ergänzungsmittel (Supplement) zu solchen politischen Verbesserungen der internationalen Wirtschaftsordnung gedacht werden würde, die von den Regierungen rechtlich durchzusetzen wären, bleibt die grundsätzliche Frage einer politischen Ethik der Alltagspraxis oder Souveränität, die jenes Primat der Ethik vor der Politik fordert, bestehen. Ist, so bleibt zu fragen, das Geben von Spendengeldern, wie Singer behauptet, wirklich das Einzige, was jeder von uns als seinen eigenen Teil tun könnte und auch tun sollte, damit das Unrecht globaler Armut und das Elend verhungernder Menschen ein Ende hat? Erschöpfen sich, wie Singer sagt, »ein moralisch gutes Leben« und die tägliche Praxis, »ein völlig ethisches Leben zu leben«, tatsächlich in der einmaligen Entscheidung für eine Dauerüberweisung an Oxfam International oder an das FoodFirst Informations- und Aktions-Netzwerk (FIAN) und dergleichen Organisationen?[53]

Ich denke, dass uns als Alternative dazu nicht ausschließlich die bange Hoffnung oder die tatenlose Erwartung oder die politisch engagierte Forderung bleiben, dass die uns vertretenden Regierungen ihren menschenrechtspolitischen Pflichten und Versprechungen doch einmal nachkommen und die längst in Aussicht gestellten Hilfsgelder an die Armutsländer endlich zahlen oder vielleicht sogar die ohnehin geringen Zahlungen noch erhöhen und zu guter Letzt deren Schulden ganz erlassen werden. Die Wahrscheinlichkeit, dass diese politischen Veränderungen eintreten, ist nicht sehr hoch. Darin hat Singer leider Recht. Doch die praktische Alternative zu Spenden an Entwicklungshilfeorganisationen ist keineswegs, dass wir bloß zuschauen, ob ›die anderen‹ für uns das politisch Geforderte und das moralisch Gesollte tun. Der Welten umspannende Bereich des individuellen Handelns beschränkt unsere praktischen Möglichkeiten und unsere politische Macht zu guten Taten ebenso wenig darauf, uns strategisch oder finanziell an Kampagnen für faire Handelsstrukturen oder an Welthunger- oder Entwicklungshilfeprojekten zu beteiligen. Deshalb liegt Singer auch darin richtig, dass die Menschen in den reichen Ländern durchaus mehr tun könnten. Sie können beispielsweise etwas tun, indem sie etwas Geld spenden, um die humanitäre Arbeit zu ermöglichen, die den Armen hilft und dem Hungerelend in der Dritten Welt entgegenwirkt: Dies (wenige) zu tun, sind wir jederzeit in der Lage; es würde zwar, so wenig es auch zu sein scheint, nicht die gesellschaftlichen Ursachen beseitigen, aber durchaus politische und ökonomische Veränderungen, die dieses Unrecht beseitigen können, wahrscheinlicher und nicht unwahrscheinlicher machen. Darin, diese transfor-

---

52 | Vgl. Nagel, Poverty and Food; O'Neill, Rights, Oligations and World Hunger.
53 | Singer, The Life You Can Save, xi und 173.

matorische Wirkung der Geldspende zu reflektieren, steckt die ethische Stärke und die politische Aufrichtigkeit von Singers philosophischer Intervention, eine philanthropische Ethik theoretisch zu begründen und die für jeden von uns geltende Gerechtigkeitspflicht des Geldgebens als eine praktikable Umverteilung von den relativ Reichen zu den extrem Armen zu benennen.

Aus den angeführten Gründen möchte ich die Erörterung von Singers Philosophie des Welthungers mit einer kritischen Würdigung abschließen. Seine Theorie zeigt, dass die Bürger der reichen Nationen sowohl kollektiv (staatspolitisch) als auch individuell (politisch-ethisch) der moralischen Verpflichtung zu entsprechen hätten, ihren gerechten Anteil zu leisten, damit »die Dritte Welt nicht mehr hungert oder an der Hungergrenze leben muss« (Horkheimer). Diese ebenso gerechtigkeitstheoretische wie praktisch-ethische Forderung bezieht eine Position, die sich für die linke Utopie eines besseren, nämlich für alle Menschen guten Lebens stark macht. Singer bezieht so als Philosoph politisch Stellung gegenüber Verteidigern einer politischen Philosophie, deren neoliberale Gesinnung und ›Gerechtigkeit‹ ein Wertesystem der sozialen Ungleichheit und des brutalen Ausschlusses nicht nur in der programmatischen Variante einer ›Rettungsboot-Ethik‹ rechtfertigt, sondern auch bevorzugt in kleineren Portionen und Relativierungen gesellschaftsfähig zu machen versucht: Jener weltweit wachsenden kritischen Masse von politisch aktiven, unzufriedenen, protestierenden, kämpfenden, fröhlichen, phantasievollen, organisierten und assoziierten freien Menschen, die den krassen Gegensatz zwischen Arm und Reich, zwischen Hunger und Völlerei ebenso wie zwischen Unten und Oben als eine durch nichts zu rechtfertigende Ungerechtigkeit empfinden, wird eine philosophisch kraftvolle öffentliche Stimme verliehen.

GLÜCK, GERECHTIGKEIT, PRAKTIKABILITÄT

Gerechtigkeit, Praktikabilität und, wie wir sahen, eventuell auch Glück: Vieles scheint dafür zu sprechen, dass wir Geld an Entwicklungshilfeorganisationen spenden. Und doch tun es nur wenige. Warum ist das so? Es ist eine Sache, über praktische Alternativen und soziale Utopien nachzudenken; etwas anderes ist es, zu analysieren, wieso die gesellschaftlichen Verhältnisse und die politischen Realitäten so sind, wie sie sind. Erst beide dialektischen Pole erzeugen das Kraftfeld einer kritischen Philosophie der Praxis. Warum also tun nur wenige etwas gegen den Welthunger?

Ein Grund ist nicht leicht von der Hand zu weisen: Die Mehrheit will faktisch lieber die Verhältnisse mehr oder weniger unverändert so beibehalten, wie sie jetzt sind; auch wenn dadurch ›leider‹ die Welt ungerecht bleibt, die Armen arm, in Zukunft weiter Menschen massenhaft verhungern, andere schlimmere oder weniger schlimme Dinge geschehen und dergleichen. Auch wenn die philosophische Ethik es regelmäßig nicht wahr haben will: Ethisches Handeln ist nur eine Option unter vielen anderen, wie sich die Menschen ihr Leben einrichten. Ein kurzer Blick auf die Gegenwart und ein noch flüchtigerer Blick in die Menschheitsgeschichte genügt, um das Ethische, den kritischen Glauben und den philosophischen Appell an das Gute und Gerechte als etwas Ephemeres erscheinen zu lassen, angesichts all der anderen Mächte, Triebe, Schwächen, Wünsche, Feindseligkeiten des menschlichen Daseins, nicht nur der blutigen und bösen Großkriege im Hass, sondern auch und vor allem der giftigen und banalen Kleinkriege im Alltag. Trotzdem vermögen wir, wenn wir wollen und wenn es in unserer Macht liegt, neben vielen anderen Dingen auch Gutes in täglicher Praxis zu leben; etwa Freiheit, Gerechtigkeit, Demokratie, Nachhaltigkeit oder gastrosophische Souveränität. Aber gegenüber der Negation oder Ignoranz des Guten, gegenüber dem banalen Bösen menschlicher Amoralität, ist Ethik genauso machtlos wie gegenüber dem alltäglichen Ungutem. Und so kann sie auch nichts dagegen tun, wenn den meisten der Welthunger und ein für alle besseres Essen und Leben gleichgültig ist.

Ein ganz anderer Grund dafür, warum Entwicklungshilfeorganisationen nicht in riesigen Geldmengen schwimmen, könnte unter Umständen jedoch sehr viel mit der Philosophie und ihrer Ethik zu tun haben. Dieser Grund könnte damit zusammenhängen, dass die philosophische Argumentation, Spenden seien das Beste, was wir tun können, um die Welt dauerhaft gerechter zu machen und armen Menschen in den Entwicklungsländern zu einem besseren Leben zu verhelfen, nur wenige überzeugt. Die unzureichende Überzeugungskraft einer Spendenethik – analog zur Wirkungsschwäche einer Entwicklungshilfepolitik – ist meines Erachtens auf das programmatische Defizit ihrer politischen Philosophie zurückzuführen. Sie stellt die offenkundige Hauptursache und die kausalen Zusammenhänge der globalen Ungleichheit nicht ins Zentrum der theoretischen Analyse und der praktischen Rezepte: die ungerechten Wirtschaftsbeziehungen, die dafür sorgen, dass eine (kleine) Gruppe der Menschheit im Wohlstand lebt und die (große) Mehrheit im Elend. Die politische Aufgabe einer überzeugungskräftigen Philosophie des Welthungers, einer politischen Gastrosophie, besteht darin, diese ›unsichtbare Hand‹ einer kapitalistischen Weltwirtschaftspolitik im Alltagsgeschehen wahrnehmbar, in ihrer Handlungslogik begreifbar und damit praktisch angreifbar zu machen.

Der Gesichtskreis
der politischen Gastrosophie

Zur konzeptionellen Voraussetzung der politischen Gastrosophie gehört es, Menschen, die in extremer Armut leben und jeden Tag hungrig schlafen gehen müssen, ein konkretes Gesicht – ein würdevolles Antlitz – nicht zu verwehren. Die herkömmlichen und medial verbreiteten Bilder zeigen ›die Armen‹ und ›Hungernden‹ dieser Welt fast ausschließlich in der Figur des Opfers: Nackte Kinder mit aufgedunsenen Bäuchen und traurigen Augen, eine winzige Portion weißer Reiskörner in hageren schwarzen Händen, ausgemergelte Gestalten mit einem um Hilfe flehenden Lächeln, im Hintergrund stets einfache Lehmhütten und dürres Land; bei Welthunger denken die meisten an ›Hilfsbedürftige‹. Doch die Mehrheit ›der Hungernden‹ und der über 2,4 Milliarden fremden ›Armen‹ sind Kleinbäuerinnen und Kleinbauern oder Landarbeiterinnen und Landarbeiter mit einem geringen Einkommen, das sie dazu zwingt, an der Hungergrenze zu leben.

Die verbreiteten Vorstellungen täuschen über die Realität hinweg. Wenn wir an den Welthunger denken, sollten wir Menschen vor Augen haben, die zwar weit entfernt leben mögen, aber dennoch mit uns zu tun haben. ›Der Welthunger‹, mit anderen Worten, diese Menschen sind es, die einen Großteil jener Nahrungsmittel produzieren, welche für den Konsum in den reichen Ländern vorgesehen sind. Der Preis, den sie für ihre Arbeit und ihre landwirtschaftlichen Erzeugnisse bezahlt bekommen, produziert Hunger – buchstäblich durch jenen Hungerlohn, den sie erhalten, der so niedrig ist, dass sie trotz ihrer harten Arbeit nur wenig Geld für ihr tägliches Überleben haben. Ihre Armut besteht darin, dass sie eine zu schwache Kaufkraft haben, um sich das kaufen zu können, was sie bräuchten, damit sie nicht im Elend leben.

Ähnlich ergeht es einem anderen Teil ›der Armen‹, die durchaus ein konkretes Gesicht haben: Es sind meist Menschen ohne Broterwerb, denen es in erster Linie nicht an Hilfe und Spenden, sondern an Arbeit und Einkommen fehlt. Sie hungern, obwohl sie auf dem Land wohnen, weil sie dennoch keinen Zugang zu Ackerland oder landwirtschaftlich nutzbaren Böden haben. Diese

Menschen tauchen allerdings vermehrt als konkrete Realität in der Bilderwelt unserer Medien und unseres Alltags auf: Es sind jene Hunger- und Wirtschaftsflüchtlinge, jene Bauern und überflüssig gemachten Leute vom Land, die aufgrund fehlender Einkommensmöglichkeiten und Lebensperspektiven in die reichen Länder fliehen. Wer von ›Welthunger‹ und extremer ›Armut‹ spricht, sollte in Anbetracht der verletzten Würde dieser Menschen die unsichtbare Hand wahrnehmen lernen, mit der die durchschnittlichen Konsumenten und Konsumentinnen der reichen Demokratien sich aus dem üppigen Angebot der transnationalen Supermärkte bedienen und bereitwillig Geld ausgeben – nicht für Spenden an Welthungerprojekte, sondern für ihre billigen Lebensmittel. Diese wirtschaftlichen Zusammenhänge oder genauer diese in besonderem Maße über unser tägliches Essen vermittelten Beziehungen stellen weltweite kosmopolitische Verbindungen zu Menschen her, die wir nicht nur begrifflich zu ›hilfsbedürftigen Armen‹ machen. Globale Wirtschaftsbeziehungen sind nichts anderes als kausale Zusammenhänge zwischen uns und anderen an unterschiedlichen Orten der Welt.

Deshalb scheint es irreführend, den Grund für unsere moralische Verpflichtung, etwas für die ›Bekämpfung des Welthungers‹ zu tun, mithilfe einer Situationsbeschreibung veranschaulichen zu wollen, die (wie bei Peter Singer) ein hilfloses Kind beim Ertrinken zeigt. Denn das politische Verhältnis – sowohl die realpolitischen Machtverhältnisse als auch unser individuelles Verhalten – zu ›den Hungernden in der Dritten Welt‹ ähnelt in nichts dem zufälligen Bezug eines unbeteiligten Passanten zu einem in Not geratenen Kind, für dessen Notlage und drohenden Tod durch Ertrinken niemand etwas kann. Zwar befinden sich ›die Armen‹ in den ›Entwicklungsländern‹ in der todesbedrohlichen Notlage, die eigene Lebenssituation nicht aus sich heraus verbessern zu können. Doch was ihnen fehlt, ist weniger die von ›hilfsbereiten Anderen‹ unterstützte Rettungsaktion, die sie automatisch zu ungleichen ›Hilfsempfängern‹ macht. Ansatzpunkt einer politischen Gastrosophie ist die Erkenntnis, dass ihnen vor allem ein regelmäßiges Einkommen und fair bezahlte Arbeit fehlen; ökonomische Verhältnisse, die sie zu gleichberechtigten Akteuren und Wirtschaftssubjekten des globalen (gerechten) Handels machen. Ihrer Würde und Selbstständigkeit oder ihrer ›Autonomie‹ ist nicht gedient, wenn ihr Überleben am seidenen Faden von milden Gaben und Geldspenden hängt. Das sieht im Übrigen auch Singer, wenn er einräumt: »Wir müssen es für die Leute möglich machen, dass sie ihr eigenes Geld verdienen oder dass sie ihr eigenes Essen produzieren können und ihre anderen Bedürfnisse auf nachhaltige Weise und durch die eigene Arbeit befriedigen können«.[1]

Weil es sich so verhält, ist eine grundlegende Veränderung der neoliberalen Weltwirtschaftspolitik durch eine faire Weltwirtschaftsordnung der beste und

---

1 | Singer, The Life You Can Save, 37.

einzige wirklich Erfolg versprechende Weg, den Welthunger abzuschaffen. Philosophisch beinhaltet diese neomarxistische Erkenntnis freilich die theoretische Konsequenz einer notwendigen Relativierung des spendenethischen Ansatzes. Erst wenn der alternative Weg einer globalen Ethik des Essens eingeschlagen wird, kann dem ›Welthunger‹, dem Elend der globalen Ernährungsverhältnisse und den davon ausgehenden Ungerechtigkeiten und vielgesichtigen unguten Hungerwelten praktisch entgegengewirkt und politisch wie philosophisch bekämpft werden. Erst wenn diese gastrosophische Alternative verfolgt wird, lässt sich vermeiden, dass ein Moraltheoretiker des Welthungers nicht – entgegen der eigenen politischen Intention – das »bei uns sehr beliebte moralische Urteil« rechtfertigen hilft, dass »die Bürger und Regierungen der reichen Länder, an die er sich wendet, für den Fortbestand gravierender Armut ebenso wenig können wie der Passant dafür, dass das Kind am Ertrinken ist«.[2] Eine politische Philosophie, welche die Hauptursache für das vielleicht größte Unrecht unserer Zeit nicht darin sucht, dass Hilfsbedürftigen zu wenig geholfen wird, sondern mit einer kapitalistischen Weltpolitik in Zusammenhang bringt, wird am prominentesten von dem eben zitierten Gerechtigkeitstheoretiker Thomas Pogge vertreten.[3]

Moralphilosophischer Neomarxismus

Während sich der übliche akademische Diskurs einer ›politischen‹ Philosophie auf theoretische Konstruktionen oder fachwissenschaftliche Interpretationen solcher Konstrukte beschränkt, lebt mit Pogges Schriften – etwas überraschend – eine philosophische Kritik der politischen Ökonomie erneut auf, die wie einst bei Karl Marx die wirtschaftlichen Zusammenhänge und die politischen Herrschaftsverhältnisse – die »Bewegungsgesetze des kapitalistischen Systems« (Marx) beziehungsweise die »grundlegenden Komponenten der globalen Wirtschaftsordnung« (Pogge) – analysiert. Trotz oder gerade wegen der sachlichen Nähe zu Marx legt es Pogge darauf an, durch seine behutsam gewählte Begrifflichkeit, welche durchgängig die Verwendung der verfänglichen Begriffe ›Kapitalismus‹ oder ›kapitalistische Politik‹ vermeidet und, anstelle von ›Ausbeutung‹, bevorzugt »moralische Ausnutzung der Arbeitnehmer und Kunden« setzt, nicht als politisch links (wie Singer) oder bloß nicht als Marxist wahrgenommen (sprich: verurteilt oder vereinnahmt) zu werden.[4]

---

2 | Pogge, ›Armenhilfe‹ ins Ausland, 227.
3 | Vgl. Pogge, World Poverty and Human Rights; ders., Weltarmut, Menschenrechte und unsere Verantwortung.
4 | Im Vorwort zur dritten Auflage von Marx' *Das Kapital* bezeichnet Friedrich Engels den »landläufigen Jargon«, wonach derjenige, »der sich für bare Zahlung von andern ihre

Doch in der Sache, das heißt jenseits des Jargons und der selbstverständlich nicht unwichtigen Geschmackssachen des philosophischen Kauderwelsch, geht es auch Pogge, wie Marx, um eine radikale Infragestellung der kapitalistischen Weltpolitik. In den zurückliegenden Jahrzehnten einer Hochphase des politischen und philosophischen Neoliberalismus herrschte in akademischen Kreisen die stillschweigende Übereinkunft, dass die marxistische Terminologie und Thematik veraltet sei. Das geschah freilich nicht ohne einige berechtigte Gründe, die hier jedoch nicht weiter erörtert werden können.[5] Fest steht, dass für eine gewisse Zeit die philosophische Kapitalismuskritik außer Mode geriet. Doch jetzt, inmitten der allgemeinen Krise, kommen kritische Theorie und linke Politik wieder in Bewegung. »Die widerspruchsvolle Bewegung der kapitalistischen Gesellschaft macht sich am schlagendsten fühlbar in den Wechselfällen des periodischen Zyklus, den die moderne Industrie durchläuft, und deren Gipfelpunkt – die allgemeine Krise. Sie ist wieder im Aufmarsch, obgleich noch begriffen in den Vorstadien, und wird durch die Allseitigkeit ihres Schauplatzes, wie die Intensität ihrer Wirkung, selbst den Glückspilzen [...] Dialektik einpauken«.[6] Keine Frage: Marx boomt. Selbst politisch konservative Kreise zieren sich nicht länger, wieder vom Kapitalismus zu sprechen.[7]

Anders als Karl Marx selbst oder orthodoxe Parteigänger und kritische Theoretiker des Marxismus macht Pogge jedoch kein Hehl aus dem Sachverhalt, dass eine philosophische Kapitalismuskritik eine ethische Kritik zum Ausdruck bringt, die wie jede Kritik von normativen Prinzipien und moralischen Werten (wie Gerechtigkeit, Freiheit, Menschenrechte, Demokratie, Souveränität, Würde) lebt. Während Marx' Analyse bekanntlich im Kapitalisten und in der bürgerlichen Klasse den eigentlichen Akteur und Profiteur ungerechter Wirtschaftsverhältnisse ausmacht, sieht Pogge in ›uns‹, den durchschnittlichen Bürgern der reichen Länder und den von ihnen mehrheitlich gewählten Regierungen, die wahren Nutznießer und Hauptverursacher der Armut in der Welt. Denn es lasse sich schwer von der Hand weisen, dass wir die Rolle von »Unterstützern und Profiteuren einer globalen institutionellen Ordnung einnehmen, die substanziell zu diesem Elend beiträgt«. Die Bürger und Regierungen der Ersten Welt seien »aktiv mitverantwortlich« dafür, dass die globale Ungleichheit fortbe-

---

Arbeit geben lässt, Arbeitgeber heißt, und Arbeitnehmer derjenige, dessen Arbeit ihm für Lohn abgenommen wird«, als »Kauderwelsch«.

5 | Vgl. Comte-Sponville, Kann Kapitalismus moralisch sein?; Misik, Anleitung zur Weltverbesserung.

6 | Marx, Das Kapital (Vorwort zur zweiten Auflage), 28.

7 | Vgl. Klein, Kapitalismus – die Wiedergeburt eines Begriffs; Bude/Damitz/Koch, Marx. Ein toter Hund?

steht, »weil wir bei der Aufrechterhaltung von ungerechten internationalen Institutionen mitwirken, die vorhersehbar das Armutsproblem reproduzieren«.[8]

Die Politik unserer Regierungen behindert mithilfe ausgeklügelter Instrumente des internationalen Rechts und zentraler internationaler Institutionen wie der Welthandelsorganisation (WTO), dem Internationalen Währungsfonds (IWF) oder der Weltbank systematisch das Streben der armen Bevölkerung nach einem wirtschaftlichen Auskommen und nach demokratischer Selbstregierung. Das kapitalistische Regime oder, in Pogges Worten, diese globale institutionelle Ordnung ist so eingerichtet, dass sie dem Nutzen der Regierungen, Unternehmen und Bürgern der wohlhabenden Länder und den Eliten der ärmsten Länder dient.[9] Ihre politische und ökonomische Übermacht ermöglicht, dass sie durch die aktuellen Spielregeln des globalen Wirtschaftsgeschehens ihren eigenen Vorteil durchsetzen. Pogge gelangt zu einem Urteil, das weltweit unter einer wachsenden Menge von Menschen auf Zustimmung stößt: »An vielen Elementen unserer Weltordnung lässt sich zeigen, dass bei ihnen die Interessen der reichen Länder und ihrer Bürger auf Kosten der Interessen der Ärmsten der Welt zum Zuge kommen«.[10]

Zu den besagten Elementen zählen klassische Instrumente einer »ursprünglichen Kapitalakkumulation« (Marx), etwa wie Dumpingpreise durch staatlich subventionierten Exporthandel oder Einfuhrabgaben auf Agrarprodukte aus den Entwicklungsländern, die dort wirtschaftliche Entwicklung und Einkommen permanent verhindern. Wer genau hinschaut, sieht in diesen gesetzesartigen und rechtsförmigen Methoden des weltweiten »Kapitalisationsprozesses« jene »große Schönheit der kapitalistischen Produktion«, die darin besteht, »dass sie nicht nur beständig den Lohnarbeiter als Lohnarbeiter reproduziert, sondern im Verhältnis zur Akkumulation des Kapitals stets eine relative Übervölkerung von Lohnarbeitern produziert«.[11] Dank dieser kapitalistischen Planwirtschaft und durch eine, den globalen Freihandel propagierende und zugleich *ad absurdum* führende protektionistische Weltpolitik zugunsten der Konzerne, Produzenten und Konsumenten in der Ersten Welt gehen den betroffenen Volkswirtschaften in den Ländern der Dritten Welt jährlich 700 Milliarden Dollar an potenziellen Exporteinkünften verloren. Pogge zufolge beliefe sich der Betrag, der in den ersten Jahren einer ernsthaften Politik der Armutsreduzierung benötigt würde, lediglich auf rund 300 Milliarden Dollar pro Jahr. Fakt ist: Die Regierungen der mächtigen Staaten, die sich als Verfechter eines freien Handels ausgeben, versperren faktisch den freien Marktzugang und verunmöglichen obendrein durch massive finanzielle Manipulationen eine markt-

---

8 | Pogge, Gerechtigkeit in der Einer Welt, 16.
9 | Vgl. Pogge, Anerkannt und doch verletzt durch internationales Recht, 129.
10 | Pogge, ›Armenhilfe‹ ins Ausland, 240.
11 | Marx, Das Kapital, 796.

wirtschaftliche Preisbildung durch Angebot und Nachfrage auf dem Weltmarkt. In Anbetracht dieser realpolitischen Perfidie nimmt sich die neoliberale Parole, wonach die Globalisierung des kapitalistischen Wirtschaftssystems auch den armen Ländern und Leuten Wohlstand bescheren werde, in Wahrheit geradezu »komödiantisch« (Pogge) aus.

Auch andere Elemente und Aufführungen dieser tragischen Komödie führen zu einer systematischen Verarmung vieler Völker, beispielsweise die internationale Politik der Anerkennung bestimmter Eigentumsrechte oder der Billigung gewisser Privilegien, zu denen Pogge insbesondere das Rohstoffprivileg, das Kreditprivileg sowie das Vertrags- und Waffenprivileg zählt. Das uneingeschränkte internationale Rohstoffprivileg etwa berechtigt nationale Regierungen und Herrscher dazu, Eigentumsrechte an landeseigenen Ressourcen rechtswirksam an ausländische Käufer zu übertragen. Diese willkürliche Eigentumsübertragung nützt »den wohlhabenden Staaten, indem es uns eine umfänglichere, billigere und verlässlichere Versorgung mit Rohstoffen aus dem Ausland sichert; können wir solche Rohstoffe doch von jedem erwerben, der gerade die Macht in einem Land ausübt, ohne Rücksicht darauf, ob die Bevölkerung des Landes die Verkäufe gutheißt oder von deren Erlös profitiert«.[12] Das Rohstoffprivileg entfaltet auf diese Weise mithilfe des international gültigen Eigentumsrechts ein äußerst raffiniertes Mittel der Herrschaft und Ausbeutung, das der kryptomarxistische Gesellschaftstheoretiker »eine bemerkenswerte Eigenschaft unserer Weltordnung« nennt. Um die Subtilität des in diesem ›Recht‹ eingebauten Unrechts anschaulich zu machen, wählt Pogge eine Analogie, die an die besten Seiten von Bert Brechts Volksmarxismus erinnert: Einer Gruppe, die die Wächter eines Kaufhauses überwältigt und die Kontrolle über das Kaufhaus übernimmt, mag es gelingen, einen Teil der Ware an andere weiterzugeben und dafür Geld zu kassieren. Doch wird der Hehler, der sie bezahlt, dadurch lediglich zum Besitzer und nicht zum Eigentümer der Beute. Man vergleiche dies mit einer Gruppe, die eine gewählte Regierung überwältigt und die Kontrolle über das Land übernimmt. Auch diese Gruppe kann natürliche Rohstoffe des Landes weggeben und dafür Geld in Empfang nehmen. In diesem Fall erlangt der Käufer jedoch nicht bloß physischen Besitz, sondern alle Rechte und Freiheiten der Eigentümerschaft, die durch die Gerichte und Polizeikräfte aller anderen Staaten zu schützen sind – und auch wirklich geschützt werden. Das internationale Rohstoffprivileg dient somit als rechtliche Konstruktion, global gültige Eigentumsrechte an Rohstoffen und Gemeingütern eines Landes auf ausländische Käufer und private Investoren zu übertragen.

Auch durch das international gültige Kreditprivileg verschaffen sich die reichen Länder oder Leute indirekten Einfluss auf die politischen Verhältnisse der ausgebeuteten Staaten. Dieses hochwirksame Angebot wird der Regierung

---

12 | Pogge, Anerkannt und doch verletzt durch internationales Recht, 125.

eines Landes gemacht, um im Gegenzug diesem Land geltende Rechtsverbindlichkeiten abzuverlangen. Viele Fälle belegen, dass die gewährten Kredite der kaum geheim gehaltenen persönlichen Bereicherung der Machthaber oder zur Bestechung von korrupten Politikern, Beamten oder anderen Nutznießern der Vergabe öffentlicher Aufträge dienen. Die legalisierte Kreditpolitik versorgt allenthalben Diktaturen und Schurkenstaaten mit genügend Geld, um die nötigen Militärausgaben zur Unterdrückung ihrer eigenen Bevölkerung zu finanzieren.

Machtverhältnisse der internationalen Rechtsordnung

Die gängige Privilegienpolitik macht sich unter dem Deckmantel der ›nationalstaatlichen Souveränität‹ einen zentralen Mechanismus der bestehenden Machtverhältnisse und deren internationalen Rechtsordnung zu eigen. So wird, kritisiert Pogge, »jede Gruppe, welche innerhalb eines Landes über eine Übermacht an Gewaltmitteln verfügt, international als die legitime Regierung des Staatsgebietes und der Bevölkerung dieses Landes anerkannt – unabhängig davon, wie diese Gruppe an die Macht gekommen ist, wie sie ihre Macht ausübt und in welchem Maße sie von der von ihr beherrschten Bevölkerung unterstützt oder bekämpft wird«.[13] Dass eine solche Gruppe oder politische Elite, auch ohne demokratisch legitimiert zu sein, die Staatsgewalt ausübt und internationale Anerkennung genießt, bedeutet nicht nur, dass sie in politischen Verhandlungen einbezogen wird. Es bedeutet auch, dass alle anderen Staaten das ›Recht‹ dieser Machthaber akzeptieren, das von ihnen beherrschte Volk zu regieren und über das Schicksal des ganzen Landes (seiner Rohstoffe, Schulden, Militärausgaben usw.) zu entscheiden.

Eine moralphilosophische Beurteilung der gegenwärtigen Weltpolitik und ihrer ungerechten Rechts- und Wirtschaftsordnung kommt nicht umhin, deren bewusst kalkulierten und subtil implantierten Methoden als Hauptursachen für die seit Jahrzehnten fortbestehende drastische Ungleichheit zwischen den extrem armen und den extrem reichen Völkern auszumachen und als ethisches Unrecht anzuklagen. Eine »kosmopolitische« Gerechtigkeitstheorie, für die Pogge eintritt, leitet die ihr zugrunde liegenden moralischen Werte und normativen Begründungen aus den Menschenrechten ab.[14] Mit dem konzeptuellen Rückgriff auf Menschenrechte kommt ein ganz anderer, eben menschenrechtsphilosophischer Grundsatz für die allgemeine Verpflichtung ins Spiel, für eine gerechte Welt zu sein, als im Falle von Singers Welthungerphilosophie. Statt sich lediglich auf ein noch weitestgehend unbekanntes (›Singer‹-)Moralprinzip

---

13 | Pogge, Anerkannt und doch verletzt durch internationales Recht, 125.
14 | Vgl. ebd., 99f.

zu berufen, wonach jeder Mensch Schlechtes verhindern oder Gutes tun sollte, sofern dies in seiner Macht steht, wählt Pogge mit den universellen Menschenrechten ein von fast allen Völkern anerkanntes, also allgemein gültiges System an moralischen Werten und rechtlichen Normen zum Wohle der Menschen. Die in den ›allgemeinen Menschenrechten‹ formal zum Ausdruck gebrachte Moralität sieht unter anderem das Recht auf einen Lebensstandard vor, der allen eine gesunde und dem menschlichen Wohl genügende Ernährung ermöglicht.[15] Mit der völkerrechtlichen Geltung und Achtung dieses und anderer Menschenrechte ist jeder Unterzeichnerstaat die Verpflichtung eingegangen, alles dafür zu tun, damit seine Bürger in den täglichen Genuss der vollen Verwirklichung dieser verkündeten Rechte und Freiheiten kommen können.[16]

Es muss daher niemanden wundern, dass heute bei allen normativen Fragen der Politik der argumentative Bezug auf eine ›gute‹ oder ›schlechte‹, eine ›gerechte‹ oder ›ungerechte‹ Politik in der Sprache und Begrifflichkeit von den allgemein verbindlichen und rechtskräftigen, universellen ›Menschenrechten‹ hergestellt wird. Wegen dieser moralphilosophischen Allgemeingültigkeit ist der argumentative und normative Rückgriff auf diese Rechte und Freiheiten auch unter politischen Aktivistinnen und Aktivisten ebenso wie unter Gerechtigkeitstheoretikern entsprechend populär. Gerade die Welthunger-Initiativen beziehen sich in ihrer politischen Argumentation längst nicht mehr auf den christlichen oder philanthropischen Wohltätigkeitsgedanken und auf die klassisch-moralische (›humanitäre‹) Pflicht, dass wir ›Hilfe für Arme und Bedürftige‹ zu leisten hätten: Sie argumentieren inzwischen mit den rechtlich zugesicherten Ansprüchen eines jeden Menschen. Der Kampf für eine Politik der Menschenrechte führt auf dramatische Weise die (Un-)Moral der Mächtigen vor Augen: International geltendes ›Recht‹ lässt eine eklatante Diskrepanz zwischen der (ohnmächtigen) Humanität ethisch fundierter ›Menschenrechte‹ einerseits sowie der (übermächtigen) Faktizität ›des Rechts der Stärkeren‹ zu. Der schönen Humanität eines allen Menschen in Aussicht gestellten Lebens in Freiheit und Würde stehen die politisch durchgesetzte Brutalität des Rettungsboot-Kommandos und die grauenvolle Realität des Welthungers gegenüber. Wegen dieser begrifflichen und moraltheoretischen ›Neutralität‹ des Rechts, das folglich *eo ipso* nie neutral ist, sollte eine politische Philosophie letzten Endes ihr eigenes kosmopolitisches Selbstverständnis nicht in einer schlecht oder gar schlimm neutralen, sondern primär in einer stattdessen stets politisch umkämpften Ethik des Guten publik machen. Auch die heute international anerkannten Menschenrechte sind aus einer langen Vorgeschichte der politischen und sozialen Befreiungskämpfe hervorgegangen.

---

15 | Vgl. FIAN, Recht auf Nahrung.
16 | Vgl. Allgemeine Erklärung der Menschenrechte, Artikel 28.

Trotz der untereinander vereinbarten und feierlich eingegangenen Selbstverpflichtung der Staaten, das Menschenrecht auf Nahrung zu gewährleisten, oder anders gesagt: im Schatten der offiziellen Anerkennung dieses menschlichen Grundbedürfnisses und Freiheitsgenusses ereignet sich im weltweiten Hungerelend eine »andauernde Menschenrechtsverletzung – wohl die größte je verübte Menschenrechtsverletzung in der Geschichte [...] für die in erster Linie die Regierungen und Wähler der mächtigeren Länder die Verantwortung tragen«.[17] Der Weg, wie wir als Bürger der reichen Demokratien etwas für eine gerechtere Welt tun können, führt folglich weniger über eine großzügigere Entwicklungshilfe für die Ärmsten, als vorrangig darüber, dass wir alles für eine menschenrechtskonforme Politik und für eine faire Wirtschaftsordnung tun. Konsequenterweise wird es dann zur Aufgabe der politischen Philosophie, »gute Regeln« (Pogge) einer solchen alternativen Politik der globalen Gerechtigkeit zu bestimmen.

Auf einige Details dieser neuen Regeln, die zur Erklärung der gastropolitischen Idee der Ernährungssouveränität dienen, werde ich eingehen.[18] Was vorab ausdrückliche Beachtung gebührt, ist der Sachverhalt, dass inzwischen sogar ein äußerst nüchterner, analytisch geschulter, politisch unambitionierter und akademisch disziplinierter Theoretiker – jemand wie Thomas Pogge – die philosophische Bestimmung einer gerechten Weltpolitik für denkbar hält, zumindest bezogen auf die Welthungerproblematik und deren politischen Ökonomie. Wie hat es dazu kommen können? Noch unter dem historischen Eindruck der enttäuschten Hoffnung auf eine proletarische Weltrevolution sah Max Horkheimer es als die größte Selbstverständlichkeit an, dass die politische Philosophie das Schlechte – allem voran die Ungerechtigkeit und das Grauen eines massenhaften Hungerelends – zwar kritisiert, aber gleichwohl nicht in der Lage sei, positiv angeben zu können, was das eigentlich Richtige und das Gute wäre.[19] Unter den vielfach veränderten Gegebenheiten und weltgesellschaftlichen Verhältnissen der Gegenwart geht Thomas Pogge mit dieser grundlegende Frage nach der besseren Praxis ganz anders um. In seiner Philosophie werden immerhin einige zentrale Inhalte eines gerechten Wirtschaftssystems und damit konkrete Schritte in eine vom Hungerelend befreite Welt angesprochen. Diese bemerkenswerte Tatsache lässt erneut Parallelen seines Gerechtigkeitsdenkens zum politischen Utopisten Marx erkennen. Denn Marx hatte durchaus, wenngleich die festgefahrenen Rezeptionsmuster davon ablenken, die eigene Kritik der kulturell hegemonialen Wirtschaftsweise mit wenigen, aber durchaus programmatischen Hinweisen für eine bessere Wirtschaftsform verknüpft.

---

17 | Pogge, Anerkannt und doch verletzt durch internationales Recht, 130f.
18 | Der Begriff ›Gastropolitik‹ wurde erstmals verwendet von: Appadurai, Gastropolitics in Hindu South Asia.
19 | Vgl. Horkheimer, Kritische Theorie gestern und heute, 164.

Was jedoch die kapitalistische Welt, folgt man ihm, von der kommunistischen Zukunft trennt, sind fundamentale ›revolutionäre Veränderungen‹ von Ökonomie und Recht oder Politik, die erst das epochale Ende des Kapitalismus zur Konsequenz haben. Sogar unter akademischen Gerechtigkeitstheoretikern, die weder der politischen Linken zuzurechnen sind noch als Politiker die sozialphilosophische Radikalität eines Thomas Pogge teilen, ist man sich inzwischen der marxistischen Erkenntnis sicher, dass »angesichts der immer massiveren und dringlicheren Probleme globaler Gerechtigkeit erheblich größere Anstrengungen erforderlich sind, als Regierungen und Bürger, vor allem des reichen Nordens, bewusst zu sein scheint«.[20] Indessen denkt sich Pogge die realisierbare Alternative zum gegenwärtigen Wirtschaftssystem weder als Revolution oder Kapitulation des kapitalistischen Kommandos noch als einen, in seiner historischen Größe unvorstellbaren, epochalen Prozess. Stattdessen soll es dabei einzig und allein um »globale institutionelle Reformen« gehen, weil »selbst kleine Veränderungen« an jenen internationalen Regeln, die Handel, Kredite, Investitionen, Rohstoffgebrauch oder Eigentumsverhältnisse strukturieren, »erhebliche Auswirkungen« auf die weltweiten Ungerechtigkeiten haben würden.[21] Pogge glaubt, eine gerechtere Weltinnenpolitik, die allen Menschen ein Leben in Selbstbestimmung und Würde ermöglicht, erfordere lediglich eine Reform der »institutionellen Ordnung« – mit anderen Worten: eine optimierte Fortsetzung der kapitalistischen Globalisierung.

Doch wie plausibel ist dieser philosophische und letztlich immer noch liberale Glaube an den gerechten Kapitalismus? Was bliebe nach einer ›Reform‹ der gegenwärtigen ›Weltordnung‹, die auf den moralischen Prinzipien von Menschenrechten, Umweltgerechtigkeit basierte und eine dauerhafte Überwindung von Armut, Hunger, Entrechtung und Ausbeutung beinhaltete, noch vom ›Kapitalismus‹ übrig? Ich denke, wir sind an Phantasie reich genug, um uns vorstellen zu können, welche postkapitalistischen Auswirkungen die Spielregeln einer allseits fairen Wirtschaftsordnung sowohl auf das Leben der Bäuerinnen und Bauern in der Dritten Welt als auch auf die Bürgerinnen und Bürger in der Ersten Welt (und zugleich auf alles andere Leben in dieser von allen gemeinsam geteilten Einen Welt) hätten. Jedenfalls lassen sich die Folgen, die sich für uns ergeben, wenn wir uns nicht länger an der globalen Umverteilung von Arm zu Reich, von Hunger zu Übersättigung, von Unten nach Oben beteiligten, theoretisch durchaus benennen. Wie, so ist dann zu fragen, sieht die Welt aus, wenn wir uns nicht weiter durch die Benachteiligung anderer bereicherten?

---

20 | Nida-Rümelin/Rechenauer, Internationale Gerechtigkeit, 320.
21 | Pogge, Anerkannt und doch verletzt durch internationales Recht, 132.

OPPORTUNITÄTSKOSTEN EINES UNPOLITISCHEN REFORMISMUS

Das ist die entscheidende Frage der philosophischen Theorie einer politischen Ökonomie. Doch statt ihr nachzugehen, schlägt Pogge eine unerwartet abwegige Richtung ein, die letztlich sogar einen unerklärlichen Rückfall in das Spenden- und Entwicklungshilfe-Denken bedeutet. So steht für ihn fest, dass die praktische Umsetzung von solchen »globalen institutionellen Reformen« einer fairen Gestaltung des internationalen Handels mit der »Übernahme gewisser Opportunitätskosten« verbunden wäre, die von den Bürgern der wohlhabenden Staaten an die Armen in der Welt gezahlt werden müssten. Hinzu kämen »Kompensationskosten« für Schäden, »die wir über viele Jahrzehnte hinweg verursacht haben, sowie für deren Auswirkungen auf Natur und Klima«.[22] Ohne konkrete Berechnungen dieser Ausgleichszahlungen vorzulegen, frohlockt Pogge aber (ähnlich wie Singer), dass »die Kompensations- und Opportunitätskosten, die der einzelne wohlhabende Bürger durch Unterstützung struktureller Reformen auf sich nimmt, extrem niedrig« ausfielen.[23] Um Armut und Hunger aus der Welt zu schaffen, hätten die einkommensstarken Länder ihren Lebensstandard im Durchschnitt lediglich um ein Prozent einzuschränken.[24] Der aus diesen Abgaben zu erwartende Betrag in Höhe von etwa 300 Milliarden Dollar pro Jahr wäre unter den einzelnen Haushalten der unterschiedlichen Einkünfte entsprechend gerecht aufzuteilen. Laut Pogge entfielen demnach auf eine typische Familie der Ersten Welt »jährlich 900 Dollar« als moralische Pflichtzahlungen, um sich mit ihrem fairen Anteil an der Verwirklichung einer gerechteren Welt zu beteiligen.[25]

Es besteht wohl kein Zweifel, dass bei einer politischen Philosophie der Gerechtigkeit sehr viel – wenn nicht sogar alles – auf eine möglichst konkrete und korrekte Definition unserer Gerechtigkeitspflichten ankommt. Dazu gehören in der Tat solche Bestimmungen, wie viel und was jeden Einzelnen von uns das Ende der eigenen Verstrickung mit der gegenwärtigen mörderischen Weltordnung wirklich kosten würde. Umso irritierender ist der Umstand, dass Pogges Zahlen und Berechnungen (anders als bei Singer) letztlich vage und merkwürdig beiläufig bleiben. Wie es scheint, dient ihm das Zahlenspiel vor allem zur argumentativen Strategie, den zustimmungswürdigen Eindruck zu erwecken, globale Gerechtigkeit und die Reform der herrschenden Weltwirtschaftspolitik seien praktisch machbar, einfach weil sie lediglich »geringe Einbußen« und auch sonst »geringe Auswirkungen auf die Wohlhabenden dieser Welt« zur

---

22 | Ebd., 110.
23 | Ebd., 136.
24 | Vgl. Pogge, Der Weltveränderdenker.
25 | Pogge, Anerkannt und doch verletzt durch internationales Recht, 136.

Folge hätten.²⁶ Dies dient wohl der allgemeinen Erleichterung derer, die diese politischen Veränderungen und ethischen Forderungen tragen beziehungsweise zahlen müssten.

Auch die Welthungerphilosophie von Thomas Pogge läuft am Ende darauf hinaus, dass wir einzig und allein ›etwas‹ Geld geben sollen, welches dann in Entwicklungshilfeprojekte fließen könnte, »zum Beispiel in der Form der Mitfinanzierung von grundlegenden medizinischen Einrichtungen, Impfkampagnen, Grundschulen, Schulmahlzeiten, Trinkwasser- und Abwassersystemen, einfachen Unterkünften, Elektrizitätsversorgung, Banken und Mikrokrediten, Verkehrs- und Kommunikationsnetzen, dort wo diese Dinge fehlen«.²⁷ Im Unterschied zu einer rein moraltheoretischen Herleitung (wie Singers Spendengebot) unserer Gerechtigkeitspflichten gegenüber den Hungernden besteht die Idee der menschenrechtstheoretischen Herleitung offenbar darin, dass die damit verbundenen Zahlungen vom Staat und auf dem rechtlichen Weg einer allgemeinen Zwangsabgabe politisch durchgesetzt werden könnten, anstatt die Menschen individuell davon überzeugen zu müssen, freiwillig ethisch zu handeln und nicht bloß angesichts staatlicher Sanktionsandrohung das Gute zu tun. Gewiss, über Gesetzgebung und staatliches Recht ließe sich vieles erzwingen, was die Welt gerechter und glücklicher machte. Fraglich ist nur, ob diese Politik von oben auch nur im Ansatz einer realistischen und glücklichen Praxis der gesellschaftlichen Veränderung entspricht und ob die staatlich erzwungene Erfüllung unserer ethischen Pflicht zur Gerechtigkeit in Form von pauschalen Abgaben das bessere Rezept ist, was die politische Philosophie im Umgang mit der Welthungerproblematik zu bieten hat.

Mit der unausgesprochenen Idee einer Welthungersteuer als einer staatlich erzwungenen Moral und Gerechtigkeitspflicht, die am anderen Ende der globalen Nahrungskette in Form einer Fettsuchtsteuer diskutiert wird, unterbietet die politische Philosophie zuletzt sogar die analytische Schwäche einer individuellen Ethik der Geldspende für Welthungerprojekte: Es wird die apolitische Seite einer kritischen Theorie freigelegt, die sich gesellschaftliche Veränderung stets nur und ausschließlich durch staatliche Politik und in Form von institutionellen Strukturreformen oder normativen Ordnungen zu denken vermag. Dieses affirmative und obrigkeitliche Politikverständnis unterscheidet sich grundsätzlich von einem radikaldemokratischen Begriff des Politischen. Dessen richtiges philosophisches Verständnis misst ›der Ethik‹, und zwar dem täglichen ethischen Handeln jedes Einzelnen bezüglich der allgemeinen Angelegenheiten der politischen Praxis, größeres Gewicht bei als ›der Politik‹, dem beruflichen Geschäft von Parteipolitikern sowie der Macht des Rechts oder der Institutionen. Die politische Ethik lebt von der gesellschaftlichen Erfahrung und der kritischen

---

26 | Ebd., 102, 136.
27 | Ebd., 135.

Einsicht, dass gesellschaftliche Veränderungen nicht nur oder vorrangig vom Staat oder der Politik der Regierungen, sondern vor allem von der Masse der individuellen Menschen und Taten ausgehen. Weil dem so ist, erweist sich die ohnehin unbegründete Hoffnung auf bloße ›institutionelle Reformen‹ als politisch naiv – auch wenn sie theoretisch plausibel erscheint und praktisch leicht angewendet, nämlich durch rechtlichen Zwang durchgesetzt werden könnte.

Allein die politische Realität widerspricht dieser schönen Theorie massiv. Warum sollten die Regierungen der wohlhabenden Länder – »des Hungers willige Vollstrecker« (Pogge) –, die aus reinem Eigeninteresse die Gewinnziele ihrer Unternehmer und die Vorteile ihrer Bürger »skrupellos« (Pogge) verfolgen und die deshalb solche Reformen mit allerlei ausgeklügelten Methoden und Instrumenten bislang zu umgehen wussten, in Zukunft eine andere Politik beherzigen wollen? Solange dieser Politik nicht seitens der Unternehmen und der Bürger die notwendigen politischen (finanziellen, demokratischen) Voraussetzungen entzogen werden, fehlt es auch am politischen Willen der jeweiligen Regierungen und politisch Mächtigen, nicht länger die eigenen und alles andere als ethischen Interessen zu verfolgen. Zu einer ethischen Revolution der Politik, zu einer politischen Moral der Gerechtigkeit oder des Gemeinwohls kommt es erst durch eine »Revolution der Denkart« (Kant) und zwar unserer politischen Denkart: sobald wir begreifen lernen, nicht Politiker und noch nicht einmal das Kapital, sondern die einzelnen Menschen – uns alle – als die letztlich maßgeblichen politischen Akteure und Souveräne einer lebendigen, alltäglichen Demokratie wahrzunehmen. Erst dieses andere Denken des Politischen hilft der Philosophie, ihre moralische Kritik der politisch-ökonomischen Verhältnisse als eine der Hauptursachen einer ungerechten Welt mit den alles entscheidenden Kräften der politischen Praxis zu verbinden.

Der gute Unternehmer und der Klassenkampf

Ein ›gutes Handeln‹ der Kapitalisten beziehungsweise der Unternehmen schließt Pogges Kritik systematisch aus. »Jedes Unternehmen kann«, heißt es bei ihm, »zu dem Urteil gelangen, dass es sich einen Verzicht auf die unmoralische Ausnutzung seiner Arbeitnehmer und Kunden nicht leisten kann, da eine solche einseitige Selbstbeschränkung einen unfairen Wettbewerbsnachteil gegenüber weniger skrupulösen Konkurrenten bedeuten würde.«[28] Mit dieser leichtfertig ausgestellten Lizenz zum unmoralischen Geschäft wird schon auf grundbegrifflicher Ebene die reale Möglichkeit ausgeschlossen, dass Konzerne ein kapitales Geschäftsinteresse daran haben und Gewinne damit erzielen könnten, sich durch faire Arbeitsbedingungen und Produkte in ihrer Konkur-

---

28 | Ebd., 133.

renz um Arbeitskräfte und Käufer einen Marktvorteil zu sichern. Indes spiegelt sich in der wachsenden philosophischen Literatur zur Wirtschaftsethik der Sachverhalt wider, dass diese – gemessen an der traditionellen Vorherrschaft einer wirtschaftsliberalen Orthodoxie – zugegebenermaßen unorthodoxe Geschäftsidee sich jüngst als neue Unternehmensphilosophie nachweislich ausbreitet.

Auch ›gutes Handeln‹ der Staatsbürger und Konsumenten der reichen Demokratien schließt Pogge letztlich aus. Zwar nimmt er von uns allen unterschiedslos an, dass »wir nicht wollen, dass unsere Repräsentanten, selbst wenn sie dazu in der Lage sind, ihre Verhandlungsmacht zur Einführung globaler Regelungen einsetzen, die uns unfaire Vorteile verschaffen«.[29] Gleichwohl gewinnt die dementsprechend gebotene Praxis eines politisch guten Handelns (etwa die Abwahl jener Regierungen und Repräsentanten, die auch gegen den allgemeinen Willen so agieren, der öffentliche Protest oder das politische Engagement in Initiativen und Organisationen) in Pogges letztlich unpolitischer Philosophie keine theoretische Bedeutung. Einer Philosophie, der ein radikaldemokratisches Verständnis des Politischen fehlt und die über keinen Begriff der politischen Ethik verfügt, mangelt es zwangsläufig an einem differenzierten Sinn für soziale Kämpfe und politische Bewegungen.

Ohne jegliches Konzept von gesellschaftlichen Interessengegensätzen, von realen Konflikten und diversen Formen des zivilen, oppositionellen oder gegenkulturellen Widerstandes besitzen Gerechtigkeitstheoretiker nicht das erforderliche Instrumentarium für eine differenzierte Analyse der politischen Dynamik samt ihrer unterschiedlichen Akteure, Aktanten, Agenten und Agenturen. In diesem Punkt ist die marxistische Philosophie ihren liberalen Kombattanten oder Kontrahenten weiter haushoch überlegen, einfach weil sie eine Theorie des politischen Kampfes entwickelt hat, die der Realität des Politischen entspricht. Doch angesichts der Komplexität und der unstabilen Mikrophysik des globalisierten Gesellschafts- und Wirtschaftsgeschehens ist Marx' Begriff des ›Klassenkampfes‹ eher grob mechanisch und hoffnungslos veraltet. Jedenfalls beinhaltet gerade die Gastrosophie die interessante Einsicht, dass eine politische Philosophie der Gegenwart nicht ohne den systematischen Bezug zu den (neuen) politischen Bewegungen ihrer Zeit auskommt.

Halten wir fest: Trotz des verdienstvollen Schrittes, die politische Ökonomie eines ungerechten und menschenrechtswidrigen Wirtschaftsprozesses in den Blick zu nehmen, von dem wir auf Kosten der Armut anderer und insbesondere der Kleinbauern in der Dritten Welt profitieren, denkt Pogge die wirtschaftspolitischen Zusammenhänge nicht konsequent zu Ende – also nicht bis zum individuellen Kaufakt und zu den Kaufkräften einer kritischen Masse. Indes folgt er mit dieser philosophischen Halbherzigkeit erneut unbewusst den rie-

---

29 | Pogge, ›Armenhilfe‹ ins Ausland, 241.

senhaften Fußspuren von Marx himself (dem es seinerseits nicht gelang, neben der Produktionssphäre und dem Bereich der proletarischen Arbeitswelt mit der gesellschaftlichen Sphäre der Konsumtion die zweite konstitutive Dimension des gesamten Zirkulationsprozesses des Kapitals theoretisch zu konzeptualisieren). Doch immerhin denkt der liberale Gerechtigkeitstheoretiker Pogge die globalen Zusammenhänge der politischen Ökonomie wesentlich weiter und tiefer als so mancher kluger Theoretiker oder selbst ernannter Marxist. Und auch als so mancher bürgerlicher Ökonom, wie etwa der UN-Sonderbeauftragte der Millenniums-Entwicklungsziele Jeffrey Sachs. In einer 450 Seiten dicken Studie zu den Ursachen und Lösungswegen der Welthungerproblematik deutet der Professor für nachhaltige Entwicklung und Gesundheitspolitik lediglich anhand des Stichwortes eines »Engagements jedes Einzelnen« die notwendige politische Ethik von uns Bürgern und Konsumenten der reichen Länder an. So fällt Sachs auf der letzten Seite und kurz vor Schluss wieder ein: »Letztlich kommt es auf jeden Einzelnen von uns an. Individuen, die sich zusammentun und gemeinsam handeln, machen Gesellschaften aus und gestalten sie. Auch Verpflichtungen, die eine Gesellschaft als Ganze eingeht, beruhen letztlich auf dem Engagement jedes Einzelnen«.[30]

Einer politisch linken Philosophie, die ihren Namen zu tragen verdient, kommt die Aufgabe zu, das Politische der Ökonomie und mithin die kapitalistische Politik bis auf deren Wurzeln und Ursprünge in der täglichen Lebenspraxis der einzelnen Menschen zurückzuverfolgen und zu Ende zu denken. Mit Blick auf das Welthungerdrama besteht diese Aufgabe speziell darin, das Konsumverhalten der Bürger der Wohlstandsnationen in den Mittelpunkt ihrer Reflexionen zu stellen. Tut sie dies nicht und entwickelt sie außerdem nicht die Idee einer politisch-ethischen Praxis, bleibt auch unsere individuelle Mitverantwortung für das Fortbestehen von Hunger und Elend und anderem Unrecht unhinterfragt.

Erst wenn jeder versteht, welche wirtschaftspolitischen Mechanismen und Handlungen dazu führen, dass »mangelnde Fairness uns bereichert und vielerorts Armut verschärft«,[31] wird fassbar, was wir als Ursprungsherde und Endstationen oder einfache Zentren des globalen Wirtschaftsgeschehens, als ›Konsumenten‹ Gutes tun könnten und tun sollten, um uns nicht länger am kapitalistischen Welthandel zu beteiligen und von seiner Ungerechtigkeit zu profitieren. Oder versteht es sich von selbst, zu was diesbezüglich jeder von uns (abgesehen von Spendenzahlungen an Entwicklungshilfeorganisationen) eigentlich zu tun verpflichtet wäre? Denn wieso sollten wir uns an ungerechten Verhältnissen und Handlungen aktiv beteiligen wollen? Weshalb sollten Sie Kinder ertrinken lassen und arme Bäuerinnen und Bauern ihrem Elend über-

---

30 | Sachs, Das Ende der Armut, 442.
31 | Pogge, ›Armenhilfe‹ ins Ausland, 243.

lassen wollen? Wie kann es sein, dass unser Verhalten – ohne dass es dessen Absicht oder Zweck wäre – wie durch eine »unsichtbare Hand« (Smith) anderen Menschen Schaden zufügt und hinter dem »Schleier unseres Unwissens« (Rawls) ein gigantisches Verbrechen gegen die Menschlichkeit zu verantworten hat, bloß wegen der primitiven Tatsache, dadurch einen gewissen Wohlstandsvorteil zu haben?

Falls dies wahr ist – und was spräche dagegen? –, stellt sich die Frage, wie die Mehrheit der übersättigten Konsumentinnen und Konsumenten in den fetten Wohlstandsländern vom Hungerelend in der Dritten Welt ›profitiert‹, wenn sie doch offenkundig niemandes Essen wegessen und scheinbar auch sonst nichts Illegales oder Verbotenes tun? Was bedeutet dies für die verbreitete Meinung, wonach Profitorientierung und Profitmaximierung ausschließlich Sachen ›der Kapitalisten‹ seien? Konfrontiert der Welthunger uns letztlich nicht mit uns selbst als Komplizen der Kapitalisten; nicht als Opfer, sondern als Profiteure des Kapitalismus? Angenommen, wir wollten wirklich praktische Konsequenzen aus unserer individuellen Komplizenschaft und unserer alltäglichen Mitverantwortung für die Ungerechtigkeit der postkolonialen Weltordnung ziehen, müsste sich dann der ›Kampf gegen die Armut‹ nicht zuallererst gegen uns selbst richten und das Ende ›des Elends der Welt‹ nicht damit beginnen, dass wir alles, was in unserer Macht steht, gegen die eigene Mittäterschaft aufbieten und dass wir möglichst alles gegen unser tägliches Mitmachen und Nichtstun täten? Und zu guter Letzt: Wer überhaupt sind ›wir‹? Jedenfalls sind wir als Bürger oder Bürgerinnen, als Wähler oder Wählerinnen oder als Konsumenten oder Konsumentinnen kein homogenes Großsubjekt, wie mancher Philosoph und Meinungsmacher meint. Erst recht lassen wir uns nicht zu einem harmonischen Kollektiv-Wir – ›die Bürger‹, ›die Wähler‹, ›die Konsumenten‹ – vereinheitlichen. ›Wir‹ sind viele Akteure mit unterschiedlichsten politischen, kulturellen, sozialen, kulinarischen usw. Identitäten. ›Wir‹ sind alle und jeder einzelne Mensch wie Sie und ich. Bleibt zu fragen: Was tun Sie, was tue ich, was tun wir Gutes, um die Welt – wenigstens die Welt des Essens und Hungers – zu verändern und gerechter zu machen?

Zum Beispiel Fairness im Supermarkt: Täglich Gutes tun

Es scheint, dass zur Beantwortung dieser schlichten Frage noch einmal ganz von vorne begonnen werden muss. Diesmal aber mit einem anderen, alltäglicheren und sachdienlicheren Beispiel als dem Fall mit dem ertrinkenden Kind, womit uns Peter Singer zu einer prominent vertretenen Welthungerphilosophie und zu ethisch gutem Handeln bewegen möchte. Stellen wir uns zur Abwechslung die folgende Situation vor: Eine Person, ein normaler Bürger in einer beliebigen Stadt in Deutschland, geht eiligen Schrittes eine Straße hinunter und entscheidet sich, wie meistens, wieder dafür, ›seinen Supermarkt‹ aufzusuchen, um schnell noch etwas Essen zu holen. Der besagte Kunde steht vor den vollen Regalen und mustert das reiche Warenangebot; schließlich greift er nach einer in Plastik verpackten Schale Tomaten, die er kurz darauf zurücklegt, um lieber eine andere Sorte Tomaten auszuwählen, weil sie irgendwie ›frischer‹ und ›knackiger‹ aussehen. Dann schnappt er sich noch schnell ein paar Bananen und einige andere ›Lieblings-Lebensmittel‹ und eilt zur Kasse.

Durch den Kauf dieser Tomaten und Bananen bezahlt der Kunde indirekt einen Anteil des Hungerlohns von Landarbeitern in der südspanischen Provinz Almería, wo diese Produkte neben weiterem Gemüse und Obst für Supermarktketten in Deutschland oder Frankreich auf riesigen Plantagen angebaut werden. Diese zigtausenden Plantagen und Gewächshäuser aus weißen Plastikplanen auf einer Fläche von 40.000 Hektar sind nicht nur eine logische Fortentwicklung der großindustriellen Landwirtschaft und des Fortschritts der kapitalistischen Agrikultur, deren historisch-technischer und geopolitischer Entstehungsprozess von Karl Marx in seinem Hauptwerk bereits detailreich beschrieben wurde. Dort heißt es in einem Abschnitt zur großen Industrie und Agrikultur, parallel zu kritischen Anmerkungen über landwirtschaftsphilosophische Theorien von Justus Liebig, John Stuart Mill, Adam Smith und Thomas Malthus zusammenfassend: »Und jeder Fortschritt der kapitalistischen Agrikultur ist nicht nur ein Fortschritt in der Kunst, den Arbeiter, sondern zugleich in der Kunst, den Boden zu berauben, jeder Fortschritt in Steigerung seiner Fruchtbarkeit für eine gegebene Zeitfrist zugleich ein Fortschritt im Ruin der dauernden Quellen dieser Fruchtbarkeit. Je mehr ein Land, wie die Vereinigten Staaten von Nordamerika z.B., von der großen Industrie als dem Hintergrund seiner Entwicklung ausgeht, desto rascher dieser Zerstörungsprozess. Die kapitalistische Produktion entwickelt daher nur die Technik und Kombination des gesellschaftlichen Produktionsprozesses, indem sie zugleich die Springquellen alles Reichtums untergräbt: die Erde und den Arbeiter«.[32]

Der Produktionsort jener Plastikplanen-Plantagentomaten, die der im Beispiel beschriebene Supermarktkunde gekauft hat, soll in seinen Umwelt zerstörenden Ausmaßen angeblich sogar als weißer Fleck vom Weltraum aus identifizierbar sein. Man muss über diesen unbekannten Fleck der Erde wissen: »In dieser Region gibt es die höchste Sonneneinstrahlung Europas – und die am schlechtesten bezahlten Arbeiter«.[33] Schätzungen zufolge verdingen sich dort bis zu 110.000 Landarbeiter – besonders afrikanische Landarbeiter und illegale Immigranten, die als Tagelöhner und moderne Sklaven unter miserablen und entwürdigenden Bedingungen schuften. Ohne sie gäbe es ab Oktober, wenn die heimischen Landtomaten aus den Supermarktregalen Westeuropas verschwin-

---

32 | Marx, Das Kapital, 530.
33 | Daum, Für eine Handvoll Tomaten, 29.

den, keine ›frischen und knackigen Tomaten‹; so aber gibt es eine einzige Sorte im Angebot: die spanische Tomate aus der einstigen Wüste Andalusiens.

Möglicherweise hat sich der beschriebene Kunde gegen den Kauf einer ebenfalls angebotenen Biotomate entschieden, die im Regal daneben gelegen haben könnte und nach der er zunächst griff, aus Gründen, die wir nicht kennen, um sich dann doch für die billigere zu entscheiden. Spielte sich die als Beispiel beschriebene Situation irgendwann im Sommer ab, hätte der Kunde obendrein noch die ›Qual der Wahl‹ zwischen verschiedenen Tomatensorten gehabt (beispielsweise billige Tomaten aus industrieller Landwirtschaft, Biotomaten oder lokal produzierte Sorten), sofern er sie womöglich nicht gleich aus dem eigenen Garten erntet. Dies ist bei einem durchschnittlichen Konsumverhalten jedoch eher selten der Fall.

Die Bananen aus Südspanien, welche die Supermarktkunden in ihren Einkaufswagen legen, könnten genauso auch aus der mittelamerikanischen Dominikanischen Republik und von dortigen Biobauern und -bäuerinnen kommen. Würde er oder sie sich die Bananen aus deren umweltfreundlichen Produktion greifen – die, wie im Falle der Tomaten, im Regal gleich neben den andalusischen Bananen aus kapitalistischer Agrikultur liegen –, würde er oder sie mit dieser Kaufentscheidung dafür sorgen, dass die Arbeiter und Arbeiterinnen dort wenigstens nicht die üblichen, die Erde zerstörenden und für die natürliche Umwelt und die menschliche Gesundheit (sowohl der Produzenten als auch der Konsumenten) schädlichen Pestizide verwenden müssen, die in großen Monokulturplantagen zur Schädlingsbekämpfung eingesetzt werden. Doch selbst der mögliche Kauf von Biobananen ändert nichts an dem Sachverhalt, dass sich ihre Produzenten weiter mit einem Hungerlohn abfinden müssen.[34] Es sei denn, der Kunde achtet darauf, dass seine ökologisch angebauten

---

34 | Ich möchte an dieser Stelle eigens darauf hinweisen, dass der Kauf von Bioprodukten und die weltweite Umstellung der agrarindustriellen Nahrungsproduktion auf ökologische Landwirtschaft ein notwendiger Schritt und ein zentraler Aspekt der gastrosophischen Ethik und Politik ist, um die globalen Nahrungsverhältnisse auf die Grundlagen einer umwelt- und klimagerechten Naturnutzung zu stellen und ein ›nachhaltiges Überleben‹ der Menschheit und des Planeten Erde zu ermöglichen. Doch stellen sich (darüber hinaus) mit der Welthungerproblematik spezifische, eigene ethische und politische Fragen der *sozialen* Gerechtigkeit. Sie betreffen den Umgang der Menschen miteinander als ›Wirtschaftspartner‹ und faire Wirtschaftsbeziehungen und damit nicht primär solche Fragen des menschlichen Umgangs mit der Natur. Aus diesem Grund stehen die gastrosophische Umweltethik sowie die Gastropolitik einer ökologisch nachhaltigen Lebensmittelproduktion nicht im Mittelpunkt dieses Buches. Siehe dazu: Lemke, Esskultur und Klimagerechtigkeit; ders., Die philosophischen Anfangsgründe der Agrarethik.

Bananen darüber hinaus aus fairem Handel stammen – was in dem besagten Beispiel mit den Biobananen aus der Karibik hätte der Fall sein können. Doch – ob nur Bio oder Bio aus gerechtem Handel – der durchschnittliche Kunde wählt ohnehin jene Bananen und Waren aus den weißen großindustriellen Plastikwüsten, die die Springquellen allen Reichtums untergraben: die Erde und den Arbeiter. Der normale Supermarktmensch legt auf seinem Weg zur Kasse, wie wir wissen, weitere lieb gewonnene Lebensmittel, die allesamt ethisch schlecht und politisch unkorrekt sind, in seinen Einkaufswagen. Jedes Mal wählt er bewusst das billigste Produkt, um beim Essen etwas Geld zu sparen, das er lieber für andere und wohl wichtigere Dinge ausgibt. In seiner alltäglichen Handlungsweise folgt er so einer bestimmten Lebensphilosophie und einer bestimmten Moral des Essens: den Grundsätzen der Fastfood-Küche oder der »westlichen Diät«.[35]

Und jedes Mal, wenn er danach handelt und sich so ernährt und so einkauft, setzt sein Verhalten eine unerbittliche Preisspirale in Gang: Der Supermarktbetreiber verlangt daraufhin seinerseits von den Produzenten, deren Produkte er als Zwischenhändler kauft, für einen möglichst geringen Preis zu liefern, der noch geringer sein soll als der Preis, den sein Konkurrent bezahlt, so dass dem Produzenten nichts bleibt als harte Arbeit und ein Hungerlohn oder die Flucht vom Land in die Stadt und die verzweifelte Suche nach Lohn und Brot, und so weiter und so fort auf dem Weg ins bodenlose Elend dieser Welt.[36] Am Ende dieser Niedrigpreisspirale, die zahlreiche weitere Wendungen und Ausbeutungsschleifen bei allen Beteiligten auslöst, stehen immer die Armen und Hungernden; schlecht bezahlte, entrechtete, millionenfach existenziell ruinierte, überflüssig gemachte Landleute und Migranten – wandernde Völker und Volksmassen, ob nun in Europa und in Lateinamerika, Indien, Afrika, China oder anderswo. Überall.

GASTROSOPHISCHE AUFKLÄRUNG UND DER BETRUG AN DEN MASSEN

Es ist, wie es ist: Die niedrigen Preise für die Bauern, die Hungerlöhne für die Landarbeit weltweit sind eine der mächtigsten Ursachen für die Stagnation der wirtschaftlichen Entwicklung in der Dritten Welt und für die Armut ihrer Bevölkerung. Deren Elend mag weder die Absicht noch das Ziel des Einkaufs der übersättigten Supermarktkonsumenten und -konsumentinnen in den Schlaraffenländern der Ersten Welt gewesen sein. Im Gegenteil, sie werden sich denken: ›Was habe ich Verbotenes getan? Weder habe ich jemand betrogen noch

---
35 | Vgl. Pollan, Lebens-Mittel.
36 | Vgl. Saunders, Arrival City.

bestohlen oder gar getötet, um diese leckeren Dinge zu bekommen, stattdessen habe ich sie mit meinem schwer erarbeiteten Geld bezahlt.‹ So richtig dies scheinen mag, dennoch haben sie alles dies getan: betrogen, gestohlen und getötet und dafür am Ende auch noch korrekt bezahlt und schwer gearbeitet. Wie kann das sein?

In diesem realen Paradoxon steckt das Mysterium der alltäglichen Unscheinbarkeit des globalen Welthungerdramas. Niemand sieht dem Kauf möglichst billiger Lebensmittel die Menschenrechte verletzende und letztlich Menschen tötende Ungerechtigkeit an, die dieser gleichwohl verursacht.[37] Allerdings verdankt sich dieses Mysterium nicht, wie noch Marx glaubte, dem Fetischcharakter der Waren. Die magischen Kräfte, die schleierhafte Waren – wie etwa vorzugsweise unglaubwürdig billige Lebensmittel – in scheinbar schöne und begehrenswerte Produkte verzaubern, ergreifen keine unentrinnbare Macht über uns Konsumenten. Aber nicht, weil heute der populäre Umgang mit billigen Lebensmitteln kaum noch dem Umgang mit religiösen Fetischobjekten gleichen würde. Man kann durchaus die Auffassung vertreten, dass in der Gegenwartskultur als Zusatzmittel zur Religion die Lust des Essens und vor allem der tägliche Fleischgenuss zum Opium des Volkes geworden sind.

Die Magie der Waren, die diese zweifelsohne haben, entfaltet sich indes äußerst profan, mithilfe jener ›unsichtbaren Hand‹ des globalen Freihandels, die jeden Einkauf auch mit weit entfernt lebenden Produzenten verbindet. Diese politisch-ökonomischen Zusammenhänge und weltweiten Kausalitäten lassen sich trotz ihrer Unsichtbarkeit durchaus wahrnehmen und durchschauen. Sie *sind* längst zur Genüge durchschaut und durchsichtig. Und jeden Tag kommen durch journalistische Enthüllungen und wissenschaftliche Aufklärungsarbeiten weitere Erkenntnisse hinzu. Es stünde mit der gastrosophischen Aufklärung im Allgemeinen noch besser, wären der menschlichen Intelligenz würdige Produktinformationen und entsprechende Kennzeichnungen selbstverständlich.

Dieser »Betrug an den Massen«, um eine bekannte Formulierung aus der *Dialektik der Aufklärung* von Adorno und Horkheimer zu aktualisieren, wird sehr erfolgreich durch die zauberhaften und kostspieligen Mittel der Werbeindustrie sowie mittels einer permanenten Sabotage des Verbraucherschutzes betrieben.[38] Die gastrosophischen Informationsrechte und die informationelle Selbstbestimmung der Konsumenten werden bislang derart gravierend verletzt und systematisch unterentwickelt, dass mündige Wähler zu unmündigen und desinformierten Käufern degradiert werden.[39] Hinzu kommt, dass »Unmündigkeit bequem ist«, wie schon der große Aufklärer Immanuel Kant kritisiert,[40]

---

37 | Vgl. King, Eating Well.
38 | Adorno/Horkheimer, Dialektik der Aufklärung.
39 | Vgl. Bode, Die Essensfälscher; Gottwald, Esst anders!
40 | Vgl. Kant, Zur Beantwortung der Frage: Was ist Aufklärung?

weshalb heute vielen Menschen, für die es sehr bequem zu sein scheint, sich nicht für die Herkunft und Güte ihrer Einkäufe zu interessieren, viele Details und Zusammenhänge ihres Essens unbekannt sind. Doch diese unbekannten Dinge, mit denen sie ständig zu tun haben, die sie sich einverleiben, die sie am eigenen Leibe zu spüren bekommen, die sie wohl oder übel verkörpern müssen, werden ein Teil ihres Selbst. Sie sind bis auf jede Zelle ihres physischen Seins dieses ›Andere‹ ihres ›Selbst‹ – alles das, was sie auch unbekannterweise gegessen haben.[41]

Weil das so ist, machen wir uns durch unsere eigene Unmündigkeit und unsere politische Konformität, freiwillig minderwertige und billige Lebensmittel zu kaufen, zu Komplizen eines ungerechten und in vielerlei Hinsicht destruktiven Wirtschaftssystems. Der zauberhaft unscheinbare ›Supermarkt‹-Alltag reproduziert – neben vielen anderen kulturellen Tatsachen – auch die systematische Verarmung weltweit. Wer in diesen einschlägigen und wenig aufregenden Tatorten fortgesetzt sein Geld lässt, finanziert die Traumreise auf der Rettungsboot-Kreuzfahrt mit. Einer politischen Gastrosophie bleibt es nicht erspart, diese politische Ökonomie der Alltagspraxis zu bezeugen; ohne diese unethische Politik der Massen und ohne diese Banalität des Unguten wäre diese Welt nicht der ungerechte und moralisch perverse Ort, der sie ist. Jeder Bürger in den reichen Ländern, der beim Einkauf nur an den eigenen Vorteil denkt und sich auf bequeme Weise bereichert, profitiert vom globalen Kapitalismus. Zusammen mit vielen anderen schafft jeder einzelne Supermarktprofiteur die täglichen Voraussetzungen für den Welthunger und macht zugleich kapitalstarke und mächtige Lebensmittelkonzerne noch mächtiger und noch stärker. Solange sie daran weiter reichlich verdienen, werden diese alles dafür tun, dass ihre Kunden und Kollaborateure sich über eine üppige Auswahl erschwinglicher Lebensmittel und an den äußerst geringen Ausgaben für ihr tägliches Essen freuen können.

Diese populäre Art der individuellen Wohlstandsmehrung und alltäglichen Bereicherung stellt die mehrheitliche Bevölkerung der Ersten Welt inzwischen bereits eine ganze Weile zufrieden. Von jeher sind ›unser tägliches Brot‹, das den gegenwärtigen Massen längst ihr tägliches Fleisch ist, und andere wünschenswerte wie unersättliche Bedürfnisbefriedigungen wichtige Mittel einer Brot-und-Spiele-Politik, die für sozialen Frieden und die affirmative Billigung der gesellschaftlichen Verhältnisse sorgt – weil die Mehrheit der Bürger in den reichen Ländern davon profitiert. Aber auch nur solange sie auf diese Weise satt und glücklich wird. Doch dies ist zunehmend weniger der Fall. Die Gründe dafür sind vielfältig und unterschiedlich. Beispielsweise sind während der Finanzkrise 2008 und aktuell die Lebensmittelpreise derart gestiegen, dass es viele, die ohnehin nur knapp über der Armutsgrenze leben, mit dem Hunger-

---

41 | Vgl. Lemke, Zur Metaphysik des einverleibten Anderen.

elend zu tun bekommen. Ebenfalls wächst die kritische Masse unter den wohlhabenden Konsumentinnen und Konsumenten, von denen immer mehr aus vielen Gründen, die wir kennen, sowohl durch ihr ethisches Einkaufsverhalten als auch durch politische Proteste demonstrieren, dass sie das billige Essen »satthaben«.[42]

DER WELTHUNGER UND DIE SELBSTHILFE DER ETHISCH ESSGESTÖRTEN

Wenn jeder Supermarktgänger und Bewohner eines reichen Landes ›etwas Gutes‹ gegen die politisch-ökonomischen Hauptursachen des Welthungers tun wollte, dann wäre dies zu tun nicht schwierig. Wir hätten lediglich darauf zu achten, keine billigen und Armut oder Hungerlöhne verursachenden Lebensmittel zu kaufen und mit unserem Geld, wo dies in unserer Macht liegt, nicht länger als großzügige Finanziers und Kleinstaktionäre des globalen Kapitalismus zu agieren. Stattdessen wäre es unsere ethische Gerechtigkeitspflicht, sich so viel und so oft es geht von Bioprodukten aus gerechtem Handel zu ernähren, jedenfalls von solchen Produkten, die den armen Bäuerinnen und Bauern in deren Herkunftsländern und allen unseren Nahrungsproduzenten und -produzentinnen in der Dritten Welt dauerhaft ein besseres Einkommen verschaffen. Auf diesem Weg trügen wir unseren gerechten Anteil dazu bei, Ausbeutung und Entrechtung zu beenden und zukünftig bessere Ernährungsverhältnisse zu ermöglichen.

Wenn diese einfachen Argumente zutreffen, wofür die allgemeinen Indizien eindeutig sprechen, dann lässt sich aus gastrosophischer Sicht zur Politik des Essens feststellen: Eine überzeugende und praktisch wirksame Strategie, den Welthunger abzuschaffen, ist weder die willkürliche Spende für ›Hilfsbedürftige in armen Entwicklungsländern‹, ebenso wenig scheint die naive Erwartung von plötzlichen ›institutionellen Reformen durch die Politik‹ aussichtsreich. Diese fehlerhafte Philosophie wird auch nicht dadurch besser, dass sie uns als täglichen Profiteuren der herrschenden globalen Ernährungsverhältnisse mit dem angenehmen Versprechen kommt, die notwendige Veränderung unserer täglichen Lebenspraxis und die Verwirklichung eines für alle besseren Essens würden nur mit geringen Einbußen, bloß mit institutionellen Strukturreformen und kleinen Geldspenden verbunden sein. Kurz: Etwas überzeugender als die Rezepte aus den philosophischen Großküchen des Welthungerdiskurses, die den theoretischen Geschmack bestimmen, scheint mir zu sein, bei uns

---

42 | »Wir haben es satt! Bauernhöfe statt Agrarindustrie« lautete die Kundgebung einer Demonstration und Protesttafel in den Straßen der deutschen Bundeshauptstadt am 21.01.2012, zu der zahlreiche Organisationen und Personen aufriefen.

selbst und unseren täglichen Essgewohnheiten anzusetzen. Warum nicht damit beginnen, dass wir unsere eigene, politisch affirmative und gastrosophisch unterentwickelte Ernährungsweise – unseren Welthunger – bekämpfen und uns selbst zu einer ethisch guten Esskultur verhelfen, damit es dem Rest der Welt besser geht.

Ein entscheidender Schritt auf diesem revolutionären Weg beinhaltet, dass wir etwas mehr Geld für unser Essen ausgeben, um eine Wirtschaftsordnung zu ermöglichen, die allen Nahrungsproduzenten faire Preise, Einkommen und Wohlstand sichert. Gewiss stellt sich auch bei diesem welthungergastrosophischen Grundsatz die Frage, wie viel etwas mehr Geld ist, das wir für den Preis der Gerechtigkeit zu zahlen hätten und ob jeder diesen, für alle gleichen, gerechten Preis bezahlen könnte? Unabhängig von dieser empirischen Frage kommt in diesem Grundsatz das Moralprinzip einer politischen Gastrosophie zum Tragen. Es lautet: Ausgehend vom Welthunger der ebenso übersättigten wie unersättlichen Menschen in den kapitalistischen Schlaraffenländern, haben wir alle in dem Maße, wie sich unsere Lebensmitteleinkäufe auf das Leben anderer auswirken, die individuelle ethische sowie die kollektive politische Verpflichtung, alles zu tun, was sowohl zum Wohle dieser anderen als auch zu unserem eigenen Wohl beiträgt. Da sich unter den gegebenen Bedingungen eines globalen Kapitalismus und einer wirtschaftsbedingten Armut unsere Lebensmitteleinkäufe in besonderem Maße auf die bäuerliche Bevölkerung der Dritten Welt auswirken, sollten wir insbesondere auf deren Wohl bedacht sein. Diesem Prinzip liegt die politische Ethik einer alltäglichen Lebenspraxis zugrunde, die in möglichst allen relevanten Situationen das für alle Gute tut.

Und dafür muss in der Tat recht wenig getan werden: Mit jedem ethisch guten Kauf von Lebensmitteln zu fairen Preisen üben die, die so handeln, ihre konsumpolitische Macht auf das kollektive Wirtschaftsgeschehen aus.[43] Dabei entsteht eine neuartige Einheit zwischen politischer Ethik und individuellem Konsumverhalten, die das traditionelle Verhältnis und Verständnis von politischer Ökonomie ebenso radikal verändert wie die übliche neomarxistische Konsumkritik, die den Konsumismus der Massen *per se* für unpolitisch und bloß hedonistisch hielt.[44] Die politische Philosophie nicht weniger als die philosophische Kritik des Konsumkapitalismus befinden sich erst in den historischen Anfängen, die gastropolitische Macht der Käufermassen samt ihrer gesellschaftlichen Dynamik zu begreifen. Selbst innerhalb der neuen Wirtschaftsethik spie-

---

43 | Vgl. Beck, Macht und Gegenmacht; Höffe, Wirtschaftsbürger, Staatsbürger, Weltbürger; Busse, Die Einkaufsrevolution.
44 | Vgl. Marcuse, Kritik des Hedonismus; Adorno/Horkheimer, Dialektik der Aufklärung.

len die Konsumethik und der politische Konsum noch kaum eine systematische Rolle.[45]

Dass die Macht und die Verantwortung der Konsumenten die klassischen Philosophien zur politischen Ökonomie mit einer komplett unterbelichteten Sphäre des weltweiten Wirtschaftsprozesses konfrontieren, hängt mit der realen konsumkapitalistischen Entwicklung – der historischen Transformation vom Industriekapitalismus zum Konsumkapitalismus – zusammen und ist nicht etwa auf irgendeinen vorübergehenden Wertewandel oder einen bloßen Einstellungswechsel einiger Gesellschaftstheoretiker zurückzuführen. Sollte es aber wahr sein, dass der Kaufakt, der uns durch komplexe Wirtschaftsbeziehungen mit der Armut dieser Welt verbindet, jedem einzelnen Konsumenten und jeder einzelnen Konsumentin in den reichen Ländern die Möglichkeit bietet, politisch-ethisch auf das globale Wirtschaftsgeschehen einzuwirken und entscheidenden Einfluss auf die weitere Entwicklung der kapitalistischen Wirtschaft und Politik zu nehmen, dann tritt mit diesen unsichtbaren Handgriffen in durchsichtigen Handelsbeziehungen das politische Wesen unseres individuellen und kollektiven Handelns als Wirtschaftssubjekte, Weltbürger und Kaufkräfte zutage. Und diese alltags- und kosmopolitisch entfesselten Kaufkräfte können, wenn man sich philosophisch so ausdrücken will, als eigene ›Klasse‹ und als ein ›revolutionäres Klassenhandeln‹ konzeptualisiert werden.

Die Einsicht, dass der Konsum eine politische Praxis ist, radikalisiert und ökonomisiert demokratische Mitbestimmung diesseits des staatlichen Regierens. Analog zur Stimmenabgabe, aber eben doch weit direkter und häufiger, stimmen die Käufer über die betreffende Sache ab und führen mit ihrer Beteiligung folgenreiche Entscheidungen und mit jeder Produktwahl Veränderungen oder Verewigungen der Produkte, der Produktivkräfte, der Produktionsweise und der Produktionsverhältnisse herbei. Der politische Charakter des Konsumtionsprozesses liegt dem ökonomischen System zugrunde, insofern der Verbrauch oder der Gebrauch von etwas – ›der Konsum‹ – der normative Ursprung und das gesellschaftliche Ende aller menschlichen Wirtschaftstätigkeiten ist: Jeder Konsumakt ist daher ein politischer Akt, ganz gleich, ob sich die Konsumenten und Konsumentinnen dieser Politik ihres Tuns bewusst sind oder nicht.

Für eine politische Philosophie ergeben sich aus diesen Erkenntnissen einige konzeptuelle Konsequenzen. Zum einen die Notwendigkeit, den politischen Konsum als eine Grundkategorie in ihre grundbegriffliche Theoriebildung aufzunehmen; zum anderen entsteht der Anlass, wie deutlich wurde, ihre Theorie des Politischen zu überdenken; des Weiteren tut es Not, dass ihr politisches Denken insgesamt um zahlreiche und bislang unbekannte Phänomene erweitert wird; schließlich ist angezeigt, dass ihr veraltetes Verständnis der politischen

---

45 | Vgl. Heidbrink/Schmidt, Die Verantwortung des Konsumenten; Koslowski/Priddat, Ethik des Konsums; Sassatelli, Critical Consumerism.

Ökonomie des Kapitalismus den gesellschaftlichen Realitäten entsprechend erneuert werden muss. Einige dieser Einsichten und Konsequenzen sind in den vorangegangenen Überlegungen bereits ansatzweise zur Sprache gekommen.

Seit Platons *Politeia* und Aristoteles' *Politik* bis in die Gegenwart hinein hat die lange Geschichte des politischen Denkens der Philosophen stets Politik von oben gedacht und mit ›Regierungsmacht‹ gleichgesetzt: mit staatlicher Gesetzgebung, rechtlichen Normen und Zwängen, mit Institutionen und Herrschaftsstrukturen und der (Über-)Macht einer politischen Elite oder Obrigkeit. Dieser autoritäre Begriff des Politischen hält die Übergänge zwischen einer elitär regierten Demokratie und anderen nicht-demokratischen Regierungsformen fließend und nicht selten, mit einer gewissen Berechtigung, für unerheblich. Politik von unten zu verstehen heißt, die politische Praxis aller, die außerhalb staatlicher Politik und parlamentarischer Parteien in ›zivilgesellschaftlichen‹ Initiativen, Organisationen und sozialen Bewegungen aktiv sind, in ihrem politischen Selbsttätigsein wahrzunehmen. Erst so lassen sich anhand der Praxis von ›engagierten Bürgern‹, ›Aktivisten‹ und ›politisch Aktiven‹ diejenigen Kräfte und Kämpfe wahrnehmen, die sowohl das politische Klima einer Zeit beeinflussen als auch die gesellschaftliche Politik mitgestalten. Entsprechend kann sich eine politische Philosophie darüber Klarheit verschaffen, dass die ›politische Praxis‹ im alltäglichen Leben des Einzelnen nichts anderes ist als ein eigenständiges und zeitweiliges Tätigsein und oft eine ›nebenberufliche‹ Lebenstätigkeit, eine ›ehramtliche‹ oder ›widerständige‹ Aktivität (eines solchen politisch tätigen ›Selbstseins‹) sein wird.

Die potenzielle Alltagspraxis eines solchen ›politisch aktiven Lebens‹ ist der Grund für eine weitere (praxologische) Differenzierung zwischen Politik und Ethik. Während sich ›die Politik‹ auf die spezielle Praxis einiger Aktiver – die Berufstätigkeit von Politikern – bezieht, betrifft ›Ethik‹ als tägliche Lebenspraxis dasjenige Tun jedes Menschen, welches sich sowohl auf das Leben und das Wohl aller anderen als auch auf sein eigenes Leben und das für ihn selbst Gute auswirkt. Die Entscheidung von jemandem, politisch aktiv zu sein oder selbst politisch tätig zu werden, ist deshalb eine ethische Entscheidung und ihre Aktivität die Lebenspraxis einer politischen Ethik. Seine tägliche Entscheidung für diese Praxis lässt erkennen, dass sich politisches Handeln oder politisch zu sein weder darin erschöpft, alle paar Jahre seine Stimme abzugeben und politische Stellvertreter zu wählen, noch ausschließlich im parteipolitischen Alltagsgeschäft der parlamentarischen Demokratie und der Berufstätigkeit von Politikern. Da es verschiedene Aktivitäten und Formen des politisch und ethisch relevanten Tätigseins gibt, womit jemand sich täglich zum Leben und Wohl anderer sowie seiner selbst verhält, sind auch entsprechend verschiedene Praxen täglich zu leben möglich und nötig. Der Einkauf von Lebensmitteln – wie auch das Essenmachen und der Essensgenuss als weitere konstitutive freie Selbsttätigkeiten des täglichen (kulinarischen) Lebens – ist eine dieser politisch-ethischen Praxen. Anders als beim Essenmachen und beim Essensgenuss wird beim Einkaufen das politische Wesen dieser Lebenspraxis spürbar, weil sich das Tun des Einzelnen dabei unvermeidbar in komplexe wirtschaftliche und politische Zusammenhänge verwickelt, die sich unter anderem auf die Einkommens-, Arbeits- und Lebensbedingungen unzähliger anderer sowie deren Wohlstand oder eben deren Elend auswirken.

Die Souveränität der Ethik und ihre Priorität vor der Politik beinhaltet eine weitere zentrale Einsicht für die Gastrosophie als einer politischen Philosophie. Das Primat der politischen Ethik besagt, dass gesellschaftliche Veränderung, ob nun als Reform oder als Revolution verstanden, ohne ein verändertes, anderes Alltagsleben aller praktisch unmöglich und durch Politik von oben allein nicht machbar ist. Damit es zu einer politischen Weltveränderung kommen kann, bedarf es der Selbstveränderung jedes Einzelnen (in verschiedenen Lebensbereichen und Situationen), so dass es von der politischen Ethik aller und nicht primär oder gar allein von der staatlichen Politik weniger abhängt, ob sich ›die‹ gesellschaftliche Praxis samt der Realität ihrer politisch-ökonomischen Strukturen verändert. Was beinhaltet, dass die ethische Alltagspraxis ihrerseits der institutionellen Strukturen einer staatlichen Politik auf allen Ebenen (lokal, kommunal, national, international) und in sämtlichen Aggregatzuständen der Staatlichkeit (legislativ, exekutiv, judikativ) bedarf.

Die Radikalisierung der politischen Ökonomie

Die politische Philosophie hat sich stets auf die staatliche Politik und Macht konzentriert und sich allzu oft in sie als Objekt ihres revolutionären Begehrens verliebt. Entweder in der gewaltbereiten Haltung oder aber in der gewohnten und praktisch bequemen Hoffnung, ›die Revolution‹ – alle Veränderungen und Verbesserungen des alltäglichen Lebens und Tuns – kämen ›von oben‹ und am besten durch Großtaten und Großsubjekte. Doch nach vielen sozialen Experimenten, von denen etliche, stets im Namen einer Revolution von oben, kläglich und unter unzähligen Opfern derer, denen sie ein besseres Leben versprochen hatte, gescheitert sind, ist es an der Zeit, dem Elend dieser Philosophie eine andere Strategie der sozialen Kämpfe entgegenzuhalten und ein weniger undemokratisches, religiöses, untertäniges, unterwürfiges, apolitisches Verständnis von revolutionärer Praxis auszuprobieren. Eine solche postrevolutionäre Theorie der gesellschaftsverändernden Praxis konzentriert sich auf die Veränderung des Alltagslebens durch jene tagtäglich gelebten Praktiken und Praxen des für alle Guten, welche die entscheidenden Faktoren des gemeinen Wohls ausmachen und mithin die allgemeinen Voraussetzungen entsprechender politischer Veränderungen bilden. So trifft es zu, dass »das Problem der bisherigen Revolutionsversuche nicht war, dass sie ›zu extrem‹, sondern dass sie *nicht radikal genug* waren, dass sie ihre eigene Voraussetzung nicht in Frage stellten«.[46] Eine solche Radikalisierung der Revolution beinhaltet für die Philosophie oder, wenn man so will, für eine postmarxistische, neue oder neolinke Philosophie zuallererst, die Souveränität und Priorität der (politischen) Ethik vor der (staatlichen) Politik zu denken und die politische Ökonomie in der ethischen Praxis zu fundieren.

Die »dynamische Einheit« (Horkheimer) von politischer Ethik und politischer Ökonomie birgt über die Philosophie des Politischen hinaus radikale Konsequenzen auch für die philosophische Theorie der Ökonomie: Sie bietet ihr die nötigen begrifflichen Instrumente, den Kapitalismus als der seit fünf Jahrhunderten historisch dominanten Wirtschaftsform zu Ende zu denken. Die moderne Philosophie hat mit Adam Smith, John Stuart Mill und Karl Marx bislang drei namhafte Ökonomen oder jedenfalls in komplexen Fragen der Ökonomie wildernde Moralphilosophen hervorgebracht.[47] Diese Autodidakten und Autoren des 18. und 19. Jahrhunderts teilten den gemeinsamen Hintergrund der frühen Industrialisierungsprozesse und der beginnenden (kolonialen) Formierung eines weltweiten kapitalistischen Wirtschaftssystems. Bevor Smith mit seiner *Untersuchung der Natur und der Ursachen des Wohlstandes der Nationen* aus dem Jahre 1776 die zweifelsohne einflussreichste Theorie zur politischen Ökonomie verfasste, galt sein philosophisches Interesse einer gänzlich anderen und auch ethisch gegenläufigen *Theorie der moralischen Gefühle* (1759). Bei John Stuart Mill wiederum verläuft die philosophische Entwicklung umgekehrt. Seine urliberalistischen *Prinzipien der politischen Ökonomie* erscheinen 1848, erst daraufhin entstehen seine moraltheoretischen Schriften zur Freiheit (1859), zum Utilitarismus (1863) und schließlich zum Feminismus (1868). Es lohnt, sich diese historisch inzwischen weit zurückliegenden Dinge zu vergegenwärtigen, um die Motive zu verstehen, die diese großen Denker dazu bewog, sich aus der Philosophie heraus mit bis dato vermeintlich unphilosophischen Fragen der Ökonomie zu beschäftigen. Macht man sich außerdem den geschichtlichen Kontext klar, in dem ihre Ideen und Werke entstanden sind, wird besser nachvollziehbar, warum ihr philosophischer Blick auf das ökonomische Geschehen (ihrer Zeit) nur einen sehr spezifischen Gesichtspunkt wahrzunehmen vermochte.

Der damalige Lebensstandard der Bevölkerung, nicht nur der bäuerlichen Masse, sondern ebenso der bürgerlichen und adligen Eliten, war durchgängig

---

46 | Žižek, Auf verlorenem Posten, 173; vgl. Critchley, Unendlich fordernd.

47 | Bereits der griechische Philosoph Xenophon stellt mit seiner Schrift *Oikonomikos oder Vom Hauswesen* erstmals systematische Überlegungen zu Fragen der Ökonomie an. Xenophons Betrachtungen bezogen sich auf den einzelnen Haushalt (*oikos*) – sowohl des Broterwerbs als auch des Konsums – als Ursprung und Ende des gesamten Wirtschaftsprozesses und dies wiederum mit dem übergeordneten Blick auf den normativen, moraltheoretischen Zusammenhang zwischen allgemeinem Wohlstand und ethischem Wohlleben.

von den Verhältnissen einer Ökonomie der Knappheit geprägt. Doch seit Beginn der Neuzeit wurden wissenschaftliche Entdeckungen und technische Entwicklungen in erfolgreicher (und notwendiger) Verbindung mit den kolonialen Eroberungen und der frühkapitalistischen Inbetriebnahme von ›primitiven Anderen‹ und ›unterentwickelten Ländern in der Ferne‹ weltanschaulich gerechtfertigt. Eine der großen Erzählungen, die diese neue Weltanschauung – trotz des Glaubens an eine ›unsichtbare Hand‹ – handhabbar und populär machte, lieferte der schottische Aufklärer und Philosoph Adam Smith mit der neuen aufgeklärten Religion des ›freien Handels‹ unter allen Nationen. Er machte unter dem Vorzeichen der Freiheit den ›wirtschaftlichen Fortschritt‹ zum liberalistischen Kern einer Utopie des Wohlstands für alle.

Dass Smith mit seiner Philosophie des Freihandels von Anfang an die Ungerechtigkeiten des sich globalisierenden kapitalistischen Handels und dessen weltpolitischer Realität ideologisch rechtfertigte, indem er sie auf unkritische Weise befürwortete, war bereits Immanuel Kant klar. Smiths Zeitgenosse, ein ebenso liberaler aber zugleich erklärtermaßen auch kritischer Aufklärer, macht sich nichts über die politische Realität dieser Freihandelsphilosophie vor; er sieht mit eigenen Augen, dass »das inhospitale Betragen der gesitteten, vornehmlich Handel treibenden Staaten unseres Weltteils« und die »Ungerechtigkeit, die sie in dem Besuche fremder Länder und Völker (welches ihnen mit dem Erobern derselben für einerlei gilt) beweisen, bis zum Erschrecken weit reicht. Amerika, die Negerländer, die Gewürzinseln, das Kap etc. waren, bei ihrer Entdeckung, für sie Länder, die keinem gehörten; denn die Einwohner rechneten sie für nichts«. Und Kant schwieg sich auch über andere schreckliche Schattenseiten des damaligen Kolonialismus nicht aus: »In Ostindien (Hindustan) brachten sie, unter dem Vorwande bloß beabsichtigter Handelsniederlagen, fremde Kriegsvölker hinein, mit ihnen aber Unterdrückung der Eingebornen, Aufwiegelung der verschiedenen Staaten desselben zu weit ausgebreiteten Kriegen, Hungersnot, Aufruhr, Treulosigkeit, und wie die Litanei des Übels, die das menschliche Geschlecht drücken, weiter lauten mag«.[48]

Dieses frühe Fragment zur Dialektik der Aufklärung trieb lange Jahre als Flaschenpost durch die unruhigen Meere der politischen Öffentlichkeit. Erst knapp hundert Jahre später wurde Kants ungeschriebene Kapitalismuskritik systematisch ausgearbeitet: Marx' *Kritik der politischen Ökonomie*, die bis in die Titelwahl den Impuls des Kant'schen Aufklärungsgeistes beerbt und lediglich ›die Vernunft‹ durch ›das Kapital‹ ersetzt, klärte die Weltöffentlichkeit über den unauflösbaren Selbstwiderspruch zwischen dem moralischen Ideal eines allgemeinen Wohlstandes oder eines für alle guten Lebens einerseits und dem brutalen Alltag eines Wirtschaftssystems andererseits auf, das allerorts Ungerechtigkeit, Unterdrückung, Kriege, Hungersnot, Aufruhr, Betrug, Entfremdung und

---

48 | Kant, Zum ewigen Frieden.

Verhältnisse erzeugt, wo »der Mensch ein erniedrigtes, ein geknechtetes, ein verlassenes, ein verächtliches Wesen ist«.[49] Um aus derartigen Gründen gegen den globalen Kapitalismus zu sein, muss niemand zum Marxisten werden. Oder anders gesagt, auch Marx ist wie Kant ein kritischer Humanist gewesen, aber außerdem ein politischer Utopist, der den Menschen mit seinen Schriften die theoretische Gewissheit unterbreiten wollte, dass sich das Ideal einer »besseren Gesellschaft«, ein »Reich der Freiheit«, die »allseitige Entwicklung der Individuen« und »alle Springquellen des genossenschaftlichen Reichtums« und vieles mehr durchaus verwirklichen lassen – aber nur mithilfe einer anderen Ökonomie.

Doch in einem entscheidenden Punkt blieb Marx dem liberalistischen Denken der bürgerlichen Ökonomen seiner Zeit verhaftet. Wie schon Adam Smith interessierte auch er sich ausschließlich für den Produktionsprozess und damit nur für eine Seite des kapitalistischen Wirtschaftsgeschehens. Diese einseitige Sichtweise brachte es mit sich, dass die andere Seite, der Konsumtionsprozess, keine systematische Berücksichtigung in der philosophischen Betrachtung der politischen Ökonomie fand und damit wiederum der gesellschaftliche Gesamtprozess der kapitalistischen Wirtschaft – die ganze Wahrheit ihrer Dialektik – nicht in den Blick geriet. Marx war sich durchaus bewusst, dass erst der Konsum als zweiter Pol den dialektischen Zirkulationsprozess zwischen Angebot und Nachfrage, Produktion und Konsumtion in Gang setzt.[50] Nur gewann die Konsumtionssphäre nicht ansatzweise den gleichen Stellenwert in seiner Analyse des Kapitalismus wie alles, was sich auf der Produktionsseite abspielte.

Mit ihrem eindimensionalen Fokus auf die Produktionsverhältnisse spiegelte Marx' Philosophie die Anfangsphase des industriellen Kapitalismus wider, wo das Kapital noch nicht auf verwöhnte und unbedürftige (übersättigte) Käufermassen mit einer wählerischen Kaufkraft und einer geschmäcklerischen Kauflust reagieren muss, sondern noch ganz von der Produktivkraftentwicklung lohnabhängig gemachter Arbeitermassen lebt.[51] Die Lohnabhängigkeit der allgemeinen Bevölkerung war ihrerseits das Resultat der historischen Mutation von selbstwirtschaftenden Produzenten und Bauern zu städtischen Arbeitermassen und Proletariern; die Abhängigkeit von Lohnarbeit erzeugte erst die existenzielle »absolute Abhängigkeit« (Marx), alle zum Erhalt der eigenen Existenz notwendigen Lebensmittel für Geld erwerben zu müssen. Nur durch diese Lohnabhängigkeit der Massen entstand und entsteht weiterhin die reale Möglichkeit oder »die Macht« einiger »Geschäfteleute« (Smith), »Kapitalisten«

---

49 | Marx, Zur Kritik der Hegelschen Rechtsphilosophie, 378f.
50 | Vgl. Marx, Ökonomisch-philosophische Manuskripte.
51 | Freilich funktionierte der Konsum zu dieser Zeit und noch bis tief in das 20. Jahrhundert hinein als perfektes Mittel der sozialen Distinktion und als allgemein verständliche Legitimation sozialer Ungleichheit. Vgl. Bourdieu, Die feinen Unterschiede.

(Marx) oder »Arbeitgeber« (Pogge), beliebig viele andere (lohnabhängige Menschen) als »Arbeiter« oder »Arbeitnehmer« für sich selbst arbeiten zu lassen und darüber hinaus auch noch einen Teil des Ertrags ihrer Arbeit als eigenen Profit, Mehrwert, Surplus, als ›Kapital‹ einzustreichen. Angesichts dieser ungeheuren Neuerung der gesellschaftlichen Machtverhältnisse, der unterschiedlichen Lebensbedingungen und der individuellen Schicksale ist nachvollziehbar, warum die ökonomische Relation von Kapital und Arbeit beziehungsweise die politische Herrschaft des übermächtigen Kapitalisten über den lohnabhängigen ausgebeuteten Arbeiter im Zentrum der marxistischen Kritik der politischen Ökonomie stand.

Erst die noch junge Metamorphose der Arbeiterklasse und der Arbeitskräfte zur Klasse der massenhaften Konsumenten und Kaufkräfte führt zur realen, gesamtgesellschaftlichen Verlagerung der ökonomischen Kräfteverhältnisse. Dieser historische Vorgang ist seinerseits verbunden mit fortgeschrittener Kapitalakkumulation, Unternehmenskonzentration und mit einer fortgeschrittenen Übersättigung der Märkte oder Menschen, was sich zwangsläufig als tendenzieller Fall der Profitrate auswirkt, und aufgrund dieser ökonomischen Zusammenhänge, mit Marx gesprochen, das Resultat der spezifischen »Bewegungsgesetze« und »Errungenschaften der kapitalistischen Ära« ist. Der politische Machtzuwachs seitens der Konsumentinnen und Konsumenten hat nicht nur zur Folge, dass der gesamte Zirkulationsprozess der kapitalistischen Wirtschaftsweise sich selbst in eine permanente, im wahrsten Sinne des Wortes, massive Legitimationsfalle hineintreibt. Die krisenhafte Ungewissheit, ob die bei Kauflaune zu haltende Masse der verwöhnten Konsumenten und Konsumentinnen erneut zur angebotenen Ware greift oder nicht, entscheidet über das Schicksal jedes Produktes und noch des größten transnationalen Produzenten. Darüber hinaus kann sich eine philosophische Reflexion ausbilden, die erkennt, warum auf diese Weise der Gesamtprozess seinen »eigenen Totengräber« (Marx) nährt, dessen Heranwachsen bereits – aber etwas verfrüht – die ungeduldigen Autoren des kommunistischen Manifests erahnt hatten. Doch stecken diese revolutionären Kräfte nicht im Proletariat, wie Marx und Engels denken mussten, sondern im Konsumtariat: in der kritischen Masse politisch-ethischer Konsumenten als sich ihrer politisch-ökonomischen Macht bewusster Menschen.

Die grundbegriffliche Ergänzung des Produktionsverhältnisses Arbeit – Kapital durch die Verhältnisbestimmung Kapital – Kauf seitens einer lohnabhängigen oder Geld besitzenden Menge zum Kreislauf A–K–K' kann eine zeitgemäße philosophische Theorie der politischen Ökonomie mit einem Gedanken vertraut machen, der dem jungen Marx schon vorschwebte, dann aber keinen systematischen Platz in seiner vom ›Kapital‹ besessenen Philosophie fand: »Es unterscheidet eben das Kapital von dem Herrschaftsverhältnis, dass der Arbeiter ihm als Konsument und Tauschwertsetzender gegenübertritt, in der Form des Geldbesitzenden, des Geldes, einfaches Zentrum der Zirkulation – eins der unendlich vielen Zentren derselben wird, worin seine Bestimmtheit als Arbeiter ausgelöscht ist«.[52] Die souveräne Macht Geld besitzender und Geld ausgebender Menschen – die meistenteils unbegriffene und unergriffene Macht eines jeden von uns als kaufkräftigem Konsument und kaufkräftiger Konsumentin – wird greifbar, sobald ein solches einfaches Zentrum der Zirkulation mit unendlich vielen Zentren derselben zusammenwirkt: Ihre gemeinsame ›Große Konsum-Verweigerung‹, um hier ein von Herbert Marcuse einst ausgegebenes Motto des politischen Widerstandes zu aktualisieren, ein gewisses Produkt zu kaufen, tötet und begräbt das Kapital im Bruchteil einer Sekunde. Gegenüber der Kaufverweigerung (Boycott) oder dem selektiven Kauf gewisser, etwa ethisch guter Produkte (Buycott) ist das mächtige Kapital machtlos. Das gesamte Zirkulationsgeschehen des kapitalistischen Wirtschaftssystems, welches sich, von der Produktionsseite aus betrachtet, als die existenzielle Lohnabhängigkeit jedes Menschen (als nicht selbstwirtschaftende Arbeitskraft) und als die unangreifbare Dominanz des Kapitalisten (des Arbeit- und Lohngebers) darstellt, erweist sich von der Konsumtionsseite gesehen als die absolute Käufer- und Geldabhängigkeit des Kapitalisten (der Geschäftsleute) und als die jederzeit einsetzbare Souveränität des einfaches Volkes (als Kaufkraft und einfaches Zentrum der Weltwirtschaft).

Jeder einzelne einfache Konsument vermag nur wenig, nur seinen Anteil zu bewirken; auch jeder einzelne Kapitalist bleibt ein kleines, austauschbares Rädchen im Getriebe. Zu guter Letzt aber ist es die im doppelten Wortsinne tendenziell ›kritische Masse‹ der Käufer, deren Konsum erst die Produktion von Lebensmitteln aller Art veranlasst und deren Geld den Konzernen und Geschäftsleuten fette Gewinne beschert und deren Macht finanziert. Gelingt es der Philosophie noch einmal, das allgemeine Verständnis der ›Wirtschaft‹ mit der Umkehr des Verhältnisses von Kapital und Produktion als dem Kopf der politischen Ökonomie wieder auf die Füße des politischen Konsums zu stellen, wie dies Marx' Philosophie mit dem idealistischen Weltbild seiner Zeit gelang, hieße das, dass wir der philosophischen Religion des ›freien Marktes‹ – und zwar des von Moral (Gerechtigkeit, Nachhaltigkeit, Solidarität) und von politischer Ethik befreiten Marktes – nicht länger unseren politischen Glauben schenken. Ohnehin fallen immer mehr Menschen von diesem (neo-)liberalen Glauben ab und erkennen, dass ihr Geld auch Gutes bewirken kann und mit gerechten Löhnen, fairen Preisen und menschenrechtskonformen Produktionsverhältnissen bessere Lebensbedingungen möglich sind und niemand gutes Essen entbehren muss.

---

52 | Marx, Grundrisse der Kritik der politischen Ökonomie, 333.

Fairer Handel

Entscheidet sich der erwähnte Kunde bei der besagten Situation im Supermarkt statt für die Bananen aus südeuropäischer Plantagenproduktion, die er nur wegen des niedrigen Preises wollen würde, doch für die mit dem FairTrade-Gütezeichen auf dem Regel daneben, kostet ihn diese Wahl wahrscheinlich etwas mehr Geld. Doch er trägt damit auch seinen Teil dazu bei, um gerechten Handel in die Welt zu setzen und zugleich einen Bananenanbau in Entwicklungsländern oder andernorts zu finanzieren, der den Landwirtinnen und Landwirten faires Einkommen und bessere Arbeitsbedingungen sichert. Weil das so ist, ist Gerechtigkeitstheoretikern wie Pogge wohl darin zuzustimmen, dass es eine Neuausrichtung der gegenwärtigen neoliberalen Wirtschaftspolitik und ihres institutionellen Rechtssystems braucht. Doch diese Reform oder Revolution des kapitalistischen Regimes kommt nicht einfach ›von oben‹ – erst recht nicht, solange sie nicht im eigenen Interesse der amtierenden Regierungen ist: Sie kann nur, wie alles andere auch, ›von unten‹ wachsen.

Dies aber geschieht momentan überall auf der Welt und bemerkenswert rasant. Innerhalb kürzester Zeit – denn was sind schon einige Jahre fairer Handel hier und dort gegenüber fünfhundert Jahren globalem Freihandel? – ist mit gerechten Handelsbeziehungen eine reale Alternative entstanden.[53] Die Philosophie des gerechten Handels ist ähnlich unkompliziert wie Smiths philosophischer Wirtschaftsliberalismus. Letztlich wird in den Grundsätzen der politischen Ökonomie nur eine geringfügige Korrektur vorgenommen: ›Weltweite Freiheit im Handel‹ wird ersetzt und ergänzt durch: ›Gerechtigkeit im Handel für weltweite Freiheit‹; ›der Wohlstand der Nationen‹ wird ersetzt und ergänzt durch: ›Wohlstand für ein gutes Leben aller‹. Diese Ideen ergreifen die Massen, sobald und immer dann, wenn nach Produkten aus gerechtem Handel gegriffen wird.

Damit ein Produkt etwa das FairTrade-Gütezeichen erhält, müssen alle daran beteiligten Akteure (Erzeuger, Verarbeiter, Zwischenhändler) gewisse ethische Normen erfüllen.[54] So sind die Produzenten verpflichtet, sich in Kooperativen oder anderen genossenschaftlichen Formen selbst zu organisieren, die demokratische Mitbestimmung gewährleisten; landwirtschaftliche Betriebe dürfen das FairTrade-Logo nur verwenden, sofern sie ihren Angestellten gute Löhne zahlen und deren Arbeitsbedingungen festgelegte Gesundheits-, Sicherheits- und Umweltnormen erfüllen sowie akzeptable Unterbringungen zur Verfügung stehen und keine Kinder arbeiten müssen. Die Zwischenhändler, die sich den Gerechtigkeitsnormen dieser Wirtschaftspraxis verpflichtet fühlen, müssen

---

53 | Vgl. Zervas, Global Fair Trade.
54 | Vgl. World Fair Trade Organization/FairTrade Labeling Organizations International, Eine Grundsatz-Charta für den Fairen Handel.

den landwirtschaftlichen Betrieben und Produzenten einen ›fairen Preis‹ für ihre Arbeit zahlen, der über den üblichen Weltmarktpreisen liegt und sowohl die Kosten einer nachhaltigen Produktionsweise deckt als auch ein gesichertes Einkommen bietet und außerdem eine zusätzliche Prämie abdeckt, die den Bäuerinnen und Bauern für zukünftige Investitionen in langfristige Planungen und nachhaltige Produktionsmethoden dient. Falls sie dafür Vorauszahlungen benötigen, ist der Zwischenhändler vertraglich verpflichtet, diese zu leisten.

Aus der Sicht einer Dritte-Welt-Bäuerin oder eines Dritte-Welt-Bauern verändert unser Kauf von fair bezahlten Produkten wie Bananen oder Kaffee, Tee, Schokolade, Eis, Fruchtsäften, Gewürzen, Zucker, Reis, Baumwolle, Blumen und inzwischen vielen anderen Waren ihr Leben. »Fairer Handel heißt für uns«, sagt Sunita, die Schatzmeisterin der Gruppe Taja16 von *Tara Projects* (Trade Alternative Reform Action) aus Indien und stellvertretend für viele ähnliche Erfahrungsberichte, »dass wir Arbeit und Verdienstmöglichkeiten haben, so dass wir unsere Kinder zur Schule schicken können. Von unserem Verdienst haben wir in der Gruppe ein gemeinsames Konto angelegt, und wir alle entscheiden, wer davon einen Kredit bekommen kann. Wir wollen kein Mitleid, sondern Arbeit, die wir in Würde verrichten können. Wir haben nun auch eigene Arbeitsräume, wo die Arbeitsbedingungen gut sind.«[55] Wer sollte sich nicht vorstellen können, wie unsere Welt aussähe, wenn zwei Milliarden einkommensarme Menschen wie Sunita gerecht bezahlte Arbeit hätten?

Sie hätten auf einmal genug Geld, nicht nur um sich satt zu essen, statt zu hungern, sondern auch um in den Genuss guten Essens zu kommen. Denn sie könnten ihrerseits höhere Preise für Lebensmittel zahlen, wie sich insgesamt ihr verbesserter Lebensunterhalt zu einer Verbesserung anderer Bereiche ihres gesellschaftlichen Lebens addieren würde. So scheint sich die neuzeitliche, moderne Utopie vom allgemeinen Wohlstand als notwendiger Voraussetzung für ein gutes Leben nach einem globalen Zivilisations- oder Kapitalisationsprozess, der schon ein halbes Jahrtausend heranreift, an die Zukunft einer gerechten Weltwirtschaft zu knüpfen, in deren Herzen – anstelle eines freien Handels, der ohnehin zu keinem Zeitpunkt existierte außer in den Köpfen einiger Philosophen oder anderer guter, böser, neuer Geister des Kapitalismus – ein fairer Handel pulsiert.

An diesem »Gerecht-werden« (Deleuze/Guattari) der politischen Ökonomie beteiligt sich eine wachsende Zahl an Unternehmen; ziemlich genau proportional zur Masse der Konsumentinnen und Konsumenten, die Produkte aus fairem Handel kaufen. Viele weitere Konzerne und Einkaufsmärkte würden das Gleiche tun, wenn sie durch die Politik dazu rechtlich gezwungen wären. Doch unabhängig davon spricht einiges dafür, dass die freiwillige Entscheidung von Geschäftsleuten und Unternehmen, gerechte Handelsbeziehungen

---

55 | Sunita, Schatzmeisterin der Gruppe Taja16, TARA Projects, 5.

und Produktionsverhältnisse aufzubauen und eine neue Unternehmensethik gemäß der Menschenrechte sowie der normativen Selbstverpflichtungen des fairen Handels zu befolgen, kein Wettbewerbsnachteil sein muss, wie etwa Pogge meint.[56] Es mag sein, dass so mancher Unternehmer und Politiker oder Philosoph immer noch meint, ›den Kapitalismus‹ oder einen Wirtschaftsliberalismus und unsere ungerechten Wohlstandsvorteile verteidigen zu müssen, mit dem tragisch-komischen Aberglauben, die ›Moral‹ der Menschen vertrage sich nicht mit ›der Freiheit des Marktes‹ – als ob Märkte keine Menschen seien und menschliche Freiheit nicht, wie wir spätestens seit Kant wissen, gleichbedeutend wäre mit Moral.

Ein Wettbewerbsnachteil entsteht einem Unternehmen, das sein Geld im Einklang mit Menschenrechten und globaler (ökologischer und sozialer) Gerechtigkeit verdient, nur dann, wenn diese Geschäftsphilosophie nicht die Zustimmung seiner Kunden findet. Indes verzeichnet der faire Handel vielerorts eine steigende Nachfrage, während unter den kapitalistischen Dinosauriern und Rettungsboot-Lieferanten die Profite schrumpfen und über Dumping und Niedrigpreiskämpfe ein brutaler Verdrängungswettbewerb wütet. Die transnationalen FairTrade Organisationen können durch das Geld ihrer politischen Unterstützer – den Konsumenten – als Fürsprecher und Vorkämpfer einer Reform oder Revolution der globalen Handelsregeln auftreten, um das übergeordnete Ziel »eines gerechten und ausgeglichenen Welthandelssystems« zu erreichen.[57] Zugleich können fair handelnde Unternehmen weitere Käufer ermutigen und durch weitere Angebote befähigen, die wirtschaftlichen und ökologischen Auswirkungen ihres Kaufverhaltens wahrzunehmen und die tägliche Praxis ihrer politischen Konsumethik zum Wohle anderer und ihrer selbst kultivieren. Diese Handlungsoption konfrontiert jeden von uns immer häufiger mit der realen und ebenso irritierend simpel ergreifbaren wie begreifbaren Möglichkeit ›Gutes zu tun‹: nämlich genau das, was getan werden müsste, damit wir uns selbst nicht weiter zu Profiteuren und Komplizen der neoliberalen Welt(hunger)politik machen, sondern unseren Anteil für mehr Gerechtigkeit und soziale Gleichheit weltweit leisten.

Was könnte gegen die Praktikabilität dieses ethisch guten Handelns sprechen? Im Kreise der akademischen Philosophie schließt man sich gerne der selbstgerechten Meinung an, dagegen spreche die »Angst, zu viel vom eigenen guten Leben für ferne Länder aufgeben zu müssen«.[58] Auch ein liberaler Intellektueller wie der amerikanische Sozialphilosoph Michael Walzer findet sich mit der pragmatischen Wahrheit ab, dass wir gegenüber wirtschaftlich

---

56 | Vgl. Kreide, Weltarmut und die Verpflichtungen kollektiver Akteure; Stiglitz, Fair Trade.
57 | Eine Grundsatz-Charta für den Fairen Handel.
58 | Krebs, Gleichheit ohne Grenzen?, 187.

notleidenden Menschen und potenziellen Einwanderern keine Gerechtigkeitspflichten hätten. »Es ist«, so seine Worte, »in der Tat unwahrscheinlich, dass die demokratischen Länder beschließen werden, einen wesentlichen, ja wirklich wesentlichen Teil ihres Reichtums abzugeben, und sie werden gewiss nicht wollen, dass große Gruppen ihrer eigenen Bevölkerung dadurch gewissermaßen bestraft werden«.[59]

Aber sind politische Ethik und gerechte Politik für die Philosophie utilitaristische Angelegenheiten und Fragen der Wahrscheinlichkeit? Was bedeutet es, das Abgeben von Reichtum (und sei es auch ein wirklich wesentlicher Teil, was auch immer das wäre) als Bestrafung zu bezeichnen? Welche Absicht verbindet ein Philosoph oder eine Philosophin mit solchen Äußerungen, die an moralischen Zynismus grenzen, sollten sie nicht kritisch gemeint sein? Wo steht es als unerschütterliche Wahrheit festgeschrieben, dass die Menschen das eigene gute Leben aufgeben müssten, wenn sie das ethisch Gute leben wollten? Warum bloß sollte das eigene gute Leben nicht gerade die straf- und angstfreie Alltagspraxis eines ethisch guten Lebens sein, das genau deshalb gut ist und das wir eben darum gut finden, weil es sich auch mit dem Wohl aller anderen Menschen vereinbaren lässt? Ein philosophisches Beruhigungsmittel, um der angeblichen »Strafe« (Walzer) oder »Angst« einer »kosmopolitischen Überforderung« (Krebs) entgegenzuwirken, ist: Den angenehmen Eindruck zu erwecken, dass eine Welt ohne Armut und Hungerelend zu schaffen, nicht die Abgabe eines »wirklich wesentlichen Teils« des Reichtums der Bevölkerung verlangte und entweder lediglich »mit kleinen Spenden von jedem« oder mit »sehr geringen Kosten für uns« (Pogge) verbunden wäre. Dann lässt sich getrost beteuern: »Diese ganz elende Armut lässt sich einfach abschaffen, und zwar relativ billig. Das wissen die meisten Leute nicht«.[60]

Dass den Leuten ausgerechnet von Moralphilosophen schmackhaft gemacht wird, der wohlfeile Preis der Gerechtigkeit soll allemal billig sein, ist ein ebenso irritierendes wie interessantes ›unmoralisches Angebot‹. Es könnte vielen und besonders jenen, die billige Preise und Sonderangebote auch sonst gewohnt sind und täglich auf die eine oder andere Weise goutieren, durchaus ihr schlechtes Gewissen beruhigen – was, gelinde gesagt, das Irritierende an dieser Überredung ist.

Aber die Idee, dass das ethisch Gute billig zu haben sei, könnte ihnen auch die Angst nehmen, das Gute zu tun – was das Interessante an diesem leutseligen Angebot ist. Die Leute könnten, ohne beängstigt zu sein, zu viel vom eigenen guten Leben für ferne Länder geben zu müssen, dann weiter gut, nur ›etwas anders‹ leben. So könnte es durchaus sein, dass jeder in der Tat nur etwas mehr Geld ausgeben müsste, um seinen gerechten Anteil im Kampf gegen Armut

---

59 | Walzer, Universalismus, Gleichheit und das Recht auf Einwanderung, 274.
60 | Pogge, Gerechtigkeit in der Einen Welt, 44.

und Hunger in der Welt (der fremden wie der eigenen) zu erbringen. Doch diese ethische Mehrausgabe besteht weniger in der pflichtbewussten Spende oder einer allgemeinen Welthunger- und Fettsuchtsteuer, sondern mehr im Kauf von fair bezahlten Lebensmitteln. Darum kann es aus der Philosophie heraus, ohne marktschreierisch zu klingen, aber schon ein wenig pathetisch heißen: Mit dieser täglichen ›Geld-Ausgabe‹ wird die revolutionäre Transformation von ebenso mörderischen wie behaglichen Verhältnissen (je nach eigener Lage) bezahlt; von menschenunwürdigen Verhältnissen, die in einem Teil der Welt Milliarden Menschen ein gutes Leben vorenthalten und ihrer Würde berauben, wenn sie aus Mitleid oder Pflicht zu hilfsbedürftigen Empfängern von Geldspenden gemacht werden; von menschenunwürdigen Verhältnissen, die im anderen Teil der Welt ebenfalls Milliarden Menschen viel Leid verursachen. Dort wird ihnen eingeredet, ihr eigenes gutes Leben bestünde lediglich darin, von billigem Essen zu leben und von der Angst, nicht zu viel abzugeben, obwohl sie mehr als genug haben und die meisten von ihnen ohnehin zu viel essen.

Etwas mehr fürs Essen ausgeben und sonst nichts?

Selbstverständlich muss auch eine politische Gastrosophie die zentrale Frage beantworten, wie viel ›etwas mehr Geld‹ ist und was jeden Einzelnen von uns Wohlstand für alle kosten würde. Anders als die beiden zurzeit vorhandenen, systematisch ausgearbeiteten Gerechtigkeitstheorien von Peter Singer und Thomas Pogge erlaubt der hier entwickelte gastrosophische Ansatz eine exakte Bestimmung des gerechten eigenen Anteils, den jeder dafür zu zahlen und darüber hinaus zu tun hätte. Zu dieser theoretischen Bestimmung bedarf es weder komplizierter Berechnungen (wie im Falle eines spendenethischen Ansatzes), die letztlich doch nur willkürliche Summen und Prozentzahlen festlegen, noch aber der strategischen Erwägung einer beliebig festgelegten Pauschale (wie im Falle des reformpolitischen Ansatzes), die letztlich auch zu keiner gerechten Bestimmung des fairen Anteils führt. Außerdem muss die Welt bei diesem neuen Ansatz nicht darauf warten, dass ›die Bürger der reichen Länder endlich doch etwas spendenbereiter‹ werden oder ›die Politik endlich mehr für die Armen‹ tut. Die exakte Berechnung basiert auf folgender Überlegung: Der faire Anteil, den jeder von uns für den Preis der globalen Gerechtigkeit zu zahlen hätte, ergibt sich genau aus jener Differenz, die zwischen dem liegt, was wir für billige Lebensmittel zahlen, und dem, was wir für ihren gerechten Preis ausgeben müssten.

Es ist allgemein bekannt, dass der Anteil der durchschnittlichen Ausgaben für Lebensmittel unter der Bevölkerung der reichen Länder während der letzten Jahrzehnte stetig gesunken ist und noch nie so niedrig war wie gegenwärtig. Das bedeutet: Für keinen Bereich unseres täglichen Lebens sind wir bereit, weniger Geld auszugeben als für den kulinarischen Lebensbereich. Gewiss: An den Ausgaben fürs tägliche Essen lässt sich sparen, gerade weil diese einen beträchtlichen Teil der allgemeinen Lebenskosten ausmachen und erst recht, wenn etwas kostspieligeres gutes Essen nicht zu den wichtigsten Dingen der eigenen Lebenskultur zählt. Das Geld kann letztlich nicht der (entscheidende) Grund sein für die selbstgerechte »Angst, zu viel vom eigenen guten Leben für ferne Länder ausgeben zu müssen« (Krebs) und für die geringe Wahrscheinlichkeit, »dass die demokratischen Länder beschließen werden, einen wesentlichen, ja wirklich wesentlichen Teil ihres Reichtums abzugeben« (Walzer). Weil das so ist, verkauft sich eine philosophische Gerechtigkeitstheorie unter ihrem fairen und praktisch vernünftigen Preis, wenn sie ihr ethisches Gut durch jenes übliche Billigangebot unters Volk bringen will, bei dem das, was gut sein will, nur möglichst wenig Geld, Zeit, Energien, Gedanken oder Taten kosten darf.

Das etwas mehr Geld, das uns eine bessere Welt kosten würde, muss gleichwohl nicht viel sein; kein wirklich wesentlicher Teil. Ein Anhaltspunkt, wie viel jeder dafür auszugeben hätte, bieten die Mehrkosten für die zum jetzigen Zeitpunkt marktgängigen Produkte aus fairem Handel. Wählt der normale Supermarktkonsument, von dem die Rede war, ab morgen konsequent nur noch die Lebensmittel mit diesem zertifizierten Logo und lässt er die anderen Dinge unberührt im Regal stehen, zahlt er am Ende dieser ständig wiederkehrenden Aktion tatsächlich ›nur‹ etwas mehr als sonst. Doch wird er dabei jedes Mal politisch aktiv und tut Gutes, ja er lebt sogar in den flüchtigen Augenblicken dieser geglückten Praxis ein völlig ethisches Leben und in Einklang mit der philosophischen Ethik. Dieses Glück ist alles, was er wie jeder andere Supermarktmensch in dieser Situation tun kann, damit sein Hunger und sein Essen nicht auf Kosten des Unglücks anderer geht. Es ist genau das, was niemand anderes tun kann als er selbst, und zugleich nichts, was ›auf einmal alles verändert‹. Vor allem aber ist es längst nicht alles Gute, was darüber hinaus getan werden müsste, damit die Welt, die globale Wirtschaft, die internationale Politik, die Preise unserer Lebensmittel, unsere tägliche Lebenspraxis in anderen Lebensbereichen und vieles andere besser werden kann.

Wer in Zukunft oder möglicherweise noch heute seinen Einkauf auf Produkte aus fairem Handel umstellen will, wird merken, dass er vielerorts und für viele Dinge nicht den fairen Preis bezahlen kann, weil das Angebot noch fehlt. Unter den gegebenen Bedingungen werden alle diejenigen, die ihre welthungerethischen Gerechtigkeitspflichten erfüllen wollen, immer wieder zur Komplizenschaft mit dem Falschen gezwungen sein. Indes steht dies nicht im Widerspruch zu der Tatsache, dass jeder, der momentan Produkte aus gerechtem Handel kauft, mit dem eigenen Geld als Zahlungs- und Machtmittel der eigenen politischen Ethik eine Wirtschaftsordnung unterstützt, obgleich deren institutionelle Organisationsstrukturen noch kein global einheitliches Normensystem im Rahmen des internationalen Rechts einzuhalten verpflichtet sind.

Wer gleichwohl bereit ist, den Preis der Gerechtigkeit zu begleichen und die damit zusammenhängenden politischen ›Mehr-Kosten‹ zu übernehmen, sieht sich mit der vielgesichtigen Irrationalität einer durch und durch unökonomischen Preispolitik konfrontiert. Sie sorgt dafür, dass tatsächlich nur ein geringer Anteil der eigentlichen Produktions- und Distributionskosten für Lebensmittel an der Supermarktkasse in der angenehmen Form von Billigpreisen fällig wird, während die realen Mehrkosten – ihre externalisierten Umwelt-, Klima-, Sozial-, Gesundheitskosten und dergleichen Negativbilanzen – entweder aus der kollektiven Staatskasse der von allen bezahlten Steuergeldern bezahlt werden oder als pauschale Gesamtkosten den kommenden Generationen der Menschheit und allen anderen (nicht-menschlichen) Lebensformen auf diesem Planeten überlassen werden.

Diese systemischen Preisverzerrungen und Kostenverschleierungen der realen Mehrkosten billiger Lebensmittel veranschaulichen auf ebenso mustergültige wie tragische Weise sowohl die politische Ökonomie einer kapitalistischen Wirtschaftsweise als auch den ideologischen Charakter der neo- oder urliberalen ›Markt-Philosophie einer freien Preisbildung‹. Der gerechte Preis eines Hamburgers, den sein Käufer im Billigangebot bei McDonald's oder in einer beliebigen Filiale eines anderen transnationalen Schnellrestaurants für einen oder zwei Dollar kauft, kommt ihm selbst – und uns anderen – in Wahrheit mit zweihundert Dollar teuer zu stehen.[61] Es erscheint daher sachlich verfehlt, wenn die philosophische Bestimmung des Anteils, den jeder zu zahlen hätte, um das globale Wirtschaftsgeschehen gerecht zu machen, lediglich beim individuellen Einkommen und dem ungleichen Vermögen der Kaufkraft ansetzt. Stimmiger ist es, bei der moralisch fragwürdigen, preispolitischen Differenz zu jenem indirekten Geldvorteil oder Profit anzusetzen, den wir beim täglichen Kauf von billigen Lebensmitteln machen (können) und gerechter wäre wohl, für diese Bestimmung die realen Kosten sowie den für alle gleichen, gerechten Preis für ethisch gute Lebensmittel heranzuziehen.

Daraus ergibt sich für die Philosophie nicht die reformpolitische Forderung einer allgemeinen Welthunger-Abgabe für die armen Entwicklungsländer (oder das Pendant einer Fettsuchtsteuer in den reichen Schlaraffenländern), sondern vielmehr die sozialpolitische Notwendigkeit zu Maßnahmen, die gewährleisten, dass jeder Haushalt in der Lage ist und das ethische (Selbst-)Vermögen besitzt, faire Preise für das tägliche Essen zahlen zu können. Darüber hinaus ist eine gerechte Besteuerung von Reichtum und monetärem (Kapital-)Vermögen und damit eine – wenn man so will – billige Durchsetzung bereits existierender moralischer Grundsätze einer Steuergerechtigkeit notwendig. Freilich übersteigen solche sozialphilosophischen Fragen der Steuergerechtigkeit die spezifischen

---

61 | Details zu den Berechnungen dieses erstaunlichen Preises bietet: Patel, The Value of Nothing, 61f.

Grenzen des theoretischen und praktischen Bereichs der politischen Gastrosophie und deren Gerechtigkeitsbegriffe. So ist hier nur diese Schnittstelle und gemeinsame Schnittmenge festzustellen: Nach den geltenden rechtlichen Grundsätzen einer gerechten Besteuerung der (Super-)Reichen werden – im Prinzip zumindest – reichere Haushalte und Unternehmen mit größerem Vermögen und Einkommen oder mit hoher Rendite zugunsten des sozialen Ausgleichs sowie des Allgemeinwohls mit proportionalen Abgaben belastet. Die politische Realität und die realen Ursachen der aktuellen Finanz- und Wirtschaftskrise sehen freilich anders aus: In nahezu allen Ländern der Welt wird Steuergeld und mithin Staatsvermögen vor allem durch Einkommenssteuern auf Lohnarbeit und durch Verbrauchersteuern, die Niedrigverdiener überdurchschnittlich stark belasten, eingenommen. Die Besitzer von großem Finanzvermögen und Kapital tragen vergleichsweise wenig zum Steueraufkommen bei, obwohl sie aktuell von den Rettungsprogrammen für die Banken, die wiederum von Steuergeldern finanziert werden, unverhältnismäßig profitieren. Diese Ungleichheit macht es aus moralischen Gründen notwendig, dass Großverdiener von ihren Finanzgewinnen und Kapitalvermögen einen zumindest ebenso großen Anteil an Steuern und Abgaben abführen wie die Besitzer kleiner Lohneinkommen.

Statt die Staatsfinanzen (wie konservative und neoliberale Experten vorschlagen und viele Regierungen bereits durchsetzen) über weitere Kürzungen von Sozialausgaben und Pensionen zu finanzieren und so weiter auf skrupellose Weise die Verluste der finanzkapitalistischen Spekulationen und Gewinnspielchen allein der Allgemeinheit aufzuhalsen und deren kollektiven Reichtum nach oben umzuverteilen, entspricht es den ethischen Grundsätzen einer gerechten Steuerpolitik, wenn in Zukunft den Besitzern hoher Vermögen und Finanzrenditen durch höhere Vermögenssteuern ein weit größerer Anteil an den Krisenkosten, den dringenden Erhöhungen der Staatseinnahmen und Schuldenrückzahlungen verrechnet wird. Über nationalstaatliche Steuerpolitik hinaus ist im Sinne der kosmopolitischen Gerechtigkeit – und zweifelsohne auch angesichts eines ungezügelten Kasinokapitalismus – über die Idee zu einer UN-Organisation für Weltsteuer oder kurz WTA (*World Tax Authority*) nachzudenken: »Die WTA würde zwar einen kleinen Souveränitätsverlust für Nationalstaaten darstellen, der aber durch den enormen Souveränitätsgewinn, der aus der gerechten Besteuerung von Gewinnen, Vermögen und Kapitaleinkommen erwächst, mehr als wettgemacht würde. Schließlich: Wer WTO sagt, muss auch WTA sagen«.[62]

Hier ist der richtige Augenblick, innezuhalten, und auf die politisch-ökonomischen Zusammenhänge der Welthungerproblematik zurückkommend abschließend festzuhalten: Die Menge an Menschen, die aus Gründen der globa-

---

62 | Felber, 50 Vorschläge für eine gerechtere Welt, 146ff.

len Gerechtigkeit bereit sind, den Produzenten ihrer Lebensmittel und speziell einkommensarmen Bauern in der so genannten Dritten Welt etwas mehr Geld zu zahlen, um deren Lebenssituation dauerhaft zu verbessern und dem Elend von schlechten oder echten Hungerlöhnen ein Ende zu bereiten – diese Menge an solchen Menschen, die derart Gutes tun, wird jeden Tag größer. In täglicher Praxis tun sie dies aus der tiefsten Überzeugung, ihr eigenes Leben und Essen dadurch zum Wohle aller zu verbessern. Dieser Praxis hat sich, wie ich denke, eine kritische Theorie zu vergewissern, die mit philosophischen Mitteln dafür kämpft, »dass die Dritte Welt nicht mehr hungert oder an der Hungergrenze leben muss«, um ein letztes Mal das entschiedene Urteil von Horkheimer zu gebrauchen. Weil die betreffende Erkenntnis, was dafür jeder tun kann und tun sollte, schon existiert und schon *in praxi* von einigen tatsächlich umgesetzt wird, – die gesellschaftliche Praktikabilität des Guten also bereits gegeben ist, bleibt der Philosophie keineswegs nur die praxisferne Hoffnung auf ›politische Strukturreformen‹ oder andere ›gesellschaftliche Veränderungen von oben‹, die sich viele Kritiker und Befürworter des globalen Kapitalismus erhoffen. Die politische Philosophie der Gegenwart braucht ebenso wenig Zuflucht zu nehmen in dem theoretischen Moralismus einer welt(ökonomie)fremden Mildtätigkeit von Spenden an die Welthungerhilfe. Es steht ihr vielmehr eine politische Gastrosophie offen, die jene ›ethische Praxis‹ reflektiert, ohne deren revolutionäre Wirkkräfte gesellschaftliche Veränderungen unmöglich sind.

Nur wenn die kritische Masse von Menschen weiter wächst, die etwas mehr Geld ausgeben für faire Preise, werden sich die Ökonomie und die Politik wie von selbst ändern. Jeder Kauf von Lebensmitteln bringt uns diesem Ziel näher oder rückt es weiter in die Ferne. Wir stehen erst am gesellschaftlichen Anfang eines weltweiten Systems fairer Handelsbeziehungen. Doch eines steht jetzt schon fest: Sollten die Kräfte einer gerechten Weltwirtschaft wachsen, wird dies das Ende des Gastrokapitalismus – des globalen Gesamtprozesses der Produktion und Konsumtion von ethisch ungenügenden Lebensmitteln – bedeuten. Was nicht schlimm wäre, wie wir wissen, weil dann an seine Stelle ein menschenwürdigeres Leben für die Hungernden in der Dritten Welt, insbesondere für die Landwirtinnen und Landwirte in den Entwicklungsländern und für die vielen Millionen Produzenten und Produzentinnen eines großen Teils unserer Lebensmittel treten wird. Sein weltgeschichtliches Ende wäre überdies ein Glück für alle, weil es auch ein besseres Leben für die unglücklichen und hungrigen Seelen in den gastrosophischen Entwicklungsländern der Ersten Welt bedeutet, die dann den Nährboden und Geschmack einer besseren Politik des Essens kultivierten.

Rebellische Bäuerinnen und Bauern im globalen Kampf um Ernährungssouveränität

Sicherlich ist die Landwirtschaft nicht der einzige Weg, um weltweit Armut und Hunger dauerhaft zu reduzieren und eine gerechtere Entwicklung der allgemeinen Lebensbedingungen voranzubringen. Doch für viele Menschen bietet sie die einzige und zugleich auch die wichtigste Zugangsmöglichkeit zu den elementarsten ›Lebens-Mitteln‹: zu Essen und Einkommen, Nahrungsmitteln und Zahlungsmitteln. Diese Chance für sich nutzen und, wenn nötig, auch für sie kämpfen, wollen immer mehr Bauern überall. Tag für Tag wächst ihre kritische Masse (im doppelten Sinne des Wortes). Der globalisierte Agrokapitalismus, der in allen Volkswirtschaften der Erde die ländliche Bevölkerung ihrer Freiheit und Menschenrechte beraubt, sich durch eigene Arbeit einen ausreichenden Lebensunterhalt zu sichern, bringt diese verarmten, verzweifelten aber auch verärgerten Menschen gegen sich auf. Sie verteidigen die Jahrtausende alte Erbschaft und zugleich die zeitlose Zukunft einer einzigartigen Kulturtechnik der Menschheit: die kleinbäuerliche Bewirtschaftung oder, schöner und treffender gesagt, die Kultivierung von Land zur Produktion von Lebensmitteln – für das eigene Wohl nicht weniger als für das Wohl anderer, insbesondere für die nicht auf dem Land lebende Stadtbevölkerung.

Will die politische Philosophie die Erkenntnis verbreiten helfen, dass eine umweltfreundliche, die Natur nachhaltig kultivierende Produktion von gerecht bezahlten Lebensmitteln kein schöner Luxus für einige Reiche oder Philanthropen in der Ersten Welt ist, die auf diese wohlmeinende aber trotzdem elitäre Weise nur ihr schlechtes Gewissen beruhigen – kurz: will die politische Philosophie gängigen Vorbehalten und ideologischen Selbstrechtfertigungen widersprechen, wird sie etwas äußerst Ungewöhnliches tun müssen. Sie wird sich mit dem Leben von Bauern und Bäuerinnen auf dem Land vertraut machen müssen.

Auf die theoretische Annäherung oder gar auf die reale Begegnung mit der ›bäuerlichen Welt‹ ist die Philosophie nicht sonderlich gut vorbereitet. Wollte man sich Klarheit über die ideengeschichtlichen Hintergründe ihres wenig bekannten Verhältnisses zur Landwirtschaft verschaffen sowie den folgenschweren Umstand, dass sich Philosophen bislang mit der größten Selbstverständlichkeit für die Landwirtschaft nicht interessiert haben, wären zwei sehr unterschiedliche kulturelle Genealogien – die der westlichen Kultur und die der östlichen Kultur – zu analysieren.[1]

Die Geschichte der chinesischen Gesellschaft hat mit Maos gesellschaftstheoretischen Abhandlungen zur Landwirtschaft und zur bäuerlichen Nahrungsproduktion eine einzigartige Annäherung der marxistisch inspirierten (also ihrerseits ursprünglich westlichen) Philosophie hervorgebracht. Die in seinen *Reden über Fragen der Philosophie* formulierten Ideen haben nicht nur den chinesischen Kommunismus begründet. Sie sind immer noch – über die staatstragende Philosophie des traditionellen Konfuzianismus sowie der buddhistischen und daoistischen Strömungen des alten Chinas hinaus – eine ›klassische Quelle‹ für das Verständnis der aktuellen agrarpolitischen Entwicklungen der chinesischen Volksrepublik; ein Land, das nicht zuletzt maßgeblich mit über das Schicksal oder die Zukunft des ›Postkommunismus‹ und seiner politischen Idee entscheidet. Mit Blick auf die Genealogie der westlichen Kultur und ihres ideellen Verhältnisses zum bäuerlichen Leben, d.h. mit Bezug auf die theoretischen Ursprünge der maoistischen Agrarphilosophie, wird man wohl bis zu den Anfangsgründen der europäischen Philosophie zurückgehen müssen: zu jener Stelle im platonischen Denken, wo die ursprüngliche sokratische Verbindung zwischen städtischer Philosophie und bäuerlicher Praxis jäh endet.[2]

Vor dem entrückten Hintergrund dieser tragischen Geschichte stellt sich die Frage, welche Folgen diese grundsätzliche (philosophische) Selbstentfremdung von bäuerlichen Tätigkeiten und Lebensbedingungen für das philosophische Denken selbst hatte; welche Folgen für ›unser‹, von Philosophen erdachtes Verständnis der Natur, der Gerechtigkeit, der Autonomie und des guten Lebens bestehen. Und welche Auswirkungen ergeben sich für die Haltung der ›Philosophie‹ gegenüber den politischen Kämpfen um die Zukunft der Menschheit weiterhin? Jedenfalls kann eine politische Philosophie nur dadurch gewinnen, dass sie die ubiquitären Proteste und die konkreten Forderungen der gegenwärtigen internationalen Bauernbewegungen theoretisch aufgreift und deren globale Botschaft in emanzipatorischer oder menschenrechtlicher Absicht durchdenkt. Zumindest nimmt sie durch die programmatische Bezugnahme zur bäuerlichen Welt den eigenen Anspruch ernst, politisch zu sein; in der taktischen, also nicht nur kritischen, sondern auch bewusst praktischen Absicht, als eine Art ›politischer Bewegungsmelder‹ aufzutreten. Und sie erfüllt damit,

---

1 | Auf beide Genealogien werde ich hier nur kurz hinweisen, um nicht Überlegungen zu wiederholen, die ich bereits bei anderen Gelegenheiten angestellt habe; vgl. Lemke, Weisheit des Essens.

2 | Vgl. Lemke, Die philosophischen Anfangsgründe der Agrarethik.

denke ich, ihre gesellschaftliche Aufgabe. Dazu gehört die Entscheidung, den Widerstand und den zivilen Kampf von gesellschaftspolitischen Bewegungen als Grundkategorien ins Koordinatensystem der Philosophie aufzunehmen. Immerhin wurden in jüngster Zeit Versuche unternommen, soziale Konflikte im Sinne eines Kampfes um Anerkennung philosophisch zu reflektieren.[3] Doch eine anerkennungstheoretische Reflexion der politischen Kämpfe unserer Zeit führt unweigerlich zu einer metatheoretischen Harmonisierung ihrer gesellschaftskritischen Praxis, wenn es in diesen Kämpfen nicht um irgendwelche Forderungen geht, die bloß auf eine Absorption in das bestehende Wertesystem des bereits Anerkannten hinauslaufen. Denn in vielen politischen Kämpfen, die aktuell ausgetragen werden und die speziell für eine politische Philosophie von Relevanz sind, geht es weniger um soziale Anerkennung als um gesellschaftliche Veränderung.

Eine Phänomenologie der politischen Bewegungen und Aktivitäten erlaubt außerdem, die Moralität von gesellschaftlichen Unrechtserfahrungen und Forderungen in ihren eigenen Sprachen und Bewegungsformen politischer Praxis (praxisbasierter Politik jenseits institutionalisierter und bloß instituierender Politik) wahrzunehmen. Eine in diesem immanenten Sinne politische Philosophie weiß ihre normativen Inhalte von ›objektiven Kräften‹ getragen und muss ihr gesellschaftsveränderndes Anliegen nicht, wie üblich, bloß als theoretisches Konstrukt *ex cathedra* postulieren oder als subjektives Wunschprogramm des Theoretikers aus dem Hut zaubern: Zweifelsohne sind Philosophen »unfähig, ein Volk zu schaffen«.[4] Deshalb erachte ich es als die Aufgabe einer politischen Philosophie der Gegenwart, die aktuellen Forderungen der massenhaften Bewegung des weltweit rebellierenden und organisierten Landvolkes (der Landwirte, Landarbeiter, der kleinen Produzenten) theoretisch aufzugreifen und deren politische Kämpfe als Kräfte der gesellschaftlichen Veränderung mit den ihr eigenen Mitteln (einer politischen Gastrosophie) zu nähren.

Eine solche politische Gastrosophie distanziert sich von dem üblichen bewegungs- oder revolutionstheoretischen Postulat der marxistischen Philosophie. Bekanntlich galt die Hoffnung des theoretischen Marxismus auf eine kommende Weltrevolution gerade nicht des für reaktionär gehaltenen Bauerntums, sondern ausschließlich dem Industrieproletariat.[5] Denn während es dem

---

3 | Vgl. Honneth, Kampf um Anerkennung.

4 | Deleuze/Guattari, Was ist Philosophie?, 115.

5 | Es gehört zur tragischen Dialektik des Maoismus, anfänglich auf die Bauern und »neudemokratische Landreformen« gesetzt zu haben, um im Zuge der »Großen Proletarischen Kulturrevolution« und unter der Diktatur seiner neuartigen Kaiserherrschaft auch nur den aus anderen sozialistischen Ländern bekannten kommunistischen Terror zu verbreiten. Doch die Ironie der Geschichte und die List der Vernunft wollen es, dass das Schicksal der Kommunistischen Partei Chinas, samt ihres neuchinesischen Kapi-

kapitalistischen Regime gelang, die Arbeitermassen durch eine erfolgreiche Mischung aus einem sozial- oder christdemokratischen Reformismus und einem kulturindustriellen Konsumismus für sich zu gewinnen, brachten dessen globale Agrarindustrie und Freihandelspolitik eine täglich wachsende Menge an verarmten Bauern, landflüchtigen armseligen Stadtbewohnern und anderen »Überflüssigen« (Marx) permanent gegen sich auf.

Wie die Dinge stehen, scheint der Dialektiker Marx darin recht zu behalten, dass sich entgegen aller Prognosen oder Dementis und mit einer theoretisch unplanmäßigen ›Verspätung‹ doch die epochale Einsicht zu bewahrheiten scheint, dass der Kapitalismus notwendig sein eigener »Totengräber« (Marx) ist: Jedenfalls kommt das, was die weltweiten Bauernbewegungen – in solidarischer Vereinigung mit den gastropolitischen Bewegungen in den Städten der internationalen Metropolen – fordern, seinem möglichen Ende gleich. Denn im Zentrum ihrer Forderung nach Ernährungssouveränität steht nichts Geringeres als eine buchstäblich grundlegende, nämlich auf Grund und Boden oder Landrechte bezogene Infragestellung der herrschenden Eigentumsverhältnisse ebenso wie des neoliberalen oder urkapitalistischen Glaubens an den globalen Freihandel als einzigem Heilsversprechen und Weg zum Wohle der Menschheit.

Es lohnt sich daher, zu prüfen, was es mit der Hoffnung auf sich hat, die viele Stimmen und Aktivisten dieser revolutionären Bewegungen und nicht nur einige intellektuelle Wortführer oder andere städtische Lautsprecher dazu ermutigt, rebellisches Landvolk als revolutionäre Kraft einer besseren Welt zu feiern. In seinem Buch mit dem bezeichnenden Titel *The Food Wars* kommt der Soziologieprofessor und Gründungsdirektor der Nichtregierungsorganisation *Focus on the Global South* Walden Bello zu dem Ergebnis: »Der Zusammenbruch der globalen Ökonomie und die Deglobalisierung der Produktion schreiten rasch voran. Damit nimmt der von Farmern und Kleinbauern betriebene Landbau für die lokal oder regional begründeten Alternativökonomien, nach denen die Menschen suchen, Modellcharakter an. Kleinbäuerinnen und ihre Verbündeten führen der Welt die Relevanz der Ernährungssouveränität und anderer, auf den gleichen Prinzipien beruhenden Paradigmen vor Augen. Sie zeigen, dass es sich tatsächlich um Ansätze handelt, die für jeden Gesellschaftssektor von grundlegender Bedeutung sind. Es könnte sich um die Schlüsselelemente einer notwendigen sozialen und ökonomischen Neuorganisation handeln«.[6]

---

talismus, erneut von der zukünftigen Entwicklung des Lebens der chinesischen Bauern abhängt. Siehe dazu: Lemke, Die Weisheit des Essens, 165-233.
6 | Bello, The Food Wars, 149.

Das Aroma der Rebellion:
Zapatistas und fairer Biokaffee

Als die Glocken am 1. Januar 1994 um Mitternacht läuten, tauchen die Rebellen, die sich selbst Zapatistas nennen, zum ersten Mal aus dem Nebel des lakandonischen Urwaldes im Gebiet des mexikanischen Chiapas auf. Das neue Jahr beginnt mit einem neuen Kapitel der neoliberalen Globalisierung in Form des Nordamerikanischen Freihandelsabkommens (NAFTA), das die zu diesem Zeitpunkt größte Freihandelszone der Welt schafft. Der bilaterale Vertrag eröffnet dem reichsten Land der Welt einen neuen Absatzmarkt in einem südlichen Armutsland und untergräbt das Landrecht und die Existenz unzähliger Kleinbauern. Er stellt den vorläufigen Höhepunkt einer katastrophalen Entwicklung dar: Unfähig, seine Auslandsschulden zu bezahlen, wird Mexiko zur Zielscheibe der so genannten Strukturanpassungsmaßnahmen des Internationalen Währungsfonds und der Weltbank. Als Bedingung für einen weiteren Kredit wird die mexikanische Regierung zu einer rigorosen Spar- und Ausverkaufspolitik gezwungen. Darunter leiden insbesondere sozialstaatliche Förderungsprogramme in den Bereichen Gesundheit und Nahrungsproduktion. Es kommt zu massiven Kürzungen bei den Subventionsmitteln für die Landwirtschaft und des Einkommens der Nahrungsproduzenten und -produzentinnen. Gleichzeitig leiht die Weltbank der mexikanischen Regierung riesige Geldsummen, um Maisüberschüsse aus den USA kaufen und einführen zu können. Diesen ›freien Handel‹ beschließt das NAFTA-Abkommen.

Die Folgen waren absehbar: Die Vermarktung des billig subventionierten Mais' aus den USA lässt die Preise vor Ort auf die Hälfte zusammenschrumpfen, so dass Millionen von mexikanischen Bäuerinnen und Bauern von dem Verkauf ihres Mais' nicht mehr leben können und in die Armut getrieben beziehungsweise als überflüssig gemachte Arbeitskräfte und Arbeit suchende Migrantinnen und Migranten verstärkt in die (vor allem auch US-amerikanischen) Städte getrieben werden.[7] Aus dem stolzen Geburtsland von Tortilla und Mais, durch dessen Anbau sich das mexikanische Volk über Jahrhunderte hinweg selbst ernährte, wird ein hungriges Mais-Importland.

Das Nordamerikanische Freihandelsabkommen wirkt sich nicht nur auf die mexikanischen Bauern aus; die gesamte Bevölkerung Mexikos bekommt diese neoliberale Gastropolitik am eigenen Leibe zu spüren. Raj Patel hebt diese massiven Veränderungen hervor: »Als Folge des NAFTA haben sich auch Veränderungen im täglichen Essen ergeben, insbesondere durch die zunehmende Verfügbarkeit und den zunehmenden Konsum von hochkalorischen Lebensmitteln. Dies hat zu einem sprunghaften Anstieg von Fettleibigkeit geführt, verbunden mit der Tatsache, dass, je näher die Familien an der Grenze zu den

---

7 | Vgl. Stone, Beyond the Fence.

USA leben, es desto wahrscheinlicher wird, dass sie übergewichtig sind. Die Mexikaner konsumieren nicht nur mehr, auch ihre Ernährung ist anders. Der Konsum von getreidehaltigen Nudeln ist inzwischen höher als der von Bohnen und Reis«; ganz abgesehen von dem traditionellen Grundnahrungsmittel: Mais und Tortillas.[8]

Zur allgemeinen Verschlechterung der Ernährungs- und Lebensbedingungen der ländlichen Bevölkerung trägt noch ein weiterer Effekt dieser Liberalisierungspolitik bei. Denn um die nötigen Kredite zu erhalten, wird die mexikanische Regierung auch dazu gezwungen, dass sie optimale Investitionsbedingungen für ausländisches Kapital bietet. Dies geschieht, wie in so vielen vergleichbaren Fällen der langen Leidensgeschichte einer ursprünglichen Kapitalakkumulation, durch eine Privatisierung des staatlichen Gemeineigentums von Grund und Boden und anderer wichtiger Wirtschaftsbranchen zugunsten weniger Großgrundbesitzer und Agrarkonzerne. In besonderem Maße profitiert davon beispielsweise der US-amerikanische Gigant Cargill, dessen Monopolstellung als Mais- und Getreidehändler beim Ankauf und Verkauf zwischen beiden Ländern größtmögliche Gewinnspannen und Preismanipulationen ermöglicht. Nicht zuletzt dieses Monopol führt im Frühjahr 2007 zu einer dramatischen Tortilla-Krise, die wegen einer Preissteigerung des Grundnahrungsmittels um 60 Prozent Zehntausende von protestierenden Demonstranten auf die Straßen treibt.[9]

Damit es überhaupt zu der aufoktroyierten (Re-)Privatisierung von landwirtschaftlich genutztem Grund und Boden kommen konnte, musste die mexikanische Regierung zuvor den Artikel 27 der eigenen Landesverfassung streichen. Es hatte sich dabei um ein weitreichendes Gesetz gehandelt, welches das Volkseigentum und das gemeinschaftliche Nutzungsrecht des Bodens unter staatlichen Schutz stellte. Diese soziale Landreform war Jahrzehnte zuvor von Emiliano Zapata, einem Bauernrevolutionär und ermordeten Volkshelden, erkämpft worden, der zusammen mit einer Armee von militanten Bauern die Großgrundbesitzer besiegt hatte.[10] Dieser politischen Errungenschaft der mexikanischen Revolution von 1910 drohte mit der Deregulierungs- und Privatisierungspolitik des Nordamerikanischen Freihandelsabkommens eine schäbige Abwicklung: Ihr Ausverkauf als notwendiger Schritt in der Entwicklung des Landes zu weiterem Wohlstand. Doch statt des versprochenen Wohlstandes für alle verloren als Folge des NAFTA »1,3 Millionen Mexikaner ihr Land«.[11]

Und erneut ruft die Empörung über diese Politik den Widerstand einer kleinen Gruppe mutiger Frauen und Männer hervor: Im Schutze der Nacht zum 1.

---

8 | Patel, Stuffed & Starved, 63.
9 | Vgl. Holt-Giménez/Patel, Food Rebellions!, 56f.; Vigna, Billigmais für Mexico.
10 | Vgl. Kampkötter, Emiliano Zapata.
11 | Patel, Stuffed & Starved, 47-74.

Januar 1994 überfallen die neuen Zapatistas sieben Städte und bringen diese kurzerhand unter ihre Kontrolle, indem sie Polizeireviere in Brand setzen, Gefangene befreien (unter ihnen waren eingesperrte eigene Leute) und sich die Waffen aneignen, die sie dort vorfinden. Die Guerilleros besetzen anschließend Rathäuser und viel befahrene Fernstraßen und erklären der mexikanischen Regierung und der globalen Politik, die sie als »neoliberalismo« verurteilen, »den Krieg«: Viele von ihnen sind nur mit gewehrförmigen Stöcken oder Spielzeuggewehren bewaffnet. Ohnehin werden die mächtigsten Waffen dieser Bäuerinnen und Bauern ihre Worte – ihre Diskursguerilla – sowie die befreiende Poesie ihres Wortführers Subcomandante Marcos sein.[12]

YA BASTA: EINE ANDERE WELT IST MÖGLICH!

So ist es zu verstehen, dass in ihrem Aufbegehren zwar jene unendliche Empörung ausbricht, die über Jahrhunderte hinweg immer wieder den Kampfgeist des Landvolkes nährte. Aber anders als die gewaltsamen Bauernaufstände der großen Revolutionen der jüngeren Weltgeschichte, wie beispielsweise der Französischen Revolution von 1789 oder der Russischen und der Chinesischen Revolution im 20. Jahrhundert, kämpfen die zapatistischen Bauernfamilien zu Beginn des neuen Jahrtausends für »Freiheit, Gerechtigkeit und Demokratie« – als erste postkommunistische Bewegung weltweit.[13] Statt der bekannten staatssozialistischen Vorstellungen von gesellschaftlicher Veränderung werden emanzipatorische Alternativen zum neuen Paradigma und zur Philosophie des Zapatismus. Diese Alternativen sind sehr konkret: Ernährungssouveränität, autonome Selbstorganisation, radikaldemokratische Praxis und die Erfindung neuartiger experimentierfreudiger Widerstandsformen, die für Vielfalt, Ökologie, gute Lebensmittel und eine daraus entstehende eigene (indigene) Lebenskultur sorgen. Durch den strategisch geschickten Einsatz der populären Kommunikationstechnologie Internet gelingt es dem mestizischen Sprecher der Rebellen, Subcomandante Marcos, der Weltöffentlichkeit eine aufrüttelnde Losung zu vermitteln: »Eine andere Welt ist möglich.«

Der ungewöhnliche Krieg im Chiapas dauert nur zwölf Tage, bis die mexikanische Zivilgesellschaft einen Waffenstillstand und Friedensverhandlungen fordert. Doch die Inspiration, die Poesie und die Hoffnung der zapatistischen Befreiungsarmee (EZLN) und die Geschichte dieser merkwürdigen Armee finden ihren Weg in die Herzen und Gedanken von Aktivisten und Aktivistinnen in der ganzen Welt, denen die selbstbefreiende Zuversicht in eine besse-

---

12 | Vgl. Subcomandante Insurgente Marcos, Our Word is our Weapon; Huffschmid, Diskursguerilla.
13 | Vgl. Ehlers, Der Aufstand der Zapatisten; Zimmering, Zapatismus.

re »andere Welt« zu diesem Zeitpunkt Anfang der 1990er Jahre noch fehlte. Plötzlich ist diese lautstarke Stimme der Zapatisten oder Altermondialisten zu hören: *Ya Basta! Es reicht!* Wie ein Echo breitet sich dieser eindringliche Aufruf in Schallgeschwindigkeit überall aus. Er wird von Street-Reclaimern in London gehört, die ihr Recht auf Stadt fordern; von mittellosen Arbeitern in Brasilien, die Land besetzen; von indischen Bäuerinnen und Bauern, die daraufhin gentechnisch verändertes Getreide verbrennen; von urbanen Guerilla-Gärtnern und -Gärtnerinnen, die ihr Essen lieber selbst anbauen wollen; von afrikanischen Aufständischen, die sich gegen den Internationalen Währungsfonds zur Wehr setzen; von italienischen Dissidenten teils in weißen Overalls oder teils geschmückt mit dem Schnecken-Logo von Slow Food; ebenfalls wird dieses Gebrüll von einem französischen Käse-Bauern namens José Bové vernommen, der in seinem Protest gegen die globalen Ernährungsverhältnisse kurzerhand eine McDonald's-Filiale zerlegt, oder auch in Indien von jener kämpferischen Biologin und Vorzeige-Gastrosophin Vandana Shiva, deren kräftige und eloquente Stimme in den letzten Jahren dazu beiträgt, dass die theoretischen Inhalte und die politischen Forderungen der globalen Bauernbewegung von immer mehr Menschen weltweit gehört werden.[14] Spätestens mit dem erfolgreichen Widerstand der Zapatisten hat sich herumgesprochen: »Wir sind überall!«[15]

Rückblickend resümiert Subcomandante Marcos den Einfluss der rebellischen Bäuerinnen und Bauern auf die so genannte globalisierungskritische Bewegung mit den Worten: »Vielleicht half ihnen der Zapatismus, sich daran zu erinnern, dass man kämpfen muss und dass es sich lohnt zu kämpfen, aber insbesondere, dass es notwendig ist zu kämpfen, und nicht weniger«.[16] Im Jahre 1996 rufen die Zapatistas die politischen Aktivistinnen und Aktivisten in allen Weltteilen zu einem *Interkontinentalen Treffen gegen Neoliberalismus und für Menschlichkeit* im Urwald von Chiapas zusammen. Es kommen dreitausend Teilnehmer aus 44 Ländern. Auch die Anschlussveranstaltung ein Jahr später in Spanien wird zu einem Meilenstein in der Neuorientierung einer ›internationalistischen Linken‹ nach dem historischen Zusammenbruch des Ostblock-Kommunismus. Schließlich kommt es 1998 zur Gründung von *Peoples' Global Action*, einem Netzwerk von basisdemokratischen sozialen Bewegungen, das den neoliberalen Kapitalismus mit »direkten Aktionen« bekämpfen will.

Doch noch einmal zurück in den mexikanischen Urwald zum ersten internationalen Treffen gegen Neoliberalismus und für Menschlichkeit und seinen konkreten Resultaten: Einige der zahlreichen ausländischen Sympathisanten stellen den indigenen Bauernfamilien eine Verkaufsgenossenschaft und Di-

---

14 | Vgl. Shiva, Erd-Demokratie; dies., Geraubte Ernte; dies., Manifestos on the Future of Food & Seed.
15 | Vgl. Notes from Nowhere, Wir sind überall; Callinicos, An Anti-Capitalist Manifesto.
16 | Subcomandante Marcos zitiert in: Gerber, Das Aroma der Rebellion, 63.

rektvermarktung auf der Grundlage eines fairen Handels in Aussicht, welche die Gründung einer Kooperative für ökologisch angebauten Kaffee ermöglichen soll. »Auf dem Treffen«, erinnert sich der erste Präsident der Kooperative Mut Vitz, »wurde diskutiert: Was wollen die *Indígenas*? Ihre Produkte zu einem gerechten Preis verkaufen. Mehrere Gemeinden hatten diese Idee, weil sie schon Erfahrungen hatten mit anderen Kooperativen«.[17] Diese Erfahrungen hatten sie gelehrt, dass die neue Kooperative auf dem Prinzip der finanziellen Unabhängigkeit und Selbstverwaltung gegründet sein müsse, um sich wirklich von den Zwängen des Weltmarktes befreien zu können. Denn die Liberalisierung des Kaffeehandels hatte zur stetigen Ausweitung der Anbauflächen, in der Folge dann zu einem Überangebot und schließlich zu sinkenden Preisen für die Produzentinnen und Produzenten geführt. Hinzu kam noch die Abschaffung des Internationalen Kaffeeabkommens im Jahre 1989, was weiteren massiven Preisverfall zur Folge hatte. Die niedrigen Rohstoffpreise bescherten den Kaffeekonzernen reichlichen Profit, die Erntearbeiter hingegen erhielten Hungerlöhne und die kleinen Produzenten konnten weder ihre Produktionskosten noch ihren Lebensunterhalt decken. Überall macht sich die Armut unter den Kaffeebauern und Kaffeebäuerinnen weiter breit.

Es lag auf der Hand: Eine grundlegende Voraussetzung für gerechtere Produktionsverhältnisse wäre der Aufbau von langfristigen und verlässlichen Wirtschaftsbeziehungen zwischen Produzenten und Käufern als Koproduzenten, die bereit sind, einen höheren Preis für faire Produkte zu zahlen. Und genau dies geschah zwischen den Zapatistas und ihren Sympathisanten, die ihren täglichen Kaffeegenuss mit kosmopolitischen Zielen und mit einer ethischen Eine-Welt-Politik zu verbinden bereit waren. Nach den harten Jahren einer landwirtschaftlichen Umstellung war es dann soweit: Die Kooperative Mut Vitz verschiffte die Ernte ihres aromatischen Hochlandkaffees in die USA und nach Europa (Schweiz und Deutschland). Im ersten Jahr je einen Container, im nächsten bereits vier, dann sechs und dann mehr als zehn – »zu fairen und Bio-Preisen von 1,41 US-Dollar pro englischem Pfund«. 2003/2004 exportierte man bereits 15 Container usw. – »eine für den fairen Handel wohl fast einmalige Erfolgsgeschichte«.[18] Und auch keine geringe Erfolgsgeschichte für die Umstellung von einer industriellen Agrarproduktion zu einer umweltfreundlichen Landwirtschaft. Einer dieser neuen Biobauern erklärt dazu, dass es »früher viel Unterstützung der Regierung gab, Kunstdünger, Insektizide, alles Mögliche. Aber nachher hörten wir auf, diese Mittel zu benutzen. Diese Mittel verbrennen die Erde und lassen sie wie nackt zurück«.[19]

---

17 | Gerber, Das Aroma der Rebellion, 64.
18 | Ebd., 66.
19 | Ebd.

Die nackte Natur von blattlosen, fruchtarmen Stauden und einer von der Sonne und Agrarchemikalien zerstörten Erde ist die fatale Ernte des kapitalistischen Agrarsystems, das von der mexikanischen Zentralregierung im Einklang mit der internationalen Freihandelspolitik – gegen den Widerstand der Bäuerinnen und Bauern – weiterhin protegiert wird. Ihr Widerstand gegen die umweltschädlichen Auswirkungen der vorherrschenden Agrarindustrie hat im Bioanbau nicht nur für ihren Kaffee, sondern auch für ihre anderen Feldfrüchte den Verzicht auf kapitalintensive künstliche Hilfsmittel zur Folge. Im Grunde ist den Bauern die Philosophie einer ökologischen Agrikultur schon vor dem Eintritt in die Kooperative bekannt gewesen; als ›natürlich‹ gelten den Indígenas von jeher Anbaumethoden, die ohne Kunstdünger und Chemikalien auskommen. Traditionell wurde die Fruchtbarkeit der Böden erhöht, indem man sie einige Jahre brachlegte. Dies wurde jedoch den Kleinproduzentinnen und -produzenten in dem Maße unmöglich gemacht, wie ihnen durch die neoliberale Agrarpolitik ihrer Regierung immer weniger Land zur Verfügung stand und sie so gezwungen waren, ihre Anbaumethoden zu industrialisieren. Doch aufgrund der sinkenden und oft in den Korruptionskanälen versickernden staatlichen Subventionen gelang es den Kleinbauern immer weniger, genügend Geld für die kapitalintensiven Hilfsmittel der modernen Nahrungsproduktion aufzubringen.

So kehrten sie ihre Not in eine Tugend. Sie setzten gleichsam ihr traditionelles Wissen in Wert und nutzten ihre Erfahrungen in Kompostierung, Terrassierung, alternativer Schädlingsbekämpfung, Schattenbaumpflege und Diversifizierung für die Wiederbelebung und Verbesserung einer biologischen Landbewirtschaftung. Mit der Diversifizierung werden mehrere Komponenten der Bioproduktion aktiviert: Die Beschattung der Kaffeefelder durch ein kluges Arrangement mehrerer Baumarten, welche die empfindlichen Stauden vor dem direkten Sonnenstrahl schützen, bewahrt die Böden vor Erosion und durch ihren Blätterabwurf zusätzlich vor Nährstoffmangel. Auch werden in dieser Mischkultur weitere Früchte (Bananen, Zitrusfrüchte) angebaut oder edle Baumsorten, deren Holz viel Geld bringt. Neben der Kombination des Anbaus unterschiedlicher Nutzpflanzen innerhalb des Kaffeefeldes wird mit der Diversifizierung der Produktion auch der Anbau von Gemüse, Salat und Früchten zum Eigenkonsum praktikabel. Diese Subsistenzpraxis bedeutet für die Bauernfamilien zwar zusätzliche Arbeit, doch sie erwirtschaften dadurch, zusätzlich zu den allgemeinen Wohlstandseffekten und nachhaltigen Auswirkungen auf die lokale Ökonomie, einen doppelten Mehrwert: Die Diversifizierung steigert die Erträge bzw. das Einkommen und die Selbstversorgung sorgt für eine gesunde, abwechslungsreiche Ernährung. Die nachhaltige Perspektive der kleinbäuerlichen Produktionskooperative auf der Grundlage einer nachhaltigen biologischen Landwirtschaft und einer dauerhaften ›Koproduktion‹ seitens der solidarischen Käufer von fair gehandeltem Biokaffee in aller Welt ist ein wichtiges Element der zapatistischen Identität und das politisch-ökonomische Fundament im Aufbau der *de facto* Autonomie der Landleute.

›Räte der Guten Regierung‹

Neben der Tatsache, eine gerecht bezahlte Biobäuerin oder ein gerecht bezahlter Biobauer zu sein, zählt noch ein weiterer Aspekt zu den identitätsstiftenden Elementen der *Campesinos en Resistencia*, der Bauern im Widerstand: die politische Arbeit an einer radikalen Demokratie, die alltägliche Praxis des Selbstregierens. Die kleinste Einheit der Demokratie der Zapatistas sind die Dörfer, die in der Regel aus 15 bis 100 Familien bestehen. In jedem Dorf werden regelmäßig Versammlungen abgehalten, an denen jeder teilnehmen und das Wort ergreifen kann. Auf diesen Versammlungen bestimmt das Dorf zwei, manchmal auch vier Vertreter oder *responsables*, wobei auf Geschlechterparität geachtet wird. Diese Verantwortlichen werden zu Mitgliedern der *Junta de Buen Gobierno*, des ›Rates der Guten Regierung‹, ernannt. Alle fünf Wochen verlassen sie für eine Woche ihr Dorf, um im Hauptquartier der Junta ihre politische Basisarbeit zu absolvieren. Sie sind drei Jahre im Amt, danach können sie kein weiteres Mal einer Junta angehören. Dieses konsequente Rotationsprinzip dient dazu, dass die Personen ständig wechseln und sich niemand persönliche Vorteile durch seine Beteiligung an der Regierungsmacht sichern kann. Dem gleichen Schutzmechanismus dient die Anonymisierung der Juntas durch eine Art Maske. Ihre Gesichter verschwinden hinter der Funktion des politischen Amtes, das sie übernommen haben. Und zugleich kommt auf diese Weise zum Vorschein, dass nicht Privatpersonen, sondern das Volk, die politische Allgemeinheit regiert.

Die ›Räte der Guten Regierung‹ verwalten den Gemeinschaftsbesitz; sie kümmern sich um die Gesundheitsfürsorge und Bildungsprogramme; sie sorgen dafür, dass die Erträge des Landes, welches von Großgrundbesitzern zurückgefordert worden war, gerecht verteilt werden, und dass die Kooperativen und Produktionsgenossenschaften politisch (zapatistisch) organisiert sind. Die Fehler, die sie als Autodidakten bei ihrer demokratischen Selbstorganisation machen, sind Teil des politischen Lernprozesses eines *learning by doing*. Der Zapatismus bezeichnet diese experimentelle Selbstbildungspraxis als *preguntando caminamos*. Zu dieser Haltung eines ›fragenden Sichfortbewegens‹ passt der Name der Regierungssitze der Bewegung: Schnecke (*caracol*). Dafür gibt es drei Gründe: »Erstens bewegt sich die Schnecke langsam, aber sicher vorwärts. Zweitens bliesen unsere Vorfahren auf einer Muschelschale, um eine Versammlung einzuberufen. Drittens ist die Form der Schneckenmuschel ein Bild dafür, wie Informationen in den *caracol* hinein und wieder heraus gelangen, und genauso arbeiten wir: Wir hören zu und tauschen uns aus«.[20] Die schlichte, aber in der Geschichte der politischen Philosophie kaum (lediglich bei Aristoteles) theoretisierte Erkenntnis, dass ein demokratisches Alltagsleben viel freie Zeit zum Zuhören und gemeinsamen Austausch braucht, zeugt von der politischen Weisheit des Zapatismus. Zu dieser politisch-philosophischen Weisheit kommt der Verdienst hinzu, den die mutigen Bauern im mexikanischen Chiapas zur ›schleichenden‹ Entwicklung einer Politik und Alltagspraxis der ›Ernährungssouveränität‹ beigetragen haben. Der Begriff der Ernährungssouveränität steht heute für einen alternativen, ›bäuerlichen Weg‹ zum globalen Kapitalismus, dessen nunmehr fünfhundert Jahre andauernde kolonialistische Entdeckung und Eroberung Lateinamerikas der bäuerlichen Welt und Arbeit der Latinos die Grundlagen ihres Reichtums und Eigentums systematisch beraubt.

Vandana Shiva erinnert in ihrer kämpferischen Studie *Biopiraterie: Kolonialismus des 21. Jahrhunderts* an diese finstere Kontinuität. Am 17. April 1492 habe Christoph Kolumbus die Privilegien der ›Entdeckung und Eroberung‹ aller Inseln und Festländer des ozeanischen Meeres von Königin Isabella von Kastilien und König Ferdinand von Aragon erhalten. Ein Jahr später, am 4. Mai 1493, sprach Papst Alexander VI. mit seiner ›Schenkungsbulle‹ alle Ländereien 100 Seemeilen westlich und südlich der Azoren in Richtung Indien, die bereits entdeckt worden waren oder noch entdeckt werden sollten, und die bis Weihnachten 1492 noch keinem christlichen Herrscher gehörten, den christlichen Monarchen Isabella von Kastilien und Ferdinand von Aragon zu. »Der Papst«, heißt es bei Shiva (die hier Walter Ullmann zitiert) weiter, »als Stellvertreter Gottes beherrschte die Welt, als wäre sie ein Werkzeug in seinen Händen; der Papst betrachtete die Welt als sein Eigentum, über das nach seinem Willen zu verfügen war«. Durch diese Freibriefe und Patente wurden so Piratenakte in göttlichen Willen verwandelt. Die vom Papst »verschenkten« Völker und Nationen gehörten ihm nicht, aber nach kanonischem Recht wurden die christlichen Monarchen Europas zu Herrschern über alle »Völker, wo immer diese sich befinden und welchem Glauben sie angehören mögen«. Das Prinzip der »tatsächlichen Besetzung« durch christliche Fürsten, die »freie Verfügbarkeit« der zu erobernden Länder und das Gebot, die »Wilden« zu missionieren, waren Inhalt der Freibriefe und Patente.[21]

Für Shiva bilden die päpstliche Bulle, der Kolumbus-Freibrief und die den europäischen Monarchen gewährten Patente die juristischen und moralischen Grundlagen für die Kolonialisierung und Ausrottung nicht-europäischer Völker: Die Zahl der amerikanischen Ureinwohner dezimierte sich von 72 Millionen im Jahr 1429 auf unter vier Millionen wenige Jahrhunderte später. Fünfhundert Jahre nach Kolumbus erleben wir, so Shiva, eine säkulare Neuauflage

---

20 | Zitiert in: Patel, The Value of Nothing, 242.
21 | Vgl. Shiva, Biopiraterie, 13.

des gleichen Kolonisationsvorhabens: Die päpstliche Bulle sei lediglich durch die WTO ersetzt. Das Prinzip der tatsächlichen Besetzung durch christliche Herrscher sei von der realen Okkupation durch transnationale Unternehmen abgelöst, die durch moderne Machthaber unterstützt werden. Das Gebot, Wilde zum Christentum zu bekehren, sei durch die Pflicht ersetzt, lokale und nationale Wirtschaften in den globalen Markt zu integrieren. Es bestehe kein Zweifel, dass Kolumbus einen Präzedenzfall schuf, als er die Lizenz zur Eroberung nicht-europäischer Völker zum natürlichen Recht von Europäern erhob. »Die Freiheit der Kolonisatoren basierte auf der Versklavung und Unterwerfung der Menschen, die die ursprünglichen Landrechte besaßen«.[22]

Blicken wir aus dieser welthistorischen Perspektive wieder auf die Gegenwart und die Zukunft der rebellischen Bauern und Bäuerinnen im Süden Mexikos. Gemessen an den zahlreichen Aktivitäten und den unterschiedlichen Ausrichtungen von Bauernbewegungen in anderen Gegenden und Ländern mag es zutreffen, dass sich die Zapatistas in dem ortsspezifischen Kampf um die Rückeroberung ihrer ursprünglichen Landrechte und um territoriale Autonomie inzwischen stärker auf die innerstaatlichen Machtkonflikte Mexikos konzentrieren.[23] Doch lässt sich ihre epochale Bedeutung für die Entstehung einer neuen internationalen Linken, samt dem globalisierungskritischen Geist der Selbstbefreiung und des politischen Kampfes für Demokratie und Gerechtigkeit wohl kaum bestreiten. Seit des ersten internationalen Treffens gegen Neoliberalismus und für Menschlichkeit und des zweiten Treffens in Spanien im Jahre 1997 sowie seit der Gründung des *Peoples' Global Action* Netzwerkes werden die sozialen Kräfte der altermondialistischen Bewegung von Jahr zu Jahr größer und stärker: Noch 1998 kommt es zu Aktionstagen gegen die zweite Ministerkonferenz der Welthandelsorganisation in Genf; ein Jahr darauf finden international koordinierte Demonstrationen gegen das ›G8‹-Gipfeltreffen der Regierungschefs der acht reichsten Länder in Köln (1999) statt. Doch weniger von diesen Aktionen und noch nicht einmal von den frohen Botschaften aus dem lakandonischen Urwald wird die Weltöffentlichkeit schließlich wachgerüttelt.[24] Dies bleibt einem anderen Ereignis vorbehalten.

---

22 | Ebd., 14.
23 | Vor allem auf die der brasilianischen Landlosen-Bewegung; siehe: Stédile, Landless Battalions.
24 | Vgl. Subcomandante Insurgente Marcos, Botschaften aus dem lakandonischen Urwald.

BATTLE OF SEATTLE, JOSÉ BOVÉ
UND DIE KREATIVE DEMONTAGE VON MCDONALD'S

Am Ende dieses Jahres, am 30. November 1999, versammeln sich massenhaft Demonstranten in den Straßen von Seattle. Die Größenordnung der Protestkundgebung übersteigt jede frühere Demonstration der jungen globalisierungskritischen Bewegung. Spektakuläre Aktionen gegen diesen dritten Weltwirtschaftsgipfel führen dazu, dass die Öffentlichkeit auf die neuerliche Existenz und die sich schleichend ausbreitende Macht einer ›antikapitalistischen Bewegung‹ aufmerksam wird, einer einzigartigen globalen und alternativ-kommunistischen Bewegung für ›eine andere Welt‹, zu der sich international organisierte Bauern und städtische Aktivistinnen im Kampf vereinen.[25]

Zehntausende von Demonstranten, darunter Bäuerinnen und Bauern aus achtzig Ländern, legen das Stadtzentrum von Seattle lahm. Eine neue Generation von Aktivisten, die aus der Geschichte der politischen Kämpfe (auch der Zapatisten) gelernt hat, wendet dezentrale, kreative und ›schwärmerische‹ Taktiken an: Erfolgreich wird die unvorbereitete Polizei ausgetrickst, so dass Straßenblockaden das rechtzeitige Erscheinen der Konferenzteilnehmer verhindern. Unter dem Druck der unerwarteten Ereignisse bringen die Regenten der Welthandelsorganisation keine weiteren globalen Freihandel-Vereinbarungen zustande. Die geplante Fortsetzung von Liberalisierungs- und Deregulierungsmaßnahmen, wozu als wichtigster Tagesordnungspunkt der Agrarhandel vorgesehen war, scheitert.

Zur Mobilisierung der Massen und damit schließlich zum überraschenden Erfolg der Demonstranten hatte, mehr als jeder andere, eine Person in besonderem Maße beigetragen: der französische Käsebauer José Bové. Über Nacht hatte ihn die symbolträchtige Protestaktion der Demontage eines McDonald's Restaurants im französischen Städtchen Millau zum medialen Robin Hood der jungen Antiglobalisierungsbewegung Europas werden lassen. Wie war es zu dieser wundervollen Verwandlung eines kleinen Bauers in einen großartig gefeierten Helden des globalen Widerstandes gekommen?

Anfang August hatten der Verband der Schafmilcherzeuger und die Bauerngewerkschaft zu einer Versammlung aufgerufen und zwar vor einer unfertigen McDonald's Filiale, die auf dem Gelände einer ehemaligen Tankstelle an der Südausfahrt von Millau gebaut wurde. Dreihundert Menschen folgten dem Aufruf, zur Hälfte Bauern, zur Hälfte Städter. Die Leute kamen mit der ganzen Familie. Auch einige Journalisten waren zu der angekündigten Demonstration gekommen. José Bové erinnert sich: »Wir wollten in aller Öffentlichkeit und mit einer breiten Mobilisierung eine gewaltfreie, aber symbolstarke Aktion

---

25 | Vgl. Felber, Neue Werte für die Wirtschaft; Yung/Rosen/Katsiaficas, The Battle of Seattle; Thomas, The Battle in Seattle.

durchführen. Und wir wollten, dass die Behörden im Bilde sind. Wir machten uns also die Mühe, den Nachrichtendienst vorher zu informieren, dass wir beabsichtigen, die McDonald's Filiale zu demontieren. Die Nachrichtendienstler setzten daraufhin ihre Vorgesetzten und die Präfektin in Kenntnis. Wenig später rief uns ein Beamter zurück, der meinte, er wolle ›den Leiter der Filiale bitten, ein McDonald's Schild aufzustellen, das Sie dann demolieren könnten, das wäre symbolischer.‹ Wir antworteten ihm: ›Das geht nicht, das ist ein völlig blödsinniger Vorschlag. Wir werden Türen und Fenster demontieren.‹ Polizei und Gendarmerie waren der Ansicht, dass die Demonstration kein großes Polizeiaufgebot erfordert. Wir baten den Nachrichtendienst, dafür zu sorgen, dass keine Arbeiter anwesend sind, wenn wir kommen, und dass kein Werkzeug herumliegt«.[26]

Die ausgelassene Stimmung während dieser Aktion glich eher einem normalen Sommerfest. Die Demonstranten hatten Spaß, die Kinder tollten herum und fanden es prima, mit einigen Erwachsenen auf die Baustelle gehen zu dürfen. Die Veranstaltung begann und die Leute, einschließlich der Kinder, zerlegten die Baustelle: ein paar Zwischenwände, einige Türen und Schalterdosen, auf dem Dach ein paar Platten, die als vorgefertigte Elemente nur mit Nägeln in Leichtbauweise angebracht waren und zur Dekoration dienten. Anschließend luden einige Aktivisten das demontierte Baumaterial auf die Anhänger der Traktoren, während ein paar andere das Dach frisch strichen. Als zwei Hänger voll waren, erklärte die Menge die Protestaktion für beendet. Man hatte erreicht, was man wollte: Es sollte ein Zeichen gesetzt werden gegen die kurz zuvor von US-amerikanischen Behörden verhängten Strafzölle auf Roquefortkäse, der Ikone der französischen Käsekultur und das erste französische Erzeugnis, welches 1925 mit einer Herkunftsgarantie geschützt worden war und just das Export-Spitzenprodukt darstellt, welches den Bauern in Millau den Lebensunterhalt sichert. Mit der Attacke gegen ein McDonald's Restaurant als das amerikanische Symbol für den globalen Fastfood-Kapitalismus war wiederum die zweite Botschaft verknüpft: »Gutes Essen gegen undefiniertes Zeug, bäuerliche Landwirtschaft gegen multinationale Konzernmacht«.[27]

Roquefortkäse und die WTO

Die Rebellen wollten eine symbolträchtige Aktion, um der europäischen Öffentlichkeit die geschmacklose Politik unseres täglichen Essens vor Augen zu führen und um zur gesellschaftlichen Veränderung der herrschenden Gesetze und Einstellungen im Sinne einer bäuerlichen Landwirtschaft und eines

---

26 | Bové/Dufour, Die Welt ist keine Ware, 20.
27 | Ebd., 9.

guten Essens zu mobilisieren. Tagespolitischer Hintergrund dieser burlesken Prozession war die Entscheidung der Europäischen Union, sich einem Urteil des Schiedsgerichts der obersten Instanz des Welthandels, der Welthandelsorganisation (WTO), zu widersetzen. Die WTO verpflichtete die sich widersetzende Europäische Gemeinschaft im Februar 1998 dazu, ihr Importverbot für hormonbehandeltes Rindfleisch aus den USA aufzuheben. Die europäischen Konsumentinnen und Konsumenten sollten dieses Fleisch auch entgegen ihren Willen kaufen und essen. Als die fünfzehnmonatige Frist verstrichen war, die man den Europäern zur gütlichen Beilegung dieses – weiteren – Handelsstreits mit den Amerikanern eingeräumt hatte, ohne dass die europäischen Grenzen für das amerikanische Hormonfleisch erneut geöffnet wurden, beschlossen die Vereinigten Staaten als Vergeltungsmaßnahme gegen dieses »unlautere Handelshemmnis« (für die unbegrenzt freie Vermarktung ihrer eigenen Agrarprodukte) kurzerhand hundertprozentige Strafzölle auf einige europäische Exportwaren, darunter auch auf den französischen Qualitätskäse Roquefort.[28]

Als Folge der Strafabgaben hatten die amerikanischen Roquefort-Liebhaber den doppelten Preis zu zahlen, was zu massiven Verkaufseinbußen und schließlich zu Einkommensverlusten bei den französischen Käsemachern führte. Diese Gefährdung ihrer Lebensgrundlage trieb sie dazu an, sich dem Symbol einer globalen Wirtschaftsmacht sowie der westlichen Esskultur zu widersetzen. Zugleich verbanden sie mit ihrem Widerstand auch konkrete Forderungen der politischen Alternative. Diesen konstruktiven Aspekt hob Naomi Klein, eine der prominentesten Sprecherinnen der ›Anti‹-Globalisierungsbewegung, in einer nachträglichen Stellungnahme zu diesen Ereignissen hervor, um deutlich zu machen, dass es bei dieser Guerilla-Aktion nicht nur um Kritik und Rebellion, sondern um die politische Forderung einer anderen Globalisierung gegangen sei. (Was im Übrigen auch der Grund ist, weshalb in Anlehnung an die Zapatistas auch von den Altermondialistas gesprochen wird.) Klein vertrat die Auffassung, dass es den aufrührerischen Bürgern damals um ihr »›Recht auf lokale Demokratie und kulturelle Diversität in einer Welt, die zunehmend von Prinzipien regiert wird, die McDonald's regieren«, gegangen sei.[29]

Nach getaner politischer Arbeit machten sich die Demonstranten auf den Weg zur Präfektur. Die meisten Kinder kletterten auf den Getreideanhänger, ein Stück Holz in der Hand, um ›Krach zu schlagen‹. So setzte sich der kleine karnevaleske Umzug Richtung Polizeiwache in Bewegung, um dort die demontierten Bauteile abzuladen. Die feierliche Aktion endete auf den Terrassen der lokalen Restaurants von Millau, wo man bis tief in die Nacht sang, tanzte und Roquefort-Brötchen verzehrte – als Ausdrucksformen einer vergnüglichen, spa-

---

28 | Vgl. Friedman, The Political Economy of Food.
29 | Klein, Foreword to: Bové/Dufour, The World Is Not for Sale.

ßigen, konvivialen Ess- und Protestkultur.³⁰ Diese an sich ganz und gar harmlosen Ereignisse nahmen eine ungewöhnliche Wendung durch eine Pressemeldung, die von »Verwüstung eines McDonald's Restaurants durch Landwirte« berichtete. Eilfertig verfügte eine Untersuchungsrichterin die Inhaftierung der Demonstranten mit einer Urteilsbegründung, die zwanzigmal mehr Schaden angerichtet sehen wollte, als der fröhliche Mob an jenem Sommermorgen tatsächlich verursacht hatte.

Fünf Bauern wurden ins Gefängnis gesperrt. Mit dieser drakonischen Strafmaßnahme machte sich die Untersuchungsrichterin in der Sache verdient: Sie verhalf der Bewegung aus ihrer Unscheinbarkeit zu medialer Präsenz. Denn der Sachverhalt, dass Leute in den Knast wandern müssen, weil sie sich für ethisch gute Lebensmittel und einen gerechten Agrarhandel einsetzen, schürte nur den damals bereits allgemein zunehmenden Unmut gegenüber Lebensmittelskandalen à la Hormon- oder Gammelfleisch, Rinderwahnsinn, Giftgeflügel, Pestizidgemüse oder Dioxineiern.³¹

Unfreiwillig fiel den Schafzüchtern von Millau die Rolle zu, Katalysatoren eines, wie sich zeigen sollte, weltweiten Unbehagens zu sein. Der Kampf gegen Agromultis und für eine andere Welt, der zu diesem Zeitpunkt fernab im Urwald Mexikos von maskierten Bäuerinnen und Bauern und anderen radikalen Demokraten bereits auf den Weg gebracht worden war, hatte ein europäisches Gesicht und einen bürgerlichen Namen bekommen: José Bové. Der kleine Schafhirte mit den blauen Augen und dem roten Schnurrbart – ein widerständiger und genussfähiger Asterix gegen den verhassten Fertigfix-Fraß des WTO-Empire – avancierte in Windeseile zur Galionsfigur des Protests wider *la malbouffe*. »Ich verwendete das Wort zum ersten Mal am 12. August vor dem McDonald's in Millau, als ich mich mit Freunden besprach, wie wir die Aktion in der Öffentlichkeit darstellen sollen. Ich schlug zuerst den Ausdruck *bouffe de merde* (Scheißfraß) vor, den ich dann aber doch in *malbouffe* (Schlechtessen) abänderte, weil das höflicher klingt. Das Wort schlug ein wie eine Bombe«.³²

Ein Foto sollte Geschichte machen: Es zeigt José Bové mit erhobenen Armen in Handschellen und zugleich mit einem Lächeln im Gesicht als den strahlenden Sieger. Wie der französische Journalist Gilles Luneau voller Bewunderung und Enthusiasmus schreibt: »Ein Symbol für die Unfreiheit, in der wir leben, aber auch als Symbol der Revolte, einer notwendigen, gerechtfertigten Revolte.« Im revolutionären Überschwang gelingt es dem Bové-Sympathisanten mit wenigen Worten den Geist der neuen Bewegung einzufangen und gewissermaßen

---

30 | Vgl. Brodde, Protest!

31 | Zum damaligen Stand der Dinge siehe: Reinecke/Thorbrietz, Lügen, Lobbies, Lebensmittel; Grimm, Die Suppe lügt; mit aktuellem Bezug siehe: Lemke, Essen und Gegessen werden.

32 | Bové/Dufour, Die Welt ist keine Ware, 87.

ein kleines Manifest der gastrosophischen Partei zu formulieren: »Wenn man sich nicht mehr sicher sein kann, was die Kinder in der Schulmensa zu essen bekommen; wenn in dem Fleisch, das man sich schmecken lässt, möglicherweise die Bombe der Gehirnerweichung tickt; wenn man miterlebt, wie lokale Pflanzen- und Tierarten aussterben; wenn man nicht mehr selbst entscheiden darf, was man essen möchte, dann ist die Sache klar: Man unterstützt José Bové. Wenn man in Afrika lebt und Hunger leidet, weil die EU-Agrarexporte oder die US-Lebensmittelhilfe die lokale Landwirtschaft ruinieren, unterstützt man José Bové. Wenn man in Amerika zuhause ist und sieht, wie David-Bové Goliath-McDoof die Stirn bietet, hat die Resignation ein Ende: Man unterstützt José Bové«. [33]

Als dieser aus seiner vierzehntägigen Gefängnishaft freikommt, erfährt er, dass der Kampf nicht mehr nur auf das südfranzösische Aveyron beschränkt geblieben ist. Ähnlich wie einige Jahre zuvor vom entfernten Lateinamerika ausgehend der zapatistische Urschrei *Ya Basta!* aus dem mexikanischen Hochland um den Erdball kreiste, hatte sich die Nachricht von dem eingesperrten Käsebauern wie ein Lauffeuer erst in ganz Frankreich, dann in anderen europäischen Ländern und schließlich über das Internet weltweit ausgebreitet. Und nebenbei wurde, wie ein aufmerksamer Zeitgenosse erkannte, französischer Roquefort zum geschmackvollen »Objekt (und Subjekt?) eines kosmopolitischen Widerstandsaktes«.[34]

DIE NIEDERLAGE DER MÄCHTIGEN

Nun war klar, was der nächste Schritt sein musste: auf nach Seattle – um für eine andere Agrarpolitik zu demonstrieren. José Bové reiste mit Dufour und einigen Kollegen der Bauerngewerkschaft ein wenig früher ab. Zehn Tage lang durchquerten sie das Land von Ost nach West und trafen sich mit Landwirten und Verbrauchern, um diesen zu vermitteln, dass sich ihre Bewegung nicht gegen das amerikanische Volk aussprach, sondern für Menschlichkeit, nämlich für gutes Essen für alle, für einen fairen Welthandel und für eine demokratische Agrarpolitik, die den vorherrschenden globalen Ernährungsverhältnissen entgegenwirkt. Ihre Botschaft lautete schlicht: »Wenn wir selbst bestimmen wollen, was auf den Tisch kommt, müssen wir die Globalisierung des Handels in den Griff bekommen«.[35] Auch diese gastropolitische Botschaft kam an.

Auf dem Weg von Millau nach Seattle entwickelte sich die Agrarfrage zum entscheidenden Wendepunkt der politischen Forderungen. Immer wieder ver-

---

33 | Luneau, Vorwort zu: Bové/Dufour, Die Welt ist keine Ware, 11.
34 | Beck, Macht und Gegenmacht im globalen Zeitalter, 320.
35 | Luneau, Vorwort zu: Bové/Dufour, Die Welt ist keine Ware, 13.

anschaulichten José Bové und François Dufour vor interessiertem Publikum ihre Philosophie. »Die Ernährungssouveränität, der Erhalt der Bauernschaft, die Ablehnung von Genlebensmitteln, der Schutz biologischer Vielfalt, eine umweltverträglichere Nutzung des Landschaftsraums, der Kampf gegen die multinationalen Konzerne – all diese Anliegen machen die Landwirtschaft zu einer zentralen Frage.« Die Besucherzahl wuchs von Veranstaltung zu Veranstaltung; über Frankreichs rebellische Käsebauern entdeckten viele US-Bürger die Weltpolitik ihres täglichen Essens und – ihre Farmer. Diese wiederum nutzten den Medienrummel um die französischen Widerstandskämpfer für den Aufruf zum Boykott von genetisch veränderten Lebensmitteln und zur Mobilisierung nach Seattle.

Dort reihte sich die Delegation der Bauernorganisation *Confédération Paysanne* in den großen Demonstrationszug ein. Euphorisch verglich Bové die Beteiligung an den Straßenblockaden und dem Battle von Seattle mit dem Sturm auf die Bastille während der Französischen Revolution.[36] Was passt dazu besser als das Transparent, welches er und seine Mitstreiter stolz vor sich hintrugen. In großen Lettern schlug es einen neuartigen Ton des politischen Kampfes an: »Wir treten dafür ein, die WTO auf die Menschenrechte zu verpflichten.« Die Kritik der europäischen Kleinbauern, zumindest der Bové-Parteigänger, und der organisierte Protest vieler anderer Bauern weltweit richtete sich über eine Menschenrechte verletzende Agrarpolitik und schlechte Lebensmittel hinaus gegen die giftigen Früchte des neoliberal entfesselten Kapitalismus. Doch nicht Kritik und Protest waren damals und sind bis heute ihr gemeinsames Ziel, sondern die alternative Zukunft der bäuerlichen Landwirtschaft und Ernährungssouveränität. Und ›Seattle‹ steht für einen historischen Etappenweg auf diesem Weg.

Die reale Verlagerung der internationalen Kräfteverhältnisse (vom Kapital zur Bewegung) spiegelt sich im unerwarteten Scheitern des geplanten Abkommens zur weiteren Globalisierung der industriellen Landwirtschaft wider: Während in den zurückliegenden Jahrzehnten und insbesondere in den 1990er Jahren die Länder der Ersten Welt langsam ökonomische Potenz einbüßen und mit wirtschaftlicher Stagnation zu kämpfen haben, gewinnen die nachholenden Volkswirtschaften der Entwicklungs- oder Schwellenländer Brasilien, Indien und China sukzessive an Macht. Dass 1999 in Seattle die WTO-Agrarvereinbarungen (erstmals) zum Stillstand kamen, hatte folglich nicht nur mit den Meinungsverschiedenheiten und den konkurrierenden Wirtschaftsinteressen der Mächtigen zu tun. Auch nicht allein mit der »skandalösen Behandlung der südlichen WTO-Delegierten, die dazu führte, dass 75 Länder des Südens die Tagesordnung, die die vier Industrieblöcke der USA, Kanada, Europäische Union

---

36 | Vgl. Bové/Dufour, Die Welt ist keine Ware, 239.

und Japan ihnen aufnötigen wollten, schlicht und einfach ablehnten«, wie José Bovés Mitstreiter François Dufour dachte.[37]

Der Sachverhalt, dass die geplante Globalisierung des Agrarhandels scheiterte (und seither nicht fortgesetzt und abgeschlossen werden konnte), hat handfeste Gründe. Diese hängen mit dem eklatanten Selbstwiderspruch und dem offenkundigen Unrecht zusammen, dass die reichen Länder an ihren sowohl menschenrechtswidrigen wie marktfeindlichen Exportsubventionen und Preisdumpingstrategien festhalten, aber ebendiese Marktfreiheit und Menschenrechte von allen anderen Ländern fordern. Denn diese universelle, internationale Forderung einer Politik der Freiheit, der Märkte und der Menschenrechte müsste anstelle einer Globalisierung gerade einen (tendenziellen) »Ausschluss der Landwirtschaft aus den WTO-Verhandlungen« zur Folge haben.[38] Eine epochale weltpolitisch-ökonomische Einsicht, die seit Seattle immer mehr Regierungen von den protestierenden Volksmassen und deren fröhlichen Botschaften zu lernen beginnen.

Ob auf den bunten Transparenten der Demonstranten oder in den unzähligen Dokumenten, Berichten, Gutachten und Büchern der Gastrokosmopoliten: Das von ihnen empfohlene Rezept für eine bessere Welt könnte jeder Politiker nachkochen. Nur wenige Zutaten und Handgriffe sind erforderlich, um den Wohlstand der Nationen oder, besser gesagt, um für alle Menschen gute Lebens- und Ernährungsverhältnisse sowie eine ökologisch nachhaltige Entwicklung der Weltgesellschaft zu ermöglichen. Es braucht dazu lediglich eine globale Politik der lokalen Wirtschaftssysteme und Selbstversorgung, eine Selbstversorgung, die gleichwohl den fairen Welthandel von regionalen Spezialitäten, wie zapatistischen Biokaffee oder Roquefortkäse aus Millau, nicht ausschließt.

Dies haben sich inzwischen nicht nur politisch konvertierte Chefökonomen wie beispielsweise Joseph Stiglitz klargemacht.[39] Selbst strukturkonservative Institutionen wie die Weltbank sehen diese Zusammenhänge. Der von der Weltbank mitfinanzierte Bericht Landwirtschaft am Scheideweg (IAASTD), an dem unter Federführung von Robert Watson über vierhundert namhafte Wissenschaftler mitwirkten, bietet zeitgemäße und zukunftsfähige Antworten auf die zentrale gastrosophische Frage, wie wir die Welternährung sicherstellen können, wenn im Jahr 2050 neun Milliarden Menschen die Erde bevölkern werden.[40] Die Wissenschaftler kommen zu dem Ergebnis, dass wir uns vom System der industriellen Landwirtschaft verabschieden müssen, weil es den natürlichen Ressourcen keinen angemessenen Wert zuschreibt und darum unökonomisch ist. In Zukunft werden die enormen Mengen an Wasser und Dün-

---

37 | Ebd., 231.
38 | Vgl. Rosset, Food Is Different.
39 | Vgl. Stiglitz, Fair trade.
40 | Vgl. Watson, Agriculture at a Crossroads.

ger, die die agrarkapitalistische Produktionsweise verbraucht, nicht länger zur Verfügung stehen. Hinzu kommen die negativen Auswirkungen des dadurch maßgeblich mit verursachten Klimawandels auf die globale Produktivität der landwirtschaftlichen Naturnutzung.[41] In diesem Szenario spielen Kleinbauern und Kleinbäuerinnen gleichzeitig die Rolle des Opfers wie des Täters. Aufgrund ihrer Armut und ihrer unmittelbaren Verletzbarkeit durch ungünstige Umweltbedingungen leiden landwirtschaftliche Produzenten am stärksten unter plötzlichen Klimaschwankungen. Andererseits sind ihre kleinflächigen biodiversen Anbaumethoden ökologisch nachhaltige Maßnahmen eines wirksamen großflächigen Klimaschutzes. Den Ergebnissen der Langzeitstudie zufolge, können mithilfe nachhaltiger Biolandwirtschaft bis zu vierzig Prozent der derzeitigen CO_2-Emissionen gebunden werden. Die besten Wissenschaftler der Welt kommen folglich zu den gleichen Schlüssen wie die Ärmsten der Armen: Sie empfehlen lokale Systeme, die sich an den ökologischen Gegebenheiten orientieren und das Wissen und die Arbeitskraft der Menschen vor Ort ebenso aktivieren wie das unbezahlbare Potenzial von Demokratie und Autonomie. Was es dazu braucht, ist offenbar nicht schwer zu erkennen: Die Stärkung der Rechte der ›bäuerlichen‹ Nahrungsproduzenten weltweit, die gerechte Nutzung von Boden, Land und Wasser als Gemeingütern, transparente Institutionen und eine neue Politik des Essens. Diese Gastropolitik personifiziert sich seit den 1990er Jahren auf historisch unerwartete Weise in der Gestalt von rebellischen Bäuerinnen und Bauern wie den Zapatistas oder der José-Bové-Bewegung.

La Via Campesina: Der bäuerliche Weg und weitere Weise auf dem richtigen Weg

Was mit dem gewaltsamen Aufstand der zapatistischen Kaffeebauern und Kaffeebäuerinnen begann und sich mit der karnevalesken McDonald's Demontage der französischen Käsebauern fortsetzte, ist innerhalb nur eines einzigen Jahrzehnts bereits zu einer kritischen Masse und der Multitude revolutionärer Veränderungen herangewachsen. Der symbolträchtige Sieg im Battle von Seattle markiert nicht nur eine dauerhafte Schwächung der kapitalistischen Gewissheiten, sondern zugleich die Stärkung der sozialen Kräfte von transnational organisierten Bewegungen und Alternativen, die der Ära des Freihandels ein Ende bereiten wollen und könnten. Die buntscheckige, vielgesichtige, global verstreute und vernetzte allgegenwärtige Präsenz einer neuen linken, postkommunistischen Bewegung spiegelt sich in einer atemberaubend kurzen Abfolge von neuartigen ›Weltsozialforen‹ wider. Zwischen 2001 und 2005 fanden allein in Porto Alegre vier dieser Erdgipfel der Aktivistinnen und Aktivisten einer an-

---

41 | Vgl. Lappé, Diet for a Hot Planet.

deren Agrar- und Weltpolitik statt; in den darauf folgenden Jahren setzte sich dies fort: 2004 im indischen Mumbai; 2006 gab es in Afrika, Asien und Lateinamerika parallele Weltsozialforen; 2007 in Kenia, abgewechselt von einem weltweiten Aktionstag 2008; 2009 dann im brasilianischen Belém der neunte Weltgipfel der Altermondialisten; im marokkanischen Rabat ein Jahr später; dann 2011 in Dakar, wo das kontinuierliche Thema einer alternativen Agrarpolitik insbesondere aktuellen Erscheinungsformen einer neokolonialen Landaneignung (*Land Grabbing*) galt.

Es steht außer Zweifel, dass diese welthistorisch bemerkenswerten Phänomene von der politischen Philosophie zum programmatischen Verständnis der aktuellen politischen Kämpfe, der weltgesellschaftlichen Machtverhältnisse sowie der ethischen Subjektivitäten nicht, wie üblich, stillschweigend übergangen werden sollten.[42] Die politischen Ereignisse, Aktionen, Vernetzungen, Organisationen und vielerorts täglich gelebten Alternativen schießen rhizomatisch wie Pilze aus dem Boden, dem gemeinsamen Nährboden einer realen Transformation der kapitalistischen Welt als der historischen Wegbereiterin einer möglichen anderen Welt des besseren Lebens und Essens für alle. Der ehemalige Sonderberichterstatter der UN-Menschenrechtskommission für das Recht auf Nahrung Jean Ziegler fasst den epochalen Charakter dieser allgegenwärtigen Entwicklungen zusammen: »Eine radikal neue planetarische Gesellschaft, bestehend aus sozialen Bewegungen, Nichtregierungsorganisationen, wieder erstarkten Gewerkschaften, mit ganz neuartigen Organisationsformen, geistigen Strukturen und Kampfmethoden, ist dabei, sich vor unseren Augen durchzusetzen. Um sie zu verstehen, bedarf es der äußersten Aufmerksamkeit und der völligen Freiheit von vorgefassten Ideen«.[43]

Neben vielen anderen vorgefassten Ideen, veralteten Weltanschauungen und überholten Philosophien gilt es sich auch von der marxistischen Idee zu befreien, dass die kommunistische Weltrevolution ausschließlich und notwendig von einer einzigen Bevölkerungsgruppe, der des ›städtischen Proletariats‹, zu erwarten sei, während ›Bauern auf dem Land‹ gerade unfähig wären, als revolutionäre Klasse und historisches Subjekt der politischen Veränderungen aufzutreten und den massenhaften Aufstand zu proben.[44] Wer mit äußerster Aufmerksamkeit und freiem Geist die gegenwärtigen Entwicklungen beobach-

---

42 | Vgl. Horn, Einführung in die Politische Philosophie; Marti, Studienbuch Politische Philosophie; Nida-Rümelin, Politische Philosophie der Gegenwart.

43 | Ziegler, Die neuen Herrscher der Welt und ihre globalen Widersacher, 284.

44 | So heißt es im kommunistischen Manifest einschlägig: »Von allen Klassen, welche heutzutage der Bourgeoisie gegenüberstehn, ist nur das Proletariat eine wirklich revolutionäre Klasse. Die übrigen Klassen verkommen und gehen unter mit der großen Industrie. Die Mittelstände, der kleine Industrielle, der kleine Kaufmann, der Handwerker, der Bauer, sie alle bekämpfen die Bourgeoisie, um ihre Existenz als Mittelstände vor

tet, dem entgeht nicht, dass sich auch auf dem Land weltweit Leute organisieren, um ihre Interessen gegen Großgrundbesitzer, Konzerne, Regierungen und internationale Institutionen zu verteidigen und durchzusetzen. Immer wieder leistet das ländliche Volk vielfältigen Widerstand: Kleinbauern und Kleinbäuerinnen wehren sich gegen Ausbeutung und Vertreibung, besetzen Land, errichten darauf Häuser und beginnen Felder zu bestellen, sie gründen Kooperativen und tun sich auf unterschiedliche Weisen zusammen, um gemeinsam ihre Einkommens- und Ernährungsbedingungen zu verbessern oder Handlungsfähigkeit und Macht über ihre Lebensgestaltung zu erlangen.[45]

Eine treibende Kraft in dieser bäuerlichen Selbstermächtigung und agrikolen Selbstorganisation ist die La Via Campesina. ›Der bäuerliche Weg‹ ist die weltweit größte Vereinigung von Kleinbauern, Landarbeitern, Landlosen, Fischern und indigenen Gemeinschaften. Gegründet im Jahre 1993 umfasst das internationale Netzwerk zurzeit 150 Organisationen mit etwa 200 Millionen Menschen aus über 69 Ländern, darunter Reisbauern der *Federation of Indonesian Peasant Unions*, Aktivisten der afrikanischen *Landless Peoples' Movement*, der *Movimento dos Trabalhadores sem Terra* in Brasilien, der Europäischen Bauern-Koordination CPE, der US-amerikanischen *National Family Farm Coalition*, der Bäuerinnenorganisation *Confederación Hondureña de Mujeres Campesina* in Honduras und der deutschen Arbeitsgemeinschaft bäuerlicher Landwirtschaft.

All diese unterschiedlichen Organisationen teilen die Einschätzung, dass der zentrale Konflikt in der weltweiten landwirtschaftlichen Nahrungsproduktion der unversöhnliche Antagonismus zwischen zwei Produktionsmodellen ist: der ›kapitalistischen‹ Produktionsweise einer kapital- und inputintensiven, arbeitsteiligen, monokulturellen, großflächigen, exportorientierten Agrarindustrie im Dienste der Profitmaximierung einiger Großgrundbesitzer und Agromultis einerseits und dem ›bäuerlichen‹ Modell einer lohnenswert arbeitsintensiven, kleinflächigen, für den Eigenbedarf und für überwiegend lokale (nur partiell globale) Märkte ausgerichteten ökologischen Agrikultur auf der anderen Seite. Im Kampf für eine kleinbäuerliche Produktionsweise setzt La Via Campesina auf die basisdemokratische Organisierung und Mobilisierung der ländlichen Bevölkerung sowie auf kontinuierliche Weiterbildung und Verständigungsprozesse. Bei Protesten gegen regionale Freihandelsabkommen oder Globalisierungsvereinbarungen seitens der Welthandelsorganisation sind ihre grünen Kappen und Halstücher der visuelle Ausdruck eines transnationalen Kollektivismus und indirekt auch eine symbolische Solidaritätsbekundung für den universellen Zapatismus.

---

dem Untergang zu sichern ... sie sind reaktionär, denn sie suchen das Rad der Geschichte zurückzudrehn.« Marx/Engels, Manifest der Kommunistischen Partei, 35.
45 | Vgl. Gruber/Hauser, Ermächtigung und biologische Landwirtschaft.

Gastrosophisch erweiterte Ethik des Menschenrechts auf Nahrung

Um die eigene Philosophie und die politischen Forderungen des Netzwerks konzeptuell zu bündeln, hat La Via Campesina den Begriff ›Ernährungssouveränität‹ (Food Sovereignty) eingeführt. Das Konzept der Ernährungssouveränität, anlässlich des alternativen Welternährungsgipfels 1996 formuliert und als Reaktion auf das einschneidende Freihandelsabkommen der WTO von 1994 lanciert, bezweckt bewusst eine Nachbesserung des geltenden »Rechts auf Nahrung«.[46] Die aus den allgemeinen Menschenrechten abgeleitete Norm und normative Zielsetzung der ›Ernährungssicherheit‹ (Food Security) sieht in der Definition der Welternährungsorganisation von 2002 lediglich vor: »Ernährungssicherheit ist eine Situation, die existiert, sobald alle Menschen zu jeder Zeit physischen, sozialen und ökonomischen Zugang zu genügend, sicherem und nährendem Essen haben, welches ihrem Ernährungsbedarf sowie ihren Nahrungsmittelpräferenzen für ein aktives und gesundes Leben entspricht«.[47] Dieser funktionalistische Ansatz des Menschenrechts auf Nahrung, bei dem das Recht auf – irgendwie – ausreichende Versorgung mit Lebensmitteln im Zentrum steht, passt sich lediglich der vorherrschenden Freihandelspolitik inklusive der Hunger- und Entwicklungshilfeprogramme an. In programmatischer Abgrenzung und Korrektur zu einer Politik der Ernährungssicherheit umfasst und fordert das Konzept der Ernährungssouveränität das ›bäuerliche‹ Recht auf den Zugang zu Produktionsmitteln wie Land, Wasser, Saatgut, Wissen, Märkten und fairen Preisen, um Nahrungsmittel selbst produzieren zu können; sowohl für den Eigenbedarf als auch für den Verkauf.

Der Ansatz, den La Via Campesina vertritt, zielt auf einen erweiterten Begriff des universellen Rechts auf Nahrung. Für das Netzwerk beinhaltet eine solche gastrosophisch erweitere Ethik des Menschenrechts auf Nahrung (im Sinne der Ernährungssouveränität und nicht bloß der Ernährungssicherheit), dass landwirtschaftlich tätige Menschen durch ihre eigene Produktion in der Lage sind oder versetzt werden, ihren Lebensunterhalt zu sichern und ihre Ernährungsverhältnisse dauerhaft zu verbessern (im Sinne eines guten Essens für alle). Das Ziel der international organisierten Bauern und Bäuerinnen lautet mit anderen Worten: Den Kampf für Land, Essen, Würde und Leben organisieren. In diesem Geiste fordert La Via Campesina die dringende Abkehr von der fortgesetzten Kapitalisierung und Privatisierung der natürlichen Ressourcen. Die Bauern favorisieren das Prinzip des sozialen Eigentums, nach dem das Land denen gehören

---

46 | Vgl. UN-Organisation für Ernährung und Landwirtschaft (FAO), The Right To Food.
47 | UN-Organisation für Ernährung und Landwirtschaft (FAO), Expert Consultation on Food Safety; Mechlem, Food Security and the Right to Food in the Discourse of the United Nations.

soll, die es bearbeiten. Dabei geht es nicht nur um die gerechte (Um-)Verteilung von Land; freilich ist schon eine derartige »Reform der Eigentumsverhältnisse« eine revolutionäre Forderung, die entsprechend kontrovers zwischen den landlosen und den landbesitzenden Aktivisten und Aktivistinnen diskutiert wird.[48]

Die Agrarreform, die die mächtige Kleinbauern- und Landlosen-Bewegung fordert, bezweckt so oder so eine umfassende Veränderung der landwirtschaftlichen Produktionsverhältnisse und der allgemeinen Lebensbedingungen zugunsten von selbstwirtschaftenden Produzenten überall auf der Welt. Dabei machen sich die rebellischen Landwirte keineswegs den »anti-kapitalistischen Affekt« irgendeiner sozialistischen Weltanschauung zu eigen, wie beispielsweise Jeffrey Sachs, der einflussreiche Weltökonom und Direktor des UN-Millennium-Projektes zur globalen Armutsbekämpfung meint.[49] Sie ziehen vielmehr einen sehr realistischen Schluss aus der ernüchternden Erkenntnis, dass es den Hungernden und Armen dieser Welt vor allem an genügend Einkommen, eigenem Land und fairem Handel fehlt und nicht etwa deshalb schlecht geht, weil trotz des globalen und sich ›notwendig‹ weiter globalisieren müssenden Kapitalismus nur ›noch nicht‹ ausreichende Nahrungsmittel produziert würden (wie uns ein verbreiteter und komfortabler Glauben immer noch weismachen möchte).

Neben dem Recht auf Zugang zu produktiven Ressourcen sowie dem Recht aller Menschen, die eigenen Nahrungsmittel zu produzieren, beinhaltet Ernährungssouveränität das Anrecht jeder Gemeinschaft, die eigene Landwirtschafts- und Ernährungspolitik den regionalen, wirtschaftlichen, sozialen, kulturellen und ökologischen Umständen entsprechend selbst zu bestimmen. Mithilfe ihres neuen konzeptuellen Bezugsrahmens der Ernährungssouveränität meidet der bäuerliche Weg die übliche ›Entwicklungspolitik‹ als den falschen Weg, die globalen Ernährungsverhältnisse zu verbessern. Basierend auf den Prinzipien der sozialen Gerechtigkeit, der ökologischen Nachhaltigkeit sowie der Wertschätzung bäuerlicher Arbeit, vertrauen die Bäuerinnen und Produzentinnen auf den Nutzen von bewährten Techniken und auf Kunstgriffe ›der Schwachen‹ – Organisation, Kooperation und Gemeinschaft –, um ›Entwicklung‹ neu zu denken und alternative Modelle der Agrikultur aufzubauen. Und diese Alternativen beinhalten die Entwicklung von verschiedenen Ökonomien wie kleinbetrieblichen Kooperativen, lokalen Saatgut-Tauschbörsen, Direktvermarktung oder Konsumgenossenschaften.

Bereits Karl Marx hatte prophezeit, dass der Agrarkapitalismus die Bäuerinnen und Bauern ›überflüssig‹ machen würde. Heute wissen wir, dass seine theoretische Vorhersage nicht falsch lag. Weiterhin leben die kommerziellen Agromultis vom massenhaften Opfer der vielen ›kleinen‹ selbstwirtschaften-

---
48 | Vgl. Bello, The Food Wars, 132f.
49 | Vgl. Sachs, Das Ende der Armut, 428.

den Produzenten auf dem Lande. Doch das Landvolk gibt nicht auf. Angesichts einer Politik, die fortgesetzt ihre Existenz bedroht, erkämpfen sich die Rebellen ein neues (Selbst-)Verständnis, was es bedeutet, ein von industrieller Lohnarbeit unabhängiger, freier, selbstwirtschaftender Bauer zu sein. »Ein Prozess der Neuverbäuerlichung findet statt dadurch, dass nationale und regionale Organisationen den Begriff ›Bauer‹ mit Stolz besetzen. Bauern und Landarbeiter, die in La Via Campesina organisiert sind, behaupten stolz eine alternative Identität: Sie erklären sich selbst zu ›Bauern‹«.[50]

Durch den gemeinsamen Identitätsbezug auf das kollektiv universelle und zugleich pluralistisch individuelle Bauersein gelingt es La Via Campesina wie kaum einer anderen politischen Gruppierung, einen identitätsstiftenden kosmopolitischen Internationalismus zu artikulieren. Als ein wichtiger Aspekt dieses Zusammenspiels von Internationalismus, Pluralismus und Universalismus wird auch die Gleichbehandlung von Frauen sowohl in der Ausübung der bäuerlichen Arbeit als auch innerhalb der Bewegung hervorgehoben. »Tatsächlich gilt Via unter anderen Bewegungen als ein ›gutes Beispiel‹ dafür, eine gleichberechtigte Repräsentation von Männern und Frauen innerhalb des wichtigsten Organs der Organisation, des Internationalen Koordinationskomitees, einzuhalten«.[51] Dazu passt, dass die rebellischen Bäuerinnen und Bauern auf der Konferenz von Maputo, Mosambik, im Jahr 2008 erklärten, es sei ein Ziel von Ernährungssouveränität, allen Formen von Gewalt gegen Frauen ein Ende zu bereiten.

Die ethische Aufwertung der bäuerlichen Arbeit und Existenz kehrt jene unheilvolle Tendenz des westlichen Zivilisationsprozesses um, welche seit Jahrhunderten die systematische Verwandlung des Landvolks in landflüchtige Stadtbewohner erzwingt und auf diese Weise letztlich die folgenreiche Entfremdung der urbanen Menschen von der bäuerlichen Welt sowie der Natur als dem Ursprung ihres täglichen Essens hervorruft. Indem die politische Gastrosophie sich dieses Prozesses einer grundlegenden Umwertung und Aufwertung des Bauerseins theoretisch vergewissert, nimmt sie Bezug auf eine weltgesellschaftliche Entwicklung, die ihr hilft, die philosophische, bis auf Platon zurückgehende Entwertung der bäuerlichen Arbeit und Existenz zu korrigieren. Vielleicht erweist es sich als eine List der Vernunft in der Geschichte, dass ausgerechnet diejenigen, deren Berufsbezeichnung lange Zeit als Schimpfwort für einen ungebildeten und unzivilisierten Menschen diente, am Ende allen den ›bäuerlichen Weg‹ weisen, wie eine andere Welt möglich und die Menschheit selbst noch zu retten wäre.

---

50 | Desmarais, La Via Campesina, 195.
51 | Bello, The Food Wars, 133.

Das Happy End des globalen Agrarkapitalismus

Die inhaltliche Bestimmung der Ernährungssouveränität ist ein unabgeschlossenes Projekt. Anfänglich wurde ein gewisser provinzieller Protektionismus vertreten, als es hieß: »Ernährungssouveränität ist das Recht der Völker, ihre eigene Ernährung und Landwirtschaft zu definieren; die heimische Agrarproduktion und den heimischen Agrarhandel zu schützen und zu regulieren, um das Ziel einer nachhaltigen Entwicklung zu erreichen; das Ausmaß ihrer Selbstversorgung zu bestimmen«.[52] Zwar ist aus gastrosophischer Sicht nichts falsch daran, zu sagen und zu fordern, dass die Völker ihre Landwirtschafts- und Lebensmittelpolitik selbst bestimmen. Doch würde der kosmopolitische oder ethische Kern dieser Politik verloren gehen, würde diese Selbstbestimmung als anti-globaler Nationalismus und Relativismus verstanden werden. Ernährungssouveränität als ein erweitertes und verbessertes Menschenrecht auf Nahrung zu begreifen, bedeutet, der Grundversorgung des heimischen Marktes oder, geopolitisch korrekt gesprochen, den lokalen Märkten den politisch-ökonomischen Vorrang vor einer auf einige Produkte und Spezialitäten beschränkten Produktion für den globalen Markt einzuräumen. In dieser Priorität, deren konkrete Vereinbarung und rechtliche Ausgestaltung die Aufgabe der regionalen, nationalen und internationalen Politik wäre, steckt weder eine Doktrin der kategorischen ›Antiglobalisierung‹ noch die programmatische Negation einer Philosophie des ›Marktes‹. Eine Philosophie der Ernährungssouveränität entwickelt lediglich die ursprüngliche Utopie der politischen Ökonomie weiter, indem sie die hegemonialen Produktionsmethoden und allgemeinen Verhältnisse der agrarindustriellen Kapitalakkumulation zu Ende denkt und mit ›dem bäuerlichen Weg‹ sogar an ein Happy End denkt lässt.[53]

Das gute Ende des globalen Agrarkapitalismus, eine andere Welt der guten Ernährungsverhältnisse für alle, kurz: Ernährungssouveränität zu begreifen, vermag indes keine politische Ökonomie, die ›das Kapital‹ philosophisch nicht verdaut und zu Ende gedacht bekommt oder es als Theorie nicht schafft, ›den Kapitalismus‹ begrifflich zu metabolisieren und in dessen – über ihn selbst hinausweisenden – alltagspraktische Bestandteile, einfache Zentren, interessante Zutaten und bessere Lebensweisen aufzuspalten. Dazu braucht es ein anderes Denken, unter anderem eine Philosophie ›des Essens‹, die in einem verwandten Geiste ihrerseits sehr gründlich und umfassend die gesellschaftlichen Verhältnisse analysiert, nur eben nicht wie der Marxismus ausschließlich aus der Perspektive ›des Kapitals‹.

---

52 | La Via Campesina, Priority to People's Food Sovereignty.
53 | Vgl. Weis, The Global Food Economy; Wittman/Desmarais/Wiebe, Food Sovereignty; Windfuhr/Jonsén, Food Souveregnity.

Ein Aspekt dieser Gesellschaftstheorie des Essens ist die politische Gastrosophie als einer kritischen Selbstverständigung über die Kämpfe und Wünsche politischer Bewegungen und Aktivitäten der Gegenwart, die sich überall gegen die ökologische, kulturelle und soziale Destruktion des kapitalistischen Systems wehren. Dieser Widerstand bringt eine neue Landwirtschaft und menschenwürdige Esskulturen hervor, – eine Souveränität des Essens. Anstatt bei wenigen Konzernen liegen bei ihr die Macht und die Produktionsmittel in den Händen aller Nahrungsproduzenten: bei den Hunger leidenden Bauern und bei allen anderen, die hungern, weil sie besser (ethisch gut) essen und ihre Lebensmittel selbst produzieren wollen. Die politische Gastrosophie bringt mit der Ernährungssouveränität ein kosmopolitisches Menschenrecht auf den Begriff, welches das juristisch geltende Recht auf Nahrung revolutioniert. Denn sie berücksichtigt damit nicht nur ein fundamentales Menschenrecht, das innerhalb der Philosophie der Menschenrechte bislang vernachlässigt worden ist.[54] Sie führt darüber hinaus die universelle Normativität dieses Rechts, wie aller Menschenrechte als moralische Anrechte, auf deren Ursprung in der ethischen Reflexion und Normbegründung einer politischen Philosophie zurück. Ein philosophisch begründetes Menschenrecht auf Ernährungssouveränität artikuliert deshalb den politischen Anspruch auf dieses universelle Anrecht. Denn dem umkämpften Wunsch nach gutem Essen für alle liegen die ethischen Normen einer guten Politik zugrunde, nämlich philosophische Prinzipien einer globalen Transformation sowohl der politischen Ökonomie als auch des Politischen selbst.

---

54 | Vgl. Gosepath/Lohmann, Philosophie der Menschenrechte; Raimondi/Menke, Revolution der Menschenrechte.

Grundsätze einer souveränen Agrikultur

1. Grundsatz: Land für alle und Gemeinbesitz der Erde

Oberstes Prinzip der Ernährungssouveränität ist der freie Zugang zu Land. Dieser freie Zugang zu Land beinhaltet Zugangsmöglichkeiten zu eigenen Produktionsmitteln. Zu ihnen gehören als allererstes produktiver Grund und Boden sowie Saatgut, Wasser, Wissen, Kredite, Kooperations- und Vermarktungsmöglichkeiten und alles Weitere, was es braucht, um auf umweltfreundliche und soziale Weise Nahrung zu produzieren. Die Idee dahinter ist nicht kompliziert: Bessere Lebens- und Ernährungsverhältnisse können für alle und insbesondere für arme Menschen tägliche Realität werden, falls ihnen ein Stück Anbaufläche zur Verfügung steht, welches sie selbst bewirtschaften können und nur diejenigen, die über dieses ›Land‹ selbst bestimmen können und es selbst bebauen, ein Anrecht auf das selbige haben, – durch ein Recht auf Eigentum, das Produkt der eigenen Arbeit ist. Mit anderen Worten: »Das Konzept gründet auf einem umfassenden Verständnis von Selbstbestimmtheit. Und stellt mit der Forderung nach dem Zugang zu Produktionsmitteln die herrschenden Eigentums- und Produktionsverhältnisse radikal in Frage«.[1]

Die praktische Umsetzung und Verwirklichung dieses obersten Prinzips einer menschlichen Ernährungssouveränität ist möglich, wenn alles Land der Erde das Allgemeingut aller Menschen ist. Die fruchtbaren und urbaren Böden der Erde, ähnlich wie Süßwasservorkommen, Wälder, Klimabedingungen oder Biodiversität sind Gemeingüter der Menschheit. Es sollte keinen dauerhaften Privatbesitz dieser Gemeingüter geben: Wir alle haben das gleiche moralische Recht auf die natürlichen Ressourcen, auch wenn die Idee eines Gemeinbesitzes der Erde die Legitimität der vorherrschenden Eigentumsordnung von Grund auf in Frage stellt. Die Zerstörung der Naturschätze in Folge des globalen Kapitalisierungsprozesses der zurückliegenden Jahrhunderte liefert uns den realen Beweis dafür, dass für die kommenden Jahrhunderte grundsätzliche

---

1 | Eberhardt, Zwischen kapitalistischem Alltagsgeschäft und Ernährungssouveränität, 159.

Veränderungen der Wirtschaftsweise und Produktionsverhältnisse notwendig sind – und eben auch der Eigentumsverhältnisse.

Man braucht kein Marxist zu sein, um einzusehen, dass Marx vor mehr als hundertfünfzig Jahren die Scharfsinnigkeit seines philosophischen Kopfes unter Beweis stellte, als er zu der folgenden Erkenntnis gelangte: »Selbst eine ganze Gesellschaft, ja alle gleichzeitigen Gesellschaften zusammengenommen, sind nicht Eigentümer der Erde. Sie sind nur ihre Besitzer, ihre Nutznießer, und haben sie als *boni patres familias* den nachfolgenden Generationen verbessert zu hinterlassen«.[2] Der philosophische Sinn einer solchen, wie man heute sagt, intergenerativen Gerechtigkeit und Nachhaltigkeit wird uns Zeitgenossen der Klimakatastrophe, des *peak oil* und der Stagnation der globalen Nahrungsmittelerträge mit jedem Tag verständlicher. Gleichwohl wird einigen sowohl die Idee des Gemeinbesitzes der Erde als auch die Einsicht in das jedem Menschen zukommende Recht auf eine nachhaltige, kleinbäuerliche Nutzung von Land als ›kommunistisches Gedankengut‹ vorkommen. Doch sollten diese Dinge nicht in den nebligen Niederungen eines weltanschaulichen Meinungsstreits von Kapitalismus- versus Kommunismus-Befürwortern verortet werden. Es hilft in der Sache nicht weiter, wenn man den Grundsatz eines Zugangsrechts auf Land zum Thema einer Glaubensfrage oder zum Spielchen eines Schwarz-Weiß-Denkens herabwürdigt. Angesichts des Zustandes der Erde kann sich niemand den Galgenhumor solcher Spielchen weiter leisten. Alles spricht für die Notwendigkeit einer grundlegenden Landreform bzw. Landwirtschaftsreform gemäß dem völkerrechtlichen Prinzip globaler Ernährungssouveränität.

Inzwischen weiß die Weltgemeinschaft, dass nur die Wiederbelebung des Landes, eine Umverteilung der Landnutzungsrechte und die Förderung einer bäuerlichen Landwirtschaft helfen können, die Armut auf dem Land und die Flucht in die städtische Armut zu beenden und darüber hinaus eine nachhaltige Nahrungsmittelproduktion für die Zukunft zu gewährleisten. Der von den Vereinten Nationen in Auftrag gegebene und, wie bereits erwähnt, von der Weltbank mitfinanzierte Bericht des Weltagrarrats (IAASTD) greift ausdrücklich das Konzept der Ernährungssouveränität auf.[3]

Entsprechend wurde die Forderung laut, die UNO könnte »eine globale Ächtung von Großgrundbesitz« aussprechen und eine neu eingerichtete Weltlokalisierungsorganisation (WLO) sollte dann »eine Beratungs- und Vermittlungsrolle bei der Durchführung von Landreformen übernehmen«.[4] Denkbar ist außerdem, dass eine *World Food Convention for Food Sovereignty* eine völker-

---

2 | Marx, Das Kapital (III), 782.
3 | Vgl. International Assessment of Agricultural Knowledge, Science and Technology for Development (IAASTD).
4 | Felber, 50 Vorschläge für eine gerechtere Welt, 195.

rechtlich bindende Bodenkonvention ratifiziert, die den nachhaltigen Umgang mit Erdböden regelt und die festlegt, dass Anbauflächen nicht vererbbar sind, sondern nur auf Lebzeiten gepachtet werden. Da diese wegweisende ›Landreform‹ die kapitalistische Eigentumsfrage berührt, macht es wenig Sinn, sich wie beispielsweise der Philosoph Thomas Pogge an die gemütliche Vorstellung zu klammern, wir kämen mit einer »geringfügigen Reform der Weltordnung aus, die bei den Einkommen der Wohlhabenden höchstens geringe Einbußen zu Folge hätten«.[5] Es braucht gar nicht der unzureichenden Frage nachgegangen werden, was eine reformierte Weltordnung die Wohlhabenden wirklich kosten würde und welche Einbußen damit verbunden wären, um sich darüber Klarheit zu verschaffen, dass für die notwendige ›Landreform‹ weder nur (mehr oder weniger) Geld erforderlich ist noch nur geringfügige Veränderungen in den Lebens- und Eigentumsverhältnissen der Wohlhabenden ausreichen.

Es sei denn, man betrachtet beispielsweise die grundsätzliche Infragestellung und Abschaffung des kapitalistischen Eigentumsrechts als eine geringfügige Reform. Was sie in der Tat wäre. Auch Marx beschreibt das Ende jenes Kapitels in der Geschichte der Menschheit, welches von einer systematischen Enteignung des Volksvermögens der armen Massen durch wenige Großgrundbesitzer und Kapitaleigentümer gekennzeichnet ist, als ein relativ kurzfristiges und einfaches Reförmchen: »Die Verwandlung des auf eigner Arbeit der Individuen beruhenden, zersplitterten Privateigentums in kapitalistisches ist natürlich ein Prozess, ungleich mehr langwierig, hart und schwierig als die Verwandlung des tatsächlich bereits auf gesellschaftlichem Produktionsbetrieb beruhenden kapitalistischen Eigentums in gesellschaftliches. Dort handelte es sich um die Expropriation der Volksmasse durch wenige Usurpatoren, hier handelt es sich um die Expropriation weniger Usurpatoren durch die Volksmasse«.[6]

Wir sind Zeitzeugen dieser vergleichsweise kurzweiligen und friedlichen Verwandlung des gesellschaftlichen Eigentums: Seit der neoliberalen Ära, in welcher in großem Stil Gemeingüter und Volksvermögen in den Besitz von wenigen Privatpersonen und Privatunternehmen verwandelt wird, rufen die ungerechten Auswirkungen einer solchen usurpatorischen Privatisierungspolitik massenhaften Widerstand hervor und zugleich das wachsende Interesse an einer Wiederaneignung dieser Gemeingüter und Allmenden.

WIEDERANEIGNUNG DER GEMEINGÜTER

Neuerdings hört man viele von Gemeingütern, den *Commons* oder den Allmenden, reden. Der altdeutsche Ausdruck ›Allmende‹ bezieht sich sachlich auf von

---

5 | Pogge, Anerkannt und doch verletzt durch internationales Recht, 136.
6 | Marx, Das Kapital (III), 791.

allen gemeindlich (kommunal) geteilte Ressourcen, in der Regel auf wirtschaftlich nutzbare Landgüter wie Ackerböden, Weideflächen, Tier- und Fischbestände, Wälder, Bewässerungs- und Ökosysteme, Habitate. (Aber ebenso auf öffentliche Einrichtungen oder Gemeinschaftsbanken und Gemeinschaftsgärten, Genossenschaften und Open-Source-Güter.) In der bereits erwähnten Schrift *Tragik der Allmende* hatte der Ur-Neoliberale Garrett Hardin Anfang der 1970er Jahre die Behauptung aufgestellt, dass die Allmende notwendig der ökonomischen Tragik ihrer egoistischen (privatistischen, kapitalistischen) Ausbeutung ausgesetzt sei. Die wegweisende Abkehr von dieser neoliberalen Denkweise spiegelt sich wohl am symbolträchtigsten in der Nobelpreis-Nominierung der amerikanischen Ökonomin Elinor Ostrom wider. Im Jahr 2009 wurde ihr die international renommierte Auszeichnung für Wirtschaftswissenschaften in Anerkennung ihrer Arbeiten auf dem Gebiet der *Commons* – der Gemeingüter und der Gemeinwohlökonomie – verliehen. Ostrom weist nach, dass sich Allmenden sehr gut und nachhaltig bewirtschaften lassen: Voraussetzung dafür ist die gemeinsame Kontrolle und die demokratische Selbstorganisation des gemeinsamen Gutes.[7]

In vielen Ländern ermöglicht erst die Verwandlung des Großgrundbesitzes weniger Eigentümer in kleine Anbauflächen für viele die politische Gewährleistung von Ernährungssouveränität. Daher verspricht nicht so sehr eine Verteilungsgerechtigkeit als vielmehr eine solche Zugangsgerechtigkeit die menschenrechtliche Verwirklichung einer Welt ohne Hunger und Armut. So oder so aber wird die große Bedeutung von Politik deutlich: Eine gerechte Welt braucht eine anhaltende Stärkung der Politik gegenüber der Ökonomie. Erst eine solche starke Politik kommt auch jener alltagspraktischen Ethik entgegen, mit der sich jeder von uns als souveräner Konsument und souveräne Konsumentin für eine gerechtere Weltwirtschaft und das Allgemeinwohl einsetzen kann. Freilich macht die politische Botmäßigkeit des Rechts auf einen freien Zugang zu Land und anderen Mitteln zur eigenen Nahrungsproduktion deutlich, dass selbst faires Kaufverhalten, das Bäuerinnen und Bauern allerorts gerechte Preise zahlen würde, aus sich heraus und ohne Ergänzung seitens der Politik die erforderliche Landreform nicht zu erzwingen vermöchte.

Tatsächlich ist dazu, vom politischen Willen ausgehend, der rechtliche Zwang per Gesetzesordnung und Staatsgewalt notwendig. Selbstverständlich zählt die Zwangsenteignung oder eine Enteignungspolitik anstelle einer Privatisierungspolitik unter Befürwortern und Gläubigen des Kapitalismus nicht zu den Strategien eines guten Regierens, der *good governance*. Doch die politische Durchsetzung des Rechts auf ein Stück Anbaufläche mit rechtlich erzwungener Enteignung in Verbindung zu bringen, muss gerade nicht bedeuten, eine Politik der gewaltsamen Verwandlung von privatem agrarkapitalistischen in gesell-

---

7 | Vgl. Ostrom, Die Verfassung der Allmende; Helfrich, Wem gehört die Welt?

schaftliches Eigentum gutzuheißen. Eine revolutionäre Landreform kann ohne weiteres gewaltfrei stattfinden.

Man sollte hier zwei Problemfelder der Tragik des Privateigentums unterscheiden: die finanzielle Problematik sowie die politische Problematik. Bei der finanziellen Tragik geht es um die schwierige Frage der Entschädigung. Worin besteht der Schaden? Wer hat wem in welcher Form Schaden zugefügt, usw.? Wobei als Faustregel gelten kann, dass eine gewisse Entschädigung den Vorteil einer leichteren und konfliktfreien Umsetzung hat. Hingegen betrifft die politische Tragik auch die Frage nach den konkreten Strategien der rechtlichen Anwendung. Generelle Enteignungsmaßnahmen, analog zu solchen Privatisierungsprogrammen wie den ›Strukturanpassungsmaßnahmen‹ seitens der internationalen Finanzinstitutionen, haben zweifelsohne eine große Wirkung. Sie lassen sich durch punktuelle Übereignungsverträge ergänzen, wiederum analog zu privatrechtlichen Eigentumsübertragungen zwischen juristischen Personen. Diese Strategie erlaubt jedem Menschen, der Land selbstbestimmt bewirtschaften will und landlos oder die nicht rechtmäßige Besitzerin ist, in direkte Verhandlung mit dem bis dato privaten Grund- und Bodeneigner zu treten. Kommt es zwischen ihnen zu einer gütlichen Einigung, wendet sich die neue Besitzerin an eine örtliche Bank, die ihr den mit dem Verkäufer ausgehandelten Preis bezahlt. Die Bäuerin zahlt den erhaltenen Kredit zurück, sobald sie tatsächlich Einkünfte erwirtschaftet.

Eine Enteignungspolitik dieser oder ähnlicher Art beinhaltet folglich keineswegs, dass Privateigentum an sich abgeschafft gehört. Ganz im Gegenteil: Gemeinwohlökonomie und Privatvermögen gehören zusammen. Die individuelle und mithin gesellschaftliche Produktion von Nahrung blüht nur, noch einmal in den Worten von Marx, »wo der Arbeiter freier Privateigentümer seiner von ihm selbst gehandhabten Arbeitsbedingungen ist, der Bauer des Ackers, den er bestellt«.[8] Insofern sollte von einem philosophischen Standpunkt aus einer weiteren falschen Interpretation der Marx'schen Philosophie auch im Kontext der Eigentumsfrage kritisch entgegengearbeitet werden. Marx argumentiert, selbstverständlich dialektisch, lediglich für die Aufhebung des kapitalistisch aufgehobenen Privateigentums – nämlich des aufgehobenen Eigentums des Arbeiters am selbst Produzierten sowie an den Produktionsmitteln seiner Arbeit. (Selbstverständlich schließt dieses Eigentum nicht aus, sondern ermöglicht es erst, dass sowohl die Produktionsmittel wie die Produkte mit anderen getauscht und geteilt werden.)

Die intensive Erforschung der historischen Hintergründe der kapitalistischen Enteignungsprozesse führte Marx jedenfalls vor Augen, dass »die Enteignung der großen Volksmasse von Grund und Boden und Lebensmitteln und Arbeitsinstrumenten, diese furchtbare und schwierige Enteignung der Volks-

---

8 | Marx, Das Kapital (III), 789.

masse [...] die Vorgeschichte des Kapitals« ist. Im Verlauf von Jahrhunderten pervertierte die kapitalistische Rechtsordnung schließlich die traditionellen Allmenden und bäuerlichen Eigentumsverhältnisse in ein Privatsystem extremer Ungleichheit. Diese extreme Ungleichheit schafft *de facto* das Privateigentum für viele zugunsten einer Akkumulation in den Händen von wenigen ab.

Um in diesem grundsätzlichen Punkt nicht missverstanden zu werden (was leider ohne Erfolg blieb), wird im *Kommunistischen Manifest* erläutert: »Ihr«, heißt es dort gegen die Großgrundbesitzer und Kapitaleigentümer gerichtet, »entsetzt euch darüber, dass wir das Privateigentum aufheben wollen. Aber in eurer bestehenden Gesellschaft ist das Privateigentum für neun Zehntel ihrer Mitglieder aufgehoben, es existiert gerade dadurch, dass es für neun Zehntel nicht existiert. Ihr werft uns also vor, dass wir ein Eigentum aufheben wollen, welches die Eigentumslosigkeit der ungeheuren Mehrzahl der Gesellschaft als notwendige Bedingung voraussetzt«.[9] In kritischer Abgrenzung zu einem undifferenzierten Eigentumsbegriff erläutert Marx im *Kapital* seine systematische Unterscheidung innerhalb der Kategorie des Privateigentums weiter. »Die politische Ökonomie verwechselt prinzipiell zwei sehr verschiedne Sorten Privateigentum«, so Marx' Argumentation, »wovon das eine auf eigner Arbeit des Produzenten beruht, das andre auf der Ausbeutung fremder Arbeit. Sie vergisst, dass das letzte nicht nur den direkten Gegensatz des ersteren bildet, sondern auch bloß auf seinem Grab wächst«.[10]

Bezogen auf die Idee, dass die Erde allen – und man muss über den marxistischen Anthropozentrismus hinaus ergänzen: allen Menschen gleichermaßen ebenso wie allen nicht-menschlichen Erdbewohnern – gehört, und bezogen auf das Recht jedes Menschen, freien Zugang zu einem Stück Anbaufläche zu haben, das sich aus dem Grundsatz der Ernährungssouveränität ableitet, verlangt das Ende des agrarkapitalistischen Eigentums von Grund und Boden also *nicht* die generelle (typisch sozialistische) Abschaffung des Privateigentums. Dazu bedarf es lediglich der souveränen Aufhebung einer furchtbar ungerechten, die Volksmassen fortgesetzt enteignenden und die kapitalistischen Produktionsverhältnisse stabilisierenden Eigentumsordnung. Nicht mehr und nicht weniger.

2. Grundsatz: Ethische Zentrierung der Ökonomie im Gemeinwohl

In dem Konzept der Ernährungssouveränität kommt eine postkapitalistische Philosophie der politischen Ökonomie zum Tragen. Die Grundidee dieser Philosophie ist ein neues Verständnis des Zusammenspiels von Wirtschaft

---

9 | Marx/Engels, Das Manifest der kommunistischen Partei, 477.
10 | Marx, Das Kapital (III), 792.

und Wohlstand. Als der Moralphilosoph Adam Smith mit seiner Schrift *Wohlstand der Nationen* im Jahr 1776 erstmals ökonomische Fragen in den philosophischen Diskurs der Moderne einführt, gelingt ihm der große Wurf eines Epoche machenden Werkes. Mit der Erfindung des *homo oeconomicus*, eines Menschentyps, der angeblich nur seinen egoistischen Vorteil verfolgt, und des dazu passenden Weltbildes eines ›freien Handels‹ eines jeden mit allen anderen gibt Smith jenen ›Kapitalismus‹-Diskurs vor, der seitdem den Globus beherrscht. Doch konnte es nicht ausbleiben, dass dem Autor, der im Übrigen in der äußerst komplexen Materie ›der politischen Ökonomie‹ als philosophischer Autodidakt agiert, bei seinem Erstling auch Fehler unterliefen und einige Aspekte der facettenreichen Thematik keine Berücksichtigung fanden. Außerdem kommt der heutige Blick auf das Hauptwerk der klassischen politischen Ökonomie nicht um eine historische Kontextualisierung umhin. Denn der Untersuchungsgegenstand, dem sich der Philosoph damals zuwendete, gehört nicht zum Bereich der naturwissenschaftlichen Erkenntnis, wo zeitlose Wahrheiten zutage gefördert werden. Sein Untersuchungsgegenstand unterliegt vielmehr dem geschichtlichen Wandel und selbstverständlich haben sich im Bereich der Wirtschaft und der Politik in den zurückliegenden 250 Jahren unzählige gesellschaftliche Wandlungen ereignet. Insofern ist es wenig hilfreich, wenn die gängige wirtschaftswissenschaftliche oder politisch-philosophische Rezeption Smiths Versuch einer philosophischen Analyse des Wirtschaftsgeschehens des 17. und 18. Jahrhunderts als eine zeitlose Wahrheit behandelt.

Vor allem aber scheint mir die übliche Rezeption von Smiths Philosophie etwas äußerst Wichtiges zu wenig wahrzunehmen: nämlich den Zusammenhang oder, genauer, die Kluft zwischen den ökonomischen Schriften und den moraltheoretischen Schriften von Adam Smith. Doch ist gerade der klaffende Abgrund, der sich bei ihm zwischen Ökonomie und Ethik auftut, die Ursache für das folgenreiche Defizit des ökonomischen Denkens von Smith und gleichsam der philosophische Geburtsfehler des politischen Wirtschaftsliberalismus als Geist des Kapitalismus. So hatte Smith in seinem moralphilosophischen Hauptwerk zur *Theorie der moralischen Gefühle* aus dem Jahre 1759 eine Gefühlsethik entwickelt, deren zentraler und der Doktrin des *homo oeconomicus* diametral entgegengesetzter Gedanke es ist, dass Menschen von Natur aus kooperative Wesen seien und einander um ihrer selbst willen respektierten.[11] Tatsächlich beginnt er sich ursprünglich auch aus moralischen Motiven mit der politischen Ökonomie zu beschäftigen. Entsprechend kündigt sein Werk im Titel an, dass es ihm um das Wesen und die Ursachen des Wohlstands als eines universellen Guten und der allgemeinen Voraussetzung eines ethischen Wohllebens aller geht. Das heißt, beim philosophischen Blick auf das ökonomische Geschehen seiner Zeit sind ursprünglich keineswegs rein wirtschaftswissenschaftliche

---

11 | Vgl. Smith, Theorie der moralischen Gefühle.

(wertneutrale, marktfundamentale, moralfreie) Erkenntnisinteressen leitend gewesen.

Doch bleiben der Moralist Smith und der Ökonom Smith zwei getrennte Identitäten: Es kommt in der Philosophie des schottischen Aufklärers zu keiner systematischen Verbindung von Ethik und Ökonomie. Es mag sein, dass ein intensives Studium seines Werkes doch irgendwelche versteckten Zusammenhänge zwischen den moralphilosophischen und nationalökonomischen Schriften zu erkennen vermag, die einer »Propaganda des freien Marktes nicht nur nicht entsprechen, sondern ihr sogar widersprechen«.[12] Entscheidender als die berechtigte Frage, wie Moralphilosophie und Ökonomie bei Smith zusammenhängen, scheint mir indes der Befund, dass das allgemeine Verständnis seiner Philosophie von Anfang an und bis in die Gegenwart hinein *nicht* von der kritischen Wahrnehmung dieser rätselhaften Abspaltung des ethischen vom ökonomischen Denken geprägt ist. Berücksichtigt man darüber hinaus den unglaublichen Sachverhalt, dass aufgrund dieses Denkens heute »die Lebensmittel so schizophren sind wie Dr. Jekyll und Mr. Hyde«,[13] nämlich das Spaltprodukt einer unethischen Ökonomie, dann scheint es rückblickend auch keine grobe Fehlinterpretation zu sein, bei der philosophischen Persönlichkeit Adam Smith von einer Persönlichkeitsspaltung zu sprechen: der intellektuellen »Spaltung in einen kaltherzig-liberalistischen Dr. Jekyll und in einen warmherzig-philanthropischen Mr. Hyde«.[14]

Das Bemerkenswerte an dieser Feststellung ist nicht so sehr, dass die Grundanlage einer gespaltenen Persönlichkeit – die bei Smith auf seine doppelte Identität als Gelehrter einerseits und als Politiker andererseits zurückzuführen ist – im konzeptuell vereinseitigten Selbstverständnis des *homo oeconomicus* fortlebt, dessen nutzenmaximierender Egoismus komplett von moralischen Bedenken getrennt ist. Philosophisch ist ein anderer Aspekt der Schizophrenie eines wirtschaftsliberalen Denkens weit interessanter. Denn der folgenschwere Umstand, dass es aufgrund jener systematischen Spaltung innerhalb des philosophischen Diskurses der politischen Ökonomie, welcher von Smith ausgeht, zu keiner ethischen Grundlegung der Ökonomie kommt, ist mit Blick auf die Möglichkeit einer postkapitalistischen Wirtschaftsphilosophie von erheblicher Bedeutung. In der Sache liegt eine ›ganzheitliche‹ Verbindung von philosophischen Fragen der Ethik und der Ökonomie nahe. Dazu braucht es nicht viel. Es würde reichen, das normative Zentrum und das eigentliche Motiv jeglichen menschlichen Wirtschaftens – ›Wohlstand‹ als dessen ethischem Endzweck – nicht mit bloßem Gewinnmachen gleichzusetzen, sondern mit dessen gutem Ende, mit dessen ethischem Ziel eines menschenwürdigen ›guten Lebens‹ sys-

---

12 | Fricke/Schütt, Adam Smith als Moralphilosoph, 1.
13 | Petrini, Terra Madre, 73.
14 | Fricke/Schütt, ebd.

tematisch zu verbinden. Was auch immer unter allgemeinem Wohlstand oder einem guten Leben zu verstehen ist, zu einer – selbst provisorischen – philosophischen Bestimmung genügt es, zu sagen: Als Zwecksetzung der Ökonomie wie aller anderen Mittel und Dinge des menschlichen Lebens setzt dies allemal voraus, dass jedem Menschen alle nötigen Dinge und guten ›Lebens-Mittel‹ gegeben sind, die es ständig braucht, um alles tun zu können, was für eine volle Erfüllung des menschlichen Wohls gut ist; die es ständig braucht, um täglich all das Gute tun zu können, was ein für alle insgesamt gutes Leben ausmacht.

In dem ebenso schlichten wie grundsätzlichen Gedanken eines Wohlstandes für alle – und nicht nur eines Wohlstandes der Nationen – lebt die moralphilosophische Intuition des wirtschaftsliberalistischen Geistes fort. Freilich erfordert diese Bestimmung eine philosophische Theorie des menschlichen Wohls, des für alle Guten und der sich daraus ergebenden verschiedenen Tätigkeiten und Ausgestaltungen des Wohlstandes in der täglichen Praxis, Gutes zu leben. Doch von zentraler Bedeutung für eine postkapitalistische Wirtschaftsphilosophie, die eine ethische Fundierung der politischen Ökonomie und mithin der Nahrungsproduktion und Ernährungssouveränität bietet, ist das Wissen darüber, was das Gute ist, welche Güter gebraucht werden und welche Lebensmittel aller Art in welcher Güte zu erwirtschaften sind. Dieses alles entscheidende Wissen liegt in den konzeptuellen Abgründen der klassischen politischen Ökonomie begraben, die Adam Smiths Spaltung von Ethik und Wirtschaft, Moral und Markt philosophisch auftat. Erst dieser alltagsethische Ansatz (der an die wirtschaftsethischen Einsichten des Wirtschaftswissenschaftlers und Nobelpreisträgers Amartya Sen anknüpft) ermöglicht es, das Recht auf Land zu denken als das Recht auf Freiheit aller Menschen, dasjenige Leben zu führen, das sie erstrebenswert finden und das ebenso gut für sie selbst wie für alle anderen ist.[15] So gesehen bestehen der alltagspraktische Sinn und der ethische Wert von wirtschaftlichem ›Wohlstand‹ in der weltweiten Ausbreitung dieser universellen Freiheit als Verwirklichungschance und Entwicklungsprozess aller, gut zu leben und mithin auch gut zu essen.

3. Grundsatz: Der gerechte Preis

Die Preisgerechtigkeit ist neben der Zugangsgerechtigkeit ein weiterer Grundsatz einer ethisch fundierten Politik der Ernährungssouveränität. Gerechte Preise sind die ökonomische Bedingung dafür, dass sich die Arbeit von Bauern und Nahrungsproduzentinnen jeder Art im wahrsten Sinne des Wortes *lohnt*. Zwar bietet gerade die auf Geld basierende Marktwirtschaft im Gegensatz zur Planwirtschaft, zur Naturalwirtschaft und zu Tauschökonomien eine freie Preis-

---

15 | Vgl. Sen, Ökonomie für den Menschen.

bildung durch das Angebot-Nachfrage-Prinzip sowie durch das Prinzip des Wettbewerbs. Doch funktioniert die kapitalistische Marktwirtschaft, wie wir sie kennen, gerade nicht nach diesen Prinzipien, sondern nach der selbstwidersprüchlichen Logik von systematischen Preisverzerrungen. Die Preise für landwirtschaftliche Produkte spiegeln diesen Systemfehler auf besonders eklatante Weise wider. Beispielsweise sind Dumpingpreise für Lebensmittel die Folge einer anti-marktwirtschaftlichen und im Grunde planwirtschaftlichen Preispolitik, die mithilfe unlauterer Maßnahmen wie Subventionszahlungen, Zöllen, der staatlichen Alimentierung (von großen Landwirtschaftsbetrieben und Agrarkonzernen in den Staaten der Ersten Welt) und Billig- oder Hungerlöhnen (für Bauern und Landarbeiter in den anderen Ländern) dafür sorgen, dass das Geld, was die Konsumenten an der Einkaufskasse für Lebensmittel zahlen, wenig mit den realen Kosten der Herstellung zu tun hat. Die Lebensmittelpreise werden auf fatale Weise politisch niedrig gehalten: Der künstliche, rein politische Niedrigpreis der Ware ist ihr wahrer Fetischcharakter.

Hingegen ist ihr wahrer Preis der aus dem Fetisch des Billigen zwingend resultierende Armutslohn für ihre Produzenten. Hungerlöhne sind die notwendige Kehrseite des Dumpingpreis-Freihandels, der nicht nur auf Kosten von zig Millionen Bäuerinnen und Bauern geht, sondern auch auf Kosten der Natur, sowohl der äußeren Natur der menschlichen Umwelt als auch der inneren Natur der Gesundheit der Konsumentinnen und Konsumenten billig produzierter Lebensmittel. Innerhalb der gegenwärtigen Strukturen der politischen Ökonomie sind die Lebensmittelpreise alles andere als marktgerecht: Sie sind ebenso willkürlich wie am Ende dadurch unökonomisch, dass sie die realen Produktionskosten und Wertschöpfungen außer Acht lassen. Darüber hinaus hat die Deregulierung der Finanzmärkte es Kapitaleignern, Aktionären und Spekulanten extrem leicht gemacht, auf der internationalen Agrarbörse in agrarische Rohstoffe zu investieren. Speziell in der Folge der amerikanischen Immobilienkrise im Jahr 2007 wandten sich Manager von Hedgefonds und Pensionskassen den Rohstoffmärkten zu. Innerhalb kürzester Zeit stieg das Kapitalvolumen um ein Vielfaches. Nie da gewesene Investitions- und Spekulationsvolumen riefen immer beträchtlichere Preisschwankungen hervor, die nichts mehr mit dem tatsächlichen Angebot und der Nachfrage zu tun hatten. Zudem beschränkten einige Exportländer ihre üblichen Ausfuhren aus Angst, ihre Vorräte könnten in Folge schlechter Ernten zur Neige gehen und die inländischen Preise könnten erheblich steigen. Was wiederum den Anstieg der Weltmarktpreise schürte und zu plötzlichen Preissteigerungen führte und sich seit 2008 in der massiven Verschärfung des Welthungerdramas widerspiegelt.

Laut eines Berichts der Vereinten Nationen haben »Spekulationen den realen Warenhandel gewiss beeinflusst, indem Spekulanten Waren aufgekauft und gelagert und auf die Preissteigerung gewettet haben. Diese Haltung hat zeitweise die Güterversorgung reduziert und sich zweifelsohne auf die Preisentwicklung direkt ausgewirkt«.¹⁶ Stets lassen sich diese direkten Zusammenhänge zwischen Preis und Protest beobachten. Überall, wo die Preise für Reis, Weizen, Mais, Soja, Rinder, Schweine usw. unbezahlbar werden, kommt es zu Straßenaufruhren, massenhaften Hungerprotesten oder gar zu gewaltsamen Ausschreitungen.[17] Hält der globale Verteuerungstrend an, werden in absehbarer Zukunft auch die Anzahl und die Heftigkeit der Volksaufstände steigen. Und die Welternährungsorganisation hat in ihrem *Agricultural Outlook 2008-2017* bereits weitere Preisanstiege prognostiziert. Während steigende Lebensmittelpreise die Bevölkerung in den armen Ländern mit besonderer Härte treffen, sind auch die durchschnittlichen Haushalte in den reichen Ländern gezwungen, immer mehr Geld für ihr tägliches Essen auszugeben. Über Jahrzehnte hinweg konnten sich alle Bürger darüber freuen, dass Lebensmittel in Supermärkten ständig günstiger wurden. Doch die glückliche Ära des billigen Essens und des trügerisch guten Lebens im kapitalistischen Schlaraffenland scheint vorbei zu sein – schon aus rein ökonomischen Gründen, ganz abgesehen von den zahlreichen anderen ökologischen, sozialen, kulturellen, gesundheitlichen und alltagspraktischen Gründen.

Das skrupellose Glücksspiel mit Agrarprodukten treibt lediglich die Dekadenz des Kasino-Kapitalismus und seiner Profiteure auf die Spitze.[18] Stellvertretend für die lauter werdende Wut der Massen stellt der Wirtschaftsjournalist Wolfgang Hirn in gemäßigter Tonlage fest: »Natürlich hat das Spekulieren mit lebenswichtigen Gütern eine moralische Dimension. Wer sein Geld damit vermehrt, dass er auf steigende Agrarpreise setzt (und damit letztendlich den Tod von noch mehr hungernden Menschen provoziert), handelt zynisch, um nicht zu sagen, menschenverachtend. Man muss deshalb diskutieren, ob ihr Handeln erlaubt ist oder verboten gehört«.[19] So berechtigt diese moralische Kritik ist, gleichwohl ist eine Ursache für die politische Preisungerechtigkeit weniger in Aktienwerten und Börsennotierungen oder in der Mentalität von Spekulanten zu suchen.

Man wird sich zur Aufklärung ihrer grundlegenden Ursache an jene Wertbegriffe und Notizen von Philosophen wenden müssen, die erst die ideellen Grundlagen dafür geschaffen haben, dass alle Dinge – auch Agrarprodukte und Lebensmittel – zu Kapitalien werden. Die klassischen Autoren der politischen Ökonomie von Adam Smith bis zu Karl Marx waren daran mehr oder weniger freiwillig maßgeblich beteiligt, indem sie den Preis oder Wert einer Ware ausschließlich auf die menschliche Arbeit, die zu ihrer Herstellung erforderlich ist, zurückführten. Dadurch aber blieb ein zentraler Faktor des Preises,

---

16 | UN, World Economic Situation and Prospects, 48.
17 | Vgl. Patel, The Value of Nothing; Holt-Giménez/Patel, Food Rebellions!
18 | Vgl. Schumann, *Die Hungermacher*.
19 | Hirn, Der Kampf ums Brot, 153.

der ökonomische Nutzwert der Natur, unberücksichtigt. Dieser blinde Fleck der modernen Wirtschaftstheorie verweist auf eine lange Geschichte der philosophischen Geringschätzung der Natur als wertloser ›Materie‹ und ›Rohstoff‹. Diese Geschichte beginnt in der antiken Philosophie und setzt sich über die mittelalterliche Theologie bis in den neuzeitlichen Rationalismus fort und sorgt noch heute für eine ideelle Naturentfremdung. Wird der ökonomische Wert der Natur nicht systematisch erfasst und eigens kalkuliert, schlägt auch ihr eigener Preis nirgends zu Buche. Angesichts der dramatisch zunehmenden Evidenz, dass die herrschende Wirtschaftsweise nicht alle von ihr verursachten Kosten in die Preisbildung integriert, sondern diese externalisiert, d.h. ökonomisch unterschlägt, gehört zu den Grundsätzen einer zeitgemäßen Wirtschaftsphilosophie das Prinzip des gerechten Preises, der alle entstehenden Kosten einer Ware abbildet.

Raj Patel erläutert die Idee des gerechten Preises am Beispiel der US-amerikanischen Landwirtschaft: »In einer Studie an der University of Iowa wurden verschiedene Berechnungen zu den wahren Kosten der Landwirtschaft in den USA ausgewertet. Die Wissenschaftler addierten die indirekten Kosten der Folgen für natürliche Ressourcen, Wildtiere, die Biodiversität von Ökosystemen und die menschliche Gesundheit. Insgesamt schätzten sie die verborgenen Kosten der US-Landwirtschaft, für die die Konsumenten nicht aufkommen, auf 5,7 bis 16,9 Milliarden Dollar pro Jahr.« Patel räumt ein, dass solche Studien selbstverständlich viel Interpretationsspielraum lassen. Aber der Punkt, auf den es ankommt, ist gleichwohl klar: »Der Markt ist außerstande, die tatsächlichen Kosten eines Guts in den Preis einzurechnen, den wir an der Kasse bezahlen«.[20] Weitere Studien belegen, dass die Wertschöpfung und der wirtschaftliche Gesamtnutzen von Ökosystemdienstleistungen durch Biobauernhöfe nachweislich höher sind als bei agrarindustriellen Anbau- oder Raubbaumethoden.

Die billigen Supermarktwaren sind nur billig, weil sie nicht für die vollen Kosten ihrer ökologischen und sozialen Voraussetzungen und Folgen aufkommen. Funktioniert so eine rationale Ökonomie? Zu gerechten Preisen kommt es erst, wenn alle geschickt verborgenen oder bewusst hintertriebenen Preistäuschungen in Form von Subventionen, Spekulationen oder Betrug nicht länger das globale Wirtschaftsgeschehen beherrschen. Berücksichtigt man zusätzlich zur Überfischung der Meere, zur Abholzung von Wäldern, zur Erosion der Böden und zur Ausdünnung der Ozonschicht die wachsenden Kosten der Klimaveränderung und müsste obendrein die Menschheit auch noch ihren ganzen vorangegangenen Raubbau an den Gaben und Wesen der Natur auf Heller und Pfennig begleichen, würden sich die Gesamtschulden im Billionenbereich bewegen. Nicht beglichene Schulden aber sind nichts anderes als Diebstahl an denen, die am Ende dafür aufkommen müssen.

---

20 | Patel, The Value of Nothing, 65.

Deshalb müssen Preise, sollen sie gerecht sein, die realen Kosten widerspiegeln; nur dann fungieren sie als ökonomische Größen dafür, ob Güter relativ knapp oder im Überfluss vorhanden sind. Faire Lebensmittelpreise könnten vor allem die positiven sozialen und ökologischen Wirkungen und mithin den ethischen Mehrwert von Nahrungsmitteln aus kleinbäuerlicher Biolandwirtschaft würdigen. Erst mithilfe dieses Wertes kann der freie Markt dafür sorgen, dass der größtmögliche Wohlstandseffekt von Ressourcen genutzt wird. Und die Wohlstand bewirkende Funktion einer Marktwirtschaft funktioniert erst dann wirklich zum Vorteil aller, wenn die Preise stimmen und Bauern, wie alle anderen Produzenten, von ihrer Arbeit gut leben können.

Es versteht sich von selbst, dass nachhaltig produzierte und fair bezahlte Nahrungsmittel teurer sind als die derzeit üblichen Konkurrenzprodukte. Weil sie bis auf weiteres durchschnittlich teurer sind, ist ihr Kauf und damit die finanzielle Grundlage für Ernährungssouveränität nur eine politisch-ethische Option für diejenigen, die freiwillig ›etwas mehr Geld‹ ausgeben. Da ich bereits an anderer Stelle erörtert habe, wie viel dies ist, und auf gerechtigkeitstheoretische Fragen einer politischen Ethik des Konsums eingegangen bin, bleibt hier festzuhalten: Es gehört zum Gleichheitsgrundsatz der sozialen Gerechtigkeit, dass alle den gleichen (gerechten) Preis für Lebensmittel bezahlen. Derzeit macht jedoch der individuelle bzw. der individualisierte Schritt, etwas mehr Geld für ethisch Gutes auszugeben, soweit dies in der eigenen Macht liegt, den alltäglichen Einkauf zu einem wirtschaftsdemokratischen Wahlgang für (oder gegen) globale Gerechtigkeit und zugleich zu einem potenziellen Akt des gesellschaftlichen Widerstandes, der Supermärkte als idyllische Wohlfühlräume eines vermeintlichen Privatvergnügens in soziale Kampfzonen eines öffentlichen Meinungs- und Weltanschauungsstreits verwandelt.

Erst unter den allgemeinen Bedingungen einer Preisgerechtigkeit kann ›das Shoppen‹ zum unbeschwerten Erlebnis eines täglichen Vergnügens für alle werden. Folglich ist es nicht richtig, wenn einige für den Preis der Gerechtigkeit aufkommen, indem sie Produkte aus fairem Handel kaufen, während andere doppelt davon profitieren, dass die herrschende Politik ihnen weiterhin die freie Wahloption bietet, mit den individuellen Kaufentscheidungen auch sozial und ökologisch ungerecht handeln zu können. Aus diesem Grund gehört es zu den politischen Bedingungen der Ernährungssouveränität – zumindest als Idee einer politischen Gastrosophie –, die steuerliche Belastung auf Nahrungsmittel zu reduzieren beziehungsweise diese politische Steuerung ganz anders zu denken als der philosophische Vorschlag, eine Art freiwillige ethische Welthungerabgabe (Peter Singer) oder rechtlich erzwungene Wohlstandssteuer (Thomas Pogge) einzuführen, um die Welt gerechter zu machen. Anstatt dass alle die immensen externen Kosten für den Konsum von künstlich billigem Essen indirekt doch bezahlen müssen und statt darüber hinaus das tägliche Essen durch Extrasteuern zu verteuern, ist der Kauf von fair produzierten Nahrungsmitteln durch eine Art zugangsgerechtigkeitspolitischer Ergänzungszahlung zu belohnen.

Eine alternative Steuerung der Preise hat die pauschale Mehrwertsteuer zu hinterfragen, die reichere Haushalte weit weniger als einkommensschwächere Haushalte kostet, bei denen die täglichen Ausgaben fürs Essen einen großen Teil ihres Einkommens auffressen. Denn diese Steuer belastet Lebensmittel unterschiedslos für alle gleich und verteuert diese Grundkosten künstlich über den Fiskus. Doch damit alle gleichermaßen in der Lage sind, den fairen Preis für Lebensmittel zahlen zu können, ist es denkbar, die Mehrwertsteuerlast durch eine Entlastung in Form eines Mehrwertbonus zu ersetzen. Ein solches Mehrwertbonussystem steuert die politische Umstellung auf eine Wirtschaft der fairen Preise, die sowohl den Nahrungsproduzenten als auch den natürlichen Ressourcen und Gemeingütern mehr Wert beimisst und obendrein eine demokratische Kultur des guten Essens flankiert. Der Verkäufer einer Ware gibt nicht Mehrwertsteuern an den Staat ab, sondern erhält im Gegenteil bei jedem Verkauf von ethisch korrekten Gütern diesen Mehrwertbonus. Dieses System löst eine Politik der ungerechten Lebensmittelsteuer ebenso ab wie eine milliardenteure Subventionspolitik, die bisher den Fetisch der Niedrigstpreise für agrarische Rohstoffe und Nahrungsmittel durch indirekte oder direkte Zahlungen an landwirtschaftliche Betriebe und Agromultis finanziert.

Zweifelsohne: Wie hoch oder niedrig der Mehrwert und der gerechte Preis einer Ware wäre, damit weltweit ein fairer Handel und eine deglobalisierende lokale Produktion in Form einer bäuerlichem Biolandwirtschaft möglich werden, ist eine noch offene Frage. Doch entscheidend ist: Zumindest sind zentrale Gründe, die dafür sprechen, dass eine gerechte Agrikultur die einzige Chance für die Zukunft von souveränen, postkapitalistischen Ernährungsverhältnissen und für die Entwicklung einer besseren Welt ist, schon bekannt. Jean Ziegler verdichtet den Grundgedanken einer gerechten Preis- und Agrarpolitik zu der Formel: »Ernährungssouveränität sollte als ein alternatives Modell der Landwirtschaft und des Agrarhandels betrachtet werden, damit die staatlichen Verpflichtungen erfüllt werden können, das Recht auf Nahrung zu beachten, zu schützen und zu gewährleisten«.[21]

---

21 | UN-Economic and Social Council/Commission on Human Rights: Jean Ziegler, The Right to Food.

4. GRUNDSATZ: WELTAGRARPOLITIK EINER DEGLOBALISIERTEN LOKALEN NAHRUNGSPRODUKTION

Ein erweitertes Menschenrecht auf Nahrung territorialisiert die globale Nahrungsproduktion in lokalen Ökonomien. Dies geschieht im Sinne eines Rechts auf Land: auf freien Zugang zu einer geeigneten Anbaufläche, auf Landwirtschaft und Selbstversorgung. Die ernährungssouveräne Deglobalisierung ist weder mit einer kategorischen Anti-Globalisierung noch mit einem anti-modernen Traditionalismus zu verwechseln. Durch die Rückeroberung einer Politik der Bäuerlichkeit, die mit den Begriffen des Rechts, der Ökonomie und mit ökologischen Zusammenhängen arbeitet, erneuert die internationale Bauernbewegung das herkömmliche Bild des unzivilisierten Landvolkes und entwirft Vorstellungen von einer zeitgemäßen Lebensform, in der die bäuerliche Arbeit oder das Gärtnern eine alltägliche Lebenspraxis ist. Diese Erneuerung einer bäuerlichen Zivil- oder Tätigkeitsgesellschaft lässt an ihre entfernte Verwandtschaft mit der antiken Demokratie denken, wo selbstwirtschaftende Bürger-Bauern den politischen Souverän bildeten.[22]

Die Bauernbewegungen und die bäuerliche Welt von heute demokratisieren die politische Partizipation und führen Bauern als Weltbürger in die globale Politik ein. Dieses Weltbürger-Bauerntum beinhaltet keine Zurückweisung von Modernität, Technologie oder freiem Handel; eine souveräne Agrikultur lebt auch nicht von irgendeiner romantischen Rückkehr zu einer archaischen, in rustikalen und burlesken Traditionen verwurzelten Vergangenheit. Der bäuerliche Weg, für den politische Aktivisten und Rebellen heute überall kämpfen, orientiert sich an den universellen Werten radikaler Demokratie und sozialer Gerechtigkeit: ethische Werte souveräner Menschen und Völker, die den Nährboden einer Welt ohne armseligen Hunger, dafür aber mit multipel variierten Identitäten von lokalen Anbau- und Esskulturen bilden. Von diesem kosmopolitischen Pluralismus ausgehend, verkörpert die neue Bäuerlichkeit eine teilweise Wiederbelebung von traditioneller Bauernweisheit und lokalem Erfahrungswissen im Zusammenspiel mit neuesten Techniken und ökologisch-agronomischen Erkenntnissen.[23] Durch die nachhaltige Integration von traditionellen Praktiken in eine zukunftsträchtige Landwirtschaft bewahren Bäuerinnen und Bauern allerorts ein unschätzbares Kulturerbe der Menschheit ebenso, wie sie durch die Wiederaneignung und Neugestaltung von agrarisch geformten Kulturlandschaften dem ruralen Leben im Zeitalter der Kommunikationstechnologien und der virtuellen Welten einen zivilisatorischen Eigenwert verleihen. Ein ›Leben auf dem Land‹, das immer mehr Menschen gegenwärtig in der Stadt für sich entdecken, wird von denen, die landwirtschaftlich tätig sind und Lebens-

---

22 | Vgl. Wood, Peasant-Citizen and Slave.
23 | Vgl. Petrini, Terra Madre.

mittel selbst anbauen, gutgeheißen, wenn sie selbst (gemeinsam) bestimmen, was angebaut wird und wie und für wen.

Die Implantierung einer solchen deglobalisierten Ernährungssouveränität ist kein Rückfall in die provinzielle Selbstversorgung im Rahmen einer nationalstaatlichen Souveränität. Sie macht im Gegenteil eine intensive globale Kooperation und internationale Politik erforderlich, sowohl um globale Wirtschaftsregeln zu vereinbaren als auch um ein ›glokales‹ Wirtschaftsgeschehen zu koordinieren.[24] Befürworter einer »aufgeklärten Globalisierung« (Jeffrey Sachs) setzen indes die Denkfehler der klassischen Wirtschaftsphilosophie fort, wenn Globalität weiterhin mit der politischen Durchsetzung eines einzigen ›Weltmarktes‹ gleichgesetzt wird. Die historischen Entwicklungen und die gesellschaftlichen Erkenntnisse, die unsere Gegenwart und Weltwirtschaft von der politischen Ökonomie der bürgerlichen Gesellschaft zu Smiths und Marx' Zeiten trennen, sind Anlass genug, deren historische Wahrnehmungen und theoretische Grundirrtümer zu erkennen. Oder warum sollte, was in anderen Wissenschaftsgebieten schlichte Routine und in vielen philosophischen Diskursen ganz selbstverständlich ist, für die politische Philosophie nicht gelten?

Bekanntlich beruht die ursprüngliche Begründung einer globalen Freiheit des Handels mit (land-)wirtschaftlichen Gütern auf dem Theorem des absoluten Kostenvorteils. Die philosophische Argumentation von Adam Smith ist denkbar simpel: Länder sollen ihre Lebensmittel und alles, was sie sonst noch brauchen, nicht selbst produzieren, sondern stattdessen sich auf die Produktion solcher Güter spezialisieren, die sie mit den geringsten Kosten herstellen können, weil sie für diese die besten spezifischen Voraussetzungen wie Klima, Vorkommen, Böden und Anbaubedingungen haben. Doch hören wir Smith selbst: »Die natürlichen Vorteile, welche ein Land in Hervorbringung gewisser Waren vor einem anderen voraus hat, sind mitunter so groß, dass es, wie alle Welt weiß, vergeblich sein würde, dagegen kämpfen zu wollen. Durch Treibhäuser, Mistbeete und Rahmen lassen sich in Schottland sehr gute Trauben ziehen und auch recht guter Wein davon gewinnen; nur würde dieser dreißig Mal so viel kosten als ein wenigstens ebenso guter Wein, den man aus fremden Ländern bezöge. Würde es nun ein vernünftiges Gesetz sein, die Einfuhr aller fremden Weine zu verbieten, bloß um die Erzeugung des schottischen Klarets und Burgunders zu befördern?«[25] Demnach ist es eine vernünftige Agrarpolitik, wenn überall auf der Welt die besten Spezialitäten am kostengünstigsten produziert werden, so dass die Menschen unter der theoretischen Voraussetzung eines von allen Zöllen befreiten Handels an jeden Ort der Welt in den Genuss einer größtmöglichen Vielfalt von guten Lebensmitteln – einschließlich guten Weinen – zu niedrigen Preisen kommen. Zweifellos eine schöne Theorie.

---

24 | Vgl. Beck, Was ist Globalisierung?
25 | Smith, Der Wohlstand der Nationen, 461.

Mit den realen Gegebenheiten der Länder unserer Welt hat sie wenig zu tun. Eine Philosophie der politischen Ökonomie, welche die komplexen Zusammenhänge des Wirtschaftsgeschehens gedanklich durchdringen will, kann nicht über den geographischen Sachverhalt hinwegsehen, dass die wenigsten Länder einen absoluten Kostenvorteil für ein einziges Produkt haben. Das aber tut Adam Smiths Theorie. Entsprechend korrigierte der britische Ökonom David Ricardo das Theorem des absoluten Kostenvorteils zur Theorie des komparativen Kostenvorteils. Dieser nachgebesserten Theorie zufolge soll ein Land auch dann die einheimische Wirtschaft auf Export und Außenhandel ausrichten, wenn es bei allen Gütern Preisvorteile hat. Es soll sich auf dasjenige Produkt spezialisieren, das es im Vergleich (komparativ) zu anderen Volkswirtschaften und Produktionsorten am billigsten produzieren kann.

Mit einer solchen Argumentation und mithilfe abstrakter Berechnungen und mathematischer Formeln gelingt es Ricardo zwar, zu begründen, warum es zum Beispiel für Portugal von Vorteil ist, sich auf die monokulturelle Produktion von Wein zu spezialisieren und seinen Wein gegen Tuch aus England zu handeln, obwohl es im Prinzip Tuch auch selbst herstellen könnte und das sogar günstiger als die Engländer.[26] Doch so richtig die empirische Beobachtung sein mag, dass Portugal Wein und England Tuch exportiert, so wenig lässt sich aus dieser historischen Tatsache schlussfolgern, dies geschehe nur, weil es sich dabei jeweils um das Produkt mit dem relativ größten Kostenvorteil handelt. Ebenso wenig verteilen sich die spezifischen Produktionsorte aller Waren jeweils auf exakt ein Land. Auch sind in ganz Portugal nicht alle Gegenden gleich optimal für den Weinanbau und England ist nicht das einzige Land auf der ganzen Welt, das im Vergleich zu anderen Regionen wirklich am besten fährt, wenn es nur Tuch produziert, aber sonst nichts anderes.

Der freie Exporthandel spiegelt folglich keine raffiniert vernetzte und ausgeglichene internationale Arbeitsteilung wider, die »jedem Land eine mit seinen natürlichen Vorteilen harmonisierende Produktion zuweisen würde«, wie schließlich Karl Marx kritisch anmerkt.[27] Wenn der Kritiker der politischen Ökonomen seiner Zeit und deren ›wirtschaftsliberalen‹ Theorien zu bedenken gibt, dass beispielsweise die Produktion von Kaffee und Zucker kaum die natürliche Bestimmung des damaligen Westindiens gewesen sei, so lässt sich diese ›marxistische‹ Argumentation problemlos dahin gehend fortsetzen, dass auch die Massentierproduktion kaum der komparative Kostenvorteil des heutigen Deutschlands ist. Gleichwohl kommt der Philosoph Marx – nach reiflicher Überlegung und jahrzehntelanger Analyse – zu dem begründeten Schluss, sich nicht gegen den liberalen Globalisierungsprozess auszusprechen, sondern die globale Ausweitung der Freihandelspolitik zugunsten der kapitalistischen Pro-

---

26 | Vgl. Ricardo, Über die Grundsätze der politischen Ökonomie und der Besteuerung.
27 | Marx, Rede über den Freihandel.

duktionsweise zu befürworten. Denn dadurch würden deren destruktive Realitäten und Krisen immer offensichtlicher werden und am Ende den gesamtgesellschaftlichen Widerwillen und einen revolutionären Gemeinwillen wecken: »Mit einem Wort, das System der Handelsfreiheit beschleunigt die soziale Revolution. Und nur in diesem revolutionären Sinne stimme ich für den Freihandel.«

In der gegenwärtigen Klimakrise tritt die historische Bedingtheit des wirtschaftsphilosophischen Ideals eines globalen Freihandels hervor. Seine politisch-ökonomischen Rezepte der internationalen Arbeitsteilung und der monokulturellen Spezialisierung sind von der ökologisch-ökonomischen Folgenlosigkeit eines permanenten Transports von Lebensmitteln aus jeder Ecke der Erde in jedes andere Ende ausgegangen. Im Rückblick tritt die denkbar große Naivität dieser Vorstellung hervor. Proportional zur Verknappung jener fossilen Energiequellen, die überhaupt erst das gigantische Transportaufkommen eines grenzenlosen Warenverkehrs ermöglichten, wächst inzwischen die Botmäßigkeit einer globalen Regionalisierung des Nahrungsgeschehens.

Sollen in Zukunft die food miles von Lebensmitteln – einmal abgesehen von ihrer fossilistischen, begrenzte Ölressourcen verschlingenden Produktion – nicht mehr Mitverursacher für die Klimaveränderungen sein und stattdessen das Essen aus der Region kommen, bedeutet dies keineswegs, dass Engländer keinen portugiesischen Wein trinken dürfen und Amerikaner, denen französischer Roquefortkäse schmeckt, oder Menschen überall auf der Welt, die zapatistische Kaffeekooperativen mit ihrem täglichen Latte-Macchiato-Genuss finanzieren, fortan darauf verzichten müssen. Eine ernährungssouveräne Deglobalisierung läuft nicht auf das Ende globaler Wirtschaftsbeziehungen hinaus; das Ziel einer Selbstversorgung ist keine frugale Autarkie, sondern die lokale Grundversorgung weltweit.

Am Wendepunkt des neuzeitlichen Globalisierungsprozesses steht die Menschheit vor einer vielversprechenden Erkenntnis: Die meisten (über die Jahrhunderte globalisierten) Grundnahrungsmittel können an vielen Orten der Erde produziert werden, so dass etwa im Senegal kein Weizen aus Nordamerika gebraucht wird und weder Kartoffeln aus Ägypten auf deutschen Märkten noch Hähnchenkeulen aus Deutschland in afrikanischen Dörfern oder Tomaten aus Andalusien auf den kanarischen Inseln verkauft werden müssen. Im Zentrum einer vernünftigen Politik des Essens steht die international vereinbarte und koordinierte Selbstbegrenzung auf lokale Ökonomien und Wirtschaftskreisläufe. Zweifelsohne braucht die landwirtschaftliche Umstellung auf regionale Grundversorgung, lokale Ökonomie und einen Außenhandel für einige Spezialitäten etwas Zeit und außerdem sowohl kulinarisch wie politisch reichlich Phantasie und Weisheit. Aber weshalb sollten die Menschen nicht auch dazu fähig sein?

Da nicht alles überall gleich gut wächst und gedeiht, brauchen sie in Zukunft durchaus einen freien Handel innerhalb eines grenzenlosen Weltmarktes. Da jedoch viele Regionen zum Vorteil und Wohl aller weit mehr lokale Selbstversorgung kultivieren könnten, als dies innerhalb eines kapitalistischen Freihandelsregimes möglich ist, und dafür allerorts Bauernmärkte gebraucht werden, scheint das Ziel einer ernährungssouveränen Neuausrichtung der Agrarpolitik klar. Den Weg dorthin weist eine praktische Vernunft, deren Stimme – durch die internationalen Bauernbewegungen verstärkt – immer lauter wird, im Chor mit anderen vernünftigen Stimmen der politischen Weltöffentlichkeit, etwa des weisen Weltagrarrats mit seinem IAASTD-Orakel. Wer einen gastrosophischen Sinn dafür ausbildet und diese vielen Stimmen – dieses weltumspannende Gebrüll – vernimmt, wer globale soziale Bewegungen wachsen hören will, weiß längst, wo es lang geht, damit es auf dem bäuerlichen Weg voran geht. Eine revolutionäre Veränderung der globalen Produktionsverhältnisse, zumindest was die Produktion von Nahrung und Einkommen aus landwirtschaftlicher Tätigkeit angeht, ereignet sich schon längst durch die allmähliche und unspektakuläre Verwandlung einer Wirtschaftsweise, deren Methoden und Instrumente die globale Arbeitsteilung, kapitalintensive Monokultur, Großgrundbesitz, Surplusproduktion, Exportexpansion und Absatzmärkte-Eroberung sind, in eine Wirtschaftsweise, die von Regionalität, kleinflächiger Produktivität, arbeitsintensiver Multifunktionalität, genetischer Diversität, handwerklicher Qualität und von lokalen Märkten und sozialer Kooperation lebt. Bei diesen welthistorischen Veränderungen werden nicht nur demokratische Partizipation, sondern auch die internationale Politik, das Völkerrecht und die globalen Institutionen weiter an Bedeutung gewinnen.

Der europäische Traum von einer Gemeinsamen Politik der Ernährungssouveränität

Speziell die Agrarpolitik der europäischen Staaten übt einen entscheidenden Einfluss auf die internationalen Wirtschaftsbeziehungen und die globalen Regeln für Landwirtschaft und Ernährung aus. Mit der Europäischen Union ist die größte Volkswirtschaft der Welt entstanden, in die sogar nicht wenige linke Theoretiker die Hoffnung einer ›leisen Supermacht‹ setzen. Beispielsweise träumt der renommierte amerikanische Politologe Jeremy Rifkin davon, es könne von den Europäern die politische Initiative einer Alternative zum amerikanischen Kapitalismus und american way of life ausgehen.[28] Freilich müsste Europa dafür aus seinem eigenen politischen Schatten springen und vor allem (was Frankreich für sich selbst bereits getan hat) sein kulinarisches Kulturerbe als Weltkultur schützen, retten und neu erfinden. Seit Jahrzehnten sind die Grundsätze und Werkzeuge der gemeinsamen europäischen Agrarpolitik maßgeblich

---

28 | Vgl. Rifkin, Der europäische Traum; Beck/Grande, Das kosmopolitische Europa; mit kritischem Appell an eine Allianz von Europa und USA: Habermas, Ach Europa.

für die neoliberale Industrialisierung und die kapitalistische Globalisierung der Landwirtschaft verantwortlich. Europa zählt zu den größten Profiteuren jenes Systems, welches die natürlichen Ressourcen der Erde für den eigenen Wohlstand skrupellos ausbeutet, fortgesetzt Millionen von Bäuerinnen und Bauern in die Armut drängt und jeden sechsten Menschen dem täglichen Hunger aussetzt.

2012 ist ein großes Jahr für die Gemeinsame Agrarpolitik (GPA) Europas: Sie feiert ihren fünfzigsten Geburtstag. Für eine junge Weltmacht ein immer noch zartes Alter, aber auch eine Reifeprüfung. Denn die Institutionen der europäischen Politik – die Europäische Kommission, der Rat der Landwirtschaftsminister sowie das Europäische Parlament – stehen vor der bedeutenden Aufgabe, über die Zukunft der Gemeinsamen Agrarpolitik entscheiden zu müssen. Weil es dabei um die ethische Frage geht, wie sich nicht nur die Europäer, sondern alle Menschen morgen ernähren werden (können), braucht es ein intensives öffentliches Nachdenken über diese Zukunftsfrage der Menschheit und ihres Wohls. Solche philosophischen oder gastrosophischen Fragen des ethisch guten Lebens können und dürfen nicht von einer Handvoll Politikern und Experten der Agrokonzerne entschieden werden. Und noch nicht einmal von klugen Köpfen einer Ethik-Kommission, selbst wenn es eine europäische Kommission für Ernährungsethik gäbe.

Eine politische Philosophie, die ihre normativen Maßstäbe nicht einfach aus einem subjektiven Wertempfinden oder aus theoretischen Postulaten und Wunschtüten herbeizaubern will, muss sich auf die gesellschaftlich situierte Moralität von zivilen Gerechtigkeitsbewegungen beziehen (können). Dies ist zum Glück gegenwärtig möglich: Die europäische Bewegung für Ernährungssouveränität, die in der Europäischen Koordination Via Campesina eine kräftige Stimme hat, formuliert konkrete Forderungen und ausgereifte Alternativen.[29] Über 300 Organisationen in mehr als 30 Ländern haben beispielsweise die Europäische Erklärung für Ernährung (European Food Declaration) unterzeichnet. Unter dem wachsenden politischen Druck der international vernetzten Bauernbewegungen sowie zahlreichen anderen Bewegungen für ein besseres Essen und ein besseres Leben kann Europa die globale Nahrungskrise nutzen, um im Laufe des nächsten halben Jahrhunderts mit der gemeinsamen Agrar- und Ernährungspolitik unter dem gastrosophischen Vorzeichen eines Rechts auf Ernährungssouveränität neue Normen in der internationalen Politik durchzusetzen. Von dieser Entscheidung hängt in allen internationalen Institutionen, in denen Rechte und Regeln für das Handlungsfeld Landwirtschaft, Ernährung und Menschenrechte erarbeitet und festgelegt werden, sehr viel ab. Vieles, was am Ende unser tägliches Leben bestimmt.

---

29 | Vgl. Choplin/Strickner/Trouvé, Ernährungssouveränität; Mann, Communicating the Right to Food Sovereignty.

Im Jahre 1994 ist von der internationalen Politik, unterstützt von den älteren Finanzinstitutionen wie der Weltbank und dem Internationalen Währungsfonds, die Welthandelsorganisation (WTO) ins Leben gerufen worden. Diese neue weltpolitische Instanz wurde bewusst mit der größten Macht ausgestattet, um die global geltenden Wirtschaftsregeln zu definieren und zu exekutieren. Bislang ist das WTO-System von einer neoliberalen Politik geprägt, welche rebellische Bauern und Gerechtigkeitskämpfer wie die Zapatisten und viele andere Aktivistinnen für den größten Gegner der Menschheit und Widersacher der Menschlichkeit hält. Sogar engagierte und international anerkannte Gerechtigkeitstheoretiker wie Thomas Pogge oder der neolinke Philosoph Peter Singer gehen mit dem gegenwärtigen System des neoliberal-kapitalistischen Welthandels streng ins Gericht. »Für die moralische Beurteilung des WTO-Globalisierungsprozesses, den die westlichen Regierungen global durchgesetzt haben«, lautet Pogge zufolge »die moralische Anklage, der wir uns stellen müssen, dass unsere Regierungen die Menschenrechte vieler Armen verletzen, indem sie eine globale institutionelle Ordnung aufrechterhalten«, die diese massiven Menschenrechtsverletzungen erst ermöglicht.[30]

Auch Singer klagt eine Neuausrichtung der Welthandelsorganisation ein, damit an die Stelle der alles beherrschenden Selbstverpflichtung auf den globalen Freihandel in Zukunft die Verpflichtung auf »fundamentalere Ziele« wie Umweltschutz, Tierrechte und gerechter Handel treten kann.[31] Die Ethiker sehen die Möglichkeit, die internationalen Wirtschaftsregeln der WTO unter anderem durch einen globalen Mindestlohn sowie minimale Regelungen der Arbeitszeit und Arbeitsbedingungen gerechter zu machen. Unter den Kritikern und Reformtheoretikern der Welthandelsorganisation herrscht außerdem Einigkeit darüber, dass es sowohl den internen Entscheidungsprozessen als auch der generellen Verfassung dieser mächtigen Institution der internationalen Politik an demokratischer Legitimation mangelt. Dennoch ist die WTO, im krassen Gegensatz zu den Organisationen der Vereinten Nationen, mit dem politischen Mandat ausgestattet, eventuelles vertragsbrüchiges Verhalten seiner Mitgliedsstaaten mit Sanktionen bestrafen zu können.

SPEZIELLE EINSATZKRÄFTE UND VERSCHIEDENE KOMITEES FÜR EINE BESSERE WELTERNÄHRUNGSPOLITIK

Die Verhandlungen und Maßnahmen, die den Welthandel politisch organisieren, werden bislang von den reichen Ländern und von transnationalen Konzernen diktiert, so dass die Mitbestimmung der übrigen Länder strukturell be-

---

30 | Pogge, Anerkannt und doch verletzt durch internationales Recht, 112.
31 | Vgl. Singer, One World, 90ff.

einträchtigt ist. Doch seit den unerwartet erfolgreichen Demonstrationen und politischen Straßenkämpfen in Seattle am Vorabend zum 21. Jahrhundert steht die Forderung im weltinnenpolitischen Raum, die Landwirtschaft ganz aus dem WTO-Globalisierungsprozess herauszunehmen. Immer deutlicher zeichnet sich ab, dass nicht die gewaltsame Fortsetzung des kapitalistischen Freihandelsregimes, sondern das Ende einer globalen Liberalisierungspolitik im Zentrum einer Politik der Freiheit, des Handels, der Märkte, der Menschenrechte und der Ernährungssouveränität stehen sollte. Ebenso sollten Fragen unseres täglichen Essens, der lokalen Grundversorgung und der globalen Nahrungsproduktion nicht länger von Finanzinstitutionen wie der Weltbank und dem Internationalen Währungsfonds entschieden werden. Es haben sich inzwischen zu viele Indizien angehäuft, die belegen, dass deren Politik der Strukturanpassungsmaßnahmen, im Zusammenspiel mit den Agrarabkommen der Welthandelsorganisation, die regionalen Ökonomien untergräbt, die Umwelt zerstört und zur permanenten Nahrungskrise führt: *Es reicht!*

Das Recht auf Ernährungssouveränität muss Bestandteil des Menschenrechtsauftrags der Vereinten Nationen sein. In deren völkerrechtlichen Bezugsrahmen und auf der Basis ihrer demokratischen und ihrerseits verbesserungswürdigen Legitimität sind die obersten ethischen Normen einer zukunftsfähigen Agrar- und Ernährungspolitik zu verorten. Die ethischen Normen einer Politik des guten Essens haben nicht nur wirtschaftliche Werte, sondern gleichermaßen auch soziale, kulturelle, politische und zivile Werte der menschlichen Würde zu berücksichtigen. Denn zu dieser Würde gehört auch die natürliche Gabe der Menschen, ethisch gut essen zu können und darin sich selbst zu genießen.

Im Jahre 2008 haben die Vereinten Nationen unter dem Eindruck der akuten Hungerkrise eine *Task Force on the Global Food Security Crisis* eingerichtet, die dem UN-Generalsekretär direkt unterstellt ist. Diese Task Force ist als deutliches Signal zu verstehen, dass der globale Ernährungsnotstand die Kompetenzen einzelner UN-Organisationen übersteigt und konzertierte Aktionen der Weltgemeinschaft als notwendig angesehen werden. Die internationale Politik hat diesem Einsatzkommando zur Aufgabe gemacht, sich mit den Ursachen und Folgen der Ernährungskrisen unter sicherheitspolitischen Gesichtspunkten zu beschäftigen; nicht nur mit dem Ziel der Ernährungssicherung, sondern auch mit der Absicht, dem Sicherheitsproblem, das den Wohlstandsländern durch immer häufigere Hungerproteste, massenhafte Armuts- und Wirtschaftsflüchtlinge und durch mögliche Nahrungskriege erwächst, Herr zu werden. Wäre nicht eine weltpolitische Kraft denkbar, die diese Sicherheitspolitik endlich durch eine umfassende Menschenrechtspolitik ersetzt – statt weiterhin das neoliberale Rettungsboot-Kommando durch eine sicherheitspolitische Task Force und andere Welthungerbekämpfungsmittel zu perfektionieren?

Man könnte diese alternative weltpolitische Kraftanstrengung ›spezielle Einsatzkräfte‹ für globale Ernährungssouveränität nennen. Sie müssten die dringende Aufgabe übernehmen, zunächst eine neu zusammengesetzte und einfachere Organisationsstruktur in die agrar- und ernährungspolitische Arbeit der Vereinten Nationen und deren vielen verschiedenen und unzusammenhängenden Fachorganen zu bringen. Außerdem hätten ihre Sonderbeauftragten für Ernährungssouveränität die Verankerung eines umfassenden Rechts auf Genuss guten Essens (Right to Good Food) im UN-Menschenrechtsstatut vorzubereiten sowie das globale Aktionsprogramm einer Welternährungskonvention zur Ernährungssouveränität (World Food Convention of Food Sovereignty) zu erarbeiten. Analog zu solchen beratenden Instanzen wie dem Weltklimarat und dem Weltagrarrat sowie aufbauend auf ihren Erkenntnissen entstünde durch die Einrichtung eines Welternährungsrats die Möglichkeit, nach eingehender Prüfung und Klärung den Vereinten Nationen beispielsweise anzuraten, die 2009 von La Via Campesina formulierte *Deklaration der Rechte der Kleinbauern – Frauen wie Männer* durch ihren Menschenrechtsausschuss völkerrechtlich zu ratifizieren.[32]

Die welternährungspolitischen Einsatzkräfte sollten demokratische Beratungs- und Entscheidungsstrukturen innerhalb der Welternährungsorganisation sicherstellen, welche die effektive Beteiligung und Berücksichtigung von internationalen zivilen Bewegungen und Nichtregierungsorganisationen ermöglichen. Dazu könnte das Internationale Planungskomitee für Ernährungssouveränität (IPC) gehören, das zahlreiche Nichtregierungsorganisationen und zivilgesellschaftliche Initiativen weltweit repräsentiert. Dieses Komitee hat in seinem *Civil Society Statement on the World Food Emergency* unter anderem erklärt: »Wir sprechen uns für eine neue und wirklich kooperative, globale Initiative aus, in der wir voll berechtigte Teilnehmer am Prozess eines Politikwechsels und der institutionellen Verbesserungen sind«.[33] In den weiteren Ausführungen des Komitees kommen Gründe für diese Initiative zur Sprache, mit denen wir uns längst vertraut gemacht haben. »Ernährungssouveränität«, heißt es dort, »deckt alle andauernden Themen, die von der Welternährungskonferenz 1974 aufgeworfen wurden. Sie bezieht sich auf die Versorgung des Volkes; achtet den Nährstand; regionalisiert Nahrungssysteme; bestärkt das Gemeinwesen und die kollektive Kontrolle über Land, Wasser und genetische Vielfalt; würdigt und fördert lokales Wissen und Handwerk; und arbeitet mit der Natur. Ernährungssouveränität unterscheidet sich wesentlich von der derzeit praktizierten Politik des neoliberalen Handels und Entwicklungsmodells, der es angeblich um Ernährungssicherheit geht.«

Vor dem Hintergrund dieser zivilgesellschaftlich geforderten Entwicklung von einer Politik der Ernährungssicherheit zu einer Politik der Ernährungssou-

---

32 | Vgl. La Via Campesina, Declaration of Rights of Peasants – Women and Men.
33 | Internationale Planungskomitee für Ernährungssouveränität (IPC), Civil Society Statement on the World Food Emergency.

veränität nimmt die politische Gastrosophie besondere Notiz von dem historischen Ereignis, das sich am 17. Oktober 2009 zutrug. An diesem Tag hat die Welternährungsorganisation der Vereinten Nationen (FAO) in den Räumlichkeiten ihres Hauptquartiers unter großem Beifall der anwesenden Mitglieder und Teilnehmer einen grundlegend erneuerten Welternährungsausschuss auf den Weg gebracht. The Committee on World Food Security (CFS), ein Komitee der offiziellen internationalen Politik, das nichts – noch nichts – mit der soeben erwähnten internationalen Initiative für Ernährungssouveränität (IPC) zu tun hat, wurde bereits 1974 ins Leben gerufen. Über die zurückliegenden Jahrzehnte hinweg hat es strikt an der neoliberalen Doktrin einer rein sicherheits- oder entwicklungspolitischen Welternährungsphilosophie festgehalten. Nun soll dieses Komitee in Zukunft für eine transparentere und zentrale Regierungspraxis sorgen, die effektive Partizipationsmöglichkeiten für die Zivilgesellschaft bietet und dem für Entwicklungsländer freundlichen Prinzip ›ein Land eine Stimme‹ unterliegt. Entsprechend werden, neben Vertretern der Vereinten Nationen und der Weltbank, auch Vertreter von Nichtregierungsorganisationen (darunter die IPC) sowie Delegierte von Forschungseinrichtungen und Stiftungen beteiligt.

Zur Neubesetzung der Tafelrunde der UN-Gastrosophen

Ob dieses vielversprechende Arbeitsgremium sein demokratisches Potenzial entfalten wird und ob genügend weltpolitischer Wille vorhanden ist, damit es wirklich seine dringend notwendige Arbeit tun kann und damit unter Beweis stellt, dass ein grundlegend korrigiertes Verständnis von Ernährungssicherheit in einer Philosophie der Ernährungssouveränität kulminiert – ob mit anderen Worten die internationale Agrar- und Ernährungspolitik in Zukunft eine ethische Ausrichtung hat, das alles wird sich erst noch zeigen. Doch sollte es seitens der politischen Gastrosophie nicht an konkreten wegbereitenden Sofortmaßnahmen und Aktionsprogrammen für diese Zukunft fehlen. Dazu gehört vorneweg die bereits angedeutete Instituierung eines Generalrates der Welternährungsorganisation. Er wäre, analog des Generalrates der Welthandelsorganisation, mit der politischen Macht auszustatten, Regierungen oder Konzerne für den Fall eines schuldhaften Verstoßes gegen die Einhaltung oder die volle Erfüllung des Rechts auf Ernährungssouveränität mit Sanktionen zu bestrafen. Damit wäre ein schwerwiegendes Defizit der internationalen Politik behoben, das verhindert, dass moralische Verantwortung und vereinbarte Verpflichtungen auch juristische Konsequenzen haben können.

Das herkömmliche rechtspolitische Denken braucht für die Schuldfrage einen kausalen Tatbestand; es geht von einfachen Unrechtserfahrungen einer überschaubaren Lebenswelt aus. Wenn ich Ihnen vor Zeugen eine Banane klaue, liegt der kausale Tatbestand auf der Hand. Mit der Kausalität ist auch die Schuldfrage geklärt: Ich habe Unrecht getan und werde dafür bestraft. Was aber, wenn ein Unternehmen von Exportsubventionen eines bestimmten Staates Gebrauch macht, um sein Milchpulver in ein anderes Land auszuführen, wodurch die ortsüblichen Preise für Milchpulver sinken, so dass die einheimischen Kleinbauern ihre Milch nicht mehr verkauft bekommen? Zwar besteht ein erkennbarer Zusammenhang zwischen dem Verhalten des subventionierten Unternehmens und der Armut der weit entfernt lebenden Bauern und obwohl der Fall eigentlich nach einer strafrechtlichen Sanktion verlangt, fehlt doch die direkte, juristisch belastbare Kausalität: Der Unternehmer kann weiter dergleichen profitable, aber unmoralische Geschäfte treiben. Deshalb ist es ein gutes Zeichen, dass die Vereinten Nationen seit 2008 und nach langen Jahren harter politischer Arbeit seitens der Menschenrechtsorganisation FIAN ein Zusatzprotokoll zum Internationalen Pakt für wirtschaftliche, soziale und kulturelle Rechte ausgearbeitet haben, das eine so genannte Individualbeschwerde erlaubt. Danach könnten einzelne Menschen direkt vor dem zuständigen UN-Ausschuss gegen Verletzungen ihres Rechts auf Nahrung klagen. »Allerdings nicht gegen Unternehmen«, wie kritisch bemerkt wurde, »sondern gegen Regierungen, die angeklagt werden können, wenn sie menschenrechtswidriges Handeln von Unternehmen zugelassen haben«.[34]

Ähnlich gut täte der neu gegründete UN-Welternährungsausschuss daran, über alle bereits erwähnten Schritte hinaus und unterstützt durch die speziellen Einsatzkräfte für globale Ernährungssouveränität, sofort weitere Maßnahmen zur Begleitung des ›bäuerlichen Wegs‹ einzuleiten. Solche Maßnahmen beträfen die gastropolitischen Alternativen zur globalen Ernährungskrise: die Durchsetzung des Rechts auf Land und Produktionsmittel für landwirtschaftlichen Eigenanbau; die Ächtung von Großgrundbesitz; den bedingungslosen Schuldenerlass für die Länder der Dritten Welt; die Einführung einer Finanztransaktionssteuer; das Verbot von spekulativem Glücksspiel mit agrarischen Rohstoffen und die Schließung der Agrarbörsen; die Aufstockung des Welternährungsprogramms und die Neuausrichtung der Welthungerhilfe sowie das Verbot von Landenteignung (Land Grabbing), Saatgutpatenten, Gentechnik, Agrosprit, großindustrieller Fleischproduktion, Werbelügen und Verbrauchertäuschungen. Außerdem erforderlich wären völkerrechtliche Verträge über die Kontrolle zur Einhaltung von Menschenrechten seitens aller Wirtschaftsakteure. Nicht zuletzt wäre die Neubelebung jener gastrosophischen Tafelrunde von Ethikern, die sich als Panel of Eminent Experts on Ethics in Food and Agriculture in der Agrar- und Ernährungsorganisation der Vereinten Nationen regelmäßig zum besagten Welternährungsrat zusammensetzen, eine sofort fällige Aktion eines Komitees für globale Ernährungssouveränität.

---

34 | Busse, Die Ernährungsdiktatur, 179.

Die angesprochenen begrifflichen Überlagerungen, Bestimmungen, Neudefinitionen und Unschärferelationen, die sich aktuell zwischen den politischen Konzepten der Ernährungssicherheit und der Ernährungssouveränität abspielen, spiegeln die Tatsache wider, dass die Frage, was ›Ernährungssouveränität‹ heißt und was sie konkret beinhaltet, weiterhin offen und gesellschaftlich umkämpft ist. Bislang existieren nur wenige theoretische oder gar philosophische Arbeiten und Forschungsinitiativen zu diesem Konzept. Es bleibt der systematische Bezugspunkt eines intensiven Konzeptualisierungsprozesses, der erst seit kurzer Zeit durch politische Kämpfe und die gelebten Alternativen von neuen sozialen kosmopolitischen – gastropolitischen – Bewegungen in Gang gekommen ist. Insoweit steht Ernährungssouveränität als Grundbegriff einer ethischen Politik des globalen Nahrungsgeschehens, insbesondere der agrarischen Nahrungsproduktion, für das revolutionierte Menschenrecht auf Nahrung. Und zwar ›Nahrung‹ verstanden als das jedem Menschen zugutekommende, humane Anrecht auf die Partizipation an einer von unzähligen reterritorialisierten, lokalen und menschenwürdigen Esskulturen als für alle gute Ernährungsverhältnisse, die es jedem ermöglichen, Lebensmittel für den Lebensunterhalt oder Eigenbedarf anzubauen und zu genießen.

Alle Staaten und politische Gemeinwesen haben dieses Recht des Menschen zu achten, zu schützen und zu erfüllen, um eine umfassende wirtschaftliche, ökologische, soziale, kulturelle und politische Gerechtigkeit auf den Weg zu bringen. Auf diesem bäuerlichen oder gastrosophischen ›Weg‹ wird eine seit Jahrhunderten andauernde Entwicklung beendet, die im Zuge eines zunächst kolonialen, dann wirtschaftspolitisch liberalen und zuletzt aggressiv neoliberalen Kapitalisierungsprozesses darauf hinausläuft, dass die politische Souveränität der Nationalstaaten durch eine transnationale Oligarchie von mächtigen »Beutejägern« einer »kannibalischen Weltordnung« (Ziegler) parasitiert wird. Zugleich wird jene zivilisatorische Fehl- und Unterentwicklung beendet, welche die politische Souveränität der Völker durch die Ära eines für alle schlechten und unwürdigen Essens untergräbt. Ernährungssouveränität ist der kollektive Widerstand und Selbstheilungsprozess, diese politische Souveränität von unten durch das Volk – uns selbst – zu beleben.

»In der Geschichte des Menschen«, ruft Jean Ziegler uns eindringlich ins Gedächtnis, »stellt Souveränität eine wesentliche Errungenschaft dar. Sie hat mit den Menschenrechten, den Grundrechten, kurzum: mit dem Gesellschaftsvertrag zu tun. Sie verkörpert den Gemeinwillen, die Autonomie der Bürger. Das Parlament und die Regierung, die ich gewählt habe, sind souverän.«[35] Und, so wird man hinzufügen wollen, die Politik, das Parlament und die Regierung sind nur souverän, weil ›ich‹, der sie wählen kann, ihr Souverän bin. Erst in dieser urdemokratischen Wahl, die jeden Tag stattfindet und nicht alle paar Ju-

---

35 | Ziegler, Die neuen Herrscher der Welt und ihre globalen Widersacher, 283.

beljahre (gegebenenfalls auch ohne uns) abgewickelt wird, verkörpert jedes Ich-Selbst »die Autonomie der Bürger«. Nicht als Autonomer, aber auch nicht als gemeiner Willkürwille eines egoistischen *homo oeconomicus*, der sich über alles stellt. Stattdessen ist das radikaldemokratische Ich-Selbst in der täglichen Wahl, souverän zu sein und sich souverän zu ernähren, das ethische Subjekt – der gastrosophische Praxit und *homo sapiens* – eines Gemeinwillens des Wohls aller.

Ernährungssouverän zu sein, schafft den realen Nährboden einer täglich gelebten »Erd-Demokratie« (Shiva), einer politisch-ethischen Autonomie oder Selbstbestimmung, wofür die zapatistischen Kleinbäuerinnen und Kleinbauern mit ihrem ›Rat der Guten Regierung‹ ein inzwischen vielerorts praktiziertes Vorbild geübt haben.[36] So steht das Konzept der Ernährungssouveränität auch für das politisch-philosophische und demokratietheoretische Anliegen, Politik nicht bloß von oben zu vollziehen, sondern das Politische von unten ›radikal‹ neu zu denken, um den täglichen Kampf ums Überleben und Gutleben zu bezeugen, zu bestärken und in menschlicher Würde zu leben.

Gerade deshalb kann die Ernährungssouveränität, die von Bauernaktivisten weltweit politisch eingefordert und vielfach bereits praktisch eingelöst wird, nur als Ergänzung und als ökonomische Konsequenz eines ernährungssouveränen Alltagslebens aller wirksam werden. Damit Ernährungssouveränität im Leben aller tagtägliche Wirklichkeit werden kann, bedarf es einer gerechten und besseren Agrarpolitik sowie ihrer institutionellen Begleitung durch eine gute Ernährungspolitik, die auf die ›kritische Masse‹ der Konsumenten ethisch ausgerichtet ist. Ihr kommt die Aufgabe zu, für die Möglichkeit einer ernährungssouveränen Alltagspraxis aller zu sorgen.

Doch auch diese Gastropolitik von oben hat ihre Grenzen: Zwar ermöglicht und strukturiert das staatliche Regieren die gesellschaftlichen Ernährungsverhältnisse, aber es kann – im besten Fall – nur das institutionell organisierte Resultat und der faktische Überbau einer Alltagspraxis sein, die von der Mehrheit täglich gelebt und gutgeheißen wird. Darum braucht eine Politik der Ernährungssouveränität die ethische Souveränität des guten Essens eines Jeden – jeden Tag oder jedenfalls möglichst häufig und überall da, wo dies zu tun in unserer Macht liegt.

---

36 | Vgl. Shiva, Erd-Demokratie; Lappé, Democracy's Edge.

Gastropolis (I): Politisches Gärtnern oder die Keimzelle der gastropolitanen Bewegung

Ein neues Gespenst geht um: die kultivierte Liebe zum Gemüse, eine urbane Landlust in Gestalt des politischen Gärtnerns. In der Ära von Fastfood, Gentomaten und Gammelfleisch entdecken ausgerechnet Städter die Landwirtschaft und den Eigenanbau von lustigem Gemüse. Immer mehr Stadtbewohner haben die globale Supermarktkost satt, die ihnen die Nahrungsindustrie verabreicht; sie beginnen, ihr Essen selbst zu produzieren, indem sie ein kleines Stück Land bewirtschaften und kultivieren. Bekanntlich geht der Begriff Kultur auf das lateinische *colere* zurück und bezeichnet das Anbauen, Hegen und Pflegen von Pflanzen zur Nahrungsproduktion. So fragt sich, was es mit diesem ›kulturellen Widerstand‹ auf sich hat, der seit neuestem unter Städtern wuchert? Wissen die neuen Stadtwirte von der Rebellion der Landwirte in der so genannten Dritten Welt? Zwar sind diese neuen Bauernbewegungen international vernetzt und von Millionen Unterstützern getragen. Doch nach wie vor sind bäuerliche Kleinproduzenten, Landarbeiterinnen und ländliche Entwicklung kein beliebtes Thema in den Medien der urbanen Öffentlichkeit. Das könnte sich in Zukunft ändern. Und zwar besonders mithilfe der Präsenz der urbanen Gemüsegärtner. Deren Aktivität zählt zu den avancierten Praktiken unter den souveränen Alltagsküchen der Gegenwart, weil der innerstädtische Eigenanbau von nachhaltigen, gesunden, biodiversen, demokratischen Lebensmitteln eine der politischsten Aktivitäten der Gegenkultur ist. Sie hat eine besondere ›dramaturgische‹ Bedeutung im politischen Welttheater, da sie inmitten der städtischen Öffentlichkeit permanente Demonstrationen und Revolutionen für einen anderen Umgang mit Essen in Szene setzen. Deshalb darf das Urban Gardening als eine der avantgardistischen Bewegungen unserer Zeit gelten. Das ›Avant-Gardening‹ führt allen vor, wie leicht politische Arbeit sein kann und wie einfach die kulturelle Politik eines ethisch guten Essens funktioniert. Und dass sie auch Spaß machen kann.

Zumeist haben Städter keinerlei persönlichen Kontakt oder sachlichen Bezug zur agrarischen Nahrungsproduktion: Essen kommt aus dem Supermarkt.

Das Politische des Essens erfährt die Mehrheit einer urbanisierten Menschheit nicht aus der existenziellen Perspektive eines bäuerlichen Daseins oder Schicksals, sondern in der Warenförmigkeit des innerstädtischen Konsums und gelegentlich – aber immer öfter – als mediales Spektakel von ›Lebensmittelskandalen‹ oder als eine Angelegenheit eines ›Lifestyle‹, der Bioprodukte zum Boomen bringt. Die neueste Mode dieser ›Lohas-Esser‹, wie dieser *Lifestyle of Health and Sustainability* im Jargon eines unpolitischen Zeitgeistes heißt, scheint zu sein, neben anderen ökologisch korrekten Dingen auch sich selbst zu versorgen und am besten einen eigenen Küchengarten zu haben.[1] Keine Frage, Urban Gardening, City Farming, Community Gardens, kurz: gastropolitane Aktivitäten sind ein beachtlicher (internationaler) Megatrend, der große Beachtung nicht nur in den Medien genießt, sondern ebenso unter einer breiten Bevölkerungsschicht von Stadtbewohnern. Die gesellschaftlichen Hintergründe dieses Trends umfassen ein weites Spektrum, das sich von mittelständischem Genussleben über esoterische Sinnsuche bis hin zu politischem Widerstand auftut.

Dementsprechend ist sowohl unter den Beteiligten als auch unter der interessierten Öffentlichkeit nicht jedem bewusst, dass es sich beim Eigenanbau von Lebensmitteln im öffentlichen Stadtraum *per se* – also unabhängig davon, wie die Aktiven über ihr Gärtnern denken und reden – um eine äußerst politische und durchaus radikale Praxis handelt. Die ökonomischen und kulturellen Konsequenzen dieser Praxis sind derart radikal, dass sie die gegenwärtige Fastfood-Weltgesellschaft buchstäblich von Grund auf – von ihren alltäglichen Grundlagen sowie von den Wurzeln einer landwirtschaftlichen Nahrungsproduktion – verändert und in eine bessere Zivilisation verwandelt, sollte sich daraus eine Alltagspraxis der Menschheit entwickeln. Weil diese grundlegende Veränderung im öffentlichen Stadtraum stattfindet und weil diese Praxis soziale Orte einer direkten Kommunikation hervorbringen, trägt sie auch zu einem spürbaren Strukturwandel der urbanen Öffentlichkeit bei; einem kulturellen Wandel, der sich parallel und in Ergänzung zur virtuellen Öffentlichkeit von internetbasierter Kommunikation vollzieht. Grund genug, sich genauer anzuschauen, was es mit diesem politischen Gärtnern auf sich hat.

Was bedeutet es für unser Verständnis von Urbanität, wenn das zukünftige Bild einer Großstadt und ihrer Kultur geprägt wäre von Subsistenzflächen an jedem erdenklichen Ort und wenn Stadtbewohner einen Teil ihrer Freizeit damit zubrächten, in Gemeinschaft mit Gleichgesinnten in der Erde zu buddeln und Kürbisblüten zu bestaunen? Wie wirken sich solche überwiegend ›vegetarischen‹ Bürgerinitiativen und demokratischen ›Polis‹-Gärten auf die Politik der Städte und unser aller Politikverständnis aus? Was sagt es über die gesellschaftliche Relevanz der politischen Philosophie aus, wenn immer noch kaum jemand mit dem universellen Vernunftideal gastropolitaner Öffentlichkeit ver-

---

1 | Vgl. Unfried, Öko.

traut ist? Ist es nicht an der Zeit, dass wir über allgemein anerkannte philosophische Begriffe des respektvollen Umgangs mit Tomaten, Radieschen, Johannisbeersträuchern, Korianderkraut und dergleichen komplexen Kategorien und konstitutiven Faktoren eines guten Lebens und Essens verfügen? Vor allem aber stellt sich die Frage, wer diese urbanen Gemüsegarten-Aktivisten und -Aktivistinnen sind und wie ihre Aktivität in ihrer politischen Dimension unverkürzt zu reflektieren ist, um mit theoretischen Mitteln verständlich zu machen, dass dabei nicht nur für das eigene Wohlergehen gegärtnert wird, sondern dies direkt oder zumindest indirekt auch für das Wohl derer geschieht, die mit ihnen in einer Stadt wohnen, sowie aller anderen, die auf die eine oder andere Art von ihrem täglichen Essen betroffen sind.

Es sind solche Typen wie Joseph Beuys, um ein allgemein bekanntes Beispiel zu nennen.[2] Mit dem bekannten Großkünstler und unbekannten Gastrosophen Beuys begann die inzwischen in der englischsprachigen Welt als ›Urban Gardening‹ oder als ›City Farming‹, ›Community Gardens‹ bzw. ›Local Food‹ bekannte urbane Agrikultur. Er brachte – zeitgleich zu ähnlichen Initiativen und Aktivitäten insbesondere in New York City und Chicago – als einer der Ersten die Idee eines moralischen Rechts auf Städte aus Küchengärten auf: die Utopie der ›Gastropolis‹.[3] In einer Aktion im März 1977 beackerte Beuys zur Veranschaulichung seiner Rede vom erweiterten Kunstbegriff und der Sozialen Plastik den Vorgarten seines Berliner Galeristen. Auf seinen Knien über das Stückchen Erde gebeugt, grub er mit einer Harke in der linken Hand den Boden auf, um dann eine runzlige Kartoffel als Saatgut hineinzustecken. Am Ende der *Documenta 6* im Oktober des gleichen Jahres erntete er die Früchte seiner Aktion. Seine selbst angebauten Kartoffeln waren nicht nur das nützliche Resultat eines lebenskünstlerischen Widerstandes gegen den industriellen Agrarkapitalismus und das gesellschaftlich vorherrschende, kulturell hegemoniale Nahrungsdispositiv. Der Berufsrevolutionär und Umweltaktivist Beuys setzte auch ein links-politisches und erstmals ›grün-politisches‹ Zeichen für eine gesellschaftliche Alternative jenseits der revolutionären Gewalt jener Stadtguerilla, die in jenem Jahr von den blutigen Aktionen der RAF-Terroristen ausging. Mit seinem Guerilla Gardening setzte der charismatische Stadtbegrüner und Gründungsgrüner auf einzigartige Weise eine Praxis in Gang, deren gesellschaftsverändernde und heilsame Kräfte kaum zu überschätzen sind. Seitdem hat sich seine künstlerische Intervention in unzähligen Ablegern und Seitentrieben der zeitgenössischen Kunst fortgepflanzt, die das Gärtnern und Bewirtschaften von Land nun ins Zentrum ihrer Arbeit rücken.

---

2 | Zur Gastrosophie von Joseph Beuys und seiner Kunst als Eat Art siehe: Lemke, Die Kunst des Essens, 62-80.

3 | Vgl. Meyer-Renschhausen, Unter dem Müll der Acker; Blom/Bromberg, Belltown Paradise.

Zu den prominentesten Beispielen gehört die kalifornische Künstlerin Susanne Leibovitz Steinman mit ihren Küchengarten-Projekten. Eine ihrer Interventionen, das Projekt *Gärten-für-alle!*, das Steinman 2008 im Rahmen der künstlerisch-kulturellen Plattform Kultur|Natur realisierte, zeigt die Abbildung auf dem Umschlag dieses Buchs: das gemeinsame Gärtnern als die Fortsetzung des politischen Widerstandes mit anderen, gastropolitanen Mitteln.[4] Dazu hatte die Künstlerin Anwohnerinnen und Anwohner des Hamburger Stadtteils Wilhelmsburg eingeladen, sich in Zusammenarbeit mit ihr eine verwahrloste Grünfläche anzueignen und zu beackern. Inmitten eines öffentlichen Bahnhofplatzes gelang es, einen temporären Garten anzulegen und mit ihm ein Stück selbst gestaltete Stadt. Da Steinman den Stadtteil bewusst wegen seines hohen Anteils an Migranten ausgewählt hatte, führte das gemeinsame Gärtnern auch zu einer sozialen Begegnung unterschiedlicher Bevölkerungsgruppen, die sonst kaum stattfindet. Obgleich für eine dauerhafte Verwurzelung dieser Pflanzaktion die erforderliche Unterstützung durch die Stadt notwendig gewesen wäre, bestand ihr kommunikativer Erfolg in einer gemeinsamen Interaktion und Erfahrung des politischen Kampfes für ein anderes Leben – für ein anderes Stadtleben, für ein anders Zusammenleben und für einen anderen Lebensmittelanbau. Darüber hinaus stellte die künstlerische Intervention *Gärten-für-alle!* auch Bezüge zum interkulturellen Garten Wilhelmsburg her, der seit einigen Jahren inmitten von Gemüsebeeten und Gemeinschaftsflächen einen Ort schafft, wo Menschen unterschiedlicher Nationen, Kulturen und Sprachen zusammenkommen und sich kennenlernen.

Joseph Beuys erläuterte seine urbane Gartenkunst damals mit den Worten: »Wenn ein Mensch als Bauer etwas Wahrhaftes nachweisen, wenn er ein lebenswichtiges Produkt aus der Erde entwickeln kann, dann muss man ihn doch als ein wirklich schöpferisches Wesen auf diesem Felde bezeichnen. Und insofern muss man ihn doch als Künstler akzeptieren«.[5] Freilich tat die künstlerische Intervention von Beuys weit mehr, als die bäuerliche Arbeit des Anbaus von Nahrungsmitteln dadurch wertzuschätzen, dass sie diese zu ›Kunst‹ erklärte, aufwertete und vorlebte. Seine Aktion diente der ideellen Befreiung der tragischen Figur des Bauern aus der »Idiotie des Landlebens« (Marx) sowie aus den ebenso aktuell kapitalistischen wie immer noch archaischen Zwängen eines durch harte und obendrein schlecht bezahlte Arbeit und gesellschaftliche Rückständigkeit bestraften Daseins. Indem Beuys sich selbst als ›Bauer‹ in Szene setzte, erfand er die revolutionäre Figur des gärtnernden Städters: den gastropolitanen Prototyp eines Aktivisten der urbanen Agrikultur. Seine erweiterte Kunstpraxis erzeugte die Soziale Plastik einer innerstädtischen Nahrungsproduktion und Subsistenz als einer freiwilligen Teilzeitaktivität, die jeden Men-

---

4 | Vgl. Steinman, Manifest: Gärten für Alle!
5 | Beuys in: Burckhardt, Ein Gespräch, 115.

schen als Stadtbauern oder Stadtbäuerin zu einem »wirklich schöpferischen Wesen« (Beuys) macht.

Damit lässt sich am Beispiel von Beuys bereits etwas über die Menschen sagen, die sich für urbane Landwirtschaft und alternative Gartenkunst interessieren. Es sind gerade keine hauptberuflich tätige Bauern oder Landwirte, die entweder auf dem Land oder auf Bauernhöfen leben, auf großen oder kleinen Äckern gewerbliche Landwirtschaft betreiben oder als lohnabhängige Landarbeiterinnen und Landarbeiter ihr Geld im Bereich der agrarindustriellen Nahrungsproduktion verdienen (was vielen von ihnen ohnehin immer seltener gelingt und viele darum in die Städte treibt). Es sind Menschen, die in Metropolen leben, Großstadtbewohner und -bewohnerinnen, Urbaniten; sie praktizieren den Eigenanbau von Nahrungsmitteln nicht als Vollzeitbeschäftigung, sondern lediglich zeitweise, als eine Arbeit unter anderen. Was unter urbaner Gärtnerei verstanden wird, ist nur – aber was heißt hier ›nur‹? – eine Freizeitaktivität und Nebenerwerbstätigkeit von Leuten, die aus unterschiedlichsten Berufsfeldern oder Beschaffungsquellen ihr Geld beziehen. Auch in jeder anderen Hinsicht sind Küchengartenaktivisten und -aktivistinnen gewöhnliche Gewächse des urbanen Lebens und typische Großstadtexistenzen, die kein bäuerliches Dasein fristen.[6]

Das übrigens teilen sie mit vielen Bäuerinnen und Bauern, die heutzutage meistenteils sehr städtisch leben und arbeiten. Inzwischen bestehen viele kleinbäuerliche Betriebe auf dem Land aus Nebenerwerbs- und Teilzeitlandwirten. Die gesellschaftliche Entwicklung vor allem durch Mobilität, Telekommunikation, Fernsehen, Internet und Bildung hat das ländliche Leben vielerorts radikal urbanisiert. In den Industrienationen spielt der historische Stadt-Land-Gegensatz eine immer geringere Rolle. Doch während ›Bauern‹ immer häufiger wie ›Städter‹ leben, denken, fühlen und essen ist der umgekehrte Fall einer Annäherung der städtischen Existenzform an bäuerliche Tätigkeiten alles andere als selbstverständlich.

Seit Mitte der 1970er Jahren, als jemand wie Joseph Beuys mit der gastropolitanen Kunst im öffentlichen Raum begann, ist in den zurückliegenden Jahrzehnten die Menge an Menschen beträchtlich gewachsen, die in ihrem urbanen Lebensumfeld ein Stück Land nutzen, das sie sich entweder politisch erkämpft oder legal angeeignet haben, um Nahrungsmittel selbst anzubauen.[7] Mehr als 30 Jahre später, im März 2009, legt sogar Michelle Obama, »die Frau des mächtigsten Mannes der Welt«, zusammen mit Grundschülern aus Washington den *White House Kitchen Garden* an. Diese schön anzusehenden Gemüsebeete vor dem Weißen Haus – vor dem Machtzentrum der amerikanischen Politik – lassen eine spannende Szenerie entstehen: Vieles hängt davon ab, ob

---

6 | Vgl. Mougeot, Agropolis.
7 | Vgl. Müller, Urban Gardening.

sich das wohltätige Engagement der First Lady für das politische Gärtnern auf die Staatsräson ihres Ehemanns auswirkt. Zweifelsohne beeinflussen die Entscheidungen der US-amerikanischen Regierung zu einem erheblichen Maße die weitere Entwicklung der globalen Landwirtschaft, des Weltagrarhandels und nicht zuletzt die Alltagsphilosophie einer populären Esskultur. Was wäre, wenn der Präsident der Vereinigten Staaten morgen die lokale Ernährungssouveränität und nicht länger den globalen Freihandel zum obersten Ziel und höchsten Gut seiner Regierung erklärte?[8]

Man male sich nur für einen Moment aus, welche Konsequenzen es für uns alle hätte, würden die amerikanischen Subventionsgelder für die Agrarindustrie abgeschafft oder auf urbane Landwirtschaft umgeleitet.[9] Nichts ist notwendiger, als Politikern und (zumeist männlichen) Regierungschefs mit realen Alternativen – etwa der Möglichkeit einer besseren Agri- und Esskultur – vertraut zu machen und sie politisch durch Wort und Tat zu überzeugen: Warum sollte nicht, wie in vielen traditionellen Ehen üblich, auch in diesem Fall die Ehefrau die Arbeit ihres Mannes positiv beeinflussen können?[10] Doch dies täte sie – als Vorbild einer emanzipierten Frau – nicht in der traditionellen Geschlechterrolle einer guten Gattin, sondern als politisch verantwortungsvolle und machtbewusste Mitstreiterin für die Vereinigten Staaten von Amerika als einer neuen Slow-Food-Nation. Dies ist der amerikanische Traum, den Alice Waters, die vielleicht bekannteste Gastrosophin dieser Fastfood-Nation und zugleich die Vizepräsidentin der internationalen Slow-Food-Bewegung, nur wenige Jahre zuvor ausgesprochen hatte und der durch die Einweihung des Küchengartens des Weißen Hauses ein erhebliches Stück mehr an politischer Realität gewonnen hat.

Vielerorts und in jedem Teil der Welt greifen immer mehr ganz gewöhnliche Städter zur Harke, um als Stadtbauern und Gastropoliten tätig zu werden. Ob in Mexico City, im australischen Brisbane, in New York oder San Francisco, im brasilianischen Belo Horizonte, in Kubas Hauptstadt Havanna ebenso wie in Nairobi, Johannesburg, Moskau oder Shanghai, Kyoto, London, Hamburg – überall sind sie und ihre neuen Gemüsegärten inmitten der Metropolen. Unter ihnen herrscht eine große Vielfalt: spektakuläres Guerilla Gardening, kleine Kiezgärten, große Permakultur-Projekte, professionelle Biobauernhöfe, Kinderbauernhöfe, Frauengärten, Nachbarschaftsgärten, Tafelgärten, Gemeinschaftsdachgärten, interkulturelle Gärten, Baumscheibengärtchen, Fensteranbau, Balkonplantagen, Selbsternte-Kooperativen und vieles andere. Trotz der Diversität wiederholen sich vielerorts einige Prinzipien: Wo die Verhältnisse und Gegebenheiten urbares Land unzugänglich machen und fruchtbare Erde

---

8 | Vgl. Berry, The Unsettling of America; Tracey, Urban Agriculture.
9 | Vgl. Pollan, You Are What You Grow; Owens, The Farm Bill and its Far-Ranging Impact.
10 | Vgl. Kantor, Die Obamas – Ein öffentliches Leben.

unter der Last ihrer zivilisatorischen Geringschätzung verborgen bleibt, wo Böden durch Städte vernichtet, vergiftet, vermüllt sind, da kommen regelmäßig Taktiken und Techniken eines gärtnerischen und kulturellen Widerstandes zum Einsatz. Häufig in der Gestalt von Hochbeet-Konstruktionen, oft aus wieder verwerteten Paletten oder Holzresten selbst zusammengezimmert, oder in Form von mobilen Beeten aus geeigneten Kisten und Behältnissen wie Bäckerkisten, Milchtüten, Plastikflaschen oder Reissäcken voller Erde. Und etwas Entscheidendes haben die neuen urbanen Nutzgärten gemeinsam: Es sind Keimzellen der gesellschaftlichen Veränderung, die auf die eine oder andere Art unserem Essen, unserem Umgang mit anderen – Menschen, Pflanzen, Tieren, Dingen –, unseren Städten, unserer Politik, uns selbst gut tun.

Wer über urbane Gärtnerei spricht, greift ein zwar von der medialen Öffentlichkeit noch wenig beachtetes doch gleichwohl weltweit verbreitetes Phänomen unserer Zeit auf. Es steht außer Zweifel, dass sich in Zukunft immer mehr Menschen zusammenschließen und ihr unmittelbares Lebensumfeld aneignen werden, um es stadtbaulich umzugestalten und gute Nahrungsmittel anzubauen. Freilich sind die Gründe dafür, warum immer mehr von uns im städtischen Raum Brachen rekultivieren, Grünflächen einhegen oder neue ›Ländereien‹ entstehen lassen, sehr unterschiedlich und vielseitig. Nicht jede Gartenvereinigung beruft sich automatisch auf alle guten Gründe, die für die urbane Agrikultur sprechen. Doch ist es gerade diese Vielseitigkeit der Gründe, die ihre utopische Kraft ausmacht.

Die globale ›Graswurzel‹-Bewegung oder genauer die globale Gemüsegarten-Bewegung rekrutiert sich nicht primär aus dem oft spießbürgerlichen Schrebergartenmilieu.[11] Während das Hauptmotiv der traditionellen Kleingärtnerinnen und Kleingärtner eher der Rückzug aus der Stadt ist, um sich in einer idyllischen Privatsphäre einzurichten, begreifen die Gemüsegarten-Aktivisten und -Aktivistinnen ihre Tätigkeit als Bestandteil und Ausdrucksform ihres großstädtischen Lebens. Viele von ihnen gehören einem urbanen Milieu an, das ›sozialökologischen Lifestyle‹ für sich nicht nur politisch reklamiert, sondern die damit verbundenen Autonomieansprüche und neuen Lebenswerte auch im Alltag selber gestalten will.[12]

Es scheint aussichtslos, die gastropolitanen Aktivitäten ideologisch als Luxushobby und Freizeitvergnügen von einigen Gemüsefreaks abzutun. So leicht wird man die sozialen Kräfte und gesellschaftlichen Gründe dieser Bewegung nicht los. Sie erwachsen der Tatsache, dass eine kleinflächige, umweltfreundliche und auf lokale Artenvielfalt bedachte Nahrungsproduktion in Zukunft zur dringend benötigten und einzig noch verfügbaren Quelle unseres Überlebens wird. Zahlreiche Studien belegen, dass die Sättigung einer wachsenden Welt-

---

11 | Vgl. Carpenter, Meine kleine City-Farm.
12 | Vgl. Werner, Eigensinnige Beheimatungen.

bevölkerung durch die Fortsetzung des heute weltweit üblichen kapital- und ressourcenintensiven und zugleich umweltschädlichen und sozial unfairen Agrarkapitalismus keine Perspektive bietet. In aller Welt werden darum nicht nur auf dem Land unter den zig Millionen Bäuerinnen und Bauern (vor allem in den Entwicklungsländern), sondern auch in den Städten (auch der westlichen Industrienationen) jene ungeduldigen Stimmen lauter, die fordern, das Menschenrecht auf Nahrung mit dem Recht auf Stadt, dem Recht auf freien Zugang zu einem kleinen Stück Land, als Gemeingut oder Allmende genutzt, zu verbinden.

Mit dem Blick auf das, was sich da in aller Öffentlichkeit, aber von der politischen Weltöffentlichkeit kaum wahrgenommen, abspielt, obliegt es einer politischen Gastrosophie, festzustellen: Schon alleine im Interesse der globalen Gerechtigkeit und einer zukünftigen Ernährungssouveränität aller Menschen wäre es wichtig, dass die neuen gastropolitanen Bewegungen und Aktivitäten durch ihre weitere Verbreitung unser städtisches Leben und unsere Ernährungsverhältnisse dauerhaft revolutionierten. Rückblickend besteht jedenfalls kein Zweifel: Mit der scheinbar unauffälligen Aktion des Gemüseanbaus inmitten der Stadt gelingt dem Sozialutopisten und Schamanen Beuys etwas Großartiges. Er wendet eine unheilvolle »Richtungskraft« (Beuys) des menschlichen Zivilisationsprozesses um; und zwar jenen massiven Urbanisierungsprozess, der seit Jahrtausenden – und speziell seit der Globalisierung des neuzeitlichen Freihandels – die Verwandlung einer bäuerlichen Menschheit in Stadtbewohner erzwingt. Inzwischen ist mehr als der Hälfte aller Menschen eine ›landflüchtige‹ Existenz auferlegt, samt einer der ›kostbaren‹ Natur entfremdeten Ernährungsweise. Darum wirken Städter, die beginnen, ihre Nahrungsmittel selbst anzubauen, an einer epochalen Transformation mit. Sie treiben jene globale Entwicklung der Weltgesellschaft in Richtung Ernährungssouveränität voran, für welche auch die internationalen Bauernbewegungen kämpfen.

Die gastropolitane Revolution der Städte einerseits sowie die gastropolitische Durchsetzung einer kleinbäuerlichen Nahrungsproduktion auf dem Land andererseits wirken zusammen als bedeutsame Richtungskräfte und bilden eine ideelle Einheit der gesellschaftlichen Veränderung. Ausdrücklich stellen Aktivistinnen und Aktivisten der urbanen Landwirtschaft in den Metropolen der Ersten Welt solidarische Beziehungen zu den bäuerlichen Produzenten und Landarbeitern in der Dritten Welt her.[13] Darüber hinaus helfen die urbane Präsenz von ›bäuerlicher Arbeit‹ und die beiläufige Wahrnehmung von ›landwirtschaftlicher Nahrungsproduktion‹ in der städtischen Öffentlichkeit, unsere diesbezügliche Selbstentfremdung zu überwinden. Nicht nur der aktive Umgang mit Selbstangebautem, sondern auch schon der passive und responsive Anblick desselben sorgt dafür, dass wir sowohl die damit verbundene Arbeit

---

13 | Vgl. Meyer-Renschhausen/Holl, Die Wiederkehr der Gärten; Bello, The Food Wars.

schätzen lernen als auch die Herkunft der dadurch gewonnenen Produkte kennen lernen. Zugleich bieten urbane Gemüsegärten den Reiz, uns ansonsten eher abstrakte Erkenntnisse der politischen Gastrosophie auf sinnlich anschauliche Weise nahezubringen. Mit Immanuel Kant gesprochen: Urbane Küchengärten stellen Versinnlichungen sittlicher Ideen dar.

Das politische Gärtnern zählt neben dem Selbstkochen, dem vernünftigen Einkauf und dem konvivialen Genuss zu den Tugenden beziehungsweise Praktiken einer politischen Ethik des Essens.[14] Im wahrsten Sinne des Wortes radikalisiert die urbane Gärtnerei die Souveränität, die Menschen entwickeln (können), sobald sie möglichst häufig von regionalen Bioprodukten leben, diese selbst zubereiten und zusammen mit anderen (Garten-)Freunden genießen: Der Eigenanbau packt die gastrosophischen Dinge im doppelten Wortsinn an ihren Wurzeln (lat. *radix, radices*). Denn die gastropolitane Praxis kultiviert Ernährungssouveränität nicht nur in der konsumtiven Form, die täglichen Lebensmittel bloß zu kaufen, zuzubereiten und zu verzehren, sondern darüber hinaus in der produktiven Form, das eigene Essen selbst anzubauen und von klein auf bis zur Ernte zu umsorgen. Diese Radikalisierung der alltäglichen Esskultur besagt: Wer ethisch gut essen möchte, wird Lebensmittel so weit und so gut wie möglich selbst produzieren wollen.

SUBSISTENZ ZWISCHEN LOKALER AUTARKIE UND KOSMOPOLITISCHER MISCHKOST

Wie viel Land und Arbeitszeit braucht ein Mensch, um genug Nahrungsmittel für den Eigenbedarf anzubauen? Die Beantwortung dieser gastrosophischen Allerweltsfrage hängt selbstverständlich von zahlreichen Variablen ab. Gartenplaner schätzen, dass 25 Quadratmeter pro Person für eine teilweise Selbstversorgung mit Gemüse, Kräutern, Beeren und Obst (inklusive Wege und Komposthaufen) reichen. 70 Quadratmeter pro Person wären für eine weitgehende Selbstversorgung und 170 Quadratmeter für eine vollständige Versorgung mit Gemüse, Obst und Kräutern erforderlich (20 Quadratmeter Gemüse für den Frischverzehr, 40 Quadratmeter Lagergemüse und Kartoffeln, 100 Quadratmeter für Beeren, Obst wie Äpfel, Birnen sowie Nüsse und 10 Quadratmeter für Wege und Kompost).[15] Welcher Flächenbedarf für den nötigen Anbau von Getreide hinzukäme, steht auf einem anderen Blatt. Ohnehin handelt sich bei diesen Zahlen lediglich um Annäherungen, da die Ertragsmengen je nach Fruchtbarkeit des Bodens, der Vegetationsdauer, des Klimas, des Wetters, des allgemeinem Wissens und der individuellen Erfahrungen bezüglich optimaler

---

14 | Vgl. Lemke, Welt-Essen und globale Tischgesellschaft, 224ff.
15 | Vgl. Heistinger, Leben von Gärten, 316.

Anbaumethoden (Mischkultur, Fruchtfolge), Arbeitszeit und Pflegeintensität anders ausfallen.

Bis heute fehlen verlässliche allgemeine Aussagen darüber, wie hoch der Pflege- und Arbeitsaufwand einer teilweisen, weitgehenden oder vollständigen Selbstversorgung wären oder welcher Grad von Selbstversorgung zu erreichen wäre, wenn die landwirtschaftliche Arbeit lediglich eine Teilzeit- und Nebenerwerbstätigkeit aller ausmachte. Für die menschliche Zivilisation des 21. Jahrhunderts ist ein wissenschaftlich derart unterentwickelter und vernachlässigter Erkenntnis- und Forschungsstand in so grundlegenden Angelegenheiten des menschlichen Überlebens und Gutlebens beschämend. Trotzdem scheint so viel bereits festzustehen: Die gegenwärtig dominanten Geschmacksgewohnheiten müssten sich extrem ändern, wollten sich die Menschen komplett selbst versorgen. Einige experimentelle Selbstversuche liefern erste Erkenntnisse zu konkreten Konsequenzen und Reichweiten einer Selbstversorgung mit möglichst lokal produzierten Lebensmitteln – einer ›locavoren Diät‹. Ein zentrales Ergebnis: Selbst unter den strikten Local-Food-Pionieren leben die wenigsten ausschließlich von Dingen, die aus einem maximalen Umkreis von 100 Meilen stammen.[16]

Mit anderen Worten, selbst wenn wir konsequent von ökologischer Landwirtschaft, lokalem Handel und saisonalem Konsum lebten, würden wir nie völlig nahrungsautark sein (wollen). Weil an vielen Orten der Erde vieles nicht wächst, was die Menschen auch dort gerne essen, wird es auch in Zukunft eine globale Agrarwirtschaftspolitik geben (müssen). Lebensmittel, die nicht lokal wachsen und produziert werden, werden weiterhin irgendwo anders von irgendwem anderen angebaut und diese Produkte dann durch die Welt transportiert werden. Diesen ›luxuriösen Zusatz‹ zu einer ansonsten lokalen Küche zu organisieren, diesen ›kulinarischen Wohlstand aller Regionen‹ durch ein entsprechend deglobalisiertes Weltwirtschaftsgeschehen zu gewährleisten, wäre die Aufgabe einer guten Welternährungspolitik.

SELBSTBESTIMMTES TUN UND VERWANDLUNG VON LOHNABHÄNGIGEN IN SELBSTWIRTSCHAFTENDE PRODUZENTEN

Stellt man die neue Gemüsegartenbewegung in einen größeren historischen Zusammenhang, fällt sofort eine entscheidende Differenz sowohl zur langen Geschichte der repräsentativen Herrschaftsgärten als auch zur bekannten Tradition der kleinbürgerlichen Schrebergärten auf. Wie die Gartenanlagen und Parks der Herrschenden vor allem dem Zweck dienten, ein Ort des Lustwandelns und erholsamen Müßiggangs zu sein, so ist auch der Kleingarten meist

---

16 | Vgl. Mackinnon/Smith, The 100-Mile Diet.

mit der primären Absicht verbunden, eine Erholung von den Strapazen der industriellen Lohnarbeit und der zumeist harten körperlichen Maloche zu bieten. Bei der urbanen Landwirtschaft ist das anders. In den urbanen Gemüsegärten wird freiwillig und gerne gearbeitet: Die gastropolitanen Naturfreunde wollen schuften und im Dreck wühlen. Wenn die Menschen, wie schon die marxistische Philosophie forderte, eine »rationelle Agrikultur« entwickeln, so dass die agrikulturelle Nahrungsproduktion »unter den ihrer menschlichen Natur würdigsten und adäquatesten Bedingungen« stattfinden kann, dann muss dies, anders als Marx dachte, keineswegs notwendig »mit dem geringsten Kraftaufwand« einhergehen.[17] Im Zeitalter einer bequemen Wissens- und Dienstleistungsgesellschaft, die bewegungsarme Büroarbeit für viele zu einer alltäglichen Realität macht, wird die körperliche Betätigung, ob in der Form von sportlichen und gymnastischen Aktivitäten, die heute große Popularität genießen, oder eben durch kraftaufwendiges Gärtnern, als etwas Gutes erfahren. Städter, die heute gemeinsam ihr Gemüse anbauen, tun dies jedenfalls, neben anderen Gründen, aus Lust und motiviert von dem gesellschaftlich bedingten Tatendrang, auch in einem physischen Sinne aktiv werden und Dinge selber machen zu wollen und dort, wo Selbst- und Weltveränderung möglich ist, auch selbst verändernd tätig zu sein.

Statt sich weiter der Entmutigung und dem schleichenden Zynismus preiszugeben, ›ohnehin nichts ändern zu können‹, gehen sie neugierig mit ihren eigenen Möglichkeiten und Energien um, etwas Gutes tun zu können. Dieses Ethos überwindet den üblichen Zeitgeist, der sich zur bequemen Rechtfertigung seiner angepassten Resignation Adornos Formel zulegt, dass es nun mal kein richtiges Leben im falschen gäbe.[18] Falsch ist diese Passivität allemal und sogar auch, was Adorno selbst angeht. Aus seiner Vorlesung zur Moralphilosophie stammt der weniger bekannte Satz, dass es darauf ankäme, so zu leben, »wie man in einer befreiten Welt glaubt leben zu sollen, gleichsam durch die Form der eigenen Existenz, mit all den unvermeidbaren Widersprüchen und Konflikten, die das nach sich zieht, versuchen, die Existenzform vorwegzunehmen, die die eigentlich richtige wäre.«[19] Der Eigenanbau von Grundnahrungsmitteln als Antwort auf die globale Nahrungskrise ist ein solcher Versuch, durch die Form der eigenen Existenz nicht die, aber doch eine eigentlich richtige Lebenspraxis vorwegzunehmen.

Diese avantgardistische Lebenskunst liegt bereits dem vermeintlich resignativen Ausspruch des Aufklärers Voltaire zugrunde, als dieser vor 250 Jahren den Protagonisten seiner berühmten Novelle *Candide* zuletzt sagen lässt, dass doch

---

17 | Marx, Das Kapital (III), 828.
18 | Vgl. Hörisch, Es gibt (k)ein richtiges Leben.
19 | Adorno, Probleme der Moralphilosophie, 37.

jeder Mensch einen eigenen Garten bestellen möge.[20] Mit dieser praktischen Aufforderung weist Voltaire den großspurigen heilsgeschichtlichen Zweckoptimismus der Aufklärungsbewegung seiner Zeit zurück. Er überlässt es uns, zu entscheiden, ob damit gemeint ist, entweder trotz aller unvermeidbaren Widersprüche und Konflikte, aller Rückschläge und gesellschaftlichen Übel an der Utopie der gesellschaftlichen Verbesserung und eines richtigen Lebens im falschen festzuhalten und eben dafür einen eigenen Garten anzulegen, oder aber die Arbeit am eigenen Garten bloß als Rückzug ins kleine Privatglück zu begreifen, das letztlich nicht mehr ist, als eine apolitische Strategie des nackten Überlebens.

Erfreulicherweise ist diese existenzielle Entweder-oder-Entscheidung längst gefallen, weil alle die, die gärtnern, den utopischen Geist der gastropolitanen Praxis schon entfesselt haben. Denn der Umstand, dass mit jedem Gemüsegarten eine bessere Welt entsteht, und die Tatsache, dass diese Gartenarbeit trotz aller Widersprüche, Konflikte und Rückschläge auch ein allgemeines Glück und eine individuelle Lust (an Gutem) ist, hängt wesentlich mit dem daraus resultierenden Zugewinn an Autonomie zusammen. Denn ganz anders als viele Tätigkeiten und Geschäfte unseres überwiegend fremdbestimmten Lebens ist das politische Gärtnern ein selbstbestimmtes Tun. Diese tätige Selbstbestimmung im Anbau von Gemüse besteht schlicht darin, dass kein Kapitalist, Arbeitgeber oder Vorgesetzter bestimmt, was getan wird. In Gemeinschaftsgärten gibt es keinen Chef, der das Sagen hat und ›fremd‹ über uns hinweg bestimmt, wer was wann auf welche Weise zu tun habe. Wer gärtnert, lebt in der Zeit seines eigenen freiwilligen Tätigseins und verwirklicht in dieser freien Tätigkeit ein echtes Stück Freiheit (der Selbstbestimmung). Insofern verrät uns das politische Gärtnern auch etwas über Freiheit.

Gerade im Kontext der politischen Philosophie entwirft die geläufige Rede von einem selbstbestimmten Leben regelmäßig abstrakte Bilder der Freiheit. Doch als bloßen Begriff genommen, bleibt ›Freiheit‹ eine Leerformel ohne konkrete Inhalte und Gesichtspunkte und obendrein blind für ihre grundverschiedenen Verwirklichungsformen in der menschlichen Alltagspraxis. Hingegen lässt sich alltägliche Selbstbestimmung in Form von bestimmten freien Tätigkeiten durchaus genauer fassen und leben: Das politische Gärtnern ist eine solche freie Tätigkeit beziehungsweise eine solche Betätigung möglicher Selbstbestimmung oder Autonomie. Das besagt aber auch: Wir müssen gärtnern, um durch die Form unserer Existenz in einem zentralen Bereich unseres täglichen Lebens (dem des Essens und seiner Produktion) möglichst selbstbestimmt leben zu können.

Dies macht verständlich, weshalb Menschen nicht ›Selbstbestimmung‹ praktizieren, sondern diese sich stets in konkreten Tätigkeiten abspielt. Ebenso

---

20 | Vgl. Voltaire, Candide oder der Optimismus.

gärtnern Menschen nicht ›um der Freiheit willen‹, sondern wegen der selbsterwirtschafteten Nahrungsmittel, deren Produktion an einer selbstbestimmten Esskultur mitwirkt. Freilich sind an dieser Alltagskultur diverse andere und oft weniger ehrwürdige Beweggründe und Tätigkeiten beteiligt. Eine wesentliche Rolle spielt dabei das verbreitete Verlangen, als psychosomatischen Ausgleich zu einseitiger Kopfarbeit ›im Freien‹ mit den eigenen Händen zu arbeiten. Dieses Motiv veranschaulicht, dass die individuelle Lust auf Gartenarbeit unmittelbar von den gegenwärtigen Lebensbedingungen abhängt und weniger subjektiv oder ahistorisch ist, als dies zunächst den Anschein haben mag.[21]

Dass die urbane Landarbeit mit Lust verbunden ist und sich sowohl in einem physischen als auch in einem ökonomischen Sinne lohnt, trägt einen weiteren wesentlichen Teil ihres allgemeinen Wertes bei. Denn lohnenswert sind daran, neben der Lust eines selbstbestimmten und körperlich-geistig ausgleichenden Tuns, eben auch die realen Früchte der eigenen Arbeit. Vor dem gesellschaftlichen Hintergrund einer massenhaften Lohnerwerbslosigkeit in allen Teilen der Welt sowie der allgemeinen ökonomischen Prekarisierung von an sich arbeitsfähigen und arbeitswilligen Menschen mit der bekannten Folge, dass eine existenzsichernde Vollzeitarbeit das alltägliche Leben und Überleben von immer weniger Menschen garantiert und existenziell bestimmt, wächst bei vielen sowohl die reale Not als auch das eigene Bedürfnis, einige Grundnahrungsmittel selbst zu produzieren. Nicht nur für Arme, Arbeitslose und Prekarisierte, sondern vielmehr für jeden, der dafür Zeit hat oder sich dafür Zeit nimmt, hat das politische Gärtnern eine handfeste ökonomische Bedeutung. Ein gewisser Grad an Selbstversorgung bedeutet eine spürbare Geldeinsparung und eine reale wirtschaftliche Verringerung des eigenen Geldbedarfs: Wer sein tägliches Gemüse und Obst – zumal in der teureren Bioqualität – nicht kaufen muss, weil er es selbst anbaut, wird proportional einen nicht geringen Teil seiner gewöhnlichen Lebenshaltungskosten senken. Weil der tendenzielle Anstieg der Lebensmittelpreise und die Verteuerung des täglichen Essens ein realistisches Zukunftsszenario ist, muss davon ausgegangen werden, dass jeder gastropolitisch aktive Weltbürger auch ökonomisch verhältnismäßig besser dran ist. Dieser globale Wohlstand aber kann nur das Resultat der eigenen Gartenarbeit sein.

In dem Maße, wie die Preise für Lebensmittel infolge der globalen Nahrungskrise weiter steigen, werden viele von uns, die mit wenig oder weniger Geld klarkommen müssen, in einen Sog der Verarmung geraten oder weiterhin dazu bereit sein, minderwertige und ethisch schlechte Lebensmittel zu kaufen. Was die Dynamik des Arbeitsmarktes angeht, ist absehbar, dass sich aufgrund fortgesetzter Automatisierungsprozesse in zahlreichen Bereichen der Wirtschaft sich zukünftig der Anteil herkömmlicher Lohnarbeit weiter verringern

---

21 | Vgl. Harrison, Gärten.

wird und in der Folge *nolens volens* mehr frei verfügbare Zeit für immer mehr Menschen tägliche Realität wird. Darin zeichnet sich der historische Übergang der kapitalistischen Phase in eine neue Gesellschaftsform ab.[22]

LOHN UND NORMATIVER MEHRWERT DER SUBSISTENZ-ÖKONOMIE

Vor dem Hintergrund dieser gesellschaftlichen Entwicklung gewinnen speziell der Eigenanbau von Lebensmitteln sowie die Eigenarbeit generell an sozialer und alltäglicher Bedeutung. Als eine in vielerlei Hinsicht lohnenswerte Lebenspraxis verleiht das urbane Gärtnern, zusammen mit einigen anderen freien Tätigkeiten, dem Ende der bürgerlichen Arbeitsgesellschaft einen geschichtlichen Sinn. Es lässt nicht nur lebensweltliche Perspektiven einer Kulturgesellschaft entstehen, sondern wirkt auch unmittelbar an der Auflösung von konventionellen Lohnarbeitsverhältnissen mit.[23] Falls immer mehr Menschen ihre eigenen Grundnahrungsmittel produzieren, vollzieht sich damit zugleich eine weitreichende Veränderung des Arbeitsmarktes als wesentlicher Bestandteil der kapitalistischen Ökonomie. Mancher kluge Kopf sah diese Dynamik voraus.

Einer von ihnen notierte sich für den historischen Übergang des Kapitalismus in die Tätigkeitsgesellschaft von morgen: »Der Lohnarbeiter von heute wird morgen unabhängiger, selbstwirtschaftender Bauer oder Handwerker. Die beständige Verwandlung der Lohnarbeiter in unabhängige Produzenten, die statt für das Kapital für sich selbst arbeiten und statt den Herrn Kapitalisten sich selbst bereichern, wirkt ihrerseits durchaus schadhaft auf die Zustände des Arbeitsmarktes zurück«.[24] Indessen schädigen der Eigenanbau von Nahrungsmitteln und das Selbstmachen von Dingen erst dann den Arbeitsmarkt und die industrielle Warenproduktion, wenn es tatsächlich zu einer massenhaften Verwandlung der lohnabhängigen Konsumentinnen und Supermarktvollversorger in lohnunabhängigere Produzentinnen und Selbstversorger käme, die statt für das Kapital für sich selbst arbeiten und statt den Herrn Kapitalisten sich selbst bereichern. Ob diese realen Tendenzen und alltagskulturellen Latenzen einer souveränen Selbstproduktion sich zu gesamtgesellschaftlichen Produktivkräften entwickeln, wird die Zukunft zeigen.

Doch anders als zu Zeiten der frühkapitalistischen Industrialisierung sind die gesellschaftlichen Gründe und Voraussetzungen für diese »notwendige Entwicklung« (Marx) heute objektiv gegeben. Und diese politisch-ökonomische Entwicklung ist auch schon voll im Gange. Jedenfalls braucht es längst keiner dialektischen Phantasie mehr, um sich auszumalen, welche weitreichenden

---

22 | Vgl. Rifkin, Das Ende der Arbeit; Gorz, Utopie und Misere der Arbeit.
23 | Vgl. Goehler, Verflüssigungen.
24 | Marx, Das Kapital, 797.

Konsequenzen es für die globale Nahrungsindustrie und die Großkonzerne hätte, würden ab morgen oder übermorgen die Massen gärtnern und sich auf diese ebenso lustige wie souveräne Weise selbst reich machen, statt wie bislang Nestlé, Aldi und all die anderen Kapitalisten durch ihren unreflektierten Konsum zu bereichern. Menschen, die Essen selbst produzieren, statt Supermärkte und Konsumtempel durch tägliche Opfergaben am Leben zu erhalten, bauen in ihren Gärten mit dem Gemüse und mit dem, was da sonst noch an Kollektivem wächst, an einer neuen, postkapitalistischen Form der Ökonomie.[25] Jedes selbst produzierte Lebensmittel stärkt eine lokale Subsistenzökonomie, die aus absolut Lohnabhängigen relativ lohnunabhängige Selbstwirtschafter macht.[26] Sich selbst zum Unternehmer zu machen, erfährt im Kontext der gastropolitanen Praxis eine den neoliberalen Zwängen zur Selbstvermarktung diametral entgegengesetzte Bedeutung.[27]

Schon lange vor Marx hatten Utopisten in der Selbstversorgung die Rückkehr der modernen Gesellschaft zu einer höheren Form der (urbanen) Landwirtschaft prophezeit. Die 1516 erschienene Schrift *Utopia* des englischen Sozialreformers Thomas Morus, die den Begriff der Utopie in das politische Denken der Neuzeit einführte, näherte sich erstmals jenem kosmopolitischen Gedanken des Gastropolitismus, dass eine Tätigkeit »alle Männer und Frauen gemeinsam ausüben: den Ackerbau«. In urbanen Gärten, so stellt Stadtplaner Morus sich vor, »ziehen sie Reben, Obst, Gemüse und Blumen von solcher Pracht und Schönheit, dass ich niemals etwas Üppigeres und zugleich Geschmackvolleres gesehen habe. Dabei spornt ihren Eifer nicht nur die Freude an der Sache selbst an, sondern auch der Wettstreit der Stadtteile untereinander in der Pflege der Gärten. Und gewiss könnte man in der ganzen Stadt nicht leicht etwas anderes finden, das dem Nutzen sowie dem Vergnügen der Bürger dienlicher wäre, und eben deshalb scheint der Gründer auf nichts größere Sorgfalt verwendet zu haben als auf die Anlage derartiger Gärten«.[28] Sollte darin keine Ironie der Geschichte stecken, dass diese Beschreibung nicht etwa aus der aktuellen Agenda eines Stadtentwicklungsprojektes stammt, worin urbanem Gärtnern eine politische Aufgabe zugeschrieben wird, sondern den ersten Traum eines utopischen Geistes ausdrückt, der an der Wiege des Kapitalismus vor ziemlich genau einem halben Jahrtausend entstand?

Noch 250 Jahre später taucht diese Wunschproduktion erneut bei dem französischen Philosophen und einflussreichen Frühsozialisten Charles Fourier auf. Der kapitalismuskritische Utopist, der im Übrigen auch Namensgeber der

---

25 | Vgl. Werlhof/Bennholdt-Thomsen/Faraclas, Subsistenz und Widerstand.
26 | Vgl. Dahm/Scherhorn, Urbane Subsistenz.
27 | Vgl. Bröckling, Das unternehmerische Selbst.
28 | Morus, Utopia, 52; vgl. Arnswald/Schütt, Thomas Morus' *Utopia* und das Genre der Utopie in der politischen Philosophie.

›Gastrosophie‹ ist, konzipiert den Bauplan einer »harmonischen Gesellschaft«, die »uns mit der Liebe zur Landwirtschaft erfüllen wird, die heute abstoßend ist und die man nur notgedrungen und aus Angst zu verhungern betreibt«.[29] Während zur Verwirklichung dieser utopischen Wunschträume damals die gesellschaftlichen Rahmenbedingungen fehlten, hat nach weiteren 250 Jahren Entwicklung die gastrokapitalistische Weltgesellschaft inzwischen alle Voraussetzungen und Notwendigkeiten dafür hervorgebracht. Weil dies so ist, erleben wir gegenwärtig die ›gespenstische‹ Verbreitung sowohl der lokalen Existenz als auch der internationalen Vernetzung der gastropolitischen Bewegungen in den Städten, aber auch auf dem Land weltweit. In allen Teilen der Erde ereignet sich seit einigen Jahren schon die globale Rebellion von Bauern, Produzenten, Koproduzenten, Konsumenten, Ökogastronomen, Food-Aktivisten und Gastrosophen jeder Couleur. Es ereignet sich die Neuerfindung des Menschen als *homo sapiens*: ein die Erde klug kultivierendes Wesen, ein Erdling mit Weisheit und gutem Geschmack. Was also spricht dagegen, dieser Neuerfindung der Menschheit und dieser Utopie einer Gesellschaft, die uns mit der Liebe zur Landwirtschaft erfüllen wird, die heute abstoßend ist und scheinbar nur notgedrungen und aus Angst zu verhungern betrieben wird, mit Charles Fourier, dem größten unter den Utopisten, den Namen ›Gastrosophie‹ zu geben?

Die Liebe zur Landwirtschaft oder, etwas unpoetischer und präziser, die agrikulturelle Eigenarbeit hat analog und alternativ zur herkömmlichen Lohnarbeit nicht nur den realen ökonomischen Wert, dass die Menschen dadurch unabhängiger von Lohneinkünften und Geld werden und sich darüber hinaus einen gewissen Wohlstand in Form von hochwertigen Grundnahrungsmitteln sichern können. Die Wertschöpfung besteht hier auch in einem normativen Wert. Denn eine Subsistenzökonomie setzt den eigentlichen Zweck des menschlichen Wirtschaftens nicht willkürlich mit Wirtschaftswachstum und dem kategorischen Imperativ der Gewinnmaximierung und dem niedrigsten Preis fest. Der Subsistenzwirtschaft liegt der normative Wertmaßstab der Suffizienz zugrunde; verstanden als den allgemeinen Sinn und die Lebensweisheit, zu wissen, wann wir genug (›Wohlstand‹) haben; also alles Notwendige, was uns in den Stand versetzt, das ethisch Gute und das dem Menschen mögliche Wohl zu leben. In urbanen Gemeinschaftsgärten wird nur erwirtschaftet, was es zum Gut-leben bzw. zum Gut-essen braucht. Die Wirtschaftstätigkeit folgt der Logik einer ethischen Ökonomie zwecks der Produktion und Konsumtion guter Lebensmittel. Der Geist einer politisch-ethischen Ökonomie befreit die landwirtschaftliche Nahrungsproduktion aus den kapitalistischen Zwängen eines in jeder Hinsicht unvernünftigen und maßlosen Wachstums.[30]

---

29 | Fourier, Theorie der sozialen Bewegungen, 51.
30 | Vgl. Paech/Paech, Suffizienz plus Subsistenz ergibt ökonomische Souveränität.

Wird das System der arbeitsteiligen Fremdversorgung und damit das Dogma des globalen Freihandels durch die Kunst der maximalen Selbstversorgung sukzessive transformiert, deglobalisieren und relokalisieren sich die Wirtschaftsprozesse des Produzierens und des Konsums. Gemeinsame Gemüsegärten sind daher auch Orte und Experimente einer sich lokalisierenden Ökonomie. Wer sich möglichst konsequent (und bequem) ethisch ernähren will, wird die begrenzte Bezugsquelle des Eigenanbaus mit weiteren Taktiken einer möglichst lokalen Versorgung etwa durch Biokisten, direkt vermarkteten Produkten oder einer Produzenten-Konsumenten-Kooperation erweitern. Werden weltweit möglichst viele Grundnahrungsmittel lokal produziert und entweder direkt und zu fairen Preisen vermarktet oder gleich marktfrei verwertet, dann werden an dieser solidarischen Wirtschaftsweise nicht länger die lokalen Produzenten und Selbstversorger leiden, sondern zur Abwechslung einmal Gastrokapitalisten, Großmarktgiganten und Lebensmittelspekulanten. Das Imperium der globalen Agrarindustrie und der allgegenwärtigen ›Supermärkte‹ verliert an Macht und wird von einem alternativen Versorgungssystem untergraben – durch politische Aktionen und Aktivitäten wie dem urbanen Gärtnern, das nach herkömmlichen Kategorien der politischen Philosophie zwar nahezu inexistent ist, aber *realiter* eine kaum zu überschätzende gesellschaftliche Wirksamkeit entfalten kann. Während das Politische des täglichen Konsums von der individuellen Kaufkraft und der objektiven Warenauswahl abhängt und als tägliche Lebenspraxis lediglich das Einkaufen gehen und Geld ausgeben beinhaltet, umfasst das politische Wesen des Gärtnerns eine einzigartige Fülle an Erlebnissen und Selbsterfahrungen, die für die Souveränität dieses Tuns und dieses Im-Guten-Tätigseins sprechen.

MENSCHEN-PFLANZEN-SYMBIOSEN UND DIE WÜRDE DER TOMATE

Wer gärtnert und sein eigenes Erntegut anbaut, entfernt sich mit Lichtgeschwindigkeit von der üblichen Naturentfremdung eines durchschnittlichen Stadtbewohners. Für jeden Menschen, der sich der unmittelbaren Interaktion mit pflanzlichen Lebewesen – mit Gemüse und anderen Vegetabilien – aussetzt, gewinnt die theoretische Einsicht, dass die industrielle Landwirtschaft auf einer Philosophie der Naturbeherrschung basiert, eine tiefere Dimension. Vor allem beginnt er die Fragwürdigkeit einer Denkweise zu ermessen, die Pflanzen jegliche moralischen Rechte abspricht und die Pflanzen-Natur als bloße Ressource und an sich wertlosen (Agrar-)Rohstoff behandelt. Im täglichen Umgang mit ihren Gewächsen und Zöglingen erleben Gartenaktivisten ein komplexes Seinsgeschehen in der wechselhaften Gestalt eines ständigen Wandels, der Geburt, des Wachstums und des Verfalls, eines schweigsamen Trotzes, mit dem sich Pflanzen unguten Realitäten und Widrigkeiten wie Krankheiten, Befall und Anfeindungen widersetzen. Diese Menschen nehmen teil an einer immer noch weitestgehend unbekannten Welt der wortlosen Kommunikation und der raffinierten Symbiosen, des üppigen Spiels der Farben, Düfte und Formen, der Verführungen einer geheimnisvollen Sexualität der ›Fortpflanzung‹, des Stolzes von Reife und Pracht, des Wohlgedeihens und der verschwenderischen Fülle, aber auch des traurigen Mangels und der leidvollen Entbehrung: Wer gärtnert, wird Teil einer in ihrer unerklärlichen Komplexität und Selbstständigkeit faszinierenden Welt. »In der Tat, vielleicht ist das Staunen der Beginn nicht alleine der Philosophie, sondern auch des Gärtnerns. Vielleicht könnten wir damit beginnen, über das Kultivieren von Gärten als Orte der Verzauberung nachzudenken, da solche Erfahrungen uns gegenüber der Fremdheit, der Vitalität und der Schönheit der Welt öffnen«.[31]

Wir müssen die Pflanzenwelt nicht künstlich verzaubern, um zu verstehen und ein ums andere Mal darüber zu staunen, dass in gastropolitanen Gemüsegärten und überall dort, wo Kulturpflanzen ethisch gut behandelt werden, diese Gewächse als eigenständige Lebewesen heranwachsen, die ebenso wie die Menschen als Pflanzen und Gewächse dieser Erde mit der natürlichen Gabe ausgestattet sind, gemäß ihres spezifischen Wohls gedeihen zu können. Bislang verweigert die philosophische Ethik diesen eigenständigen Wesen und nichtmenschlichen Mitbewohnern die moralische Anerkennung und Achtung ihres Eigenwertes und ihrer Eigeninteressen. Immer noch sprechen Philosophen von Pflanzen etwa als ›Selbstregulierungssystemen‹, die möglicherweise auf gewisse eigene Ziele ausgerichtet seien, aber letztlich doch eine niedrigere Lebensform als Tiere und Menschen darstellten. Man erwägt zwar ihre ›Empfindungsfähigkeit‹, was sie analog zu tierethischen Begründungsweisen immerhin schon zu Kandidaten möglicher moralischer Rechte erhebt.[32]

Doch bis heute existiert keine, mit der neueren Tierethik vergleichbare, allgemeingültige Pflanzenethik, die Pflanzen zu Trägern moralischer Rechte und zu Subjekten einer ethischen Verpflichtung seitens der Menschen machen würde. Aber jüngste naturwissenschaftliche Erkenntnisse der Pflanzenbiologie untermauern, was Gemüsegärtner und -gärtnerinnen längst wissen: Tomaten sind individuelle Wesen, denen es in ihrem Streben um dieses Leben selbst und dessen Wohlgedeihen geht. Tomaten wie jede andere Pflanze haben ein eigenes Interesse an Licht, Nährstoffen, Wasser, Bewegung, Sex, Spiel und vermutlich vielen anderen Dingen und Erlebnissen, von denen wir nichts wissen. Obgleich diese Wesen vermutlich nicht vernunftbegabt sind, hatte ihnen Aristoteles immerhin eine eigene Seele zugesprochen.[33] Doch ist die Idee der ›Pflanzenseele‹

---

31 | MacDonald, Hortus incantans, 133.
32 | Vgl. Rippe, Ethik im außerhumanen Bereich.
33 | Vgl. Ingensiep, Geschichte der Pflanzenseele.

in der aristotelischen Philosophie letztlich Bestandteil einer streng hierarchischen Metaphysik der Lebewesen (mit dem Menschen an oberster Stelle) geblieben. Während die lange unglückselige Geschichte des naturphilosophischen Denkens den Pflanzen jede ethische Würde abspricht, bringt jeder, der Gemüse mit Liebe anbaut, diesen Seelchen den ihnen gebührenden moralphilosophischen Respekt entgegen.

Aus einer solchen moralischen Sensibilität und dieser kritischen Haltung gegenüber dem respektlosen Umgang mit ›der Natur‹ insbesondere durch die industrielle Agrarproduktion heraus, werden neuerdings politische Forderungen nach ethischen Grenzen des menschlichen Verhaltens auch gegenüber Pflanzen laut. Analog zur Tierquälerei der Massentierhaltung spricht der Naturphilosoph Meyer-Abich von einer Pflanzenquälerei durch die monokulturellen Anbaumethoden, bei denen »Pflanzen genauso in Massen gehalten und ›produziert‹ werden wie Tiere. Es wird Zeit, auch der Pflanzenquälerei zu gedenken und Pflanzen aus artgerechter Haltung in der Ernährung ebenso den Vorzug zu geben wie Tieren«.[34]

Zu begründbaren moralischen Pflanzenrechten gehören: das Recht auf Fortpflanzung zum Schutz ihres Missbrauchs durch die so genannte Terminator-Gentechnologie; das Recht auf Eigenständigkeit und Evolution zum Schutz ihrer Misshandlung durch grenzenlose Züchtung und Manipulation; das Recht auf Freiheit zum Schutz gegen ihre Patentierung und Privatisierung sowie das Recht auf Überleben und Wohlleben der eigenen Art als Anspruch ihres schlichten Daseins auf dieser Erde.[35] Solche pflanzenethischen ›Rechte‹ konkretisieren sich aus der Perspektive derer, die gleichsam hautnah mit jedem Gartengewächs und deren individuellen Eigenarten in der einfachen Handarbeit des Kultivierens interagieren.

Der spezifische Modus dieser pflanzenethischen oder hingebungsvollen Arbeitsweise kommt in der althochdeutschen Umschreibung der Agrikultur als einem Hegen und Pflegen treffend zum Ausdruck. So zeigt sich der selbstbestimmte (moralisch autonome) Charakter der agrikulturellen Tätigkeit gerade nicht darin, dass über die Pflanzen wie über leblose Objekte oder Materialien ›frei‹ verfügt wird. Stattdessen beruht die moralische Autonomie im Gärtnern darin, dass das eigene Tun sich von den Erfordernissen und Eigenheiten (des Lebens und ›Selbstseins‹) des kulturell umsorgten Gemüses bestimmen lässt. Die einfühlsame Logik und die ›mimetischen‹ oder umwelt- und fürsorgeethischen Methoden der agrikulturellen Arbeit leiten sich gleichsam vom »Vorrang des Objekts« ab, um noch einmal einen zentralen Gedanken der Moralphilosophie Theodor Adornos buchstäblich in einen anderen Kontext zu verpflanzen.

---

34 | Meyer-Abich, Praktische Naturphilosophie, 427.
35 | Vgl. Kallhoff, Prinzipien der Pflanzenethik; Hall, Escaping Eden.

Dementsprechend gehört zu den praktischen Anforderungen eines guten Gärtnerns die Fürsorge, alles zu tun, damit es der Pflanze gut geht und die Achtsamkeit gegenüber allem, was ihrem Wohlgedeihen förderlich ist. Menschen, also vernünftige Wesen, die fähig sind, diesen Kultus zu praktizieren, machen sich zu ›Freunden der Pflanzen‹, die deren Eigenheiten kennen, deren Stärken und Schwächen, deren Wert und Wirkungen, deren Verhalten gegenüber Sonne, Regen, Wärme, Kälte, Tages- und Jahreszeiten, Wetter, Klima, Tieren, anderen Pflanzen und Umwelteinflüssen wie dem Tun und Lassen der Menschen. Kulturpflanzen sind wie Kinder: eigenständige aber pflegebedürftige Wesen, die ständige Umkümmerung und Liebe (Hingabe) brauchen, damit sie gut gedeihen; ohne dass je gewiss ist, was aus ihnen am Ende wird. Man kann deshalb sagen: »Dies mag eine der weitreichendsten Seiten der neuen urbanen Gartenkultur sein: Zu erleben, was es braucht – an Wasser, Boden, Luft, an Pflege und Versorgung – damit zwischen Himmel und Ackerkrume Kulturpflanzen gedeihen können, und zu erleben, dass dies schlicht und einfach möglich ist«.[36]

Das Faszinosum des Wachstums – des Werdens und des Seins eines eigenständigen Lebewesens aus dem Nichts – trägt die responsive Haltung des Gärtnerns. Doch dieses sich selbst durch anderes bestimmen lassende Tun sorgt sich nicht nur um das gute Leben der Tomate; es ist nicht nur gut für die Tomate, sondern auch für die Tätigen selbst. Denn wer gärtnert, lernt permanent neue Dinge, beschäftigt sich mit Fragen des Gartenbaus und der Pflanzenpflege, macht sich mit den Kräften, Stärken, Schwächen und Eigenheiten nichtmenschlicher Seelen vertraut und bildet sich selbst aufgrund dieser intensiven Beziehung zu einer erfahrenen Gärtnerin und Gemüseliebhaberin oder zu einem erfahrenen Gärtner und Gemüseliebhaber aus. Im Austausch mit anderen wachsen die eigenen Sachkenntnisse und Einsichten in die gastrosophischen Zusammenhänge der Menschen-Pflanzen-Symbiose und Seelenverwandtschaft.

Vor allem aber sind es die gartenethischen Tugenden der Fürsorge und Achtsamkeit, der Geduld und Hingabe, der Sensibilisierung für das Kleine und dergleichen Dinge einer praktischen Vernunft, die bewirken, dass das Kultivieren von Gemüse auch ein Selbstkultivieren der Menschen ist und »das Gärtnern zu einer Aktivität macht, die den moralischen Charakter derer, die so tätig sind, verbessert«.[37] Diese Erkenntnis steckt auch in dem bereits erwähnten Orakel Voltaires, wir mögen ›unseren Garten‹ bestellen: Wir selbst sind Gärten, komplexe Lebensformen, die es zu kultivieren gilt, und zwar am besten so, dass darin kraft einer gastrosophischen Selbst-Kultivierung auch das Gedeihen von köstlichem Gemüse inbegriffen ist. Wenn sich die Menschen landwirtschaftlich betätigen und zu selbstwirtschaftenden Produzenten ihres Essens machen,

---

36 | Heistinger, Leben von Gärten, 315.
37 | Brook, The Virtues of Gardening, 14.

dann bedeutet dies, dass sie sich so als ein ethisches Selbst aktivieren und pflegen. Wie sonst soll sich ›die Welt‹ verändern, wenn nicht dadurch, dass wir selbst das, was wir tun können und tun müssen, damit sich die Dinge verändern, tatsächlich auch tun: so etwa die Dinge und die Welt eines falschen Essens durch unsere eigene bessere Esskultur verändern – mit all den unvermeidbaren Widersprüchen und Konflikten, die dies nach sich zieht.

Vielleicht wäre es angebracht, hier etwas poetischer mit Charles Fourier von der »Liebe zur Landwirtschaft« zu sprechen – oder etwas technischer mit Karl Marx von einer »rationellen Agrikultur unter der Kontrolle der assoziierten Produzenten«.[38] Doch es kommt nicht so sehr darauf an, ob man die Sprache der Liebe, der Kontrolle oder der Fürsorge und der Selbstkultivierung oder irgendeine andere Begrifflichkeit wählt (solange sie den Punkt trifft). Weit entscheidender ist die Einsicht, dass eine bäuerlich-gärtnerische Nahrungsproduktion und biologisch-landwirtschaftliche Anbaumethoden, die vor allem auf einer arbeitsintensiven und hingebungsvollen, umweltfreundlichen und artgerechten Interaktion mit unseren Nutzpflanzen beruhen, der industriellen Naturbeherrschung in Form von Monokultur und Massenpflanzenhaltung nicht bedürfen und auf den umweltschädlichen und unökonomischen Einsatz von großen Maschinen, von künstlichen Organismen und Mitteln zur Pflanzenmast oder ›Düngung‹, zur Vernichtung von ›Unkraut‹ und zur Bekämpfung von ›Schädlingen‹ verzichten können.

MONSANTOS SAATGUTIMPERIUM UND KUBAS POSTKOMMUNISTISCHE GARTENPARADIESE

Die schutzlose Existenz einer ungeborenen Pflanze steckt in dem wundersamen Gebilde, das wir die Saat nennen: Das Saatgut ist der Anfang allen Lebens und Essens. Seit der Erfindung der Landwirtschaft während der neolithischen Revolution vor mehr als 10.000 Jahren haben kluge Menschen – Bauern – an der Vielfalt von essbaren Pflanzen gearbeitet. Von Generation zu Generation haben sie ihr agrikulturelles Erfahrungswissen erweitert und ihre Weisheiten weitergegeben. In jüngster Vergangenheit ist innerhalb von nicht einmal 200 Jahren diese einzigartige Fülle dramatisch geschrumpft. Laut einer Schätzung der Welternährungsorganisation der Vereinten Nationen ist weltweit 75 Prozent der Kulturpflanzenvielfalt verschwunden. Hauptursache sind die agrarindustrielle Monokulturproduktion sowie neue Eigentumsrechte, die aus Saatgut als einem Gemeingut, das Bäuerinnen und Gärtner und letztlich alle Menschen miteinander teilen, eine registrierte und rentable Ware machen, die einige Konzerne als ihren Privatbesitz begreifen. Nur ein einziges Unternehmen, der US-ameri-

---

38 | Vgl. Fourier, Theorie der sozialen Bewegungen, 51; Marx, Das Kapital (III), 131.

kanische Saatguthersteller Monsanto, hält die Patentrechte auf 90 Prozent aller genetisch modifizierten Nutzpflanzen.[39]

Während etwa in den meisten Regionen Europas in vielen Erwerbsgärtnereien und selbstverständlich auf Bauernhöfen viele Sorten bis Mitte des 20. Jahrhunderts selbst vermehrt wurden, ging die Züchtung danach weitestgehend in die Hände von kommerziellen Saatgutzüchtern. Es verschwanden nicht nur viele Haus- und Hofsorten von den Äckern und aus den Gärten, sondern auch das Wissen um die Auslese und Vermehrung von Gemüsen, Kräutern und Getreiden. Die Erkenntnis, wie leicht Sorten verloren gehen und Arten aussterben, macht deutlich, wie wichtig und weitreichend es ist, dass viele Menschen den Anbau und die Diversifizierung von Kulturpflanzen selbst in die Hand nehmen. Einzig und alleine von diesen kleinen Handlungen und Initiativen, die weltweit diese unwiederbringlichen genetischen Informationen retten und um die einzigartige Seinsvielfalt an Lebewesenideen und -varianten kämpfen, hängt es ab, ob die Weltbevölkerung sich auf eine Zukunft hinbewegt, in der Ernährungssicherheit und Ernährungssouveränität herrschen oder Hunger und Kriege um knappe Nahrungsquellen.

»Dort, wo Gefahr ist, wächst das Rettende auch« – diese automatische Befreiungsformel des Poeten Hölderlin, derer sich Martin Heidegger so gerne bediente, um an der Möglichkeit einer besseren Welt festzuhalten, erweist sich im vorliegenden Kontext als ebenso griffig wie ungenau.[40] Denn damit das Rettende wirklich wachsen kann, braucht es vor allem eins: fürsorgliche Saatgutaktivisten und -aktivistinnen sowie die mutige Verteidigung von verachteten und wehrlosen Pflanzen, also Dingen, über die Heideggers Philosophie ›des Seins‹, der ›Erde‹, der ›Sorge‹ und der ›Dinge‹ merkwürdig wenig Auskunft gibt. Die Welt vor der Gefahr des globalen Ernährungsnotstandes durch Gewächse, Saatgutsorge und Seinsvielfalt oder ›Biodiversität‹ zu retten, ist ohne komplizierte Heideggereien möglich, aber auch ohne durchindustrialisierte Ländereien und Großtechnologien. Bei den meisten Kulturpflanzen genügt ein Stück Land oder eine andere kleine Anbaufläche und ein wenig Kultur und Selbsttechnik; vor allem aber die Hingabe zum selbst angebauten und ›sein-gelassenen‹ Gemüse.[41] Indem viele Menschen an vielen Orten mit viel Liebe Pflanzen anbauen und ihr Wachstum pflegen, könnte die Menschheit noch im letzten Moment einen Rettungsweg nutzen, um dem drohenden Zusammenbruch der derzeit global dominierenden Art und Weise der landwirtschaftlichen Nahrungsproduktion zu entkommen.

Wenn Karl Marx schon vor geraumer Zeit davon sprach, dass »die rationelle Agrikultur unverträglich ist mit dem kapitalistischen System«, dann müssen

---

39 | Vgl. Robin, Mit Gift und Genen.
40 | Heidegger, Die Frage nach der Technik.
41 | Vgl. McWhorter/Stenstad, Eating Ereignis.

wir heute erkennen, wie schwer diese frühe gastrosophische Einsicht zu widerlegen ist. Doch die Menschheit scheint aus ihren Fehlern zu lernen. Die Internationale Kommission für die Zukunft des Essens und der Landwirtschaft stellte anlässlich einer ihrer ›Terra-Madre‹-Veranstaltungen im italienischen Turin der Weltöffentlichkeit unlängst das *Manifest zur Zukunft der Saat* vor. Es fällt nicht schwer, den Grundgedanken dieses Manifestes zu verstehen: »Die zukünftige Evolution der Menschheit geht Hand in Hand mit der Zukunft und der freien Evolution unserer Saat«.[42]

Überall, wo gastropolitane Kräfte und Früchte wachsen, wird der Beweis geführt: Berühmte Biogärtner wie Joseph Beuys oder Biogärtnerinnen wie Michelle Obama oder einfache Leute wie Sie und ich und alle anderen Aktivisten und Aktivistinnen in Berlin, New York, Havanna, Shanghai, Kinshasa oder sonst wo und erst recht die Massen rebellischer Bäuerinnen und Bauern in den südlichen Entwicklungsländern – wir alle können erheblich mehr und für alle gute Nahrungsmittel im offenkundigen Gegensatz zur kapitalistischen Agrarindustrie erwirtschaften. Aufbauend auf ihr traditionelles landwirtschaftliches Wissen, beginnt die Menschheit, neue intelligente und effiziente Methoden zu entwickeln, um in Kooperation mit den Kräften der Natur (und nicht länger gegen diese) bessere Ernten zu erzielen.

Beispielhaft lehrt die urbane Landwirtschaft des postkommunistischen Kubas die Welt, wie Produktivitätszuwächse in Zukunft erwirtschaftet werden: In den inzwischen unzähligen Gemüsegärten Havannas steigen die Ernteerträge von Jahr zu Jahr an; von bescheidenen 1,5 Kilogramm pro Quadratmeter zu Beginn (1994) über 25,8 Kilogramm innerhalb nur weniger Jahre (2001) bis zu einer Millionen Tonnen Gemüse im Jahr 2011.[43] In *Organopónicos* (Hochbeeten), *Huertos Intensivos* (Gemüsegärten auf freiem Feld) oder *Huertos Populares* (Volksgärten) werden Zwiebeln, Mangold, Rettich, Pok Choi, Knoblauch, Tomaten, Kohl, Spinat, Brokkoli, Kopfsalat, Karotten, Avocados, Gurken, Sorghum, Kräuter und medizinische Heilpflanzen angebaut. Pflanzengemeinschaften durch den Anbau von zwei verschiedenen Pflanzenarten in einem Beet sind üblich, um den Ertrag zu steigern und unerwünschte Mitesser fernzuhalten oder geschickt abzuspeisen. Worauf es bei diesen Anbaumethoden ankommt, ist es, die üblichen Agrarchemikalien wie Pestizide und künstliche Dünger durch biologische Mittel zu ersetzen. Ringelblumen, Basilikum und Mangold werden eingesetzt, um Blattläuse und Käfer von den Beeten abzuhalten; auch dicht aneinander gepflanzte Zwiebeln und Knoblauch wirken wie natürliche Grenzen. Sonnenblumen und Mais wiederum locken nützliche Insekten wie Marienkäfer und Florfliegen an. Aus ähnlichen Gründen wird Sorghum um die Beete herum

---

42 | Shiva, Manifestos on the Future of Food and Seed.

43 | Vgl. Holl, Die neuen Gemüsegärten von Havanna; Kälber, Urbane Landwirtschaft als postfossile Strategie.

angepflanzt: Insekten mögen es und verbringen ihre Zeit lieber darauf als auf Gemüseblättern.

Es ist wohl wahr, was einige Sympathisanten der zweiten kubanischen Revolution frohlocken: Wenn dir jemand erzählt, es sei unrealistisch, eigene Nahrung in großen Städten anbauen zu können, dann erzähle ihm von Havanna, einer Stadt von 2,5 Millionen Einwohnern, die über 1.000 öffentliche Gärten hat und 200.000 Menschen beschäftigt, die frisches Obst und Gemüse der Stadt produzieren.[44] In Kuba wie vielerorts zeigt sich schon heute, dass urbane Landwirtschaft in Zeiten der globalen Ernährungskrise und Ressourcenknappheit die sichere und souveräne Versorgung mit lokalem Essen übernimmt. Havanna ist auch ein wichtiges Übungsfeld für soziale und kulturelle Innovation: Dass ausgerechnet ein Gartenprojekt inmitten einer europäischen Metropole und der Hauptstadt Deutschlands, der 2009 gegründete Berliner Prinzessinnengarten, mit seinem Anbau in Bäckerkisten und Reissäcken laut Selbstaussage wesentliche Impulse aus der kubanischen *Agricultura Urbana* bezieht, unterstreicht auf unerwartete Weise, warum das postkommunistische Kuba mit seiner *Revolución Verde* – seiner gastropolitanen neogrünen Revolution – vielleicht noch einmal als Hoffnungsträger für eine bessere Zukunft herangezogen werden darf. Und tatsächlich: Die Weltöffentlichkeit belohnte 2010 Kubas Anstrengungen mit dem *Goldman Environmental Prize*, dem weltweit bedeutendsten Umweltpreis.[45]

Revolution der Städte

Je häufiger und je mehr Menschen sich in Städten zusammentun, um vor Ort einige ihrer Nahrungsmittel zu produzieren und auf diese Weise an der Welt eines besseren Essens (und Lebens) mitzuwirken, desto spürbarer wird es, dass diese Aktivitäten auch das urbane und politische Leben verändern. Was würde passieren, wenn die transnationale Graswurzel- und Gemüsegartenbewegung die Städte und Metropolen auf jedem Kontinent der Erde über Nacht verwandelte? Wenn weder Verkehrschaos und Autoabgase, Straßenasphalt und Betonwüsten noch Straßenunruhen und Hungerrevolten oder arbeitslose Bauern und Mega-Slums der Armut die Zukunft einer urbanisierten Menschheit prägen würden,[46] sondern Keimzellen, Gartenparadiese und Obstoasen an jeder Ecke

---

44 | Vgl. Notes from Nowhere, Wir sind überall, 155.
45 | Vgl. Funes/Garcia/Bourque, Sustainable Agriculture and Resistance.
46 | Diese düstere und wahrscheinlichere Zukunft malt sich etwa Mike Davis in seinen Schriften aus. Siehe: Davis, Planet der Slums; ders., Die Geburt der Dritten Welt; ders., Wer wird die Arche bauen?

sowie Hobbyimker, Pflanzenfreunde und Gemüsegemeinschaften das Stadtbild beherrschten?

Wie auch immer wir uns die Stadt von morgen ausdenken, eins scheint festzustehen: Damit es zu einer gastropolitanen Revolution der Städte kommt, werden Stadtbewohner wie Stadtplaner ›Stadt‹ von Grund auf neu denken lernen müssen. Und wir können das ›Essen‹ nutzen, um andere Wünsche zu produzieren und Bilder zu entwerfen, wie wir uns Städte vorstellen, wie wir sie planen, sie bauen, sie versorgen, sie bewohnen und uns in ihnen wohlfühlen oder verlieren. Es wird dabei nicht nur um neue Raummodelle im Städtebau gehen und um tief greifende Reformen in den städtischen Ämtern und bürokratischen Zuständigkeiten. Damit alternative ›gastropolitane‹ Konzepte der Stadtentwicklung die Politik beherrschen, werden einige urbanistische und stadtphilosophische Denkgewohnheiten zu hinterfragen sein. Denn es braucht vor allem eine neue Gastrosophie und politische Ethik des Stadtlebens, damit wir uns an den Gedanken gewöhnen können, dass der Eigenanbau von Lebensmitteln wie kaum eine andere gesellschaftliche Aktivität jene gewaltigen und wundersam erneuerbaren Energien birgt, die durch nur wenige Kunst- und Handgriffe vieles an uns verstädterten Menschen und zugleich vieles auf dem Land radikal verändert und verbessert.

Die urbane Zivilisation 3.0 beginnt mit der Versöhnung einer ohnehin absurden und obendrein fatalen Abgrenzung, die einst einige theorieverliebte Philosophen und Prototypen des modernen Stadtmenschen dazu nutzten, um einen künstlichen Gegensatz zwischen Stadt und Land, zwischen städtischer Existenz und bäuerlicher Landarbeit zu konstruieren. Man kann die Anfänge einer derartigen Abgrenzung und Abwertung alles dessen, was mit dem Ländlichen zu tun hat, bei Platon, dem Urautor der Philosophie nachlesen. Im Dialog *Phaidros* setzt er diese Naturentfremdung des Städters anschaulich in Szene.

Phaidros begleitet Sokrates bei einem Spaziergang außerhalb der Mauern Athens. Als der städtische Intellektuelle über die Natur der ländlichen Umgebung und Feldbewirtschaftung staunt, kommentiert Phaidros diese Haltung des Philosophen mit den Worten: »In der Tat einem Fremden gleichst du, der sich umherführen lässt, und nicht einem Einheimischen. So wenig wanderst du aus der Stadt über die Grenze, noch auch selbst zum Tore scheinst du mir hinauszugehen«.[47] Bezeichnend ist die Erklärung, die Platon daraufhin Sokrates in den Mund legt, wenn dieser zur Rechtfertigung seines landflüchtigen Verhaltens argumentiert: »Dies verzeih mir schon, o Bester. Ich bin eben lernbegierig, und Felder und Bäume wollen mich nichts lehren, wohl aber die Menschen in der Stadt.« Schon diese wenigen Worte genügen, um jene wirkungsmächtige und folgenreiche Gedankenwelt einer strikten Hierarchie entstehen zu lassen, die das ›lehrreiche‹ Stadtleben als etwas kulturell und philosophisch Erstrebens-

---

47 | Platon, Phaidros, 230c-d.

wertes und an sich Hochwertiges von der ›Idiotie des Landlebens‹ abgrenzt (um an eine spätere Formulierung von Marx zu erinnern). Der platonische Sokrates entwirft hier jenes die Geschichte unserer Zivilisation beherrschende Wertesystem, welches die bäuerliche Landwirtschaft strikt der Urbanität des geistigen und notwendig naturfernen Stadtlebens als der wahren Wirkungsstätte eines menschengemäßen Daseins gegenüberstellt.

Freilich war schon damals wie noch heute dieses Wertesystem einer philosophisch legitimierten Naturentfremdung gesellschaftlich umstritten und politisch umkämpft. Xenophons Erinnerungen an Sokrates lassen erahnen, dass der historische Sokrates, im Gegensatz zu Platons fiktivem Sokrates, eine durchaus andere Haltung zur Natur der umliegenden Felder und Bäume und zur urbanen Agrikultur und Subsistenzwirtschaft gehabt haben könnte, die im Übrigen auch besser zur bäuerlichen Bürgergesellschaft des antiken Athen und zum klassischen Polis-Leben seiner Zeit passt.[48] Doch zweifelsohne sind mit der Geburt der Stadt einzigartige Errungenschaften der kulturellen Evolution der Menschheit verbunden gewesen. Neben architektonischen Leistungen wie dem Bau von prachtvollen Monumenten, Tempelanlagen, Palästen, Herrschaftshäusern, Regierungssitzen, Machtzentren, öffentlichen Straßen und Marktplätzen entsteht erst mit der Stadt das geistig-kulturelle Leben der Menschen in Form von Kunst, Literatur, Theater und nicht zuletzt Philosophie und Politik. Für die antiken Athener hatten die Begriffe ›menschlich‹ und ›polis‹ eine synonyme Bedeutung. So verwundert es nicht, wenn Platons Schüler Aristoteles in seiner Theorie der Politik davon spricht, dass nicht das bäuerliche Leben, sondern nur die Polis – die Stadt – ein ›gutes Leben‹ (gr. *eu zen*) ermögliche.[49]

Gleichwohl lenkt das vertraute Bild von der Stadt als dem *genius loci* eines guten Lebens und dem Nährboden der menschlichen Kultur-Entwicklung von der fundamentalen Voraussetzung und Ermöglichungsbedingung dieser *conditio humana* ab: Die urbane Zivilisation ist und bleibt ohne die sie ernährende und mit allen nötigen Lebensmitteln versorgende Landwirtschaft undenkbar. Den historischen Stadtgründungen geht die revolutionäre Entdeckung der bäuerlichen Arbeit voraus, deren kontinuierliche Nahrungserzeugung erst dafür sorgte, dass größere Menschengruppen sich dauerhaft an einem Ort niederlassen konnten und ein kleiner Teil von ihnen zugleich anderen urbanen Tätigkeiten nachgehen konnte. Hätte keiner auf Feldern und Bäumen für andere angebaut und würde sich niemand um die Agrikultur kümmern, würde die städtische Kultur im Nu verhungern und der menschliche Geist wie ein ungepflegter, welker Kopfsalat verkümmern.

Der Irrglaube von Platon und Platonikern aller Art, dass die Natur – Gemüsefelder, Äcker, Obstbäume – und die Landarbeit uns nichts lehren würden,

---

48 | Vgl. James, Every Cook Can Govern; Wood, Peasant-Citizen and Slave.
49 | Vgl. Aristoteles, Politik, 1328a36-40.

sondern dies einzig und allein die Menschen in der Stadt könnten – dieser philosophische Glaube ist immer noch das, was er von Anfang an war: eine fatale Selbstentfremdung der Städter, die den gastrosophischen Bezug zu den elementaren Grundlagen und Ressourcen ihrer eigenen Existenz verloren haben. Wir können diese alten Glaubenssätze und Denkgewohnheiten getrost vergessen. Wir sollten dies sogar, weil uns gerade diese Philosophie mehr als alles andere davon abhält, zu erkennen, in welchem Ausmaß das tägliche Nahrungsgeschehen das städtische Leben formt.

Gastropolis (II): Zur Gastrosophie der Stadt

Obgleich die landwirtschaftliche Nahrungsproduktion traditionellerweise nicht inmitten der Stadt stattfindet, wurde Urbanität schon immer beträchtlich durch das Nahrungsgeschehen geprägt. Dies geschah zumeist in der konkreten Gestalt einer umfassenden Fremdversorgung der Stadtbevölkerung mit Lebensmitteln und Fertigkost, die irgendwo auf dem Land von unbekannten Bäuerinnen und Bauern produziert wurden. Die Anlieferung aller erforderlichen Produkte ist ein wesentlicher Grund für die Notwendigkeit und für das Ausmaß von Verkehrssystemen aus Straßen, Schienen, Flussläufen und neuerdings auch Flugzeugen. Der Raumbedarf dieses Transportwesens bestimmt einen beachtlichen Anteil des gesamten Stadtgefüges und zwingt diesem seine physische Eigenlogik auf.[1] Heute ist der globale Güterverkehr nicht nur einer der größten Verursacher von Lärm und Luftverschmutzung. Weil immer häufiger Milch und Wasser, Tomaten und Schweinehälften von einem Ort der Welt zu einem anderen transportiert werden, um nicht selten von dort in verarbeiteter Form wieder zurückverfrachtet zu werden, verbraucht der steigende Lebensmitteltransport speziell durch Straßen wertvolle und begrenzt verfügbare Flächen in städtischen Lebensräumen.

Das Essen prägt darüber hinaus das Stadtbild auch in Form von zahllosen markanten Bauwerken und Infrastrukturen wie Schlachthöfen, Fabrikanlagen und unzähligen Betriebsstätten der industriellen Nahrungsmittelverarbeitung. Noch augenscheinlicher und lebensweltlicher wird die prägende Bedeutung des Essens für die physische Topologie und die kulinarische Identität von Städten freilich durch die vielgesichtige Verräumlichung des Lebensmittelhandels und der gastronomischen Aktivitäten: Märkte, Restaurants, Cafés und Bistro- oder Gastroplätze, Imbissbuden, Fastfood-Ketten, Supermärkte, Feinkostläden, Einkaufszentren usw.[2] Dazu stellt die britische Stadtforscherin Carolyn Steel in ihrer einschlägigen Studie *Hungry City* fest: »Die Versorgung von Städten ist

---

1 | Vgl. Berking/Löw, Die Eigenlogik der Städte.
2 | Als Klassiker der gastrosophischen Stadtbeschreibung und Stadtforschung siehe: Zola, Der Bauch von Paris.

ein gewaltiger Akt; ein Akt, der ersichtlich größeren sozialen und physischen Einfluss auf unser Leben und den Planeten hat als alles andere, was wir sonst tun«.[3] Dass unser tägliches Essen die einzigartige Kraft besitzt, ganze Städte zu formen, ist der zentrale Grundgedanke einer Gastrosophie der Stadt.

Die physische Architektur ebenso wie der alltägliche Lebenspuls einer Stadt wird durch diese magische und zugleich gigantische Aktivität bestimmt. Indes führt die schiere Größe und allgegenwärtige Macht des Nahrungsgeschehens gewöhnlich dazu, dass es unsichtbar bleibt. Ganz so, wie man den Wald vor lauter Bäumen nicht sieht, sehen wir die Stadt konstituierende Wirksamkeit des Essens vor lauter Alltäglichkeit und Omnipräsenz nicht. Doch diese gewohnte Durchsichtigkeit des ›Stadtessens‹ und der Stadt als einer Stätte des Essens wird neuerdings durch den globalen Schwarm der urbanen Gemüsegartenbewegungen und deren kollektive Intelligenz durchbrochen.[4] Und plötzlich verwandelt sich ›die Stadt‹ in ein ›öffentliches Lokal‹ und wird darüber hinaus als urbanes und urbares ›Land‹ erkennbar, wo durchaus und auf bequeme Weise viele Lebensmittel angebaut werden können.

Wie aber wird die gastropolitane Stadt der Zukunft aussehen? Hat sie Ähnlichkeiten mit der utopischen Gartenstadt, mit den *Garden Cities of Tomorrow*, wie sie der britische Stadtplaner Ebenezer Howard bereits vor mehr als 100 Jahren entwarf? Fest steht, dass mit der wachsenden Popularität von Gemüsegärten auch ein absehbarer Bedarf an geeigneten Flächen entsteht, der mit anderen Nutzungen konfligieren wird.[5] Während in der Vergangenheit der Urbanisierungsprozess gleichbedeutend war mit einer flächenmäßigen (suburbanen) Ausdehnung von Städten auf Kosten des ländlichen Raums und auch des landwirtschaftlich nutzbaren Bodens, sind dem zukünftigen Stadtwachstum physische Grenzen gesetzt. Die Erhaltung, Qualifizierung und Rückgewinnung von Nutzflächen und Ackerböden werden wichtiger und unumgänglicher als die territoriale Expansion. Erst recht können riesige, bislang ungenutzte und ›unwirtliche‹ Stadtflächen wie Grünstreifen, Brachen, Rasenstücke, Verkehrsinseln, Schreber- und Ziergärten, Parkanlagen und Parkplätze usw. in Agrarflure und urbane Ländereien umgewandelt werden.[6]

Die Metamorphose der Stadt zur Gastropolis zeigt sich am deutlichsten in der Mikrophysik ihrer fraktalen Oberflächennutzungen: Durch die Inwertsetzung und Bewirtschaftung von Außenwänden, Hausfassaden, Fensterscheiben, Dächern, Balkonen, Terrassen und zurückgewonnenen Straßen entstehen ungewöhnliche ›Grundstücke‹, ›Anbauflächen‹, ›Ländereien‹ und ›Erdböden‹ und

---

3 | Steel, Hungry City, ix.
4 | Vgl. Rheingold, Smart Mobs; Horn, Schwärme.
5 | Vgl. Rosol, Gemeinschaftsgärten; Becker, Grenzverschiebungen des Kapitalismus.
6 | Vgl. Lohrberg, Agrarfluren und Stadtentwicklung.

unendlich viele kleinflächige Orte oder Grünareale der Nahrungsproduktion.[7] Eine mythische Ahnung von solchen kulinarischen Bebauungen und Kulissen steckt bereits in den Wunschvorstellungen eines Schlaraffenlandes als einer Ortschaft, wo sämtliche Gebäude und Oberflächen aus essbaren Materialien bestehen. Doch die ›Neue Wirtlichkeit‹ unserer Städte ist keine unrealistische Phantasie oder Utopie der Völlerei. Sie kann in Hunderttausenden von Küchengärten in allen Nachbarschaften und Stadtvierteln, an jeder Ecke und auf allen Dächern und souveränen Miniterritorien gedeihen und in der lustigen Gestalt endloser Alleen von Obstbäumen und Fruchtgewächsen der urbanistischen Rede vom Stadtdschungel einen realen gastropolitanen Sinn verleihen.

DIE NEUE WIRTLICHKEIT UNSERER STÄDTE

Durch den Kunstgriff ihrer landwirtschaftlichen Neuerfindung sorgen wirtliche Städte nicht nur für eine metropolitane Ernährungssouveränität und die allerorts erwünschte Effizienzrevolution in der globalen Nahrungsproduktion. Darüber hinaus können ihre Grünareale und bunten Gemüsegärten einen beträchtlichen Beitrag zur Ökologisierung urbaner Betonwüsten und Treibhäuser leisten. Denn die programmatische Umstellung auf möglichst lokale Selbstversorgung birgt ein leicht aktivierbares und zugleich riesiges Potenzial des internationalen Klima- und Umweltschutzes: Die Ökopolis einer nachhaltigen Stadtentwicklung braucht die Gastropolis.

Urbane Nutzgärten sind wirksame Kräfte und Aktanten einer Begrünung des städtischen Lebensraums und sie sorgen auch für saubere Luft und ein freundliches Klima, das auch der globalen Erwärmung entgegenwirkt. (Geht man davon aus, dass Küchengartenaktivisten und -aktivistinnen sich überwiegend vegetarisch oder vegan ernähren und folglich tägliches Fleischessen als großen Klimafresser vermeiden, erhöht sich der Grad ihrer individuellen Erfüllung von globalen Klimagerechtigkeitspflichten noch einmal beträchtlich.)[8] Mit der urbanen Landwirtschaft können auch Kreisläufe einer ökonomischen Verwertung von Regenwasser und organischen Abfällen entstehen. Ebenso ist der ökologische Aufbau von fruchtbarer Erde und hoher Bodenqualität eine Investition in krisensichere Kapitalien einer, im wahrsten Sinne des Wortes, wachsenden Stadt. Wie sonst hätten wir uns die Rückkehr einer lebendigen Natur in eine denaturierte Stadtkultur, das ressourcenschonende Wachstum einer Postwachstumsökonomie und die postfossile Gesellschaft vorzustellen? Den Grund und Boden unserer Städte nachhaltig in Wert zu setzen und die Erde vor unserer Haustür als kosmisches Geschenk und Gemeingut der Menschheit

---

7 | Vgl. Fell, Vertical Gardening; Greystone, City Farmer; Mitchell, Edible Balcony.
8 | Ausführlicher dazu: Lemke, Esskultur und Klimagerechtigkeit.

zu behandeln, erfordert vor allem aber, sie nicht in private Immobilien und leer stehende Bürogebäude, sondern in üppigen Humus und mobile Gärten für alle zu verwandeln.

Das willensstarke Gedeihen eines zarten Keimlings aus dem Spalt einer aufgesprengten Betonscheibe symbolisiert eindrucksvoll die jederzeit mögliche Wiederverzauberung moderner Wohnmaschinen in Mensch-Natur-Symbiosen: Lebensformen, die sich darauf verstehen, die erneuerbaren Energien der Erde und der Menschen sowie die kosmische Wärme der Sonne und Humanität im Mikrokosmos urbaner Biotope biodiverser Stadtnaturen zu hegen und zu pflegen. Während auf dem agrarindustriell zerstörten Land die Monotonie wächst, sind Städte dabei, zu Inseln der Artenvielfalt zu werden. In einigen Städten finden sich bereits doppelt so viele Wildpflanzenarten wie in ihrem Umland.[9] Mit anderen Worten: Pflanzen und Tiere fühlen sich wohl im urbanen Lebensraum – falls man sie dort leben und gedeihen lässt.

Herrschen in Gärten und Anbauflächen nicht länger das unkluge und feindselige, moderne Regiment von Monokultur, Kunstdünger und Pestiziden sowie das genetisch verarmte Sortiment von konventionellen Saatguterstellern oder Baumärkten, kann die Natur ihr Wunderwerk treiben und gerade mithilfe der menschlichen Agrikultur als ihrem Koproduzenten eine phantastische Fülle an Lebewesen entstehen lassen. Produktive Stadtlandschaften bieten dafür die nötigen Schon- und Ga(st)räume, so dass inmitten und mithilfe eines urbanen Lebens die spontane Biodiversität einer ortsspezifischen Vegetation wieder aufzuerstehen vermag und die heimischen Pflanzen und Tiere zu neuen und diesmal willkommen geheißenen Stadtmitbewohnern werden. Sie passen sich ihrer Umwelt und den Menschen an, die sich um sie kümmern, auch wenn urbane Biodiversität keine dem Ökosystem Stadt innewohnende Eigenschaft ist, sondern das mögliche Resultat einer bestimmten Entwicklung der Städte und ihrer kulinarischen Alltagskultur. »Das Stuttgarter Filderkraut, die Karotte Pariser Treib, das Herbst-Rettich Münchner Bier, die Apfelpaprika Wiener Calvill, der Krachsalat Grazer Krauthäuptel, die Znaimer Gurke« und alle anderen regionalen Spezialitäten sind echte Gewächse eines gastropolitanen Stadtlebens.[10]

URBANE GÄRTNEREI ALS PRAXISBASIERTE POLIS

Mit der urbanen Gemüsegartenbewegung entstehen auch neue Orte des sozialen Miteinanders. Stärker noch als der Aspekt der kleinflächigen, biologisch-biodiversen, stadtbäuerlichen Nahrungsproduktion – der Liebe zu Gemüse und der Arbeit an Ernährungssouveränität – verändert die gastropolitane Praxis das

---

9 | Vgl. Reichholf, Stadtnatur; Haarmann, Naturkultur.
10 | Vgl. Heistinger, Leben von Gärten, 313.

Zusammenleben in der Stadt und die politische Öffentlichkeit. Der Sachverhalt, dass das Leben mit Gemüse in Gemeinschaft mit anderen stattfindet, spielt sowohl für die individuellen Beweggründe als auch für die philosophische Betrachtung eine entscheidende Rolle. Ich schließe mich hier der Auffassung der amerikanischen Gastrosophin Lisa Heldke an: »Wenn man die elementarsten Gemeinsamkeiten dieser Gärten zusammentragen würde, könnte man sagen, dass bei allen Erde, Sonne, Pflanzen, Wasser, Menschen und – das ist das wichtigste – Beziehungen vorkommen«.[11]

Angesichts der massiven Vereinzelung und Anonymität des Lebens in der Stadt kommen mit dem individuellen Wunsch nach freundschaftlichem Umgang und dem wachsenden Interesse an einer Vergemeinschaftung mit Gleichgesinnten und Gleichberechtigten starke soziale Kräfte zum Vorschein. Parallel zur Gastrosophie und indirekt mit der Ernährungsfrage verbunden, entstehen mit diesen sozialen Kräften aktuelle sozialphilosophische und alltagsethische Fragen nach unserer Lebensweise in einer individualistischen Singlegesellschaft, die nach Formen eines postfamiliären Gemeinschaftslebens sucht.[12] Die gesellschaftlich hervorgerufenen Transformationsprozesse innerhalb des persönlichen Beziehungslebens bilden gleichsam soziopolitischen Nährboden für die tägliche Bereitschaft und das dauerhafte Verlangen, etwas mit anderen zu tun haben zu wollen.

Vorrangiger Zweck der traditionellen Schrebergärten war es und ist es immer noch, einen Privatraum zu schaffen, wo jede Einheit als Kleinod familiärer Eintracht in realer Abgrenzung zu ›den Anderen‹ (identischen Einheiten) für sich ›alleine in Familie‹ sein kann. Mit den neuen Gemeinschaftsgärten tritt die Praxis einer anderen, egalitären Vergemeinschaftung ins soziale Leben. Dabei geht es um bewusste Alternativen zu kleinfamiliären Beziehungsformen und Beziehungszwängen ebenso wie zu unerwünschter Vereinzelung und zwischenmenschlicher Anonymität. Gemüsegärten inmitten des städtischen Lebensraums bieten eine erstrebenswerte Begegnungsmöglichkeit und eine perfekte Gelegenheit, zeitweise mit Gleichgesinnten zusammenzukommen. Die zwischenmenschlichen Beziehungen, die dadurch entstehen, gewährleisten die soziale Grundversorgung eines erfüllten Soziallebens: Urbane Gartenprojekte sind kommunikative Orte der Annäherung und Nähe, des Gespräches und der Ausgelassenheit, der Kooperation und der Freundschaft. Die Beteiligten bilden sowohl Produktionsgenossenschaften als auch gesellige Genussgemeinschaften. In Selbstbeschreibungen dieser kosmopolitischen Tischgesellschaften wird häufig erwähnt, dass zu den Freuden des gemeinsamen Gärtnerns auch kon-

---

11 | Heldke, Urbanes Gärtnern und die Erzeugung von Gemeinschaft.
12 | Auf die sozialphilosophischen und alltagsethischen Fragen eines guten Sociallebens bin ich ausführlich eingegangen in: Lemke, Freundschaft.

viviale Festmahle gehören, bei denen die üppige Ernte und die Früchte der gemeinsamen Arbeit feierlich zubereitet und verspeist werden.

Zwar ist die gastropolitane Gemeinschaftserfahrung zugleich zeitlich und sachlich beschränkt und als Projekt temporär, also unverbindlich und mit offenem Ende, doch wegen der kontinuierlichen und an sich dauerhaften Sorge um die Pflanzen und um den Erhalt des Gartens ist die soziale Begegnungsart durchaus auf eine beständige emotionale und persönliche Verbindlichkeit angelegt. In dieser Kombination aus ebenso verbindlichen wie unverbindlichen Motiven des »sozialen Projekts« bildet das Gärtnern eine neue »Form urbaner Kollektivität«.[13] Dass sich durch die Gartenprojekte zeitgemäße Formen von Kollektiven und freien Vereinigungen herausbilden, erklärt auch, weshalb traditionelle kleingärtnerische Vereinsstrukturen und satzungsähnliche Formalisierungen des Miteinanders so minimal wie möglich gehalten werden: An die Stelle von sozialer Zwangspräsenz und Vereinsmeierei treten idealerweise offene Strukturen und vielseitige Vernetzungen.

Während in der Heterotopie der städtischen Räume die zwischenmenschlichen Begegnungen und sozialen Situationen meistenteils fremdbestimmt strukturiert sind (durch Verkehrsstraßen, Bahnhöfe, öffentliche Plätze) oder spezifisch definiert sind durch privatisierte Räume des Konsums (Kneipen, Einkaufshallen, Fußgängerzonen), stehen soziale Gärten für die Utopie einer projektbasierten, für jeden offenen demokratischen Polis.[14] Den Beteiligten geht es um die gemeinsame Polis im Sinne einer gemeinsamen Sache, der *res publica*: Um das Projekt des gemeinschaftlichen Gärtnerns und um die gemeinsame Anwesenheit als so Tätige. Das Gemeinsame ist hier nicht der demokratisch regierte Staat oder die parlamentarisch verfasste Stadt im Sinne des altgriechischen Polis-Stadtstaats Athen. Gleichwohl ist jeder Gemeinschaftsgarten, ähnlich wie der Staat oder die Stadt als politisches Gemeinwesen, eine praxisbasierte Polis: Ein gastropolitanes Gemeinwesen, insofern das Gemeinsame von den Beteiligten gleichberechtigt miteinander gestaltet, selbstverwaltet organisiert und kollektiv bewirtschaftet wird.

Man sollte sich, wie gesagt, kein falsches Bild von Athen, der klassischen Polis und der demokratischen Stadt par excellence machen: Zu Zeiten des Sokrates waren die meisten der Polis-Bewohner Stadt-Bauern. Xenophon beschreibt in seiner Abhandlung *Oikonomikos oder vom Hauswesen* ihre alltägliche Subsistenzarbeit sehr anschaulich.[15] Viele Bürger Athens besaßen einen Garten beziehungsweise ein Stück Land und hatten es nicht weit zur Agora, um dort ihre selbstwirtschaftete Ernte zu verkaufen und sich bei dieser Gelegenheit

---

13 | Werner, Eigensinnige Beheimatungen, 56.

14 | Zum Begriff der praxis- oder projektbasierten Polis, freilich in einem anderen Kontext und Sinne verwendet, siehe: Chiapello/Boltanski, Der neue Geist des Kapitalismus.

15 | Vgl. Xenophon, Oikonomikos oder vom Hauswesen.

auch noch an philosophischen Diskussionen (etwa mit Sokrates) und der einen oder anderen politischen Abstimmung zu beteiligen.[16] An der Tatsache, dass sich die im Alltag praktizierte, radikale Demokratie des politischen und sogar des philosophischen Lebens inmitten des urbanen Treibens eines öffentlichen Marktplatzes abspielte, störte sich fatalerweise ein reicher Athener, der zugleich ein nicht unbedeutender Kopf der griechischen Gesellschaft war: Aristoteles, der wohl einflussreichste Theoretiker in Sachen Polis-Demokratie und Politik.[17] Während seine Mitbürger ihre Agora wegen der einzigartigen Mischung aus Nahrungsmitteln, Politik und Philosophie liebten, forderte Aristoteles separate Orte für den Essensmarkt und die politische Versammlung: Seine Philosophie trennte ein für alle Male das inhärente Zusammenspiel von Landwirtschaft und Stadt, Küche und Demokratie, Politik und Essen, Philosophie und gutem Geschmack (gr. Sophia).

Doch es gibt keinen Grund, an dieser Philosophie und ihrem Politikverständnis weiter festzuhalten. Mit Blick auf die Geistesverwandtschaft zwischen der Polis-Praxis der athenischen Demokratie und jener Art von Souveränität, für die soziale Bewegungen der Gegenwart kämpfen, gibt der politische Gastrosoph Raj Patel den Wahlspruch aus: »Man muss kein Athener sein, um Demokratie zu praktizieren«.[18] Fest steht: Urbanes Gärtnern ist *per se* politisch. Nicht einfach deshalb, weil es sich in der Stadt, der Polis, abspielt. Auch beschränkt sich das Politische daran nicht auf die Tatsache, dass Nahrungsmittel in einer ethisch und politisch guten Weise produziert werden. Der formale, politologische Grund dafür, warum ich die Aktivitäten einer urbanen Landwirtschaft als ein politisches Gärtnern bezeichne, hängt vor allem damit zusammen, dass es auf einer demokratischen Praxis des gleichberechtigten Besprechens, Aushandelns und Entscheidens basiert. Jeder vertritt sich selbst; Selbstbestimmung und Souveränität meinen hier unter dem Aspekt des sozialen Miteinanders Mitbestimmung und Teilhabe. Deshalb gilt: »Die Antwort auf die Frage, ob Gärtnern Politik sein kann, fällt in einem erstaunlich umfassenden Sinne positiv aus. Der und die Einzelne erfährt sich als sinnlich und sinnvoll handelnde Person, deren Einsatz unmittelbar verändernde Wirkung zeigt, im Gegensatz zum Ohnmachtsgefühl der Politikverdrossenheit. Gärtnern kann eine andere Wertehaltung lehren und zu einer Sozialisierung gegen die Angst vor Knappheit beitragen sowie gegen den damit verbundenen Egoismus des ausschließenden Habenwollens«.[19]

Die gastropolitane Praxis stellt eine Erscheinungsform jenes politischen Handelns dar, um dessen philosophische Reflexion sich als Erste Hanna Arendt

---

16 | Vgl. Steel, Hungry City, 120ff.
17 | Vgl. Aristoteles, Politik, 1331b.
18 | Patel, The Value of Nothing, 238.
19 | Bennholdt-Thomsen, Ökonomie des Gebens, 258.

bemüht hat. Diese politische Dimension im engeren Sinne kommt in der gegenwärtig verfügbaren Literatur zum Urban Gardening bislang wenig zur Sprache. Doch es braucht ein solches grundbegriffliches Instrumentarium, um das politische Wesen des urbanen Gärtnerns zu erfassen. Umgekehrt hilft eine theoretische Auseinandersetzung mit dieser Praxis der politischen Philosophie, das Wesen des Politischen genauer zu fassen und richtig zu denken. Bezeichnenderweise sucht man aber unter den aktuellen Positionen und Theorien der politischen Philosophie vergeblich nach einem Verständnis des Politischen, welches auch das politische Wesen des urbanen Gärtnerns umfasst.[20] Erst mit dem Konzept einer politischen Ethik von unten, einer Subpolitik oder Parapolitik, einer Alltagspolitik des souveränen Selbst, einer kulturellen Politik des Gutlebens werden politische Realitäten und Aktivitäten wahrnehmbar, die jenseits eines eingeschränkten (Außen-)Blicks auf ›die Politik‹, die obrigkeitliche Politik der Politiker, Parteien, Parlamente, Regierungen, Städte und Staaten das gesellschaftliche Geschehen beeinflussen.[21]

Indes sollten wir nicht einen häufig begangenen Fehler wiederholen und in der demokratischen Polis der Gartengemeinschaft das sozialutopische »Modell einer besseren Gesellschaft« sehen wollen.[22] Die politische Geschichte kennt eine lange Reihe von sozialen Experimenten kommunaler oder kommunistischer Lebensgemeinschaften, deren Programm darin bestand, dass alle sich selbst versorgen und über alles gleichberechtigt mitbestimmen sollten. Als erste und sicherlich berühmteste Kommune der abendländischen Geschichte sticht ›der Garten Epikurs‹ heraus.[23] Mehr als jedes andere Beispiel lehrt uns die Philosophie der epikureischen Gartenkommune, dass die urbanen Gemeinschaftsgärten der Gegenwart gerade nichts mit dem Rückzug aus dem gesellschaftlichen Ganzen in eine idyllische Parallelwelt oder mit der Weltflucht einer apolitischen Landkommune gemeinsam haben, gleichwohl aber eine echte utopische Bedeutung besitzen.

Dafür ist es freilich hilfreich, zu wissen, dass der griechische Ausdruck ›Utopie‹ in seinem altgriechischen Wortstamm *topoi* (Örter), *topos* (Ort) zwar eindeutig bestimmbar ist, aber wegen der uneindeutigen Sprechweise seines ersten Phonems *Ou-* oder *Eu-* zwei grundverschiedene Bedeutungen haben kann. Einmal kann die Utopie, wie üblich, für den *Nicht-Ort* oder die *Outopie* eines nicht existenten Ideals einer guten Gesellschaft außerhalb oder jenseits des realen Daseins stehen. Im grundsätzlichen Widerspruch dazu kann mit Utopie aber auch ein *Ort des Guten* oder *Wohlseins* und die *Eutopie* der realpoliti-

---

20 | Vgl. Bröckling/Feustel, Das Politische denken; Hausknoth, Stadt denken.
21 | Vgl. Beck, Die Erfindung des Politischen; ders., Kosmopolitismus.
22 | Müller, Urban Gardening, 24.
23 | Vgl. Harrison, Die Gartenschule Epikurs; Lemke, Genealogie des gastrosophischen Hedonismus.

schen Orte und Gemeinplätze eines täglich gelebten Lebens des den Menschen möglichen Wohls gemeint sein.[24] Entsprechend kritisiert Marx die Gartenstadt-Pläne der früheren Utopisten zu Recht als »philanthropische Luftschlösser« oder Alternativkommunen im Kleinen, denen die sozialen, kulturellen und ökonomischen Voraussetzungen ihrer globalen Verbreitung und permanenten Verwirklichung fehlten.[25] Diese Kritik lässt sich aber auf das Gespenst der gastropolitanen Bewegung und deren kosmopolitische Realpolitik nicht anwenden. Diese entwächst – durchaus in Übereinstimmung mit den wichtigen Einsichten des Kommunismuspropheten und utopischen Denkers Karl Marx – dem gesellschaftlichen Nährboden einer durchkapitalisierten Welt. Die heterotopischen Keimzellen und Eutopien urbaner Gemüsegärten leben vom globalen Kampf um die Zukunft sowohl der Stadt als auch des Landes. Sie gedeihen durch die existenziellen Widerstände und zivilen Kräfte, die durch die weltweite Verstädterung und der damit verbundenen Lebensweise entstehen und Tag für Tag größer werden.

STRUKTURWANDEL DER ÖFFENTLICHKEIT

Von dem französischen Marxisten Henry Lefèbvre, der den Prozess der Verstädterung als erster Philosoph kritisch reflektierte, stammt die grundbegriffliche Differenzierung zwischen Stadt als ›Raum‹ und Stadt(-leben) als ›urbaner Praxis‹.[26] Die Tatsache, dass Lefèbvre die Stadt zu einem neuen Grundbegriff des sozialphilosophischen Denkens aufwertet, bedeutet zugleich eine ideologische (Selbst-)Befreiung der modernen Gesellschaftstheorie aus ihrer selbst gemachten kategorialen Verengung: Seit Hegel und über die prominente Weiterentwicklung der Hegel'schen Dialektik durch die kritische Theorie von Marx und der Frankfurter Schule sowie ihre vagen Fortentwicklungen bis in die Gegenwart hinein wird der philosophische Diskurs von einem strikt dreidimensionalen Perspektivismus aus Individuum-Gesellschaft-Staat oder Variationen dieser Dreifaltigkeit dominiert. Dieses sozio-ontologische Koordinatensystem bildet die konzeptuellen Prämissen und Bezugsgrößen des philosophischen Denkens, mit der weitreichenden Konsequenz, dass diese die theoretischen Beschreibungen des Sozialen und dessen Konstitutionsmechanismen unhinterfragt präfigurieren. Doch diese Denktraditionen und Denkgewohnheiten verlieren langsam an Plausibilität und Anhängern. Analog zu neueren philosophischen Bemühungen, etwa seitens der Akteur-Netzwerk-Theorie von Bruno Latour oder einiger aktueller Ansätze zu einer performativen oder praxologi-

---

24 | Zu dieser Differenzierung siehe: Schmidt, Utopie als Vermarktung.
25 | Marx/Engels, Das Manifest der Kommunistischen Partei, 491.
26 | Vgl. Lefèbvre, Die Revolution der Städte; ders., Die Stadt im marxistischen Denken.

schen Gesellschaftstheorie, unternimmt Lefèbvres Stadtphilosophie bereits in den 1960er und 1970er Jahren den Versuch, die kategorialen Grundlagen eines neuartigen und zeitgemäßen Verständnisses der gesellschaftlichen und speziell der städtischen Seinswirklichkeiten zu schaffen.

Mit dieser grundbegrifflichen Unterscheidung zwischen Stadt als Raum und Stadt(-leben) als urbaner Praxis bietet Lefèbvres Philosophie ein theoretisches Werkzeug an, das die genuine Urbanität und Wirklichkeit der gastropolitanen Praxis begreifbar macht und deren Bedeutung für das städtische Leben programmatisch zur Geltung zu bringen hilft. (Wobei hier nicht der Platz ist, die Folgen zu diskutieren, die dadurch entstehen, dass Lefèbvre selber diese zwei sich sachlich ergänzenden, aber analytisch auseinanderzuhaltenden Betrachtungsweisen tendenziell mit dem Begriff des ›produzierten Raums‹ konfundiert,[27] weshalb unter jenen, die sich wie Architekten, Stadtplaner oder Stadtforscher theoretisch und beruflich mit Stadt beschäftigen, nach wie vor ein raumzentriertes Stadtverständnis vorherrscht.)[28] Wenn es gelingt, sich unter Stadt nicht nur räumliche Strukturen von Bauten und Straßen oder politische Planung von oben vorzustellen, sondern Stadt auch als die urbane Praxis ihrer Bürger, als Realität und Resultat des alltäglichen Lebens aller Stadtbewohner zu denken, dann fällt es erheblich leichter, das soziale Gärtnern als eine solche Aktivität des öffentlichen Stadt-lebens wahrzunehmen und als Bestandteil einer demokratischen Alltagskultur wertzuschätzen. Denn die Einsicht der performativen oder praxologischen Dimension des Urbanen stellt auch die üblichen Begriffe von öffentlichem Leben und urbaner Öffentlichkeit in ein anderes Licht.

Häufig wird Öffentlichkeit mit der ›bürgerlichen Öffentlichkeit‹ gleichgesetzt. Es liegen einschlägige philosophische Theorien zum gesellschaftlichen Charakter und zum historischen Strukturwandel dieses Typus von der Öffentlichkeit vor – beispielsweise von Jürgen Habermas als prominentester Stimme.[29] Doch der vertraute Fokus auf die bürgerliche Öffentlichkeit nimmt ausschließlich die Publizität der öffentlichen Meinung in den Blick, die im Laufe der letzten zweihundert Jahre durch journalistische Massenmedien wie Zeitungen, Fernsehen und neuerdings Internet zu einem wesentlichen Machtinstrument der politischen Demokratie geworden ist. Demgegenüber verwirklicht sich in urbanen Gärten eine andere Form des öffentlichen Lebens. Deren Aktivitäten wirken sich weit stärker auf das lokale Stadtleben und die publike Präsenz der Menschen vor Ort aus. Die Urbanität des öffentlichen Gärtnerns markiert den Beginn eines vergleichbar epochalen Strukturwandels der poli-

---

27 | Vgl. von Dürckheim, Untersuchungen zum gelebten Raum.
28 | Vgl. Beyes/Libeskind, Die Stadt als Perspektive; Borries/Böttger/Heilmeyer, Bessere Zukunft?; Häußermann/Läpple/Siebel, Stadtpolitik.
29 | Vgl. Habermas, Strukturwandel der Öffentlichkeit; ders., Zur Vernunft der Öffentlichkeit.

tischen Öffentlichkeit wie der zunehmende Gebrauch von internetbasierten Kommunikationstechniken. Freilich mit dem Unterschied, dass es sich bei der Öffentlichkeit, die durch soziales Gärtnern im städtischen Raum entsteht, nicht nur um die Kommunikationsgemeinschaft einer virtuellen Telepolis handelt, sondern – parallel dazu – um ortsspezifische Gemeinschaften einer lokalen Gastropolis *in real life*. Diese erdverbundene und praxisbasierte Polis aktiviert und kultiviert einen Kosmopolitismus der transnationalen und transkulturellen Realpolitik; von ihm kann man tatsächlich sagen, »Wurzeln und Flügel zu haben: Provinzialismus verbunden mit dem Erfahrungsschatz gelebten, partikularen Weltbürgertums«.[30]

Für alle, die in der Öffentlichkeit des urbanen Raums Gemüse anbauend tätig sind, wird Stadt im wahrsten Sinne des Wortes zu einem physischen Teil ihres Selbst. Stadtbewohner oder *citadin*, wie Lefèbvre sie in Abgrenzung zum Staatsbürger oder *citoyen* nennt, sind wir nicht schon einfach dadurch, dass unsere Wohnung in einer Stadt oder innerhalb eines städtischen Territoriums liegt. Über den privaten Wohnraum hinaus erweitert, kann öffentliches Leben, wie etwa das öffentliche Gärtnern, zum konstitutiven Bestandteil des eigenen städtischen Wohnens werden. Weil das so sein kann, überwindet die gastropolitane Praxis die herkömmliche Trennung von Öffentlichkeit und Privatsphäre und verwandelt die Stadt in einen erweiterten Wohnraum. Aus der »grundlegenden heimischen Bewegungsform« einer derartigen Erweiterung des eigenen Lebensraums resultiert das, was man als die Wohnlichkeit einer Stadt bezeichnen könnte. Der Phänomenologe Hermann Schmitz zeigt, dass das Gefühl des Heimischseins daher auch das »Wohlbefinden, in einer Stadt wie zu Hause zu sein«, umfassen kann.[31] Im eigentlichen, stadtphilosophischen und keineswegs metaphorischen Sinne sind urbane Gemeinschaftsgärten folglich heimische Wohngemeinschaftszimmer unter freiem Himmel. Nicht allein in dem Aspekt der kollektiven Produktion und Aneignung von öffentlichem Wohn- oder Lebensraum ist der Grund zu suchen, warum sich mit einer massenhaften Verbreitung der gastropolitanen Lebenspraxis ein weiterer folgenreicher Strukturwandel der städtischen Öffentlichkeit vollzieht. Gleichwohl sollte einem nicht entgehen, dass sich durch diese Aneignung auch unscheinbare Widerstandspraktiken und am Gemeinwohl orientierte Alternativen zur neoliberalen Privatisierung von städtischen Räumen und öffentlichem Grundbesitz breitmachen.

---

30 | Beck, Politik der Globalisierung, 29-75.
31 | Schmitz, Heimisch sein, 14.

Gärtner als Akteure auf der Bühne der Stadt

Denken wir die Stadt nicht nur als Ansammlung von Gebäuden und Straßen, sondern auch als Praxis eines öffentlichen Lebensvollzugs, dann gewinnt der inhärente Zusammenhang zwischen Öffentlichkeit und Identität, zwischen öffentlichem Stadt-leben und tätigem Selbst-sein an Bedeutung als Kriterium, warum die Stadt ein Ort des Gut-lebens sein kann. Die Kohärenz dieses Zusammenhangs bildet die politisch-philosophische Idee des Gemüsegartens als einer öffentlichen Bühne. Freilich kehrt diese Idee die in der Geschichte des politischen Denkens und Regierens perfektionierte Herrschaftslogik eines ›von oben‹ inszenierten Volksvergnügens um: Als eine Widerstandspraxis ›von unten‹, die im Zweifelsfall nicht um Erlaubnis bittet, sondern durch eine Philosophie der Tat soziale Fakten schafft, produziert das politische Gärtnern einen demokratischen Freiraum, indem es im öffentlichen Stadtraum eine Art von wandernder, nomadisch bewegter, sich wild und unkontrolliert fortpflanzender, rhizomatisch ausweitender und kunterbunter Volksbühne errichtet.

Auf dieser Gegenbühne treten Akteure auf, um ihr gemeinsames Stück aufzuführen, ähnlich wie Schauspieler auf die Bühne treten, um ein Theaterstück zu inszenieren. Akteure zeigen auf der Schaubühne ihres gemeinsamen Aktionsraums, wie und wer sie selbst in ihrem Tun als so tätige und politisch souveräne Selbste sind. Wie und wer sie sind, hängt von dieser freien Selbst-Inszenierung ab und nicht von den üblichen fremdbestimmten, fremd auferlegten, aufgezwungenen und durch und durch konventionellen Identitätszuschreibungen, welchen Beruf, welches Einkommen, welches Geschlecht, welche Herkunft und Familienverhältnisse, welches Alter und dergleichen Auszeichnungen eines bürgerlichen Daseins und Schicksals jemand besitze.

Sich selbst in seiner selbstbestimmten und selbstgebastelten Identität als tätiges Selbst öffentlich zu inszenieren – diese urbane Freiheitspraxis hat der amerikanische Stadttheoretiker Richard Sennett versucht, mithilfe einer »Theorie des öffentlichen Ausdrucks« philosophisch zu beschreiben.[32] Sennett analysiert in seiner groß angelegten Studie zum *Verfall und Ende des öffentlichen Lebens*, wie mit dem Untergang der höfischen Gesellschaft des Ancient Régime und parallel zum historischen Aufstieg der bürgerlichen Gesellschaft der Moderne ein Verfallsprozess in Gang kommt, der schließlich damit endet, dass die gesellschaftliche Bedeutung der Öffentlichkeit als Szenerie eines intersubjektiven Handelns und performativen Selbstausdrucks nahezu vollständig verloren geht. In der modernen »Tyrannei der Intimität« wird, wie Sennett rekonstruiert, die »Privatsphäre« der eigenen vier Wände oder des eigenen Schrebergartens des in sich zurückgezogenen bürgerlichen Subjekts zum Inbegriff der persönlichen Identität und deren geglückten Konstruktion. Um unser kulturelles Selbstver-

---

32 | Vgl. Sennett, Verfall und Ende des öffentlichen Lebens, 19.

ständnis aus diesen historischen Vorgaben zu befreien, erinnert Sennett an die klassische Shakespeare'sche Vorstellung von der ›Welt als Theater‹: Die politische Ästhetik des *theatrum mundi* ging von der Gleichsetzung von städtischer Öffentlichkeit und performativer Bühne, von Alltagshandeln und Selbstinszenierung aus.

Der Grundgedanke dieser Gleichsetzung geht auf die Erfahrung zurück, dass die Begegnung einander fremder Menschen in sozialen Räumen und Situationen wie beispielsweise bevölkerten Straßen, Fußgängerzonen, Marktplätzen oder eben Gemeinschaftsgärten das Stadtleben ausmacht. Alles, was eine Person vom anderen weiß und von anderen Personen wahrnimmt, »hängt davon ab, wie sie sich in der Situation selbst verhält – von ihrer Sprache, ihrer Gestik, ihren Bewegungen, ihrer Kleidung und davon, wie sie zuhört«.[33] Richard Sennett kommt zu dem Schluss: »Die Stadt ist eine Ansiedlung von Menschen, in der sich solche Inszenierungsprobleme mit hoher Wahrscheinlichkeit immer wieder ergeben.«

In öffentlichen Interaktionen, wie etwa dem sozialen Gärtnern, ergeben sich permanent solche Inszenierungsprobleme beziehungsweise solche Freiheiten der Selbst-Inszenierung. Dies hängt damit zusammen, dass die Akteure einer Gartengruppe trotz ihres allmählich vertrauter werdenden Umgangs und ihrer möglicherweise sogar freundschaftlichen Beziehungen dennoch dauerhaft einander Fremde bleiben. Aber sie erfahren diese gemeinsame Fremdheit und Freiheit der Selbst-Bestimmung nicht als einen Mangel an privater Nähe, weil die intime Bekanntheit sowie das Wissen um die persönliche Geschichte und die berufliche, familiäre usw. Identität der Beteiligten für das Gelingen des gemeinsamen Tuns keine Rolle oder nur zu einem gewissen Grade eine Rolle spielen und oft sogar bewusst niemanden interessieren – um der Freiheit der Selbstinszenierung willen. Gleichwohl kann ein programmatisches Interesse an Fremden durchaus zum eigentlichen Zweck eines Gartenprojekts gemacht werden. Dies ist sogar in zahlreichen Interkulturellen Gärten der Fall, wo sich Menschen aus fremden Kulturkreisen und Ländern mit Einheimischen zusammentun. Tatsächlich tritt in diesen Gartengemeinschaften das sozial-integrative Wesen der gastropolitanen Praxis am deutlichsten hervor.[34] Bereitwillige Hilfe und offenherzige Gastfreundschaft ebenso wie die Schwierigkeit, mit der Andersheit des fremden anderen umgehen zu lernen, verleihen den Interkulturellen Gärten eine besondere Qualität und machen sie zu unschätzbaren Übungsfeldern eines pluralistischen, kosmopolitischen Stadtlebens. Freilich verlangt selbst dieser multikulturelle Kosmopolitismus nicht, dass Menschen, die sich um einen gemeinsamen Garten und darüber hinaus freundlich umeinander

---

33 | Ebd., 61.
34 | Vgl. Müller, Wurzeln schlagen in der Fremde.

kümmern, wirklich enge Freunde sein müssen.[35] Letztlich können sie sich einander Fremde bleiben – aus Urbanität.

Für die Aktivistinnen und Akteure auf der städtischen Bühne des gemeinsamen Gemüseanbaus ergibt sich die »urbane Qualität« (Sennett) ihrer öffentlichen Interaktion aus der schlichten Tatsache, dass ihre persönliche Identität, also die Konstruktion, wie sie selbst sind, und die Baustelle, was sie selbst sind beziehungsweise was sie einander als ihr Selbst erfahren, wesentlich davon abhängt, wie sie sich in der Situation selbst verhalten und *in praxi* ihr tätiges Selbstsein in Szene setzen. So bringt die praxisbasierte Polis eines gemeinsamen Gärtnerns und einer performativen Selbstverwirklichung im politisch-ethischen Umgang mit anderen (anderen Menschen, Pflanzen, Tieren, Dingen) überall, wo derartige Poleis entstehen und glücken, gastropolitanen Urbanismus hervor. Folglich gedeiht auch dieses gute Stadt-leben nur mit reichlich freier Zeit und bei langsamem Wachstum – oft in radikaldemokratischem Schneckentempo.

Obgleich die Akteure der urbanen Landwirtschaft das, was sie tun, nicht für ein Publikum tun, wie Schauspieler und darstellende Künstler zum Zweck einer bezahlten Unterhaltung, ist ihre urbane Praxis doch ein öffentliches Leben *coram publico*, welches vor den Augen des städtischen Publikums und inmitten der (medialen Welt-)Öffentlichkeit stattfindet. Das Publikum erfährt dank dieser sozialen Räume und Bühnen von der möglichen Praktikabilität sowie von der realen Gegebenheit eines kostenlosen und für alle offenen Zugangs zu solchen alltäglichen Szenerien und eutopischen Orten eines guten Stadt-lebens. Gastropolitane Orte und Gemeinplätze erleichtern die Begegnung von Fremden, und ihre Nahbarkeit lädt zum Auftritt und Aufenthalt von Anwohnern und Nachbarn ein. Dort kann sich jeder davon überzeugen, dass ein anderer Umgang mit Natur und Gemüse, mit Land und Stadt, mit Politik und Essen, mit anderen und sich selbst durchaus machbar ist.

GENTRIFIZIERUNG ODER WAS GASTROPOLITEN ADELT

Durch das gastropolitane Leben entstehen heute vielerorts Paradiese, die der Stadtgesellschaft eine neue und in sozialer, kultureller, kulinarischer, ökonomischer, ökologischer, politischer und urbanistischer Hinsicht äußerst vielseitige und allemal lebenswerte und zukunftsweisende, kurz: eine ethische Entwicklungsperspektive geben. Weltweit ereignet sich damit vor allem eins: eine Aufwertung der Stadt, ihrer Böden, ihrer Lebensräume und ihrer Lebensqualität. Weil das so ist, muss man sehr aufmerksam beobachten, ob die Leute und Ak-

---

35 | Vgl. Appiah, Der Kosmoplit; Heldke, Urbanes Gärtnern und die Erzeugung von Gemeinschaft.

teure jene Stadtteile und urbane Areale belagern und für sich beanspruchen, welche andernfalls kommerzieller Verwertung, lebloser Versiegelung und planmäßiger Eingliederung in das kapitalistische Fremdversorgungssystem unterlägen, und ob die Leute und Pioniere, die stattdessen alles in kleine Utopien eines besseren Stadt-lebens verwandeln, keine Gentrifizierungsprozesse auslösen? Darunter versteht der aktuelle Diskurs des Urbanismus kritische Vorgänge einer allmählichen Aufwertung von häufig vernachlässigten innerstädtischen Wohn- und Lebensräumen durch den Zuzug von freischaffenden Künstlern oder anderen Lebenskünstlern und kreativen Kleinkünstlern. Vergleichbar sind derartige, im Alltag schleichenden und in ihrer Folge umso radikaleren Veränderungen und Umstrukturierungen des stadtgesellschaftlichen Lebens mit jenen historischen Prozessen in englischen Städten, die ihrer Bezeichnung zugrunde liegen.

Der Begriff Gentrifizierung leitet sich von *Gentry* ab, dem englischen Wort für Menschen von vornehmer Herkunft (*of gentle birth*), und bezieht sich ursprünglich auf den niederen Adel oder die gehobene Bürgerschaft. Während der frühen Industrialisierung Englands trug die Gentry maßgeblich zur Landflucht bei, die damals massenhaft einsetzte: Der Adel bemächtigte sich der ländlichen Allmenden, die zuvor im Allgemeinbesitz waren. (Karl Marx, der diese Dinge bekanntlich mit großer Aufmerksamkeit beobachtete, sah in diesen dramatischen Ereignissen die historische Voraussetzung und »ein allgemeines Gesetz der kapitalistischen Akkumulation«.) Diese Vertreibung zwang die bäuerliche Bevölkerung in die Städte zu ziehen, in der Hoffnung auf Fabrikarbeit und Behausung. Damit hatten die ersten Gentrifizierer ihren Anteil an dem rasanten Wachstum der englischen Städte, in denen sich dadurch das Proletariat samt urbaner Volkskultur bildete. Schließlich führte die englische Geografin Ruth Glass 1964 den Begriff Gentrifizierung in die Stadtforschung ein, um die nun entgegengesetzte Aufwertung und Umstrukturierung von Arbeiterstadtteilen Londons durch die Rückkehr der reichen Mittelschicht und bürgerlichen Bohemiens zu beschreiben, die diese Prozesse auslösten.

Sicher tritt heute kein Gartenprojekt und keiner der neuen Stadtbauern und politisch Souveränen, deren Herkunft vielfach das Milieu des neuen Proletariats oder Prekariats ist, mit der Absicht an, die Immobilien und den Kapitalwert ihres Umfeldes steigern zu wollen. Im Gegenteil sind ihre Aktivitäten zumeist von dem guten Willen und der widerspenstigen Vorstellung motiviert, die eigene Lebenswelt und die Lebenswelt anderer besser und schöner zu machen. Nehmen wir einmal an, es ist wahr, dass ›edles Tun‹, das ›Schönes und Gutes‹ bewirkt, ursprünglich den wahren ›Adel‹ auszeichnete und nicht etwa bloßes Geld oder angeborener Reichtum und vornehme Herkunft. Dann kommt mit Künstlern und Künstlerinnen und denen, die unsere Städte zu sozialen Gärten im Sinne des Gemeinwohls ›veredeln‹, eine Art ›neuer Gentry‹ oder neuer urbaner, weltgewandter, theatraler und politisch-ethisch ehrenamtlich wohltätiger

›Kleinadel‹ in die Innenstädte zurück, der an jeder Ecke durch seine kulturelle Arbeit Gutes und Schönes tut. Zumal die kultivierende, Agri- und Stadtkultur schaffende Wühlerei in dreckiger Erde jeden »Gärtner adelt«.[36]

Unter gewissen Bedingungen kann diese Gentrifizierung der anderen Art aber durchaus bedeuten: Je erfolgreicher die edlen Gärtner sind, desto mehr entziehen sie sich die eigene Existenzgrundlage. Dies war in der Entwicklung der ersten Gemeinschaftsgärten in New York City der Fall. Ihr Erfolg setzte in den 1980er und 1990er Jahren einen Aufwertungsprozess in Gang, der zur Folge hatte, dass zahlreiche Gartengrundstücke der einst städtebaulich vernachlässigten Gebiete von der städtischen Regierung verkauft wurden. Die dort lebenden einkommensschwächeren Anwohner, wozu in der Regel auch die Gartenaktivisten gehörten, begannen mitsamt der landwirtschaftlich genutzten Flächen und der sozialen Räume, deren wertvolle Existenz sie selbst geschaffen hatten, von einkommensstärkeren Gruppen, wenig vornehmem Geldadel und kreativen Neureichen (Yuppies) verdrängt zu werden. Doch die Gastropoliten New Yorks haben in den darauf folgenden Jahren auch gegen diese unbeabsichtigten und unerwünschten Folgen ihrer an sich lebenswerten und Werte schaffenden Widerstandspraxis weiteren Widerstand von unten geleistet: Mit einer breiten Unterstützung in der Bevölkerung entfachte erneut ein »Kampf um den Erhalt der Gemeinschaftsgärten, der bis heute nicht abgeschlossen ist«.[37]

Ihr Beispiel lehrt: Gentrifizierung fällt nicht vom Himmel, obgleich sie doch von oben kommt. Denn wenn eine Stadt will, kann sie politisch gegen unerwünschte Verdrängungsprozesse angehen und einiges für die Verwandlung von schlecht regierten Orten in demokratische Hochburgen und Gemüsegärten tun. Die Frage ist, welches politische Selbstverständnis eine Stadt regiert und wem sie gehört: Will sie ein kapitalistisches Unternehmen sein, das alles dem neoliberalen Diktat ökonomischer Gewinne unterwirft und nur Standortpolitik im globalen Wettbewerb der Metropolen kennt, dann gehört sie, wie üblich, nur den wenigen oberen Zehntausend. Oder sorgen die städtische Politik und das politisch erkämpfte oder kultivierte Stadt-leben für ein Gemeinwesen, dem es ums Wohl aller geht? Das wäre eine Stadt für alle.[38]

Es liegt auf der Hand, dass öffentliche Finanzbehörden nicht gezwungen sind, als Preistreiber mit städtischem Besitz zu spekulieren und kurzsichtig Gemeingüter für schnelles Geld privatisieren zu müssen. Ebenso kann kommunale Immobilien- und Wohnungspolitik vorhandene Instrumente nutzen, um Mietpreise niedrig zu halten und rechtlich durchzusetzen, dass eine anwohnerfreundliche Nutzung möglich wird oder die soziale Zusammensetzung eines Stadtteils erhalten bleibt und gegebenenfalls dort einkommensschwache Haus-

---

36 | Würth, Gärtnern, 102.
37 | Meyer-Renschhausen, Unter dem Müll der Acker, 158.
38 | Vgl. Twickel, Gentrifidingsbums oder eine Stadt für alle.

halte ›unter Schutz gestellt‹ werden. Freilich verrät der Gentrifizierungsdiskurs seinen kritischen Geist an einen gesellschaftstheoretischen Provinzialismus, wenn er außer Acht lässt, dass seine gesamtgesellschaftliche Perspektive weniger Fragen einer neoliberalen versus einer partizipatorisch-demokratischen Stadtpolitik betrifft als vielmehr Forderungen einer umfassenden Politik der sozialen Gerechtigkeit.

Städtische Entwicklungsprozesse, die zu einer aufgewerteten lebenswerten Stadt führen, oder steigende Mieten, die für bessere Wohnverhältnisse sorgen, erzeugen nur dann negative Gentrifizierungsspiralen, wenn sie die finanziellen Mittel ihrer Bewohner übersteigen. Der vorherrschende Umstand, dass ein Teil der Bevölkerung, gerade jene Gruppe der ökonomisch Prekarisierten wie Künstler, Überlebenskünstler und ärmere Haushalte, nicht in der Lage ist, mit dem allgemeinen Anstieg des Lebensstandards und den höheren Unterhaltskosten mithalten zu können, ist hier das eigentliche Unrecht. Ein gesellschaftliches Unrecht, das nicht so sehr ein Recht auf Stadt als mehr soziale Gerechtigkeit verlangt. Diese Forderung aber ließe sich in Anbetracht des gesellschaftlichen Reichtums politisch allenthalben erfüllen, wie so vieles andere, sofern es von allen gewollt wäre.

Unterentwickelte Stadtentwicklungspolitiken

Doch bislang dominiert in den allermeisten Städten, Rathäusern und kommunalen Regierungskreisen weiterhin *business as usual* und keinerlei Bewusstsein von den heilsamen Kräften eines urbanen Lebens inmitten von Gemüse, Obst, Kräutern, Getier und anderen Stadtbewohnern. Beispielsweise legte die Landesregierung der deutschen Hauptstadt unlängst Pläne vor, ein Fünftel ihrer Kleingärten der Haushaltssanierung durch Bodenverkauf zu opfern. Die Freie und Hansestadt Hamburg, meine Heimatstadt, hat für das Jahr 2013 international ausstrahlende Projekte einer ›weitsichtigen‹ Stadtentwicklungspolitik angekündigt und finanziert zu diesem Zweck eine Internationale Bauausstellung (IBA Hamburg) in Verbindung mit einer Internationalen Gartenschau (igs Hamburg). Beide imagewirksamen Großprojekte wollen für den lange vernachlässigten Stadtteil der Elbinsel Wilhelmsburg, der einen höheren Anteil an arbeitslosen, einkommensschwachen und migrantischen Einwohnern hat, eine bessere Zukunft schaffen. Nur wie soll das geschehen, wenn dabei urbane Landwirtschaft und multikulturelle Gartenaktivitäten keine nennenswerte Rolle spielen? Und das, obwohl vor Ort sogar derartige Initiativen schon existieren, die obendrein von dieser Politik der Masterpläne und PR-Maßnahmen teilweise sogar vertrieben oder zerstört werden.[39] Wie hier und vielerorts lassen die immer noch fehlende oder unterentwickelte Anerkennung und Unterstützung der urbanen Agrikultur seitens der Politik und Stadtverwaltungen eine folgenreiche Unvernunft erkennen, die sich in politischem Unwillen nicht weniger als in gastrosophischem Unwissen versteckt.

Bisher ist bei Stadtplanern und Oberbürgermeistern nicht viel passiert, obwohl zahlreiche Aktivisten und einige Stadtforscher das Thema seit Jahren öffentlich verbreiten. Unter den elementaren Grundbedürfnissen des physischen Lebens – Luft, Wasser, Obdach und Nahrung – ist das lokale und selbst angebaute Essen das einzige, das kein programmatischer Gegenstand der Politik deutscher Städte und Kommunen ist. Auch auf Bundesebene fehlt hierzulande der politischen Führung die erforderliche Phantasie. Das zuständige Bundesministerium für Ernährung, Landwirtschaft und Verbraucherschutz verfügt über keine Abteilung, deren Aufgabe es wäre, sich mit urbaner Landwirtschaft zu befassen. Ländliche Entwicklung wird hier gleichgesetzt mit Agrarpolitik für das Land; dass dabei auch an die Stadtentwicklung zu denken ist, liegt jenseits der behördlichen Vorstellungskraft. Dazu passt, dass kein entsprechendes Wissen gefördert wird.

An deutschen Universitäten sucht man vergebens nach Lehrstühlen, die angehende Agrarwissenschaftler, Agraringenieure und Landwirte auf die Besonderheiten städtischer Nahrungsproduktion vorbereiten. Kaum eine Landwirtschaftskammer hat Personal, das gezielt über urbanes Agrarwesen beraten könnte. Lediglich ein Bereich der Agronomie wurde in den letzten Jahren mit staatlichen Forschungsgeldern und Forschungsinstitutionen massiv gefördert: die Biotechnologie zur Manipulation der Pflanzengenetik. Weder die ökologische Nahrungserzeugung auf dem Lande noch die ökologische Landwirtschaft in Städten stehen auf der Liste von Subventionen und öffentlichen Förderprogrammen. Unterhält die Agrarpolitik der Europäischen Union eigene Förderprogramme für die gastropolitane oder die bäuerliche Agrikultur? Weiterhin fließen enorme Strukturfördermittel aus dem Agrarhaushalt der EU an dem städtischen Raum vorbei. Doch die Europäer müssen nicht länger an subventionierter Exportproduktion und globalem Freihandel als oberstem Ziel und höchstem Gut ihrer Wohlstandssicherung festhalten: Angesichts der Gefahr der globalen Nahrungskrise ist es höchste Zeit für eine gemeinsame Agrarpolitik, die für die notwendige Umstellung auf eine umweltverträgliche, kleinbäuerliche Nahrungsproduktion sorgt und sich für eine globale lokale Ernährungssouveränität einsetzt. Warum auch nicht?

---

39 | Vgl. Wüpper, Über Wilhelmsburger Wein und die zweite Vertreibung aus dem Paradies; Humburg, Wem gehört die Elbinsel?

Hoffnungsschimmer und warum sich Stadt nur von unten gut entwickeln kann

Aufgeweckte Stadtplaner und verantwortungsbewusste Stadtentwicklungspolitiker beginnen das gastropolitane Potenzial zu erkennen. So wird beispielsweise festgestellt: »Nachbarschaftsgärten eignen sich als Ausgangspunkt einer Quartiersentwicklung mit Bürgerbeteiligung, weil sie als Plattform funktionieren: Man trifft sich, man kommt ins Gespräch, man entwickelt Ideen und vielleicht auch gemeinsame Vorstellungen darüber, wie man im Viertel leben möchte«.[40] Damit sich urbane Lebens- und Speiseräume transformieren und sich ein radikal neues Urbanisierungsideal herausbilden kann, wird die Stadtpolitik die Impulse und Veränderungskräfte der gastropolitanen Bewegung aufnehmen und verstärken müssen. Auch um internationale Beschlüsse zum Klimaschutz, zur nachhaltigen Stadtentwicklung und zur Bekämpfung städtischer Armut einzuhalten, kommen Metropolen gar nicht umhin, sich um das enorme Potenzial dieses neuartigen Urbanismus zu kümmern.

Schon ist zu beobachten, dass einige Stadtregierungen Programme aufleben lassen, die gezielt der Existenz und dem Zustandekommen von Gartenkollektiven und urbaner Landwirtschaft helfen. Vorreiter in den Städten der Ersten Welt ist das kanadische Toronto. Seit 1991 existiert dort ein *Food Policy Council*. Die Kanzlei für Ernährungspolitik verfolgt das Ziel, dass bis 2025 ein Viertel des Obsts und Gemüses in der Stadt angebaut werden soll. In der Hauptstadt Englands sorgt seit einiger Zeit ein offizieller *Chair of London Food* dafür, dass lokale Nahrungsproduktion im Herzen dieser Mega-City stattfinden kann. Ähnlich gehören das Programm der brasilianischen Stadt Belo Horizonte, die ihren Bürgern das Recht auf gutes Essen gewährt,[41] oder die Kooperativen-Politik unter den zapatistischen ›Räten der Guten Regierung‹ ebenso wie das Hinterhof-Agrikultur-Programm der Stadt Mexiko oder die erwähnte kubanische Politik der *Revolución Verde* zu den zahlreichen Etappensiegen auf dem Weg einer gastropolitanen Revolution der Städte.

Während besonders in Nord- und Südamerika bereits von einer allgemein wahrgenommenen und anerkannten sozialen Bewegung gesprochen wird, die durch die lokalen Regierungen und wissenschaftlichen Arbeiten konsequent gefördert wird, beginnt sich die Sache in Europa erst in jüngster Zeit zu entwickeln. Etwa in der europäischen Metropole Berlin: Ermutigt durch die medial viel beachteten Prinzessinnengärten beginnt auch dort die Politik umzudenken und lässt Bezirksämter geeignete Flächen ausweisen und Erstausstattungen mit Geräten und Materialien bereitstellen. Mit viel Glück erreicht die für 2020 geplante Internationale Bauausstellung Berlins die Höhe des gastropolitanen

---

40 | Baier, Urbane Landwirtschaft und Stadtteilentwicklung, 179.
41 | Vgl. Lappé/Lappé, Hoffnungsträger, 133-148.

Zeitgeistes und integriert diese demokratischen Stadtentwicklungsprozesse, die bereits auf der riesigen öffentlichen Freifläche des ehemaligen Flughafens Tempelhof im Gange sind, als *best practice* Vorbilder für die urbane Zivilisation der Zukunft. Das Allmende-Kontor auf dem Tempelhofer Feld, eine Initiative von Berliner Gartenaktivisten und -aktivistinnen, versteht sich als »Anlauf- und Vernetzungsstelle, Wissensspeicher und Lernort mit einem Garten für alle«. Das Allmende-Kontor nutzt das Tempelhofer Gemeingut zunächst nur für zwischendurch; sein Anliegen ist jedoch ohne zeitliche Begrenzung in die Zukunft gewandt.

Viele weitere Ansätze und Keimlinge einer solchen kosmopolitischen Gastropolitik existieren bereits. Eine besonders ambitionierte Agenda hat sich – durch die starke lokale Graswurzel-Gartenbewegung beflügelt – New York City vorgenommen. Diese Weltstadt mit über acht Millionen Einwohnern soll zukünftig nicht nur einer der wichtigsten Finanzplätze der Welt sein. Neben Wall Street und Empire State Building, Guggenheim, UNO oder der Freiheitsstatue soll es auch sehenswerte Gemüsegärten *en masse* geben. Zu der wegweisenden Entscheidung, das FoodWorks-Programm ins Leben zu rufen, erläutert die Sprecherin Christine C. Quinn: »Stellen Sie sich vor, ich würde Ihnen erzählen, wir hatten die Möglichkeit in New York Tausende von neuen Jobs zu schaffen – aber wir hätten es einfach nicht getan. Das würde Sie wahrscheinlich sehr aufregen.« Und sie setzt fort: »Stellen Sie sich jetzt vor, ich würde Ihnen erzählen mit der Möglichkeit, diese Arbeitsplätze zu schaffen, könnten wir gleichzeitig die Gesundheit der Bevölkerung verbessern und den Energieverbrauch senken. Wir könnten Millionen von Dollar in der lokalen Ökonomie halten, anstatt sie quer durch das Land zu schicken. Aber wir tun es nicht. Fakt ist, dass wir genau diese Möglichkeiten ignoriert haben. Über Jahre haben wir die Chance verpasst eine umweltfreundlichere, gesündere und wirtschaftlich besser aufgestellte Stadt zu entwickeln. Wie? Indem wir das enorme Potenzial unsere Ernährungssystems ignoriert haben«.[42]

FoodWorks beschäftigt sich mit dem gesamten Ernährungssystem von der Landwirtschaft bis zur Entsorgung. Erreicht werden sollen die formulierten Ziele durch Schlüsselinvestitionen und einen Politikwechsel. FoodWorks entwirft konkrete Schritte auf dem Weg in die Gastropolis, die sich auf viele Städte in allen Ländern der Welt übertragen lassen.

Weil gesetzgeberische Maßnahmen und politische Förderinstrumente das Wachsen und Gedeihen von Stadtgärten begünstigen können, werden die kommunalen und staatlichen Rahmenbedingungen in einem hohen Maße über die weltgesellschaftliche Zukunft der urbanen Agrikultur und Gartenarbeit entscheiden. Entsprechend wäre es Aufgabe und Ziel einer im gastrosophischen Sinne guten Stadtentwicklungspolitik, die existierenden Initiativen und

---

42 | FoodWorks. A Vision to Improve NYC's Food System.

die daran interessierten Bürger einzubeziehen. Dazu gehört unter anderem die Einrichtung von Beratungs- und Koordinationsstellen für sich gründende Initiativen, etwa durch Zwischennutzungsoptionen von Brachflächen und die Schaffung oder Umwidmung von brauchbaren, aber ungenutzten Anbauflächen. Nutzungsprobleme durch industrielle Altlasten und kontaminierte Erdböden sind große Hindernisse für eine auf Dauer angelegte Bewirtschaftung von städtischem Land, weshalb kostenlose Schadstoffanalysen oder Bodenaustausch ebenso wünschenswert sind wie die Versorgung mit Brauchwasser und intelligenten Bewässerungssystemen.

Weitere politische Erkenntnisgebiete, Aufgabenfelder und Tugendlehren einer gastrosophischen Ethik lassen sich leicht benennen: Stadtregierungen können die lokale Nahrungsproduktion gezielt fördern durch die Umstellung der Verpflegung in öffentlichen Einrichtungen wie Kantinen von Behörden (Verwaltungen, Ministerien, Bundeswehr, Polizei), Mensen in Bildungsanstalten (Kindergärten, Schulen, Universitäten) und Lebensmittelausgaben in sozialen Diensten und Krankenhäusern. Auf diese Weise kann nicht nur eine enorme ökonomische Nachfrage geschaffen werden; auch wäre in zahlreichen Institutionen die Einrichtung von Gemüsegärten und kleinflächiger Landwirtschaft ein politisch notwendiger Schritt zur Verbesserung der allgemeinen Ernährungs- und Lebensverhältnisse.

Ebenso ist die Förderung von direkten Vermarktungsmöglichkeiten für Landwirte durch die Vergabe von lukrativen Standorten möglich und eine gerechte Gesamtverwertung von überschüssigen und entsorgten Lebensmitteln durch Tafeln, Volxküchen, Umsonst-Läden oder einer Legalisierung von ›freeganen‹ Abfallverwertungspraktiken und natürlich von anderen Formen eines intelligenten Essensreste-Recycling, etwa durch öffentliche Kompostieranlagen.[43] Solche und andere Maßnahmen würden einen unvorstellbar großen Wirkungsgrad entfalten und unsere Städte, unsere Gesellschaft, unsere Welt und unser Leben in vielerlei Hinsicht verbessern. Die Utopie der Gastropolis ist realistisch und machbar: Wir brauchen uns nur für einen Augenblick vorzustellen, was passieren würde, wenn die gigantischen direkten und indirekten Subventionen und Strukturmaßnahmen, die gegenwärtig das kapitalistische Nahrungssystem aus großflächiger Agrarindustrie und globalen Supermärkten künstlich aufrechterhalten, ab morgen vielen kleinen Landwirtschaftsbetrieben und urbanen Küchengartenaktivitäten zugutekämen.

---

43 | Zu diesen subversiven Praktiken einer »Essthetik des Widerstandes« siehe: Lemke, Die Kunst des Essens, 100-147.

Masterpläne und das Recht auf Freiheit

Eine Gruppe von jungen Stadtplanern und Architekten hat 2009 mit dem Stadtentwicklungsprojekt *Agropolis* Masterpläne für eine »metropolitane Nahrungsstrategie« entworfen, die in einem Münchener Stadtteil umgesetzt werden sollen. Eigenanbau, Inwertsetzung der regionalen Ressourcen, nachhaltiger Umgang mit dem Boden, Infrastrukturen der sozialen Begegnung und einer lokalen Tauschökonomie stehen im Mittelpunkt des Entwurfs des preisgekrönten Wettbewerbs. In der Agropolis sind Anbauflächen auf Balkonen, Dächern und Privatgärten ebenso wie öffentliche Freiräume für Grünvernetzung und Baumbestände als Obstbaumhaine vorgesehen, in die auch Gemeinschaftseinrichtungen integriert sind, beispielsweise Lagerräume (z.B. kalte Keller), Kompost und Freiraum für Kleinvieh. Tauschräume sollen die Möglichkeit bieten, Ernteüberschuss und anderen Überfluss auszutauschen und weiter zu verwerten. Obstbäume, Hecken mit Quitten, Schlehen, Hagebutten und Kornelkirschen, Holunder und Johannisbeeren sowie eine Haselnussbaum-Allee als Hauptachse quer durch das Viertel sollen den Stadtteil Freiham prägen. Eine Straßenbahn soll täglich beladen mit lokalem Erntegut zum Viktualienmarkt fahren und die Marktgänger beglücken. Kurz, in dieser Projektidee gewinnt die gastropolitane Praxis einen programmatischen Stellenwert im städtebaulichen Planungsdenken.

Auf ähnliche Weise entstehen neuerdings visionäre Masterpläne für die ideale ›Ökopolis‹ und andere Großbaustellen einer ›nachhaltigen Stadt‹. Beispiele sind die südkoreanische Stadt Suwon oder das nahe bei Shanghai gelegene Mega-City-Projekt *Dongtan Greenport*, wo mit Gewächshochhäusern und futuristischen Technologien eines *Vertical Farming* experimentiert wird, oder die *Pig City*, ein von niederländischen Architekten entworfenes Wolkenkuckucksheim für Schweine. Allerdings werden diese schönen Utopien bleiben, was sie sind, nämlich abstrakte ›Outopien‹, Nicht-Orte, großartige aber unbelebte Luftschlösser und undemokratische Planspiele, solange sie in wenigen Köpfen und am Reißbrett nach dem althergebrachten und längst veralteten Top-Down-Prinzip konstruiert sind und keinerlei humane Bodenhaftung haben.

Was die Stadtoberen, Städtebauerinnen und Bediensteten der politischen Hierarchie von den Stadtbäuerinnen und Kollektiven der neuen Gartenbewegung lernen können, ist vor allem eins: Die urbane Zivilisation 3.0 wächst, falls sie wächst, von unten nach dem Botton-Up-Prinzip. Weil das so ist, haben politisch aktive Wut- und Mut-Bürger die altbackenen Rezepte einer Politik satt, die viele ihrer angepassten oder bloß passiven Mitbürger an den gesellschaftlich schlechten Geschmack gewöhnt haben, dass Stadt sich nach Plan und auf Geheiß von oben entwickelt. Frei nach dem unappetitlichen Motto: »Kochen dürfen nur einige wenige: eine Handvoll Stadtplaner_innen, Politiker_innen und Investor_innen. Alle anderen Bewohner_innen der Stadt haben bitte schön ruhig zu sein. Schließlich wird gegessen, was auf den Tisch kommt«.[44] Diese Zeiten scheinen langsam der Geschichte anzugehören; jedenfalls kennt die gastropolitane Volksküche, wie sie sich etwa im *Rezeptbuch Unternehmen Stadt übernehmen* der BUKO-Initiative ausdrückt, inzwischen äußerst phantasievolle und raffinierte Gegenrezepte: »Doch immer mehr Menschen weltweit sagen: Ich esse meine Suppe nicht, nein, meine Suppe ess' ich nicht! Andere spucken bereits ins neoliberale Essen und vermiesen so den Einheitsbrei. Wiederum andere kochen schon längst ihr eigenes Süppchen auf gemeinsamer, (noch kleiner) Flamme und experimentieren mit neuen Zutaten«.[45]

Damit diese experimentellen Suppen- und Mahlgemeinschaften mit ihren selbst angebauten Zutaten an möglichst vielen Keimzellen und Entstehungsherden, wozu Gemüsegärten als für alle sichtbare Schaubühnen und Experimentierküchen im öffentlichen Raum gehören, einer neuen Stadt- und Esskultur wurzeln schlagen können, braucht es nicht nur neue Strategien der Beteiligung ›von unten‹. Darüber hinaus braucht es gleichsam eine politische Palastrevolution oder eine allgemeine Küchenrevolution, von der uns nur das fehlende Recht auf allgemeinen Zugang zu (Garten-)Land trennt, das (auch in der Stadt) zum Eigenanbau von allen genutzt werden darf, sowie die ungeklärten Nutzungskonflikte um städtischen Grund und Boden zwischen Kapital und Gemeingut (Allmende).

Die gastropolitane Revolution der Städte impliziert folglich grundlegende Veränderungen auch in den Eigentumsverhältnissen. Zu derartigen Landreformen war sogar ein politisch widersprüchliches und labiles Land wie Deutschland schon einmal fähig. Bis zum Ende des 19. Jahrhunderts hatten sich im Rahmen der so genannten Reformbewegung die (ersten) Kleingarteninitiativen zu einer politisch einflussreichen Kraft entwickelt. Ihr Höhepunkt war das im Zuge der Novemberrevolution erlassene Gesetz einer ›Kleingarten- und Kleinpachtlandverordnung‹. Diese vielleicht wichtigste Gesetzesinitiative der Weimarer Republik wollte für politische Verhältnisse sorgen, so dass jedem Bürger genügend Land zur Verfügung steht, um den eigenen Bedarf an Kartoffeln und Gemüse erwirtschaften zu können und auch Obstbäume anzupflanzen. Das Gesetz beinhaltete die Möglichkeit der Zwangsfestsetzung von Pachtpreisen durch die Kommunen ebenso wie die staatliche Bereitstellung von städtischem Land. Auf der Grundlage eines Generalpachtsystems sollten Küchenbauern und Küchenbäuerinnen vor Kündigungen seitens privater Grundbesitzer und profitorientierten Immobilienhandels geschützt werden. Bereits einige Jahre zuvor wurde aus der Notlage der Zeit das Recht auf Beschlagnahmung von Land formuliert, falls seine Eigentümer es nicht nutzten. Dass dieses Gesetz auch zu stadtplane-

---

44 | BUKO, Rezeptbuch Unternehmen Stadt übernehmen.
45 | Vgl. zum Beispiel das Hamburger Gartenprojekt *Die Keimzelle* sowie das noch nicht realisierte, utopische *Grünareal*.

rischem Handeln führte, belegen zahlreiche Arbeiten führender Städtebauer und Architekten des Neuen Bauens wie Taut, May oder Schuhmacher und insbesondere das Lebenswerk des Landschaftsarchitekten Leberecht Migge, der die Selbstversorgung der Bürger zum städteplanerischen Ziel erklärte.[46]

Die gesellschaftlichen Verhältnisse der Zeit zwischen dem Ausbruch des Ersten Weltkriegs über die demokratische Erneuerung bis zur Weltwirtschaftskrise sind in mancherlei Hinsicht mit der gegenwärtigen Lage der Welt vergleichbar. Doch weit entscheidender ist der historische Tatbestand, dass heute die politische Notwendigkeit einer umfassenden Landreform und einer Wiederaneignung der Erde beziehungsweise der landwirtschaftlich kultivierbaren Erdböden und Grundflächen sowohl im Zentrum der Gesellschaft (in den Städten) als auch in ihrer Periphere (auf dem Land) besteht. Und hierzulande existiert bereits der rechtliche Rahmen für diese kulturelle Revolution: Das Grundgesetz sieht ausdrücklich vor, dass »Grund und Boden« gegebenenfalls in »Gemeineigentum oder in andere Formen der Gemeinwirtschaft überführt werden« können. Das ethische Prinzip, das diesem Gesetz zugrunde liegt, ist denkbar einleuchtend: »Eigentum verpflichtet. Sein Gebrauch soll zugleich dem Wohle der Allgemeinheit dienen«.[47] Die geschichtliche und gesellschaftspolitische Bedeutung der globalen Gemüsegartenbewegung der Gegenwart ergibt sich gerade daraus, dass sich mit ihr – parallel zu den Forderungen der weltweiten Bauernbewegung in den Ländern der Dritten Welt – die Eigentums- und Bodenfrage stellt. Wie die Bäuerinnen und Bauern das Menschenrecht auf Nahrung an das Recht auf freien Zugang zu einem Stück Land koppeln, so stellen die Städter die souveräne Selbstversorgung über die privaten Gewinninteressen von Boden-, Bau- und Investitionsspekulanten und verknüpften so das Recht auf Land mit dem Recht auf Stadt.

Unter diesem Losungswort, das auf den erwähnten Stadtphilosophen Henry Lefèbvre zurückgeht, organisieren sich in jüngster Zeit vielfältige Initiativen, Widerstandsgruppen und bewegte Bürger, unter denen »sich stärker als die frühen städtischen Proteste Fragen der sozialen Gerechtigkeit mit Partizipationsansprüchen koppeln«.[48] Beweggründe sind oftmals Gentrifizierungsprozesse, Auseinandersetzungen um die zunehmende Privatisierung und Überwachung öffentlicher Räume oder – was weit entscheidender ist – politische Kämpfe um soziale Teilhabe und demokratische Planung von unten: Erkämpft werden will eine andere Urbanität und ein besseres Stadt- und Landleben für alle.

---

46 | Vgl. Migge, Jedermann Selbstversorger!; ders., Der soziale Garten; Husen, Leberecht Migge und der Reformgarten; Huberthal, Leberecht Migges Konzept nachhaltiger urbaner Landwirtschaft.
47 | Grundgesetz der Bundesrepublik Deutschland, Artikel 15 sowie Artikel 14, Absatz 2.
48 | Holm, Recht auf Stadt.

David Harvey, international anerkannter Interpret von Marx' *Kapital* und vehementer Kritiker des Neoliberalismus, hat das politische Motto der Recht-auf-Stadt-Bewegung geliefert: »Die Freiheit, unsere Städte und uns selbst zu bestimmen, ist, wie ich denke, eines der wertvollsten, aber meist missachteten Menschenrechte«.[49] Ein zentrales Anliegen der politischen Gastrosophie ist es, das Recht auf Freiheit, unsere Städte und uns selbst zu bestimmen, theoretisch zu stärken. Denn wächst das gesellschaftliche Bewusstsein, dass soziale Gärten und urbane Grünareale echte Keimzellen dieses wertvollen und missachteten Menschenrechts sind und dass das Recht auf Stadt in der gastropolitanen Praxis täglich erkämpft und gelebt werden kann, werden sich auch Politiker früher oder später an diese Freiheit gewöhnen und diese wie frisches Gemüse aus Eigenernte lieben lernen. Was vor nicht allzu langer Zeit mit kleinen schrumpeligen Kartoffeln anfing, die der Berufsrevolutionär Beuys unter vollem Einsatz seines erweiterten Kunstbegriffs als Saatgut in die Erde eines Berliner Vorgartens einpflanzte, ist zu etwas herangewachsen, was das Zeug hat, vielleicht einmal richtig groß zu werden: die Utopie der Gastropolis.

---

49 | Harvey, The Right to the City; ders., Social Justice and the City.

Schlaraffenlandkulisse
im Adipositas-Dispositiv

Zu den populärsten Vorstellungen von einem erfüllten, ›guten Leben‹ gehört zweifelsohne der Traum von einem paradiesischen ›Schlaraffenland‹. Aus allen Zeiten und Kulturen der Menschheit ist dieser Tagtraum der vollkommenen Glückseligkeit belegt. In unzähligen Mythen, religiösen Erlösungslehren und volkstümlichen Wunschbildern wird das Verlangen ausgesprochen, in einem Land leben zu wollen, wo einem fertig gegrillte Hähnchen direkt in den Mund fliegen oder ›worin Milch und Honig fließen‹, womit bereits der Prophet Moses frohlockte.[1] So lässt etwa ein antikes Komödienfragment den märchenhaften Zustand einer opulenten Fertigküche erahnen: »Jeder Gießbach schäumte von Wein und das Brot und die Semmeln lagen im Rangstreit vor den Mäulern der Menschen und flehten sie an, man möge sie gnädig verschlingen,/Denn die weißesten liebten doch alle! Hinein in die Häuser spazierten die Fische/Und brieten sich selber und legten sich hin auf den Tisch. Doch den Sitzen entlang, da/ergoss sich ein Strom fetter Suppe und wälzt' die gesottenen Stücke des Rindfleisches«.[2] Ähnlich phantastisch geht es bei dem griechischen Dichter Pherekrates zu, wenn er schreibt: »Recht knusprig gebraten, mit Myrtenzweigen bestreut und mit/Anemonen, flogen einem die Drosseln um den Mund/ herum und flehten, dass man sie verspeisen soll«.[3]

Die klassisch griechische Tradition der Utopie vom guten Leben findet auch innerhalb der antiken Philosophie einen systematischen Ausdruck, etwa in Platons Bericht von der sagenumwobenen Insel Atlantis oder in *Der Staat*, Platons eigener Konstruktion einer ›guten Gesellschaft‹ und zugleich eines der bedeutendsten Werke der politischen Philosophie. Bunter und schließlich als eigenes Genre leben die Wunschbilder eines Lebens in Saus und Braus aber vor allem

---

1 | Ausführlicher zur jüdisch-christlichen und antiken Tradition siehe: Lemke, Ethik des Essens, 24-142.
2 | Telekeides, Amphiktyones, 197.
3 | Pherekrates, Metalleis, 198.

innerhalb der Literatur und Dichtkunst fort. So begegnen wir dem Motiv in seiner klassischen Fassung beispielsweise bei dem römischen Satiriker Petronius und dessen fiktiven Festgesellschaft des *Cena Trimalchionis* und Jahrhunderte später bei dem einflussreichsten Renaissance-Schriftsteller François Rabelais und dessen üppigen Erzählung *Gargantua und Pantagruel*, die regelrecht von kulinarischer Völlerei überquillt.[4]

Auch in der jüdisch-christlichen Religion ebenso wie im Islam spielen ›Paradies‹-Vorstellungen eine zentrale Rolle, um das ewige gute Leben auszumalen und dem Volk den Glauben daran schmackhaft zu machen. Die Propheten des Alten Testaments und Jesus von Nazareth beschreiben ›das Reich Gottes‹ als Neuauflage des paradiesischen Zustandes eines ›Garten Eden‹. Und Mohammed verkündet, dass »die Gottesfürchtigen großes Glück, Gärten der Wonne und Weinstöcke, Paradiesjungfrauen« erwarten und alle Gläubigen »mit Früchten und Fleisch, wie sie es nur wünschen mögen« (Sure 52, 22), versorgt sein werden.

Der deutsche Volksmund begann erst vor gut 500 Jahren, sich an das ›Schlaraffenland‹ zu gewöhnen. Zunächst aber, typisch deutsch, nur an seinen Begriff. Doch unter dem kollektiven Eindruck von historischen Ereignissen wie der Reformationsbewegung rund um Martin Luther, dessen freizügige Sittenlehre sogar in Form von »Tischgesprächen« bekannt wurde, sowie der offiziellen Erfindung der »Utopie« durch Thomas Morus und erst recht dank der (ihr sicherlich zum Vorbild gedient habenden) Reiseberichte aus den neu entdeckten ›exotischen Ländern‹, begann man sich hierzulande allmählich an eine unglaubliche Vielfalt und Üppigkeit von Lebensmitteln und Geschmäckern zu gewöhnen. Kolumbus und die ersten Kolonialisten betrieben bekanntlich den europäischen Welteroberungszug speziell auf ihrer Suche nach besserem Essen: exotischen Früchten, allerlei fremdartigen Verlockungen und kulinarischen Genussmitteln.[5]

Schließlich trug zur allgemeinen Verbreitung des ›Schlaraffenlands‹ in besonderem Maße der frühneuzeitliche Meistersänger Hans Sachs mit seinem Schwank *Schlauraffen Landt* aus dem Jahr 1530 bei. Frohlockend wird darin vorgetragen, welch seliges Wohlleben die Menschen in diesem utopischen Land erwarte: »Da hat er Speis und Trank zur Hand; da sind die Häuser gedeckt mit Fladen, mit Lebkuchen Tür und Fensterladen. Um jedes Haus geht rings ein Zaun, geflochten aus Bratwürsten braun; vom besten Weine sind die Bronnen, kommen einem selbst ins Maul geronnen. An den Tannen hängen süße Krapfen wie hierzulande die Tannenzapfen; auf Weidenbäumen Semmeln stehn, unten Bäche von Milch hergehn; in diese fallen sie hinab, dass jedermann zu essen hab.« Die deftige Erzählung vom *Schlauraffen Landt* verarbeitet selbst-

---

4 | Vgl. Petronius, Das Gastmahl des Trimalchio; Rabelais, Gargantua und Pantagruel.
5 | Vgl. Helkde, Exotic Appetite.

verständlich auch die antiken fleischlastigen Fastfood-Wünsche: »Auch fliegen um, das mögt ihr glauben, gebratene Hühner, Gäns' und Tauben; wer sie nicht fängt und ist so faul, dem fliegen sie selbst in das Maul. Die Schweine, fett und wohlgeraten, laufen im Lande umher gebraten. Jedes hat ein Messer im Rück‹; damit schneid't man sich ab ein Stück und steckt das Messer wieder hinein. Käse liegen umher wie Stein.« In dieser mythogastrosophischen Hymne klingen Gemeinplätze an, die, wie der Schlaraffenlandforscher Dieter Richter vermutet, »so alt sind wie die Menschheit«.[6]

Die abendländische Utopie vom ›Großen Fressen‹ findet sich nicht weniger in den Mythologien außereuropäischer Kulturen, etwa der afrikanischen Völker, oder in babylonischen und indischen Urzeit-Mythen ebenso wie im altchinesischen Volksdaoismus.

Stets geht es nur um das Eine: ums Vollsein, um Fülle, Sättigung und erfülltes Wohlergehen durch reichlich Essen. In sagenhaften Verhältnissen von Überfluss und Wohlstand sind die kulinarischen Privilegien der Wohlhabenden abgeschafft. Die lukullischen Ungerechtigkeiten, die einst die pompösen Gelage und kostspieligen Festmahle des römischen Feldherrn Lukullus sprichwörtlich machten, sind dem egalitären Konsum oder dem kulinarischen Volksvergnügen gewichen: Auch für die einfachen Leute wäre dann jeder Tag ein Festtag, der alle erdenklichen Delikatessen böte, Gaumenfreuden, Gelüste und Leckereien, die über die längste Zeit der Menschheitsgeschichte nur die aristokratischen Schüsseln und Bäuche füllten. Kurz: Ein ›gutes Leben‹ – wenigstens eines, für das phantasievolle Dichter oder andere Feinschmecker und Freigeister ebenso konkrete wie überzeugungsstarke Bilder zur Verfügung gestellt haben – steht mit dem ›Schlaraffenland‹ als einer transkulturellen, universellen Glücksvorstellung im Zeichen des kulinarischen Lustlebens. Soweit die Utopie. Die Wirklichkeit freilich sah und sieht für viele auch heute noch ganz anders aus. Stets speiste sich die populäre Utopie eines unersättlichen Genusslebens aus einer gesellschaftlichen Realität, in der dieser Wunsch unerfüllt und der Magen leer und das tägliche Leben von einer eher dürftigen Ernährungslage beherrscht blieb.

Doch das Schicksal wollte es, dass dieser lange Menschheitstraum für uns heute in Erfüllung gegangen ist. Wir, die durchschnittlichen Einwohner der kapitalistischen Wohlstandsländer, leben wahrlich in Schlaraffenländern: inmitten von Supermärkten und Konsumtempeln, ersatzreligiösen Waren-Wunder-Welten, phantastischen Shoppingmalls, Fressmeilen, in einem exzessiven Zustand der kulinarischen Genüsse, Raffinessen, Delikatessen, sündhaften Verführungen, Verlockungen und süßen Glücksverheißungen. Uns steht jederzeit eine unermessliche Vielfalt an Lebensmitteln aller Art und jeder vorstellbaren Geschmacksnuance zur Verfügung: Noch nie war ein kulinarisches Wohlleben

---

6 | Richter, Schlaraffenland, 25.

für eine derart große Zahl an Menschen so erschwinglich und im Nu verfügbar wie heute. Auf seiner täglichen Schnäppchenjagd im globalen Supermarkt findet der moderne Jäger und Sammler stets leichte Beute und Lüste. Um satt zu werden, muss das Volk nicht länger wie einst ackern und schuften, um sich am Ende des Arbeitstages trotzdem mit trockenem Brot oder vergleichbaren Sättigungsmethoden zufriedenzugeben. Die Mehrheit braucht lediglich in die vollen Regale zu greifen, bunte Packungen aufzureißen und die Mikrowellen einzuschalten, um es sich richtig schmecken zu lassen. In den westlichen Industrienationen ist der Hunger besiegt; selbst die untersten Schichten, vor nicht allzu langer Zeit noch arme Schlucker und Kartoffelstopfer, müssen keinen Mangel leiden und können dank billiger Lebensmittel für das nächste Hi-Fi-Gerät und das neueste Automodell sparen. Freilich: Durch die Tatsache, dass ein Großteil der Weltbevölkerung Tag für Tag weiterhin hungert und jeder sechste Mensch an Unterernährung und extremer Armut leidet, wirft unser dystopisches Schlaraffenland einen düsteren Schatten.

SOZIALPATHOLOGIEN DER VEREINTEN FASTFOOD-NATIONEN

Müssten aber nicht wenigstens die Menschen in den Schlaraffenländern und speziell die Gruppe der Wohlbeleibten angesichts ihrer üppigen Lebenslage im Glück schwelgen? Manche kritischen Theoretiker behaupten sogar das Gegenteil und sehen wie Max Horkheimer in dem Zustand der Glücklichen, die vom Unglück anderer profitieren, sogar das eigentliche Elend dieser Welt. Doch noch einmal: Wieso gelten gerade dicke Menschen, die offensichtlich ihre Esslust ungehemmt ausleben, gemeinhin nicht als glückliche Menschen? Warum nur macht uns unser tagtägliches Fastfood-Festessen nicht wirklich zufrieden?

Die Antwort auf diese Allerweltsfrage ist allseits bekannt: Der tägliche Konsum von reichlich Cola und anderen Süßgetränken, von Chips und Snacks, von leckerer Currywurst mit Pommes und weichem Weißbrot mit Salami, von tiefgefrorenen Gourmet-Produkten und der Genuss all der anderen wohlfeilen Industriekost bringt nicht nur Spaß. Er bringt zum Leidwesen der Betroffenen auch das unmittelbar augenscheinliche Unglück mit sich, die Gesundheit der betroffenen Körper – das leibliche Wohl der Menschen – zu schädigen. Ganz richtig hatte der profunde Utopie-Analytiker Ernst Bloch erkannt, falls sich »das Volk sein nahrhaftestes Märchen« – sein sinnfälligstes utopisches Modell von einem erfüllten Leben – einzig und allein als Schlaraffenland ausmale, könne es zugleich auch dessen ambivalenten Wahrheitsgehalt erfahren.[7] Schon der Renaissance-Maler Pieter Brueghel der Ältere veranschaulicht diese Ambivalenz

---

7 | Bloch, Das Prinzip Hoffnung, 548.

in seinem Bild *Schlaraffenland* aus dem Jahre 1565: Es zeigt den wenig paradiesischen Zustand von fettleibigen Menschen, die regungslos am Boden liegen, als Folge eines unvernünftigen Genusslebens.

Das vermeintliche Glück, dass man heute wenig Geld ausgeben muss, um sich satt bis fett zu essen, hat einen hohen, wenn nicht sogar einen letztlich unbezahlbaren Preis: Krebs, Herzinfarkt, Schlaganfälle, Bluthochdruck, Diabetes, Gefäßverkalkung, Arthritis und Arthrose, Gelenkschmerzen, Stempelfüße und viele andere durch starkes Übergewicht verursachte Leiden. Ausgerechnet der Inbegriff für Kraft und Macht, für soziales Prestige und die Grunderfahrung des Schmackhaften – ausgerechnet der übermäßige Konsum von Fleisch und sein regelmäßiger Verzehr ist nachweislich ungesund und erhöht in vielen Fällen das Risiko für eine Erkrankung an Krebs, Herzinfarkt usw. Beschwerden durch von ungesunder Ernährung bedingten ›Zivilisationskrankheiten‹ und die verbreiteten Leiden von stark übergewichtigen Menschen nehmen gegenwärtig in allen Teilen und Kulturen der Welt kontinuierlich zu: Was bis vor kurzem noch kaum vorstellbar war, erscheint uns heute nahezu selbstverständlich. Dicksein ist ein globales Problem der Menschheit. Die Zahl der Beleibten hat sich innerhalb von nur dreißig Jahren bereits verdoppelt. Die Weltgesundheitsorganisation der Vereinten Nationen prognostiziert einen weiteren Anstieg dieser Gesundheitsgefährdung. 1,6 Milliarden dicke und übergewichtige Menschen überwiegen inzwischen sogar die Anzahl der abgemagerten und hungernden Menschen weltweit. Zwei Drittel aller erwachsenen US-Amerikaner gelten als zu dick und jeder Dritte als adipös (fettleibig). In Deutschland bringen inzwischen nahezu die Hälfte der erwachsenen Bevölkerung zu viel Masse auf die Waage.[8] Ob in den lateinamerikanischen oder afrikanischen Slums, auf den pazifischen Inseln oder unter dem neuen Wohlstand Chinas – überall ist die Pandemie der Fettleibigkeit als unmittelbare Folge der Verbreitung des westlichen Lebens- und Ernährungsstils zu beobachten.

So globalisiert sich eine traurige Wahrheit über alle Länder hinweg: Die erfüllte Schlaraffenland-Utopie scheint die Menschen nicht glücklich zu machen, dafür aber macht es sie mit Garantie füllig und krank. Durch die McDonaldisierung der Völker und durch die Existenz der Vereinten Fastfood-Nationen nimmt nicht nur der Körper jedes sechsten Menschen zu; es nehmen auch, wie Mediziner und Gesundheitspolitiker zu beklagen nicht müde werden, die Kosten zu, die den Krankenkassen durch diese Korpulenz entstehen. Mittlerweile muss ein erheblicher Anteil der allgemeinen Gesundheitsausgaben für die Behandlung von Adipositas und ihren Begleit- oder Folgeerkrankungen aufgewendet werden. Allein im deutschen Gesundheitswesen werden die Ausgaben für Übergewichtige auf mehrere Milliarden Euro pro Jahr geschätzt.

---

8 | Vgl. Helmert, Die ›Adipositas-Epidemie‹ in Deutschland; Schorb/Schmidt-Semisch, Kreuzzug gegen Fette.

Der wachsende Behandlungsbedarf gilt inzwischen als Gesundheitsproblem Nummer eins. Wenn die kulturell hegemoniale Ernährungsweise sich nicht ändert, dann werden die kollektiv bezahlten Neben- und Extrakosten ›der adipogenen Diät‹ auch weiter große Geldmengen der finanziell ohnehin chronisch kränkelnden Krankenkassen (die dieses Geld ansonsten auf andere Weise allen Beitragszahlern zugutekommen lassen könnten) verschlingen. Wenn die Mehrheit immer so weiter isst, werden sich ›die fettsüchtigen Massen‹ in den kommenden Jahren ein weiteres Mal verdoppelt haben. Doch, so ist zu fragen, stecken hinter diesem medial geschürten Szenario nicht bloß die Ideologie eines Schlankheitsideals und der Zwang einer gesundheitsfanatischen »Bio-Politik« (Foucault)?[9]

Über weite Strecken der bisherigen Menschheitsgeschichte galt Fettleibigkeit weder als eine Erkrankung noch war es ein gesellschaftliches und gesundheitspolitisches Problem. Lediglich das alte Griechenland bestrafte ihre dicken Mitbürger mit Geldbußen oder, wie bei den sprichwörtlichen Spartanern, durch öffentliche Auspeitschungen. Der naheliegende Einwand, dass bislang Adipositas oder Hypertrophie schon allein deshalb keine soziale Pathologie darstellten, weil in traditionellen Gesellschaften schlichtweg der dafür erforderliche materielle Wohlstand und der Überfluss an kulinarischen Produkten fehlten, kann indes nicht als Erklärung dienen. Denn zu jeder historischen Zeit und in allen Kulturen gab es stets Menschen (nur erheblich weniger als heute), die in der Lage waren, der Schlemmsucht zu frönen und ihr ungebändigtes Genussleben den anderen gegenüber aufgrund ihrer offensichtlichen Leibesfülle auch kaum verbergen konnten.

Bis in die jüngste Vergangenheit hinein genoss die Wohlbeleibtheit – also die Fettleibigkeit von heute – gesellschaftliches Ansehen. Der Wohlbeleibte verkörperte im vollsten Sinne des Wortes den eigenen Wohlstand, seinen gesellschaftlichen Erfolg und Reichtum. Allenthalben wurden öffentliche Chef-Figuren wie etwa hierzulande die ehemaligen Regierungschefs Ludwig Erhart oder Helmuth Kohl als Pfundskerle angesehen, deren immenser Körperumfang bei vielen Mitbürgern Vertrauen erweckte und in einer Gesellschaft der Dicken und Saturierten ein behäbiges Bild der sozialen Gleichheit suggerierte. Lange Zeit, ›in den fetten Jahren‹, sah der gesellschaftliche Blick im korpulenten Subjekt keinen krankhaften Adipösen, sondern im Gegenteil einen gemütlichen Genussmenschen der leiblichen Lebensfreuden.

In dem ebenso modernen wie archaischen Wertesystem, das physische Wohlbeleibtheit mit materiellem Wohlstand gleichsetzt, kommt freilich ein einfacher anthropologischer Sachverhalt zum Tragen. Was heute Millionen molligen Menschen zum Problem wird, war für ihre Vorfahren ein evolutionärer

---

9 | Vgl. Koppelin/Müller, Gesundheit und Krankheit in ›biopolitischen‹ Zeiten; Kersh/Morone, Anti-Fett-Politik.

Überlebensvorteil. Die Weisheit der Natur hat uns sowohl mit einem biologischen Fehler als auch mit einer raffinierten Gabe ausgestattet. Der genetische Fehler unserer Biologie besteht darin, dass Menschen beim Verzehr von Fettigem und Süßem ohne einen instinktiven Sättigungsmechanismus auskommen müssen, der bei anderen Tieren dafür sorgt, dass sie damit irgendwann aufhören. Die raffinierte Gabe, die uns die weise Natur verlieh, besteht darin, überschüssige Nahrung speichern zu können. Statt einige Vorräte umständlich in Speisekammern oder Kühlschränken deponieren zu müssen, vermögen wir es, ob uns dies nun gefällt oder nicht, lebenswichtige Energiereserven im Fettgewebe unseres eigenen Körpers zu (end-)lagern und diese Fettreserven dank – oder leider wegen – ihres mobilen Aggregatzustandes immer mit uns zu tragen. Als ihr Labsal rettet dieses Schicksal die Menschen in Hungerzeiten vor dem sicheren Tod. Wären wir nicht so veranlagt, überschüssige Kalorien bei Bedarf in eine Speicherform – in Fettspeicher und Bauchspeck – umzubauen, wäre unsere Spezies vermutlich schon lange ausgestorben. Wie das Menschengeschlecht angesichts des omnipräsenten Übels, jederzeit verhungern zu können, das Essen und Sattsein als ein erfülltes Glück erfährt, so sollten wir unsere mögliche Leibesfülle als eine geradezu listige Überlebensstrategie des *homo sapiens* zu schätzen wissen – statt darin lediglich eine belastende Krankheit und eine lästige Angelegenheit zu sehen, die uns die Hoffnung auf ein langes Leben nimmt.

MODERNE BIO-MACHT UND IHR DISPOSITIV

Es stellt sich die Frage, zu welchem Zeitpunkt und aus welchen Gründen die gesellschaftliche Problematisierung der Fettleibigkeit als Krankheit einsetzte. Wie wurde Adipositas zu einem sozialpathologischen Problemkomplex oder, in der Terminologie des Biopolitik-Theoretikers Michel Foucault, zu einem allgemeinen Dispositiv, »das Diskurse, Institutionen, architektonische Einrichtungen, reglementierende Entscheidungen, Gesetze, administrative Maßnahmen, wissenschaftliche Aussagen, philosophische, moralische oder philanthropische Lehrsätze« umfasst?[10] Um die komplexen historischen Zusammenhänge kurz zu skizzieren, ist daran zu erinnern, dass mit der Herausbildung der modernen Staaten und Industrienationen seit dem 18. Jahrhundert zugleich der gefügige, funktionstüchtige, arbeitsame und gesunde Körper zur gesellschaftlichen Norm erklärt wurde. Wie in medizingeschichtlichen Werken vielfach belegt, bemühte sich die moderne Staatsmacht um die allgemeine Durchsetzung eines neuen biopolitischen Mäßigungs- und Gesundheitsregimes, das der allmählichen Ausbreitung einer kapitalistischen Arbeitsgesellschaft den Bedarf an den erforderlichen körperlichen Arbeitskräften sicherte.

---

10 | Foucault, Dispositive der Macht, 119.

Es ist deshalb wenig verwunderlich, dass mit dem 18. Jahrhundert die ersten Monographien über Adipositas entstanden.[11] Denn einhergehend mit der historischen Herausbildung des einsatz- und arbeitsfähigen Subjekts der Moderne wurde der übergewichtige, schwerfällige Körper zunehmend als eine potenziell gesundheitsbelastende und dysfunktionale Abweichung problematisiert. Man kann sagen, dass sich mit dem Adipositas-Dispositiv eine die ganze Bevölkerung erfassende Kontrolle des Körpergewichts entwickelte und zeitgleich mit der Herausbildung des »Sexualitäts-Dispositivs« (Foucault) zum kulturellen und kategorialen Konstrukt des bürgerlichen ›Gesellschaftskörpers‹ führte. Sehr einfache und effektive Instrumente, die damals entstanden und uns inzwischen vertraut sind, ermöglichten diese Biopolitik. So beispielsweise der verbreitete Einsatz von Gewichtswaagen oder Berechnungsformeln und Indikatoren für ein Körpergewicht, das von nun an als normal geltend gemacht wurde. Mitte des 19. Jahrhunderts setzte dann der französische Chirurg und Anthropologe Pierre Paul Broca die erste Faustformel für das sozial konstruierte ›Normalgewicht‹ in die Welt: Körpergröße in Zentimeter minus 100. Inzwischen arbeitet der gesundheitspolitische Diskurs mit einer Weiterentwicklung der Broca'schen Norm durch den so genannten *Body Mass Index* (BMI). Durch das Erstellen von Gewichtsnormen und die Bestimmung von Abweichungen wurden die Körper – ihre Maße und ihre Masse – einer feingliedrigen Differenzierung und sozialen Normierung unterworfen.

Diese individualisierende Normierung ermöglichte zugleich die subtile Diskursivierung eines ›gestörten Essverhaltens‹. Entsprechend übten die normierten Körper ein, sich das zwanghafte Bekenntnisritual aufzuerlegen, die eigene Esslust und jede unbeherrschte Genussgier diätmoralisch – die Tradition religiöser Bußpraktiken und moralischer Mäßigungsdogmen transformierend – zu verbalisieren. Durch die verbale Buße der begangenen ›Esssünden‹ und durch die Hysterie eines ›schlechten Gewissens‹, das jede Mahlzeit als eine gefährlich folgenreiche aber gleichwohl unwiderstehliche Verführung des ›Kalorien-Teufels‹ erfährt, werden permanente Selbstthematisierungen produziert, in denen Menschen über ihren Umgang mit dem Essen berichten. So wurde das Sexualitäts-Dispositiv allmählich von dem Adipositas-Dispositiv verdrängt. Der Kulturtheoretiker Hartmut Böhme stellt dazu fest: »Ist jemals in der Geschichte das Essen so endlos beredet, abgebildet, vor- und nachgekaut worden wie heute?« Die Beantwortung seiner Frage überrascht kaum: »Von Foucault haben wir gelernt, dass die Vervielfältigung der Reden und Ausstellungen des Sex nicht Indikator einer Großen Befreiung sind, sondern Multiplikator der Codes, die dem Sex die Ordnung seines Erscheinens setzen«.[12] Neben diversen Varianten einer

---

11 | Vgl. Klotter, Mächtiges Fressen.
12 | Böhme, Tod und Eros beim Essen (Vorwort), 13; siehe auch: Dell'Agli, Alles Käse? Eh Wurscht!

diätmoralischen Bekenntnisliteratur fehlt inzwischen in kaum einer Buchhandlung eine eigene Abteilung mit Diätratgebern und Fastenbüchern. In keinem anderen Land – mit Ausnahme der USA – werden so viele Diäten enthusiastisch propagiert und befolgt wie in Deutschland.[13]

Diätbibeln und Fastenprogramme erfüllen in einer Gesellschaft von seelisch ausgehungerten Fresssüchtigen die Funktion von Bußstrafen. Und wie jede religiöse Selbstpeinigung, so dient auch der Glaube an den Sündenfall eines ›verbotenen Essens‹ dem frommen Wunsch einer zukünftigen Erlösung und dem erleichternden Wunder der eigenen Begnadung und Entfettung durch eine jenseitige Macht. Entsprechend finden sich immer wieder Prediger von Doktrin und Erlösungs- oder Diätlehren, wonach Gefräßigkeit oder Unmäßigkeit eine ›Erbsünde‹ oder eben eine ›Essstörung‹, so oder so aber eine den Menschen auferlegte ›Krankheit‹ sei. Dafür wird entweder die große Übermacht geerbter Naturanlagen bemüht, wozu behauptet wird, die Fettleibigkeit sei eine genetische Disposition, die durch biochemische Defekte im Hormonhaushalt und Stoffwechsel verursacht würde. Oder Dicke und ihre maßlose Esslust werden zum Opfer einer psychopathologischen Willensschwäche erklärt. Dieses Erklärungsmuster läuft darauf hinaus, dass diejenigen, die unter einem manifesten Fehl- und Suchtverhalten – eben unter einer krankmachenden Essstörung wie der Fettsucht – leiden, dafür selbst gerade nicht verantwortlich seien.

FETT MACHENDE UMWELT UND DAS TUGENDIDEAL DES UNERSÄTTLICHEN KONSUMENTEN

Doch wer glaubt, Fettleibigkeit sei eine Krankheit in dem Sinne, dass es sich dabei um ein Geschehen handle, das den Betroffenen wie das unabwendbare Schicksal einer Naturkatastrophe oder einer naturgesetzlichen Kausalität widerfährt, frisst gleichsam das Adipositas-Dispositiv mit Haut und Haaren. Die Adipösen unserer Zeit sind keineswegs die bemitleidenswerten Nachfolger der Leprösen des Mittelalters. Trotz ihrer ›epidemischen‹ Ausweitung ist Fettsucht auch keine neue Pest und Geißel Gottes. (Und selbstverständlich ist sie auch kein ansteckender Virus, der allein eine echte Epidemie verursachen kann.) Die individuellen Motive und die gesellschaftlichen Zusammenhänge, für die das Fremdwort Adipositas so auffälligen sprachlichen Abstand schaffen will, sind ihrem sozioökonomischen Wesen nach nicht pathologisch.[14] Die Fettleibigen unserer Zeit verkörpern nicht die Abweichung von der Norm, sondern ganz im Gegenteil deren Überanpassung: In ihnen manifestiert sich die unförmige

---

13 | Vgl. Kleinspehn, Sprechen – Schauen – Essen.
14 | Vgl. Fine, The Political Economy of Diet, Health and Food Policy; Gottschalk-Mazouz, Übergewicht und Adipositas, Gesundheit und Krankheit.

und wuchernde Konvergenz zwischen einer archaisch-primitiven Glückserfüllung – der Völlerei – und einer äußerst zeitgemäßen Pflichterfüllung – nämlich der tagtäglichen Bereitschaft der meisten, der allgemeingültigen Norm des unersättlichen Konsums zu entsprechen. In einer Gesellschaft der Überproduktion bedarf es nicht länger gefügiger und arbeitsamer Körper, sondern gehorsam konsumierender Körper. An die massenhafte Ausbeutung der Arbeitskräfte von damals ist heute die massenhafte Ausbeutung der Kauf- und Konsumkräfte getreten.

Nur von dem bereitwilligen Selbstopfer, alles zu schlucken, was uns das kapitalistische Schlaraffenland an üppigem Speiseangebot und verzehrfertigen Leckereien vorsetzt, kann sich ein ökonomisches System am Leben erhalten, das vom unersättlichen Konsum der Massen profitiert.[15] Es muss alles Erdenkliche tun, um über unsere gedanken- und gewissenlose Übersättigung hinaus immer neuen Hunger zu wecken. Das kapitalistische Ethos verlangt längst nicht mehr die innerweltliche Askese, der, wie Max Weber aufzeigte, im 19. Jahrhundert die protestantische Arbeitsmoral des modernen Industrialisierungsprozesses zum Erfolg verhalf. Aktuell kommen Luc Boltanski und Ève Chiapello in ihrer umfangreichen Analyse zu dem Ergebnis, dass der zeitgenössische »Kapitalismus den Hang zur Unersättlichkeit unablässig stimulieren und verschiedene Formen des Akkumulationsbegehrens wecken« muss.[16] Die konsumistische Ethik als der neue Geist eines postmodernen Kapitalismus speist sich aus dem affirmativen Hedonismus einer glücklosen Völlerei. Dieser vulgäre, weil tendenziell adipogene und apolitische Hedonismus der westlichen bzw. global verwestlichten Esssitten schafft die politische Ökonomie der (darin) Vereinten Fastfood-Nationen. »Ein Kennzeichen der Westlichen Diät ist Essen, das fett, billig und einfach ist«.[17] So verkörpert der Übergewichtige buchstäblich das Tugendideal des unersättlichen Konsumenten. Er unterwirft sich den Imperativen einer zwanghaften und krankmachenden Wachstumsökonomie, die immer neue Bedürfnisse und Akkumulationsbegehren erzeugt.[18] Diese ideale ›Konsummentalität‹ ist die subjektive Verinnerlichung jener sozial disziplinierenden »Gouvernementalität« (Foucault), deren biopolitisches Dispositiv einst für den arbeitsamen Körper sorgte, indessen gegenwärtig die kollektive Verfettung ökonomisch forciert.[19]

Man kann mit dem französischen Gesellschaftskritiker Jean Baudrillard im kapitalistischen Zwang zum unersättlichen Konsum die »transpolitische Form«

---

15 | Vgl. Beck, Macht und Gegenmacht im globalen Zeitalter, 28.
16 | Chiapello/Boltanski, Der neue Geist des Kapitalismus, 520.
17 | Pollan, Lebens-Mittel, 145.
18 | Vgl. Fine/Heasmann/Wright, Consumption in the Age of Affluence.
19 | Vgl. Bröckling/Krasmann/Lemke, Gouvernementalität der Gegenwart: Studien zur Ökonomisierung des Sozialen.

jener Bio-Macht wahrnehmen, die das Adipositas-Dispositiv unserer Gesellschaft beherrscht und zur sozialen Normalität macht.[20] Dann zeigt sich eine »monströse Konformität« (Baudrillard) noch in jeder Art von Fettsucht, die uns alle – ob nun dick oder dünn – irgendwie unersättlich macht und süchtig nach Dingen, die wir nicht brauchen und eigentlich längst satthaben. Denn fett und fetter werden ja nicht nur die, die sich fett- und zuckerhaltige Billigkost und kalorienreiche Nahrung einverleiben. Die reale Übersättigung und Verfettung ist nur die augenscheinlichste Ausprägung eines angepassten Konsumverhaltens in einer fett machenden oder adipogenen Umwelt, in gesellschaftlichen Verhältnissen einer ›normalen‹ übersättigten Unersättlichkeit oder kulturell anerzogenen Konsum- oder ›Fettsucht‹.

Die transpolitische Normalität einer konsumkapitalistischen Fettzucht oder Fresssucht ist in der industriellen Viehzucht, an der Schnittstelle zwischen dem exzessiven Fleischessen der Menschen und der notwendigen Fütterung ihrer Schlachttiere, besonders offenkundig: Ein rational durchorganisierter Herrschaftsapparat sorgt in der Massentierhaltung dafür, dass die Tiere schnellstmöglich fett und schlachtreif gemästet werden – »bloß um Fleisch zu erschwinglichen Preisen auf den Tisch zu bekommen«, wie Peter Singer als Tierrechtler kritisiert. Diese Mast von Tiermassen wird von Tierschützern als eine brutale Quälerei moralisch verurteilt. Sie ist darüber hinaus eine Erscheinungsform jener normalen Fettzucht, die in unserer Kultur absurder Weise nicht nur Unbehagen gegenüber »Industriefraß« oder »Schlechtessen« (Bové) hervorruft, sondern auch die zwanghafte Esslust der Massen der durchschnittlichen Konsumenten und Konsumentinnen stimuliert, die wiederum Menschenschützer (wenn man so will) als eine brutale Quälerei kritisieren. Bezogen auf die Massen von unersättlich konsumierenden und zugleich vielfach übersättigten Menschen hat das ernährungsindustrielle Prinzip der Mast und die politische Ökonomie einer kulturellen Erziehung zur Fettsucht unzählige Spielarten, die ähnlich effektiv aber weit raffinierter funktionieren als das Mästen von Tieren. Fett und fetter werden auf ihre Art alle, die fette Autos fahren, die sich fette Kühlschränke und Einrichtungen anschaffen oder die nach fetten Gewinnen gieren, obgleich die meisten und sogar die feistesten dieses dekadenten Überflusses längst überdrüssig sind und das alles im wahrsten Sinne des Wortes ›satthaben‹.

Wir leben in einer hypertrophen Welt der planmäßigen Überproduktion, der Überportion, der Supersize-Maßlosigkeit, der ökonomischen Völlerei, in der sich sogar noch mit Diätprodukten und Diättherapien fette Geschäfte machen lassen. Jedenfalls solange sich genug arme Schlucker und andere hungrige Geister dafür aufopfern. Kapitalistische Bedürfniserzeugung ist ein mächtiger Faktor im Adipositas-Dispositiv: Permanent flößen maßlose Konzerne

---

20 | Baudrillard, Vom zeremoniellen zum geklonten Körper, 350.

durch einen ungeheuren Einsatz von unwiderstehlichen Wunschbildern und Werbemitteln den Menschen ein, ohne Sinn und Verstand glücklich weiter zu konsumieren. Wer nicht zu den Dicken gehören will, sieht sich mit anderen Symptomen einer konsumistischen Ernährungsweise und Lebenskunst konfrontiert. Neben der Fettsucht kann, wie Zygmunt Bauman deprimiert feststellt, »das Leben der Konsumenten zwischen Anorexie (Magersucht) und Bulimie (Essbrechsucht)« wechseln und wählen – und wird doch in jedem Fall aufgrund seiner erkennbaren Essstörung und Fehlernährung auf individuelle Art immer fetter, kranker und dekadenter.[21] Was vordergründig im Gerede ums Abspecken wie ein neues Gesellschaftsspiel erscheint, verweist bei genauerem Blick auf alarmierende, ernste, grundlegende Gesellschaftsprobleme und Sozialpathologien der gegenwärtigen Zivilisation. Man wird dem amerikanischen Gastrosophen Michael Pollan zustimmen müssen: »Offensichtlicher ist es leichter oder zumindest erheblich profitabler, etwas Pathologisches zu einem Lebensstil zu erklären, als die Art und Weise zu verändern, wie eine Zivilisation isst«.[22]

Industrielle Meisterköche und fette Gewinne

Es herrscht kaum ein Bewusstsein darüber, dass der unauffällige Kaufakt von verführerisch niedrigpreisigen Lebensmitteln, der Tag für Tag massenhaft stattfindet, eine unermessliche Springquelle des Kapitals ist. Weil jeder täglich mehrfach einen Teil seines Geldes für Essen und Trinken ausgibt, können riesige Konzerne, die transnational agieren, üppige Gewinne machen. Nestlé, Unilever, Kraft, Monsanto, Syngenta, Cargill, Wal-Mart, Tyson Foods, McDonald's, Aldi usw. heißen die einfallsreichen Chefköche und Großküchen der Esskulturindustrie, die uns ›unser täglich‹ Brot‹ und all die anderen Genuss- und Suchtmittel ›unseres guten Lebens‹ geben. Alleine das Firmenkonsortium Nestlé, der größte Lebensmittelkonzern der Welt, setzte 2009 mehr als 100 Milliarden Franken um – mit Mineralwasser, Speiseeis, Ketchup, Nudeln, Würstchen, Dosenravioli, Fertigpizza.[23] Der allgemeine Appetit auf solche Schlaraffenlandprodukte macht Nestlé zum globalen Marktführer für Tiefkühlpizza und nebenbei zum mächtigsten Wirtschaftsunternehmen der reichen Schweiz.

Die Supermarktkette Wal-Mart, die einen beträchtlichen Anteil des US-Einzelhandels beherrscht, beschäftigt weltweit über zwei Millionen Angestellte und ist damit der größte private Arbeitgeber der Welt. Noch vor Ölriesen wie BP, Exxon und Shell oder Autoriesen wie General Motors und Daimler Chrysler ist

---

21 | Bauman, Wir Lebenskünstler, 173.
22 | Pollan, In Defense of Food, 136.
23 | Vgl. Althaler, Nestlé.

Wal-Mart mit 400 Milliarden US-Dollar Umsatz der Gigant der Supermärkte.[24] Im Vergleich dazu ist beispielsweise Monsanto ein Leichtgewicht, und das, obwohl dieser Biotech-Konzern seinerseits mehr Saatgut- und Pflanzenvernichtungsmittel herstellt als alle anderen Agrarchemiefabrikanten und Konkurrenten. 90 Prozent aller weltweit angebauten Genpflanzen stammen von diesem umstrittenen Konzern.[25]

Über fette Renditen freut sich auch McDonald's. Der Gastronomieriese ist die umsatzstärkste Fastfood-Kette weltweit und serviert in seinen über 30.000 Filialen auf allen Kontinenten der Erde die kulinarische Weltformel: Hamburger, ein Weichbrötchen mit einer gegrillten Scheibe Hacksteak, etwas Grünbeilage und Tomatensoße.[26] Nicht weniger als 60 Millionen Gäste suchen täglich den heiligen Gral des schnellen Essens auf und es werden ständig mehr, weil Asiaten, Afrikaner und Araber auf den westlichen Geschmack kommen. McDonald's eröffnet alle fünf Stunden irgendwo auf dem Globus eine weitere Niederlassung. Allein konsumhungrige Chinesen sorgen dafür, dass in den nächsten Jahren an jedem Tag ein neues McSchnell-Restaurant in ihrem (einst) kulinarisch hoch entwickelten Land eröffnet wird und auch in dem offiziell (noch) kommunistisch regierten Reich der Mitte das Manna des kapitalistischen Schlaraffenlands von oben kommt, vom Himmel fällt, um das Volk zu beglücken. (Erfüllt sich darin das uralte Glücksversprechen des chinesischen Volksdaoismus, der von jeher das Essen als das Höchste anhimmelt, und das zu erfüllen weder dem konfuzianischen Kaisertum noch der maoistischen Kulturrevolution gelang?)[27]

Das Erfolgsrezept des Hamburgers, wie jeder anderen Fastfood-Ware, sind seine Grundsubstanzen Fett (Fleisch), Zucker (Weißbrot, Soße) und Salz (Geschmacksstoffe). Aus diesen Bestandteilen jeder Industriekost setzt sich inzwischen die Hälfte unserer Nahrungskalorien zusammen. »Das Muster ist klar: Günstige Rohstoffe werden mithilfe der Lebensmittelchemie aufgemotzt und in eine Form gebracht, die Vielfalt suggeriert«.[28] Weizen, Zucker oder Glukosesirup (Maiszucker) und Fleisch sind *commodities*, die als standardisierte Massenware überall auf der Welt in großen Mengen produziert und gehandelt werden

---

24 | Vgl. Ortega, Wal-Mart.
25 | Vgl. Robin, Mit Gift und Genen.
26 | Vgl. Grimm, Tödlicher Hamburger; Schneider, McMarketing; Schlosser, Fast Food Gesellschaft.
27 | ›Dem Volk ist das Essen der Himmel‹ – dieser volkstümliche Daoismus, der freilich vom einschlägigen Dao-Denken der altchinesischen Philosophen Laozi und Zhuangzi zu unterscheiden ist, geht in seiner Weisheit so weit, die Küche als einen heiligen Ort zu huldigen und sich in einer Küchengottheit den segensreichen Wertehimmel von ethisch Gutem bzw. des eigenen ›Wegs‹ zu versinnbildlichen. Auf die chinesische Philosophie des Essens bin ich eingegangen in: Lemke, Die Weisheit des Essens.
28 | Busse, Die Ernährungsdiktatur, 41.

können. Die heutigen Techniken der Nahrungsindustrie manipulieren ihre Fabrikate bis in die molekularen Komponenten hinein. Unermüdlich arbeiten Ingenieure, Produktentwickler, Marketingstrategen und Food Designer daran, die Grundprodukte immer weiter durch Surrogate, Kunststoffe und Kunstaromen zu ersetzen, weil der Preiskrieg im Einkaufszentrum und der tendenzielle Verfall der Profitrate auf den übersättigten Märkten der Konsumländer diese technischen Entwicklungen als *ultima ratio* des Geschäftemachens erforderlich machen.

Die Lebensmittelwirtschaft rechtfertigt ihre Produktionsverhältnisse mit der nicht unplausiblen und allseits verkündeten Begründung, dass sie lediglich herstellt und anbietet, ›was der Verbraucher wünscht‹; und das ist angeblich immer das Billigste, Bequemste, Schnellste, Neueste und Fülligste. Daran scheint richtig zu sein, dass ohne die Nachfrage und das Geld ihrer treuen Kunden selbst die Macht von Megakonzernen im Nu dahin schmilzt wie Eis im Hochsommer. Dennoch lenkt diese Rechtfertigung der kulturell hegemonialen Ernährungspraxis von den wahren Ursachen ab, warum Industriekost notwendig aus jenen fett- und zuckerhaltigen, also hochkalorischen Grundsubstanzen besteht, welche alle, die sich daran gütlich tun, einem schleichenden Masteffekt aussetzen. Denn der wahre Grund für die fettige Volksküche ist einfach: Die billige Massenproduktion der Industrieköche kann es nicht anders.

Im entscheidenden Unterschied zur häuslichen Küche, wo die Zubereitung zeitaufwendige und liebevolle Handarbeit sein kann, unterliegt der industrielle Herstellungsprozess notwendig der Eigenlogik einer hoch automatisierten und seelenlosen Maschinerie und dem ökonomischen Diktat einer steril standardisierten Massenproduktion. Es lässt sich getrost die These aufstellen, dass kein Mensch wirklich Appetit hat auf Schweinebraten mit Hormonbelastung und Bierschinken aus genetisch manipuliertem Getreide; niemand verfrühstückt gerne Eier, die mit altem Speiseöl (Dioxin) angereichert sind, oder Paprika mit Pestiziden und Tiefkühlpizza, der Nervengift (Glutamat) zugesetzt wurde, damit sie besser schmeckt. Kein Mensch mag irgendetwas von dem, was regelmäßig als ›Lebensmittelskandal‹ bekannt wird. Das Dilemma ist bloß: Diese Teufelsküche ist die zwangsläufige Folge einer großindustriellen Nahrungsproduktion.

Ein ganzes Genre des investigativen Journalismus, der den traditionellen Gourmet-Diskurs des Gastrokritikers zeitgemäß überbietet, hat sich inzwischen auf das skandalöse Täuschungskartell und die häufig ganz legale Wirtschaftskriminalität der Nahrungsmittelbranche spezialisiert.[29] Doch um auf den mehrfach übersättigten Märkten auch in Zukunft fette Gewinne zu erzielen, tut die Lebensmittelindustrie alles dafür, ihre Produktionskosten und Produktpreise so niedrig wie möglich zu halten. Nur mittels einer kostenminimierenden Her-

---

29 | Vgl. Bode, Abgespeist; Schwartau/Valet, Vorsicht Supermarkt!; Georgescu/Vollborn, Die Joghurtlüge; Wallraff, Undercover.

stellung vermag die industrielle Massenproduktion das Wunder- oder Teufelswerk – je nach Sicht der Dinge – zu vollbringen, aus wenigen minderwertigen Ausgangsmaterialien viel gekaufte Köstlichkeiten zu kreieren.

Mit ihrem erschwinglichen und populären Menüangebot haben die Gastromultis und Supermarkt-Supermächte die kulturellen Voraussetzungen eines kulinarischen Analphabetismus geschaffen. Die bequeme Vollversorgung mit fettigem Fertigessen, das lediglich wenige Handgriffe verlangt, um verzehrt zu werden, hat zu einer dramatischen kulturellen Unterentwicklung der individuellen Fähigkeit geführt, Essen selbst zubereiten zu können. Die häufig vorgetragene Kritik an der grassierenden Inkompetenz und Unwissenheit, ein geschmackvolles Gericht zu kochen, ist selbstverständlich die lukrative Geschäftsgrundlage für die Industrieküche und deren boomenden Convenience-Produktlinien. Die wenigen Großmeister und Vorkoster, die für die bequemen Massen kochen, beglücken ihre Kunden und Kundinnen natürlich mit ihren eigenen Vorstellungen von kulinarischer Vielfalt und gutem Geschmack. Doch fremd versorgte Konsumenten und Fertigkostkäuferinnen sind zwangsläufig von diesen regelmäßigen Lieferungen abhängig – im doppeldeutigen Sinne des Wortes.

Dass die allgemeine Abhängigkeit von der Nahrungsindustrie reale Züge einer Drogensucht angenommen hat und dem Verhältnis des Junkies zu seinem Dealer ähnelt, ist auch auf die erwähnten Grundsubstanzen zurückzuführen. Zucker und Fett werden vom menschlichen Körper und Geist als intensive Sinneseindrücke und Geschmackserlebnisse wahrgenommen, die das Verlangen – die Sucht – nach ›mehr davon‹ hervorrufen. Hier in einem sachlichen Sinne von Junkfood zu sprechen,[30] ist insofern naheliegend, weil damit auch die biochemisch stimulierende Stofflichkeit von industriell fabrizierten Nahrungsmitteln angesprochen wird. (Von Junkfood, das sich begrifflich von der englischen Bezeichnung für Müll ableitet, weshalb mit Junkie ursprünglich ein Drogenabhängiger gemeint ist, der im Müll nach Essensresten wühlt, wäre auch in dem politisch-ökonomischen Sinne zu sprechen, insofern heute nahezu die Hälfte aller Lebensmittel weggeworfen wird.)[31] Nachweislich enthalten Speisen, um besonders schmackhaft zu sein, in der Regel gewisse Mengen an Zucker, Fett und Salz. Sie reizen uns dazu, davon gerne und viel zu essen: Diese ernährungsphysiologischen Wirkungsmechanismen machen verständlich, warum Hamburger, Pizza, Cola und andere Leckereien aus der Industrieküche ein ähnliches Suchtpotenzial wie Kokain haben; freilich mit dem feinen

---

30 | Der populäre Slogan *Malbouffe* von Jose Bové wurde mit *Junkfood* treffend ins Englische übersetzt. Anstelle von *Schlechtessen* zu sprechen, wäre in der deutschen Version mit dem Ausdruck *Fraß* die umgangssprachliche (aber immer noch einigermaßen höflich klingende) Bedeutung der Formel besser wiedergegeben.

31 | Vgl. Stuart, Für die Tonne; Kreutzberger/Thurn, Die Essensvernichter.

Unterschied, dass in jedem Supermarkt straffrei Nachschub bezogen werden kann.³² Nimmt man etwa handelsübliche Fleischprodukte, so trifft Peter Sloterdijks Beobachtung zu: »Die tierischen Proteine bilden den größten legalen Drogenmarkt«.³³

Über Jahrhunderte hinweg übernahm die Religion die Funktion, »das Opium des Volkes« zu sein, um an eine kritische Erkenntnis der Marx'schen Philosophie zu erinnern. Das »illusorische Glück« und das »geistige Aroma« dieses Rauschmittels halfen jenes »Jammertal einer glücklosen Existenz« samt solcher üblen Lebensverhältnisse zu ertragen, »in denen der Mensch ein erniedrigtes, ein geknechtetes, ein verlassenes, ein verächtliches Wesen ist«.³⁴ In der gut gemeinten Hoffnung auf eine heilsame Entzugstherapie und eine allgemeine Ausnüchterung unter besseren Daseinsbedingungen für ein diesseitiges, »wirkliches Glück« der Menschen korrigierte Marx damals Kants kategorischen Imperativ dahin gehend, dass sie – wir alle – »diese Verhältnisse umwerfen« sollen.

In einer Welt, die gegenüber religiösen Rausch- und Tröstmitteln zunehmend abstumpft, trotz aller eingesetzten Gegenmittel einer Rereligionisierung, müssen zusätzliche und immer größere Mengen von Glücksstoffen, Drogen und Reizen den kollektiven Seelenhaushalt einigermaßen stabilisieren beziehungsweise dauerhaft zufrieden- und ruhigstellen. Bislang halfen Antidepressiva – und billiges Essen.³⁵ Zwar werden die damit verbundenen und in vielerlei Hinsicht, gelinde gesagt, leidvollen und schädlichen Begleiterscheinungen weiterhin in Kauf genommen. Nur: Wie lange halten diese Wirkstoffe noch? Welche Konsequenzen hätte eine allgemeine Fettsteuer, die sich manche Gesundheitspolitiker wünschen? Würden dieses staatliche Zwangsmittel und diese diätmoralische Androhung eines kalten Entzugs als weitere politische Züchtung die Fettsüchtigen, die dadurch zusätzlich belastet wären, zu Massenunruhen bewegen oder fänden sie Ersatzstoffe, andere Genuss-, Trost-, Rausch-, Glücksmittel? Fakt ist: Das westliche Rationalitäts- und Mobilitätskommando brennt aus – burn out, Hyperaktivität, Depression, Stress, das psychische Elend, die geistige Armut, der moralische Hunger der Fastfood- und Fastlife-Gesellschaft fiebert inmitten der allgemeinen Krise einer Heilung entgegen.

---

32 | Vgl. Kessler, Das Ende des großen Fressens.
33 | Sloterdijk, Im Weltinnenraum des Kapitals, 360.
34 | Marx, Zur Kritik der Hegelschen Rechtsphilosophie, 378f.
35 | Hier kann nur angemerkt werden, dass Depressionen, Stress und psychische Erkrankungen eine weitere Quelle des kulturellen Unbehagens unserer Zeit sind. Zur Abhängigkeit von psychopharmazeutischen Mitteln, etwa von dem Antidepressiva Prozac, um der großen gesellschaftlichen Verbreitung von depressiven Zuständen und seelischen Leiden Abhilfe zu schaffen, siehe: Ehrenberg, Das erschöpfte Selbst.

OPIATE UND VORMÜNDER DES VOLKES

Die sukzessive Steigerung des kollektiven Rauschzustandes lässt sich historisch, beispielsweise seit dem Mittelalter, leicht nachvollziehen. Als künstlicher Zusatz zum religiösen Opiat muss zu dieser Zeit bereits das Bier als sättigende Flüssignahrung und billige Volksdroge reichlich mithelfen. In der Neuzeit mit Beginn der modernen Arbeitsgesellschaft müssen langsam neben neuen Stimulanzien wie Pfeffer und exotischen Spezereien vor allem kräftige Geschmacks- und Genussmitteln wie Kaffee, Zucker und Schokolade hinzu kommen. Durch die allmähliche Verbreitung dieser neuen Glücks- und Suchtmitteln werden die kostenlosen Bezugsquellen in den neuen Kolonien unentbehrlich. Weshalb die adlige Oberschicht, die weltlichen Herrschaftshäuser, die neureichen Handelsmagnaten und von ihnen angestellte Philosophen alles auf die globale ›Freiheit des Handels‹ zu setzen begannen. Nicht nur versüßt der koloniale Zucker im wahrsten Sinne des Wortes das zumeist bittere Leben samt seiner sauren Pflichten.[36] Gerade die stimulierende und Hungergefühle betäubende Wirkung von Kaffee sorgt in der einsetzenden Industrialisierungsphase dafür, dass selbst mit leerem Magen das unmenschliche Arbeitspensum in den Fabriken absolviert werden kann. In der modernen Arbeitsgesellschaft putscht der allgegenwärtige Kaffee müde Geister zu weiterer Leistungsfähigkeit auf.

Doch längst reichen diese Drogen nicht mehr, um die Menschen an der Stange zu halten. In der postmodernen Konsumgesellschaft und parallel zur allgemeinen Wohlstandsmehrung werden schließlich andere erschwingliche Rauschmittel und Quellen des kleinen Alltagsglücks zur Massendroge: Die Höhen und Tiefen des täglichen Junkfood sind heute das Opium des Volkes. Besonders das tägliche Fleisch – das Steak und der Hamburger für jedermann – bietet inzwischen den unbedingten Kick, den der normale Konsument als seine tägliche Dosis ›Wohlleben‹ und ebenso als archaischen Prestigebeweis seines sozialen Rangs braucht. Wir müssen uns also nicht wundern, wenn die Deutsche Adipositas Gesellschaft mit wenig Erfolg kritisiert, dass die mediale Inszenierung eines »Fleisch-Wettessens« die »Völlerei als Volksbelustigung zur Schau stellt und damit verharmlost«.[37]

Bei jeder Drogenabhängigkeit muss die Dosis regelmäßig steigen, damit der Stoff wirklich wirkt, weshalb gegenwärtig alles zusammen – Religion, Bier, Kaffee, Schokolade, Zucker, Psychopharmaka, Fleisch, reichlich Fertigkost und Leckereien – zusätzlich zu zahlreichen weiteren kommerziellen Glücksbringern insbesondere der Auto- und Unterhaltungsindustrie konsumiert werden muss. Doch das ultimative Suchtmittel der Fastfood-Ära ist zweifelsohne seine reine Form, das weiße Gold und das pure Extrakt der Geschmackserfahrung:

---

36 | Vgl. Lemke, Der Weltgeist des Zuckers; Mintz, Die Macht des Zuckers.
37 | Deutsche Adipositas Gesellschaft, Kalorienschlacht.

Glutamat. Künstliches Glutamat oder sein natürliches Surrogat Hefeextrakt ist zum wichtigsten Zusatzstoff der industriellen Nahrungsmittelproduktion geworden. Durch seine appetitanregende und geschmacksverstärkende Wirkung stimuliert das allgegenwärtige Glutamat gerade das fettsüchtige Weiterfuttern und gilt heute als Mitursache für fortgesetzten Konsum von Industriekost und dafür, dass das übliche Supermarkt-Junkfood zwangsläufig zu körperlichen Veränderungen und gesundheitlichen Schäden führt.

Den biochemischen Zusammenhang zwischen Glutamatrausch und Hypertrophie hebt der Gastrokritiker Hans-Ulrich Grimm hervor: »Die für die Menschheit bedeutendste Folge des Glutamat-Verzehrs ist sicher der Masteffekt: Glutamat führt dazu, dass die Menschen mehr essen, als gut ist für ihre Figur«.[38] Bei diesen gastropolitischen Zusammenhängen geht es weder um irgendeinen Kulturpessimismus noch um unangebrachten Moralismus. Es geht um neurophilosophische Naturgesetze und die reinste Mikrophysik eines schlecht ernährten Geistes.»So könnten die subtilen Einflüsse des Neuro-Pulvers auf die Regionen im Gehirn, die das Wachstum und den Appetit steuern, auch die Epidemie des Übergewichts und der Fettleibigkeit in Amerika, aber auch anderswo, erklären.«

Das suchtartige und allenthalben zwanghafte Abhängigkeitsverhältnis von konformen Konsumenten und Konsumentinnen gegenüber den Präparaten der Lebensmittelindustrie ist nicht nur auf den Stoff zurückzuführen, den ihre hilfsbereiten Dealer ihnen gegen gutes Geld verabreichen. Viele Haushalte mit geringen Einkünften müssen mit wenig Geld auskommen. Billiges Essen ist für sie weilfeiles Opiat, aber oft auch die einzige Option, um ihr soziales Überleben zu sichern und ihr Wohlstandsniveau zumindest in anderen Lebensbereichen zu steigern. Geiz finden nur diejenigen geil, um hier einen äußerst erfolgreichen Werbespruch aufzugreifen, die sich ökonomisch gezwungen sehen, mit wenig hauszuhalten. Für diese Art von volkstümlicher Haushaltspolitik und widerspenstiger Beschaffungskriminalität ist die Schnäppchenjagd zu einer akzeptablen Form sozialen Verhaltens geworden, die freilich ihren indirekten unsichtbaren Preis hat. »Mit solchen Schnäppchen werden wir vom modernen Kapitalismus als Konsumenten rekrutiert«.[39] Und wie die Armee viele ihrer Rekruten, insbesondere aus den sozial benachteiligten Schichten, mit Lohn und Brot zum Dienst an der Waffe und zum soldatischen Selbstopfer lockt, so ist nachvollziehbar, wenn gerade unter der sozial benachteiligten Bevölkerungsschicht die Wahrscheinlichkeit, übergewichtig und adipös zu sein, am höchsten ist. Doch täuscht die gesundheitspolitische Diagnose, dass Adipositas ein Arme-Leute-Problem und obendrein eines der dicken Doofen sei, über die gravierende Tatsache hinweg, dass die meisten Dauerkunden von Supermärkten und

---

38 | Grimm, Die Ernährungslüge, 73f.
39 | Patel, The Value of Nothing, 71.

Fastfood-Dealern durchaus ausreichend Geld locker machen könnten, um sich besseren Stoff zu verschaffen, der ihnen dort neuerdings ebenfalls reichlich angeboten wird.[40]

Damit sich das Volk im konsumkapitalistischen Schlaraffenland weiter wohl fühlt und damit es die Fehlernährung von Fastfood-Abhängigen für einen ebenso gesellschaftsfähigen wie persönlich erstrebenswerten Zustand hält, kommen die Vormünder der industriellen Massenverköstigung jedoch nicht umhin, mit viel Tricks und Täuschungen zu arbeiten. Ihre Bevormundungsmacht besteht gerade darin, uns Käufer zu verführen und unseren Appetit zu manipulieren, indem wir ständig an neue Fabrikate gewöhnt und uns gleichzeitig wirkliche Alternativen vorenthalten werden. Ein mächtiger Propaganda- oder Werbeapparat redet uns unaufhörlich ein, Dinge kaufen zu wollen, die uns angeblich glücklich, gesund, lebensfroh, klug, attraktiv, fit und zu wahren Feinschmeckern machen. »Tatsächlich gibt die globale Nahrungsindustrie mehr als 40 Milliarden US-Dollar jährlich aus, um uns dazu zu bewegen, ihre Produkte zu essen – eine Summe, die größer als das Bruttoinlandsprodukt von 70 Prozent der Nationen der Welt ist«.[41] Nicht nur der Werbeetat der Lebensmittelbranche ist immens; auch ihre Forschungs- und Entwicklungsausgaben für Produktinnovationen übersteigen vergleichbare Budgetposten von Universitäten um ein Mehrfaches.

Wer eine neue Essware speziell in dem lukrativen Bereich der neuartigen Funktionskost (Functional Food) auf den überfüllten Absatzmärkten unterbringen will, muss zunächst nach unerfüllten Sehnsüchten und ausbeutbaren Akkumulationsbegehren der Konsumenten forschen, dann ein ›Food Design‹ entwickeln und ein wohlfeiles Image kreieren und schließlich die brauchbaren Substanzen zusammenmischen und durch Aromen, Vitamine und Zusatzstoffe so verarbeiten, dass sie der Phantasmagorie ihrer Werbe- und Verpackungsästhetik möglichst entspricht. Trotz des enormen Aufwandes, den es braucht, um diese phantastische Scheinwelt eines schönen neuen Essens lückenlos aufrechtzuerhalten – nur die gelegentliche Lebensmittelskandale trüben das perfekte Bild ein –, kann gleichwohl jede neu angepriesene oder alt bewährte Ware jederzeit auf plötzliches Missfallen stoßen und auf den Regalen vor sich hinfaulen, nur weil der Kunde oder die Kundin es sich anders überlegt hat: Eine Kleinigkeit genügt und ein Verkaufsknüller wird zum Flop, einfach weil er den verwöhnten Menschen nicht mehr schmeckt.

In welchem Maße der soziale Frieden unserer Gesellschaft vom täglichen Vergnügen des Schlemmens und Völlens und von der Zufriedenheit der gestillten, mit billigen Lustangeboten still gestellten Masse abhängt, ist in den zurückliegenden ›fetten Jahren‹ kaum noch zu erkennen und zu durchschauen gewesen. Zu selbstverständlich und selbstzufrieden schien die Schlaraffenland-

---

40 | Vgl. Schorb, Dick, doof und arm.
41 | Singer/Mason, Eating, 4.

kulisse der westlichen Wohlstandsländer. Doch schon ein kleiner Anstieg der Lebensmittelpreise genügt und das unzufriedene Volk murrt lauthals: Wären Grundnahrungsmittel wie Hamburger auch dann noch beliebt und Wunderwerke der kollektiven Selbstbefriedigung, wenn sie 150 Euro pro Stück kosten würden? Diese stolze Summe aber entspräche dem fairen Preis ihrer wahren sozialen, ökologischen, gesundheitlichen Kosten.[42] Die vielerorts um sich greifenden Brotrevolten und Hungerunruhen künden bereits, wie manche befürchten, vom Ende einer Ära des sozialen Friedens durch billiges Essen. Noch schüttet das System der kostenminimierenden Profitmaximierung und Überproduktion an seine teuren opferbereiten Kunden und Kundinnen, quasi als Dividende, zu feilgebotenen Preisen schmackhaft gemachte Fertigkost aus. Noch funktioniert das Adipositas-Dispositiv.

Noch trösten sich die meisten über die Tristesse ihres erniedrigten, geknechteten, verlassenen, verachteten Daseins mithilfe weniger ›Alltagsfreuden‹ und affirmativen Erfahrungen eines ›guten Lebens‹; mit Erwachsenen-Spielzeug wie Smartphones, SUVs, Tui-Reisen und vor allem sämtlichen Spielarten der kleinen Leckerbissen, der billig befriedigten Esslüste und Gaumenkitzel. Noch beherrscht die transpolitische Normalität eines angepassten Konsumverhaltens das tägliche Paradies aus Supermärkten, Fastfood-Filialen, Imbissbuden, Einkaufszentren und Eventgastronomie. Oder auch zeitgemäße Volksfeste, die mit Billigung der Stadtoberen veranstaltet werden, sei's zur allgemeinen Gaudi und Karnevalzeit, zu kultartigen Dionysien wie etwa *Love Parade* Umzügen und anderen rauschartigen Massenveranstaltungen oder bloß zur feiertäglichen Festivalisierung im Wettbewerb der Metropolen.[43] Das alles ist nichts Neues im kulinarischen Welttheater, in den karnevalesken Eskapaden der menschlichen Feier- und Esskulturen, ob im Westen oder im Osten. Dafür aber ist der aktuelle Zustand umso explosiver, wenn wir uns für einen Moment vor Augen führen, welche *enorme* soziale Spannung und Sprengkraft zwischen dem Wunsch eines Wohllebens und der Realität einer enttäuschten Wunscherfüllung herrschen, die freilich zu einem gewissen Grade in der langen Geschichte der Verheißungen eines wunschlos glücklichen Zustandes schon immer latent drohten, sich zu entfesseln.

Paradiesgärten und das Selbstmordkommando

Der im päpstlichen Auftrag durch die östliche Welt reisende Marco Polo berichtete von einer perfekten Imitation des Moslemparadieses. Der Bericht seiner Reise ins Morgenland erzählte die Geschichte des Alten vom Berge. Dem Hö-

---

42 | Vgl. Patel, The Value of Nothing, 64ff.
43 | Vgl. Häußermann/Siebel, Festivalisierung der Stadtpolitik.

rensagen nach, wohnte dieser Alte als Anführer einer schiitischen Sekte des elften Jahrhunderts auf einer Hochburg namens Alamut südlich des Kaspischen Meeres. Um seine Macht zu sichern und sich selbst als Stellvertreter Allahs zu autorisieren, hatte sich der fanatische Gläubige ein Leibkorps von jungen Männern geschaffen, die bereit waren, ihr Leben zu lassen, wenn ihr Oberhaupt Mordanschläge auf Andersgläubige durchzuführen befahl. Um sie zu dieser Todesverachtung und zu diesem Himmelfahrtskommando zu bringen, hatte der alte Mann einen ›Paradiesgarten‹ anlegen lassen, in dem mittels eines raffinierten Systems von Röhren und Fontänen die Wunder des glücklichen Jenseits, gemäß Mohammeds Beschreibungen vom Paradies Gottes, verwirklicht schienen. Überall strömten Wasser und Wein, Milch und Honig und schöne Jungfrauen sorgten für unbekannte Wonnen.

Diese sagenhaften Beschreibungen erfuhren durch den Franziskaner Oderich von Portenau, der einige Zeit nach Marco Polo aus dem fernen Asien zurückkehrte, weitere Bestätigung. Ein persischer Geschichtsschreiber namens Ata-Malik Juvaini, der 1256 bei der Eroberung des Berges die Gelegenheit hatte, sich davon zu überzeugen, schilderte raffiniert angelegte unterirdische Vorratsbehälter. »So hatten sie Magazine und Tanks für Wein, Essig, Honig und festen und flüssigen Proviant aller Art in den Felsen gehöhlt«.[44] Um das ganze Ausmaß der Anlage erahnen zu lassen, fügte er seinem Bericht hinzu: »Als man die dort aufbewahrten Vorräte plünderte, watete ein Mann in den Honigtank, ohne zu merken, wie tief er war, und ehe er sich's versah, versank er im Honig wie Jonah«. Zur Rekrutierung seiner Auftragsmörder ging der Sektenanführer so vor, dass er den jungen Männern Haschisch verabreichte und in den Garten seiner Burg bringen ließ. Von diesen, ihres klaren Bewusstseins beraubten und mit rauschartigen Trugbildern abgefüllten Haschischessern (arabisch heißt Haschischesser *hashshahsin*) leitet sich der französische, englische und spanische Ausdruck für *assassin* – Attentäter, Auftragskiller – ab. Aus ihrem Rausch aufgewacht, befanden sich die jungen Männer in dem perfekt simulierten Paradies. Aus Dankbarkeit waren sie bereit, alles für ihren Anführer und Meister zu tun, um nur in seinem Garten bleiben zu dürfen. Dieser redete ihnen ein, sie seien bereits im realen Paradies angekommen und würden nach einem heldenhaften Tod auf ewig dorthin zurückkehren. Dieses Versprechen nahm den streng Gläubigen die Angst vor dem eigenen Tod und sie übernahmen bereitwillig jedes von ihnen verlangte Selbstmordkommando – im sicheren Irrglauben an ein Überleben in diesem Paradiesgarten.[45]

Die Aktualität dieser Geschichte liegt auf der Hand. Bis heute halten Imame jungen Selbstmordattentätern und gewaltbereiten Kämpfern des Islams die sinnlichen Paradiesfreuden vor Augen, damit korantreue Muslime ihr Leben

---

44 | Revel, Erlesene Mahlzeiten, 213f.
45 | Vgl. Pleij, Der Traum vom Schlaraffenland, 271.

für die Sache Allahs aufs Spiel setzen und, im Extremfall, auch Terroranschläge gegen Andersgläubige verüben. Der Zulauf an Koran-Schulen (Madrassen) in islamischen Ländern hängt unmittelbar mit dem kostenlosen Essen zusammen, welches die Kinder dort erhalten. In seiner Studie zum globalen *Kampf ums Brot* stellt der Journalist Wolfgang Hirn die aktuellen Zusammenhänge her. »Im schlimmsten Fall«, hat Hirn herausgefunden, »treibt der Hunger die Menschen in die Arme extremistischer Gruppen, denn allzu oft dienen die Madrassen als Basislager für den Aufstieg zum Terroristen. In Afghanistan zum Beispiel, wo die Ernährungssituation besonders angespannt ist, viele Familien sich kein Brot mehr leisten können und nur noch von Kartoffeln oder Okra leben. Das ist gefundenes Fressen für die Taliban«.[46] Der Hunger der Armen – dieses gefundene Fressen für terroristischen und religiösen Fanatismus jeder Art – ist gleichsam die dunkle Kehrseite der mörderischen Schlaraffenland-Kulisse unseres Essens und deren politisch-ökonomische Konstruktion.

Doch eine gewisse Irritation unter Muslimen weltweit und eine geradezu schockierende Ernüchterung aus der Sicht einiger besonders fanatischer männlicher Anhänger eines politischen Islamismus (in Afghanistan oder in anderen islamischen Ländern) könnte vielleicht die Neuigkeit auslösen, die kürzlich die wissenschaftliche Koran-Forschung herausgefunden hat: Es handle sich bei jenen ›Huris‹, den ›weißhäutigen Jungfrauen‹, die im Paradies zu erwarten seien, wahrscheinlich eher um ›weiße Weintrauben‹, also nicht um fleischliche Verlockungen zur religiösen Eiferung und Erregung von Männerphantasien, sondern um begehrenswerte Früchte, die in den Paradiesvorstellungen des Orients von alters her als Sinnbild für Wohlleben galten.[47]

Allenthalben lässt sich ein aktuelles »Geschichtszeichen« (Kant) einer solchen weltanschaulichen Ernüchterung und einer realpolitischen Enttäuschung von gesellschaftlichen Illusionen der islamisch geprägten Länder ausmachen. Denn die Tatsache, dass viele kritische Geister unter der Bevölkerung der arabischen Staaten den Aufstand der Massen rund um die historischen Ereignisse des ›Arabischen Frühlings‹ 2011 als Vorboten der neuen Utopie eines besseren Lebens feiern, liegt zweifelsohne »hinter dem Paradies«, wie die junge Autorin Mansura Eseddin schreibt: Es sei »die Entscheidung für das Abenteuer der Freiheit« – für politische Demokratie und Gerechtigkeit, die Befreiung von patriarchalischen Verhältnissen und religiösem Fanatismus, von Diktatur und Tyrannei.[48]

Zur kurzen Erinnerung: Eine der Hauptursachen des Arabischen Frühlings war die dramatische Verteuerung des täglichen Brots. Zwischen 2010 und 2011 hatte sich der Weltmarktpreis für Getreide nahezu verdoppelt, was zu einem

---

46 | Hirn, Der Kampf ums Brot, 218.
47 | Vgl. Luxenburg, Die syro-aramäische Lesart des Koran.
48 | Eseddin, Hinter dem Paradies; Vgl. Todd, Frei!

erwartbaren Ergebnis führte: In vielen Städten – von Bischkek bis Nairobi – kam es zu gewaltsamen Protesten, in mehreren Ländern wie Libyen, Jemen, Syrien und Sudan zu neuen Bürgerkriegen, mehrere Regierungen wurden gestürzt: Wie etwa durch die Rebellion in Ägypten, dem zentralen Ereignis des Arabischen Frühlings. Man muss dazu wissen, dass Ägypten der größte Weizenimporteur der Welt (geworden) ist. Dort brachte die rapide Verteuerung der Weizenpreise nicht nur den ohnehin elendig niedrigen Lebensstandard, sondern das nackte Überleben der Armutsbevölkerung in Gefahr. Die gewaltsamen politischen Auseinandersetzungen waren die Folge. Zuvor hatten bereits in Tunesien steigende Lebensmittelpreise, hohe Arbeitslosigkeit und die wachsende Kluft zwischen Reichen und Armen Straßenunruhen hervorgerufen und den autokratischen Herrscher aus dem eigenen Land verjagt. Dessen letzte Handlung war das feierliche Versprechen, die Preise von Brot, Zucker und Milch zu senken. Für ihn kam dieses Einlenken zu spät. Eilig genehmigte die algerische Regierung zusätzliche Getreideimporte, um den befürchteten Aufständen vorzubeugen. Mit subventioniertem Brot versuchte auch die Regierung Ägyptens einen Großteil ihres Volkes zufrieden zu stellen. Aber das unbezahlbar gewordene Brot mündete schließlich doch in den Aufständen, die das Mubarak-Regime zu Fall brachten. Die Ereignisse in Ägypten und Tunesien strahlten auf das Nachbarland Libyen aus und bereiteten auch dort nach kriegerischen Exzessen dem sicherlich skurrilsten Diktator und Tyrannen der arabischen Geschichte Muammar Al-Gaddafi ein Ende, ein offenes Ende: Ob sich in Zukunft die islamischen Länder tatsächlich in demokratische Paradiese verwandeln, wird wesentlich von der Verbesserung der Lebens- und Ernährungsverhältnisse der Bevölkerung abhängen. Solange die Preise für das tägliche Brot weiter in die Höhe schießen, werden diese reichen Kulturen weiter tragische Kulissen sowohl von täglichen Kämpfen ums nackte Überleben und um knapper werdende Ressourcen als auch von politischen Bürgerkriegen und religiösen Fanatikern sein.

Die Geschichte der Menschheit belegt: In vielen Kulturen wurden zusätzlich zu religiösen (rein ideellen) Heilsversprechen regelmäßig und meistens weit erfolgreicher Brot-und-Spiele – dauerhafte Schlaraffenland-Inszenierungen und effektvolle Simulationen einer besseren Welt – als raffinierte Herrschaftsmittel eingesetzt. Diese Tradition kennt viele unscheinbare Kontinuitäten und Spielarten. Hierzulande erinnert sich etwa der vierzehnjährige Johann Wolfgang von Goethe an den Kaiser Joseph II. Anlässlich dessen Krönung im Jahre 1764 sei auf dem Frankfurter Römer »dem Pöbel« ein »Opfer gebracht« worden in Form von Weinbrunnen, Kornbergen und Fleischbuden.[49] In guter alter Tradition werde dieses klassische Volksfest, wie die Stadt feierlich und offiziell per Internet verkündet, auch in diesem Jahr wieder von einem »Vertreter des Magistrates

---

49 | Goethe, Dichtung und Wahrheit I, 202ff.

um 19.00 Uhr vom Gerechtigkeitsbrunnen auf dem Römerberg, der zum Weinbrunnen umfunktioniert ist, eröffnet«.

TRÜGERISCHES SCHLARAFFENLAND: VOLKSFESTE DER UNTERWERFUNG

An keinem anderen Ort scheint die Schlaraffenland-Inszenierung einen vergleichbaren Umfang und eine derartige herrschaftliche Bedeutung der bewussten strategischen Volksbelustigung angenommen zu haben, wie im Neapel des 18. Jahrhunderts.[50] Über mehrere Jahrhunderte hinweg hatte die italienische Esskultur – angefangen mit der Prachtentfaltung der Medicis – die politische Ästhetik der Prunkmähler und kulinarischen Gesamtkunstwerke perfektioniert.[51] Diese Tradition machte sich der bourbonische König Karl III. zunutze, als er im Jahre 1738 die oberste Leitung der ortsüblichen Festlichkeiten übernahm. Er ließ auf dem großen Platz vor dem königlichen Palast eine ›Cuccagna‹ errichten. Die *Cuccagna Napoletana* war eine aufwendige Konstruktion aus Holz, Pappmaché und Leinwand, die eine fruchtbare Landschaft, nach wechselnden Themen gestaltet, vorstellte. Die Cuccagna Napoletana nahm nicht nur einzelne Elemente der alten Paradies-Mythen auf, sondern setzte von ihrer ganzen Anlage her das Schlaraffenland einer rundum essbaren Welt in Szene. Zur Schau gestellt werden sollte ein beglückender Zustand, der auf engstem Raum versammelte leibliche Genüsse für das hungrige Volk darbot: Ein Gebäude, eine Art Lusthaus und Tempel, war über und über mit Fleischvierteln, totem und lebendem Geflügel und anderen Leckerbissen behangen. In raffinierten Schaudekorationen waren einzelne architektonische Elemente von Gebäude und Landschaft aus Nahrungsmitteln gebildet. Aus Brunnen strömte Wein, auf Teichen schwammen Gänse und Enten und Herden weideten auf den Wiesen.

Die Anlage wurde jedes Jahr neu und anders errichtet und an den vier letzten Karnevalssonntagen den Untertanen nach einem festen Ritual zur Plünderung überlassen. Die Cuccagna Napoletana hatte sich aus den während der Karnevalszeit üblichen Umzügen mit ihren *carri dell' abbondanza* entwickelt: Diese *Karren der Überfülle* wurden durch die Stadt gezogen, bevor die gierige Masse am Ende über sie herfiel. Diese Wagenumzüge, in denen hier wie andernorts im Karneval alte Rituale von Fruchtbarkeitsfeiern weiterlebten, fanden in Neapel unter der Regie der Handwerkerzünfte nach einem festen Plan statt: Am ersten Sonntag defilierte der Brotwagen, begleitet von den Zügen der Pfister, Bäcker und Makkaronimacher; am zweiten Sonntag der Fleischwagen, der zugleich mit Obst und Gemüse beladen und von den Gewerken der Metzger,

---

50 | Vgl. Richter, Schlaraffenland.
51 | Vgl. Cole, Renaissance von Mailand bis Neapel.

Gärtner und Bauern begleitet war; eine Woche darauf folgte dann der Wagen der Jagd, mit den Aufmärschen der Ziegenhändler, Geflügelhändler, Milchverkäufer und Wursthändler; den Abschluss bildete am vierten Karnevalssonntag der Fischwagen mit den Fischverkäufern.

Der populäre Charakter dieser Karnevalszüge kam auch in der Route zum Ausdruck, die sie abfuhren. Man wählte die Hauptverkehrsader durch die jenseits des aristokratischen Zentrums gelegenen bevölkerungsreichen Quartiere der im 17. Jahrhundert auf beinahe eine halbe Millionen Einwohner angewachsenen Großstadt.[52] Damals hatte es auch in Neapel – ähnlich wie in anderen europäischen Zentren – nicht an Versuchen seitens der kirchlichen und weltlichen Obrigkeiten gefehlt, die Dauer des Karnevals zu begrenzen, das Fest mit religiösen Zeremonien zu bändigen und die tumultuarischen Vergnügungen zu regulieren. Vor diesem Hintergrund veranlasste der König, dass der Umzug durch die Stadt eingestellt und dafür die Cuccagna Napoletana gebaut wurde: Aus der dionysischen Feier und den subpolitischen Demonstrationspraktiken des Volkes als des zumindest vorübergehenden Souveräns einer ›Oben‹ und ›Unten‹ karnevalesk umkehrenden Gesellschaftsordnung wurde die eventartige Szenerie eines städtischen Vergnügungsparks und der Wegbereiter für den heutigen Kirmes-Rummel oder andere Spielarten der Volksbelustigung, der organisierten Völlerei, des rauschhaften Konsumspaßes.

Doch kehren wir für einen Augenblick noch einmal zurück ins historische Neapel. Mit der Institutionalisierung der Cuccagna wurde das Volksfest auf dem Platz vor dem königlichen Schloss gefeiert. Die spektakuläre Plünderung des inszenierten Schlaraffenlands, während derer sich der Mob nach Lust und Fassungsvermögen an den Speisen gütlich tun konnte, wurde zum Höhepunkt einer Machtzeremonie unter den Augen und der Kontrolle der Obrigkeit. Der Monarch hatte dazu die Noblesse, den gesamten Adel und die auswärtigen Botschafter eingeladen, die darüber offizielle Berichte an ihre Regierungen schickten. Der König selbst stand hoch oben auf dem zentralen Balkon der Schlossfassade, die höfische Gesellschaft war entsprechend ihres Ranges postiert. Einige Bürgerliche, stellvertretend für das zuschauende Bürgertum, betrachteten das Schauspiel vom Rand des Platzes oder von den umliegenden Herrenhäusern aus. Karneval und Schlaraffenland – ursprünglich gerade durch die Auflösung der Hierarchie, die Umkehr der sozialen Verhältnisse und den kurzen (trügerischen) Vorschein eines besseren Lebens charakterisiert – hatte hier einem öffentlichen Schauspiel Platz gemacht, in dem die kulturell hegemonialen Machtverhältnisse eine ebenso sichtbare wie sichere Rolle übernahmen. Statt der alten karnevalesken Verwandlung aller Beteiligten in gleichberechtigte Weltbürger und politische Akteure, galt für die bourbonische Cuccagna die strenge theatrale Trennung von Zuschauern und Bühne.

---

52 | Vgl. Snowden, Naples in the Time of Cholera.

Nicht mehr die gemeinsame Straße oder der öffentliche Platz, sondern der private Balkon des königlichen Schlosses hoch über dem Geschehen wurde der zentrale Ort der Wahrnehmung von Völlerei als Volksbelustigung. Die Zentralperspektive auf die unsouveräne Masse bestimmte den herrschaftlichen Blick und die gefräßige Menge diente der amüsierten Oberschicht und ihrer herablassenden Gesellschaft des Spektakels als untertänige Schauspieler. Die symbolischen Grenzen, deren abenteuerliche Aufhebung traditionellerweise gerade in der burlesken Verkehrung der Verhältnisse gefeiert wird, verwandelten sich in der Inszenierung der napoletanischen Cuccagna zur unumstößlichen Beschränkung. Das Areal war in sich abgeschlossen und von dem übrigen Platz durch einen Zaun getrennt, der etwa aus einer Myrtenhecke oder anderen Begrenzungen bestand, wovon kleine Pilaster mit Aufsätzen aus Orangen- oder Zitronenbäumen eingelassen waren. Manchmal war es anstelle eines Zaunes ein etwa zwei Spannen tiefer, mit Wasser gefüllter Graben, in dem Fische schwammen – zur Erinnerung an Gewässer, die das mythische Paradies benetzten. Doch der Fluss oder der Zaun hatte keine bloß symbolische, sondern auch die ganz reale Funktion einer absoluten Grenze: Der Zaun aus bewaffneten Schutztruppen, die über die Begrenzungen wachten, um eventuelle Übergriffe zu verhindern und aufkeimende Revolten zu ersticken.[53] Denn die Gewalt – altes konstitutives Moment des Karnevals – sollte sich nicht mehr als spontane ungesteuerte Volksgewalt, sondern als verordneter Aufruhr eines sonntäglich stattfindenden Festessens entladen.

Aber – das aufs symbolische und rituelle Amüsement von (eben nicht) ›grenzenlosen Sauf- und Fressfesten‹ beschränkte Volksfest konnte die vorgeschriebenen Grenzen und das ›Schlaraffenland‹ der Ausgelassenheit jederzeit sprengen. Der verordnete Aufruhr konnte plötzlich zur tatsächlichen Auflehnung führen, sobald die Leute, meistenteils arme Bauern und städtische Handwerker, sich weigerten, alles kritiklos zu schlucken und sich mit dem aufgebotenen Fastfood abspeisen zu lassen. So kommt es 1764 zum vorzeitigen Sturm auf die Cuccagna-Kulisse, weil zuvor eine schlimme Hungersnot für allgemeine Unzufriedenheit gesorgt hatte: Der Mob beginnt die Anlage in der Nacht vor der eigentlichen Festeröffnung zu plündern und sich über das üppige Arrangement aus Brot, Würsten, frischem Fleisch, Stockfisch und all den anderen Leckereien herzumachen. Die Hungerrevolte hält auch am nächsten Tag an, Läden werden geplündert, man befürchtet einen Aufstand, Soldaten eilen herbei und zwischen den Ordnungskräften und der Menge entbrennt eine gewaltsame Auseinandersetzung, an dessen Ende eine Reihe von ihnen verletzt zurückbleibt. Daraufhin besetzen königliche Truppen die Plätze der Stadt und unter den Bürgern breitet sich Furcht und mancherlei Gerücht aus.

---

53 | Vgl. Richter, Schlaraffenland, 84.

Schon ein flüchtiger Blick auf die sozialen Widerstandsbewegungen bestätigt, dass Hunger und Mangel an befriedigenden Lebensmitteln immer schon einer der wahrscheinlichsten Gründe für Proteste und Revolutionen waren – und noch heute sind, wie uns die jüngsten Hungerrevolten und Massenunruhen weltweit oder karnevaleske Widerstandsaktionen wie die erwähnte Demontage einer McDonald's Filiale durch den rebellischen Bauern José Bové und seine Freunde erneut vor Augen führen. Für die politische Philosophie des Essens sind dies alles Indizien eines noch lange nicht befriedigten Verlangens und gastrosophischem Welthungers nach ›mehr‹.

Diese schwelenden Gefahr wollen die historisch wie kulturell variierenden Erscheinungsformen der herrschaftlichen Inszenierung eines nahezu kostenlosen Schlaraffenlandes aus Wurstbuden, Grillfleischzelten, Käsebergen, Hähnchenlandschaften, Weinbrunnen, Biersee und Lusthäusern entgegenwirken. Die Anlage und der Ablauf der Cuccagna Napoletana haben, so lässt sich im Rückblick auf die Geschichte der politischen Herrschaftsinstrumente konstatieren, in idealtypischer Form eine raffinierte Instrumentalisierung der unvordenklichen populären Utopie eines erfüllten Lebens perfektioniert: Ein ungestümes Fest des Volkes wird in eine spaßige Feier für die Masse umgekehrt, durch deren Feierei und Völlerei sich eine listige Herrschaft und Weltordnung selbst genießen. Den Zynismus dieser Gastro-Macht, dieser perversen aber positiven – das Volk nicht unterdrückenden, sondern seine Bedürfnisse und Wünsche ausnutzenden, seine bereitwillige Fügung und Anpassung erheischenden – Bio-Macht der konsumierenden Masse bringt der radikale Aufklärer Marquis de Sade auf den Punkt, der 1776 nach Neapel reist, um diesem Schauspiel beizuwohnen. »Wofür«, lässt de Sade die Regentin sagen, »sollte auch das Leben all dieser Canaillen wert sein, wenn nicht dazu, unserem Vergnügen zu dienen? Wenn wir das Recht haben, sie für unsere Interessen sich niedermetzeln zu lassen, sollten wir sie dann nicht ebenso unseren Leidenschaften opfern dürfen?«[54] Dieses Opfer zu erbringen und die politischen Zusammenhänge des Essens nicht wahrzunehmen und sich mit deren ethischen Implikationen nicht weiter zu beschäftigen, wird dem Volk – uns allen – bis heute so leicht gemacht, wie kaum etwas anderes im täglichen Lebenskampf.

GESUNDHEITSPOLITISCHER AKTIONSPLAN ›FIT STATT FETT‹

Aufgrund der Wucht dieses gastropolitischen Verblendungszusammenhangs und dem den Massen bloß vorgegaukelten Glück eines unersättlichen und vermeintlich folgenlosen Konsumrausches ist es aussichtslos und darüber hinaus trügerisch, wenn Gesundheitspolitiker propagieren, dass das Adipositas-

---

54 | de Sade, Juliette oder die königliche Lust der Cuccagna, 221f.

Dispositiv primär durch Erziehungsprogramme für Kinder bekämpft werden müsse. Kinder und Jugendliche wachsen in eine Überflussgesellschaft hinein und werden gemäß der vorherrschenden Werte und Gewohnheiten der Erwachsenen erzogen.[55] Vorbereitet durch das bevölkerungspolitische Programm ›Fit statt Fett‹ wurde kürzlich ein weiterer ›Nationaler Aktionsplan‹ zur Prävention von Fehlernährung, Bewegungsmangel, Übergewicht und damit zusammenhängenden Krankheiten mit dem Slogan ›In Form‹ ins Leben gerufen. Bis zum Jahr 2020 soll die Zahl der fehlernährten und fettleibigen Bürger Deutschlands messbar sinken und die allgemeine Esskultur sich dauerhaft verbessern.[56] Mit einem geradezu aberwitzig kleinen Budget will die amtierende Regierung eines der größten gesellschaftlichen Probleme und gastropolitischen Machtspiele unserer Zeit beenden. Erwartungsgemäß richtet sich der staatliche Aktionsplan vorrangig an Kinder und Jugendliche. Doch die globalen Voraussetzungen und Konsequenzen von ethisch und politisch besseren Ernährungsverhältnissen auf einen ›gesunden Lebensstil‹ durch ›ausgewogene Ernährung‹ und ›ausreichende Bewegung‹ zu reduzieren, verrät lediglich die Diätmoral einer staatlichen Bio-Macht. Deren Ziel ist von dem Aktionsplan einer gastrosophischen Trendwende so weit entfernt wie der Ein-Euro-Hamburger von einem selbst gemachten Gemüse-Wrap.

Solange gesundheitspolitische Kampagnen nicht einmal im Ansatz in die ökonomischen Zusammenhänge und gesellschaftlichen Zwänge des Adipositas-Dispositivs eingreifen, bleiben staatliche ›Aktionspläne‹ eine oberflächliche Schönheitschirurgie an einem chronisch kranken Gesellschaftskörper. Zu ihr passt, dass sich diese Eingriffe in schöner Regelmäßigkeit wiederholen und zusammen mit dem bigotten Diät-Diskurs seit Jahrzehnten keineswegs zu irgendeiner Verhaltensänderung führen. Im Gegenteil, die durchschnittliche Bevölkerung richtet sich trotz dieser Kampagnen oder, genauer gesagt, mit diesen Kampagnen nur noch konformer und unförmiger im kapitalistischen Schlaraffenland ein.

Die Erziehung zur Mündigkeit, die nicht bloß die Erziehung zur Mäßigkeit wäre, sondern auch, mit Adorno gesprochen, in der Autonomie und Aufgeklärtheit läge, nicht »alles zu schlucken und zu akzeptieren«[57], und erst recht die Einübung einer besseren Ernährungsweise sollte nicht zur Kinderarbeit werden. Sie hat selbstverständlich bei denen, die für diese Erziehung auch verantwortlich sind, zu beginnen: Bei den Eltern und Erwachsenen als den Vorbildern und Vormündern ihres Nachwuchses. Es besteht kein Zweifel, dass gerade die

---

55 | Vgl. Zwick/Deuschle/Rinn, Übergewicht und Adipositas bei Kindern und Jugendlichen.

56 | Vgl. Bundesministerium für Ernährung, Landwirtschaft und Verbraucherschutz, Nationaler Aktionsplan: In Form.

57 | Adorno, Erziehung zur Mündigkeit, 144.

Heranwachsenden am meisten an den vorherrschenden Verhältnissen leiden (werden) und ihnen jede notwendige politische, kulturelle, soziale und gesundheitliche Unterstützung zugutekommen sollte, für die kritische Ernährungspädagogen und Ernährungspädagoginnen heute kämpfen.[58] Die gesellschaftliche Unterstützung für eine neue Politik des Essens beginnt mit der Gewissheit, dass das Machtzentrum der Adipositas-Therapie nicht nur in der elterlichen Küche – anstelle der Kinderstube – liegt, sondern darüber hinaus nationale Aktionspläne durch unseren eigenen, individuellen Aktionsplan ersetzt gehören.

Zweifelsohne fühlen sich viele Erwachsene durchaus verantwortlich für ihre eigene Ernährungs- und Lebensweise und die ihres Nachwuchses. Sie tun keineswegs so, als ob ›andere‹ – die Politik, die Industrie, die Umstände, die Eltern u.a. – sie dazu zwängen, sich selbst nur so und nicht anders zu ernähren. Man kann den massenhaften ›Willen zur Diät‹, den Dicke oder all diejenigen aufbringen, die sich in der eigenen Haut unwohl fühlen, ebenso wie das immer wieder in Angriff genommene programmatische Fasten sicherlich als den moralischen Vorsatz deuten, ›sich in Zukunft anders zu verhalten‹ und es ›besser zu machen‹. Mit anderen Worten: Auch wenn die Diätmoral bei vielen scheitert oder sich an fragwürdige Schlankheitsideale klammert, als ein »guter Wille« (Kant) – als moralischer Vorsatz und Vorschein einer besseren Praxis – verhüllt sich darin allenthalben die Macht möglicher Selbstbefreiung und gastrosophischer Selbstveränderung.

Doch der Weg, auf dem sich das ebenso übersättigte wie unersättliche Selbst oder »Moppel-Ich« zu einem ethischen Selbst macht, das sich gut ernährt und sich besser fühlt, verläuft nicht über das Fasten und die Diktatur der Diätratgeber.[59] Qualvolle Fasterei durch kulinarische Enthaltsamkeit und asketische Selbstentsagung führt nicht zum ersehnten Erfolg, was nachweislich für alle marktgängigen Diätprogramme gleichermaßen gilt. Trotz Diätprodukten, Diättherapien und Diätphantasien werden die betreffenden Menschen weiter fett und fetter. Keine Diätphilosophie hält, was sie verspricht – weder das Abnehmen innerhalb eines kurzen Zeitraums noch, mit dem Verlust der ungeliebten Fettpolster, ein ewig konstantes Körpergewicht und schon gar nicht ein gesundes Leben. Kein rigides Abmagerungsprogramm verhilft zu einem längeren Leben. Ebenso haben die, die tatsächlich abnehmen, nicht automatisch eine erhöhte Lebenserwartung. Und auch die Wahrheit trügt, dass nur schlanke Menschen alt werden; es ist eine empirische Tatsache, dass Dicke sehr lange leben können. Wahr ist jedenfalls, dass die moderne Bio-Medizin auch das übergewichtige Leben zu verlängern weiß und dass durch diese medizinisch gewährleistete Lebensverlängerung sich erst zahlreiche durch Adipositas bedingte

---

58 | Vgl. Methfessel, Essen lehren – Essen lernen; Heindl, Studienbuch Ernährungsbildung; Paulus, Bildungsförderung durch Gesundheit.
59 | Vgl. Fröhlich, Das Moppel-Ich; Siefert, »Friss die Hälfte!«.

Erkrankungen und Leiden entwickeln können, bevor sie schließlich doch zum Tod führen. Für den übergewichtigen Körper sind Diäten obendrein gesundheitlich nicht unproblematisch. Zumal der Wirrwarr ständig neuer Diätformen (inzwischen können Ratsuchende unter 600 verschiedenen Diäten wählen, die sich vielfach untereinander widersprechen) die ungesicherten Grundlagen der wissenschaftlichen Erkenntnisse über die biochemischen Zusammenhänge des menschlichen Stoffwechsels verraten. Was eine ›gesunde Ernährungsweise‹, was bei jedem Einzelnen in jeder Situation und jeder Lebenslage das für die eigene individuelle Gesundheit Förderliche und für das eigene Wohlergehen Richtige ist, übersteigt allemal das ernährungsmedizinische Wissen. Zumal wir dank Friedrich Nietzsche wissen, dass in einer Krankheit oft eine »Vernunft des Leibes« und »große Gesundheit« wirken kann.

Gleichwohl vermarkten viele renommierte Ernährungswissenschaftler ihre lukrativen Erkenntnisse und Empfehlungen einer angeblich richtigen Diät. Wie beispielsweise die nach dem Kardiologen Roland Atkins benannte und äußerst einflussreiche *Atkins-Diät*, die – besonders raffiniert – dazu rät, sich möglichst fett- und eiweißhaltig zu ernähren, dafür aber bei Kohlenhydraten zu sparen. Diese bereits aus den 1970er Jahren stammende Diät-Philosophie zählt in Amerika neuerdings wieder zu den Bestsellern, die in Millionenauflage über die Ladentische gehen. Der US-Konzern Tyson Foods, einer der größten Fleischverarbeiter der Welt, meldete daraufhin einen 75-prozentigen Gewinnsprung, weil viele auf die fleischlastige Atkins-Diät umstiegen. Atkins selbst half jedenfalls die eigene Diätlehre nichts: Er wog bei seinem Tod über zwei Zentner. Wie die meisten Diätlehren, so ist auch die von Atkins umstritten und kaum zur Nachahmung empfohlen.[60]

Und doch ist es nicht so, dass ein universelles Rezept gegen Adipositas undenkbar wäre. Es ist sogar denkbar einfach. Das erfolgreichste Diätprogramm ist, keines zu haben: Keine Diät ist die beste Diät. Man könnte auch diese Lehre, wie üblich, nach ihrem Erfinder benennen. Wäre sie nicht längst schon ihrerseits zum wohlfeilen Konsumartikel vermarktet.[61] Sie redet keineswegs dem wahllosen Weiterfuttern das Wort, vielmehr steht diese Anti-Diät – als gastrosophische Dekonstruktion jedweder Diätmoral – für das Streben, die philosophische Ernährungsfrage nach einem für alle guten Essen nicht aufs Dickwerden und Abnehmen oder auf das minutiöse Berechnen von Kalorien zu reduzieren. Auch vergleichbare Ratschläge, wie etwa, es sei das Beste für jeden, zum Veganer zu werden, ist eine wenig hilfreiche Idee. (Auf die Gründe, die sogar gegen diese auf den ersten Blick absolut vernünftige Diätlehre sprechen, komme ich noch zurück.)

---

60 | Vgl. Heldke/Mommer/Pineo, The Atkins Diet and Philosophy.
61 | Vgl. Weiner, Keine Diät ist die beste Diät; Fletcher/Pine/Penman, Die keine Diät Diät.

Halten wir an dieser Stelle fest: Sobald man sich vom lebens- und ernährungsphilosophischen Reduktionismus des Diät-Denkens befreit, also weder ausschließlich ans Essen in Kategorien des Verzichts denkt, noch die große weite Welt des Essens auf naturwissenschaftlich-biologische Sachverhalte der Ernährung (einer idealen Ernährungsweise oder Diät) beschränkt, kommen automatisch anti-diätische, gastrosophische Wahrheiten in den Blick. Beispielsweise, dass es bei bestem Willen niemand schafft, durch eine vernünftige Küche fettleibig zu werden oder sich anders falsch zu ernähren; dass nicht die Medizin unser Normgewicht bestimmen sollte, sondern dies jeder für sich tut durch jenes individuelle Körpergewicht, bei dem wir uns selbst wohl fühlen. Darum ist ohne weiteres einzusehen, warum sich der eigene Idealzustand durch ein untrügliches Zeichen leicht ermitteln lässt, ohne dafür den Gang auf die Waage zum täglichen Ritual und zum verbalisierten und diskursivierten Gräuel machen zu müssen: Er ist überschritten, sobald der Gürtel kneift und man sich darüber ärgert.

Wahr ist wohl auch, dass jeder Erwachsene und sogar jedes Kind inzwischen weiß, wie Dickwerden und Abnehmen funktionieren: Wer regelmäßig mehr zu sich nimmt, als er verbraucht, nimmt zu und legt langsam aber sicher Fett an. Ebenso ist allen das diätetische Einmaleins vertraut, dass kein Mensch fett sein muss, und jemand, der als durchschnittlicher Esser und Einwohner irgendeines durchschnittlichen konsumkapitalistischen Schlaraffenlandes nicht fett ist, dies deshalb nicht ist, weil er es so will. Aus diesem Grund spricht nicht viel dafür, dass die überwiegende und übergewichtige Mehrheit ständig minderwertige Industriekost, die sie krank macht, billige Fleischware aus der Massentierhaltung, die aus Tieren gefolterte Mastmaschinen macht, und andere Lebensmittel, die zusammen mit der Umwelt die eigenen Lebensgrundlagen zerstören und zugleich den größten Klimakiller gebären, wirklich essen will. Dass sie es dennoch tun, muss nicht auf gewissenlose Lust und skrupellosen Egoismus zurückgeführt werden, sondern eher darauf, dass sie, sobald sie essen, was sie essen, zugleich unfreiwillig skrupellos und unverantwortlich handeln und *nolens volens* die Rechte und Würde der Menschen verletzen.

WARUM ES AM LEICHTESTEN IST, SICH FALSCH ZU ERNÄHREN

Im Grunde braucht es wenig, um sich nicht der monströsen Konformität einer dekadent-feisten Gesellschaft – dem Adipositas-Dispositiv – zu unterwerfen und um sich nicht auf andere Weise falsch zu ernähren. Es genügen einfache Kunst- und Handgriffe, die sich in jedem beliebigen Supermarkt und jeder beliebigen Essumgebung anwenden lassen: Statt einer einseitigen Kost aus Cola, Chips, Currywurst mit Pommes, Weißbrot, in Plastik eingeschweißte Tomaten im Angebot, makellosen Bananen und stark verarbeiteter Industriekost den Vorzug zu geben, geht es dabei um eine möglichst abwechslungsreiche und phantasievolle Küche. Mit anderen Worten: Was in Zukunft wirklich zunehmen sollte, damit die herrschende Fehlernährung und Fettsucht nicht alles unter sich erdrückt, wäre das Gewicht eines ethisch guten Essens. Warum aber tut sich die Masse so schwer damit, vernünftig zu essen und zu genießen? Aus welchen Gründen fällt es ihnen leichter, sich falsch zu ernähren und sich beispielsweise so zu ernähren, dass sie adipös werden? Der Grund dafür wird im Mechanismus des Adipositas-Dispositivs zu suchen sein, der das individuelle Handeln an gesellschaftliche Verhältnisse knüpft.

Er macht es dem Einzelnen leicht, sich auf eine bestimmte Weise zu verhalten und gewisse Dinge eher zu tun als andere. So können alle, die sich zwar eigentlich falsch aber gemäß einer fett machenden Umgebung richtig ernähren, quasi als Belohnung jederzeit ihre Esslust befriedigen, weil sie ›Essbares‹ finden, wo immer sie sich auch befinden. Wer sich gastropolitisch gesehen falsch ernährt, kann seine Lebensmittel fast überall kaufen, weil er nicht auf deren Herkunft, Herstellung und Qualität zu achten braucht und einfach nur das Billigste auswählen muss. Sich falsch zu ernähren, heißt unter den gegebenen konvenienten Lebensbedingungen, nicht selbst kochen zu müssen, weil man stattdessen sehr gut von Fertigprodukten oder Fastfood leben kann. Man braucht auch niemand anderes, mit dem man gemeinsam tafelt, weil man meistens schnell alleine isst. Wer sich schlecht ernährt, wird zwar dick, muss aber die Kosten, die dadurch entstehen, nicht aus eigener Tasche begleichen, weil alle anderen zahlen – die kollektive Krankenkasse, die ausgebeutete Umwelt, die schlecht bezahlten Arbeiterinnen und Bauern, das soziale Umfeld, die nächste Generation.

Mit anderen Worten: Wer sich wider der gastrosophischen Ethik und praktischen Vernunft verhält und sich ganz normal wie die meisten ernährt, kann es sich recht gut gehen lassen, auch wenn er auf diese Weise wissend oder unwissend etwas Schlechtes tut und Schaden verursacht. Und man tut dies nicht nur, indem man ›zu viel konsumiert‹ und sich ›zu wenig bewegt‹, wie es der biopolitische Diskurs nahelegt. Wir können uns wissentlich oder unwissentlich falsch ernähren, weil wir uns als Esser auf vielerlei Weise ethisch falsch verhalten können, ohne politisch, ökonomisch oder kulturell dazu gezwungen zu sein. Es gibt durchaus Alternativen. Und es hat noch nie so viele gegeben wie heute.

Deshalb spricht vieles für eine politische Ethik des Essens. Wer sich für ihre Widerstandspraktiken und für ihre täglichen Künste, Techniken, Widersprüche, Belohnungen und Entbehrungen entscheidet, erweitert die bloße Fixierung auf die ›richtige Diät‹ und das ›ideale Körpergewicht‹ durch ökologische und gesellschaftliche Gesichtspunkte guter Ernährungsverhältnisse im globalen Maßstab. Darüber hinaus wird das eigene Machtverhältnis gegenüber Fragen der Ernährung von reduktionistischen Diätetiken und Diät-Ethiken ebenso wie das persönliche Verantwortungsgefühl gegenüber den allgemeinen Angelegenheiten des Essens von einer philosophischen Diät-Moral zu einer umfassenden Gastrosophie ausgedehnt. Wer will, der kann den guten Willen zur Diät, den heute Leute massenhaft verspüren und bekunden, in den gastroethischen Entschluss wenden, insgesamt besser zu essen und das für alle Gute zu tun und sich von den kulturell hegemonialen Fastfood-Vorlieben, soweit es in der eigenen Macht liegt, zu befreien.

Immer mehr Menschen bringen diesen Willen auf, nutzen die eigene Macht und verändern ihre Ernährungsgewohnheiten. Wir befinden uns inmitten eines epochalen Umdenkens unseres kulinarischen Selbstverständnisses. Wenn die Philosophen über Jahrhunderte hinweg gegenüber der Unvernunft einer ungebändigten maßlosen Esslust eine Moral der Selbstbeherrschung zur gebotenen Diätethik erklärten, dann ist es an der Zeit, dass die Philosophie heute eine ganz andere Vernunft auf den Begriff bringt.[62] Wir brauchen diese genuss- und zukunftsfähige Weisheit des Essens auch aus einem schlichten Grund: weil darin die beste Universalmedizin gegen das Adipositas-Dispositiv unserer Gesellschaft steckt.

Insofern möchte ich meine Überlegungen und Annäherungen zu einer philosophischen Adiposologie mit einer Bemerkung zur medizinischen Adipositas-Forschung schließen. Und damit indirekt jenen Disput aktualisieren, den Immanuel Kant seinerzeit anlässlich eines Meinungsstreits mit dem Arzt Christoph Wilhelm Hufeland, dem einflussreichen Autor eines Klassikers der diätetischen Ernährungslehre *Makrobiotik oder die Kunst, das menschliche Leben zu verlängern*, zum »Streit der medizinischen Fakultät mit der philosophischen« hochstilisiert hatte.[63] Denn meines Erachtens könnte es der Medizin helfen, würde sie ihrerseits einen Blick über den eigenen Tellerrand werfen, um all die anderen (ökonomischen, landwirtschaftlichen, politischen, sozialen, alltagskulturellen, ästhetischen) Gesichtspunkte der globalen Ernährungsfrage wahrzunehmen und in die eigenen Behandlungsmethoden einzubeziehen. Vielleicht würde die Therapie dann ganz anders ansetzen als gewohnt. Statt ausschließlich den medizinischen Blick und Fragen der körperlichen Gesundheit zu beachten, hätte sie dann stärker gesellschaftliche Sach- und Wertfragen zu berücksichtigen, beziehungsweise auf die ethischen und politischen Selbstheilungskräfte der Menschen zu setzen. Warum sollten unsere Leiden und Zivilisationskrankheiten nur mithilfe von pharmazeutischen Medikamenten und aufwendigen Operationen, aber nicht auch vorzugsweise mithilfe von gastrosophischen Reflexionen und wirksamen Argumenten behandelt werden können?

Wenn es stimmt, wie die neue Hirnforschung und ihre stolze Neurophilosophie behaupten, dass das Gehirn unser Ernährungsverhalten steuert, dann gin-

---

62 | Vgl. Bergdolt, Leib und Seele; Lemke, Ethik des Essens, 289-330.
63 | Vgl. Lemke, Ernährungsmedizin und gastrosophische Ethik.

ge es wohl darum, denjenigen Hirnreiz zu erzeugen, der dafür sorgt, dass nicht nur tägliches Fernsehen und Autofahren Glücksgefühle auslösen, sondern dies ebenso gut bei der täglichen Praxis einer guten Esskultur geschieht. Gastroethische Anreize und Werte können – um im Bild zu bleiben – wie der chemische Botenstoff Glutamat in unserem Gehirn eine geschmacksverstärkende Wirkung erzeugen. Im grundlegenden Unterschied zu dem beliebten, aber fettsüchtig machenden Zusatz des künstlichen Geschmacksstoffs, der neben seinem Masteffekt lediglich die Funktion erfüllt, den zwangsläufig faden Geschmack von Industriekost zu verschleiern, stärken hingegen gastrophilosophische Wirkstoffe den ethisch und politisch guten Geschmack. Eine Veränderung der global vorherrschenden Ernährungsweise ist jedenfalls nur mithilfe einer Veränderung des ›menschlichen Geistes‹ – unserer Philosophie des Essens – vorstellbar. Aus diesem einfachen Grund hängt die Zukunft einer besseren Esskultur weder von mehr Diätprogrammen noch von weiter perfektionierter Lebensmitteltechnik ab, sondern von der Selbsthilfe einer veränderten Philosophie des Essens, einer Gastrosophie.

Um sich entgegen der üblichen Frohlockungen etwa eines rasanten ›Abnehmens in nur 7 Tagen‹ und dergleichen kein falsches Bild von der Behandlungsdauer zu machen und um den Zeitraum einer möglichen Besserung realistisch einzuschätzen, ist eine sachgemäße Vorstellung von dem historischen Ausmaß einer gesellschaftlichen Adipositas-Therapie geboten. Die tief greifenden Veränderungen, in denen unsere weltweiten Ernährungsverhältnisse unter dem symptomatischen Vorzeichen einer globalen Nahrungskrise stecken und die in Zukunft erforderlich wären oder werden, haben ähnliche epochale Dimensionen wie der Lebenswandel der Menschheit im Zuge der neolithischen Revolution. In deren Verlauf ersetzten die Menschen das Rohe – ihre über Jahrtausende eingeübte Sammler-Jäger-Praxis und entwickelte Beeren-Wildfleisch-Küche – durch das Gekochte und damit durch eine völlig neuartige Kultur des Essens.[64] Wenn die Erfindung der landwirtschaftlichen Agrikultur und der Gemüse-und-Getreide-Küche als alltagspraktischer und heilvoller Entstehungsherd der eigentlichen Kultur-Entwicklung der Menschheit gilt, dann steht sie zum Beginn des dritten Jahrtausends vor der Herausforderung einer gastrosophischen Revolution. Sie hätte ihr tägliches Essen noch einmal zu revolutionieren, diesmal unter den vernünftigen Vorzeichen ökologischer Nachhaltigkeit, globaler Gerechtigkeit und kulinarischen Wohllebens.

---

64 | Vgl. Reichholf, Warum die Menschen sesshaft wurden.

Gastropolitik (I): Politischer Hedonismus zwischen Ästhetik und Ethik am Beispiel von Slow Food

Diesmal muss es schnell gehen. Die Arbeit ist überfällig und die Zeit knapp, andere Dinge und Aktivitäten lassen sich nicht länger vertagen. Was grundsätzlich auch kein Problem sein muss. Auch was eine philosophische Beschäftigung mit Slow Food angeht: Das meiste von Slow Food ist, dank Carlos Petrini und seiner Produktivität, hochwertig verarbeitet und schnell verfügbar. Petrini, der italienische Gründer der Bewegung, ist der Hauptlieferant der Slow-Food-Philosophie und er ist perfekt in der Vermarktung seines Produktes. Bei allem, was sein weitläufiges Unternehmen bietet, braucht man selten mehr zu tun, als etwas Vorgegebenes nachzumachen oder nachzukochen oder, um im Bild zu bleiben und bei dieser wichtigen Angelegenheit präzise zu sein: das von Petrini fertig produzierte ›Slow Food‹ muss zu seinem Gebrauch nur noch kurz aufgewärmt (gelesen) werden oder es kann sofort (durch Vereinsbeitritt) genossen werden. Und das ist gut so, denn Aufgewärmtes und bequemer Genuss gehören zu jeder guten Alltagskost – die auch mal schnell gehen muss.

Ist es deshalb nicht sogar äußerst geschmackvoll, die Slow-Food-Philosophie als gastrosophisches Fastfood zu genießen? So wie ja auch Fastfood-Buddhismus, leicht genießbarer Buddhismus für den Alltag, in aller Munde ist und vielen entweder buchstäblich oder in einer übertragenen Bedeutung zu schmecken scheint: Mehr noch als Slow Food spricht die buddhistische Ernährungslehre einer vegetarischen Küche weltweit immer mehr Menschen an und Buddha-Statuen schmücken mittlerweile unzählige Haushalte. Die Slow-Food-Philosophie als gastrosophisches Fastfood zu genießen, heißt nicht etwa, sich auf billige Weise über eine gute Sache lustig zu machen. Im Gegenteil. Dadurch wird die Slow-Food-Vereinigung in ihrem vielleicht stärksten Stück und Selbstanspruch ernst genommen: Sie ist keineswegs kulturkonservativ. Wie Petrini erläutert, ist Slow Food »nicht gegen Fastfood, weil sie Hamburger und Pommes frites verabscheut und um jeden Preis lange Mahlzeiten fordert. Es gibt

Situationen, in den die Langsamkeit unangenehm und zu einer Tortur werden kann. ›Fast‹ ist nicht grundsätzlich schlecht«.[1]

Genau aus diesem Grund werde ich die Slow-Food-Philosophie in zwei Schritten (oder ›Gängen‹) genießen und verdauen: Der erste Gang wird – nach einem kurzen (und alkoholfreien) Aperitif – den angeregten Appetit auf Slow-Food-Leckerbissen, den Heißhunger auf Gutes stillen. Der zweite Gang dient dem längeren Genuss einer politisch korrekten und ästhetisch geschmackvollen Kost: der Philosophie von Carlo Petrini. Seinen Abschluss findet das Ganze in der wohl bekömmlichen Verdauung (was sollte kritische Reflexion sonst sein?) und der gastrosophischen Verstoffwechselung einiger unpolitischer und nicht-ethischer Inhalte dieser ansonsten durch und durch politisch und ethisch vernünftigen Philosophie. Mit diesem Prozedere werden nicht zuletzt der theoretische Beweis und eine praktische Kostprobe dafür erbracht, dass bei entsprechend stofflicher Zusammensetzung und handwerklicher Machart auch eine ›Fast‹-Gastrosophie wie Slow Food nicht grundsätzlich schlecht, sondern im Gegenteil sogar unentbehrlich ist, um das Recht jedes Menschen auf den Genuss guten Essens zu deklarieren.

APERITIF: DIET FOR A SMALL PLANET

Der millionenfache Bestseller *Diet for a Small Planet* von Frances Lappé, die inzwischen mit 17 Ehrendoktortiteln und dem Alternativen Friedensnobelpreis ausgezeichnete Gründerin des First Food Instituts und Mitglied des World Future Council, erschien zu jener Zeit, als auch andere Theoretiker wie Max Horkheimer, Garrett Hardin und Peter Singer (jeweils auf ihre eigene Weise und an unterschiedlichen Orten der Welt) begannen, über die globale Politik des Essens nachzudenken. Anfang der 1970er Jahre, während zeitgleich draußen in den Straßen von Berkeley die *Free-Speech*-Bewegung tobte und viele andere ›politisch aktive‹ Studenten für Bürgerrechte und sexuelle Befreiung und gegen die amerikanische Kriegslust (zu dieser Zeit in Vietnam) protestierten, saß Lappé als junge Studentin in der Bibliothek der Universität Berkeley, um plausible Antworten auf die urgastrosophische Gerechtigkeitsfrage zu finden, wie es sein kann, dass es Hunger in einer Welt des Überflusses gibt. Das Ergebnis, das sie schließlich in ihrem viel beachteten Buch veröffentlichte, fiel überraschend aus und war vielleicht ›noch politischer‹ als jene Rebellion. Im Vergleich zu aufregenden Straßenschlachten, neuartigem Sit-In oder widerspenstigen Guerilla-Aktionen fiel ihr politisches Aktionsprogramm allerdings kulturell weniger reizvoll und obendrein ästhetisch nicht wirklich überzeugend aus. Gleichwohl hatte Lappé als Erste herausgefunden, dass die Hauptursache für die extremen

---

1 | Petrini, Slow Food, 50.

Hungersnöte in ärmeren Ländern die fleischlastige Diät der Vereinten Fastfood-Nationen ist; eine Ernährungsweise, die außerdem auch noch die Erde ruiniert.[2] Diese damals weitestgehend unbekannte und äußerst kritische Erkenntnis der ethischen Zusammenhänge zwischen der persönlichen Alltagspraxis und der gegenwärtigen Weltpolitik verband Lappé zugleich – darin wiederum als typische Vertreterin der damaligen Alternativkultur und Flower-Power-Politik – mit dem praktischen Rezept für eine bessere Welt: Gesellschaftliche Veränderungen seien, einmal abgesehen von Bürgerrechten, Friedenspolitik und der Befreiung einer unterdrückten Sexualität, nicht ohne unseren Verzicht auf Fleischgenuss, d.h. nicht ohne die Veränderung des Handelns der kritischen Masse in den reichen Ländern, möglich. Nur noch mit einer strikt vegetarischen Diät lasse sich der Planet retten.

Was ihr Buch *Öko-Diät* so erfolgreich machte, war gewiss nicht dieses rein moralische und (aus den Gewohnheiten des vorherrschenden Geschmacks beurteilt) allemal lustfeindliche, weil fleischfreie Diätprogramm. Im Gegenteil muss man wohl sagen: Dieses frühe Manifest einer neuen politischen Gastrosophie erlangte, trotz seiner Diätmoral, so viel Aufmerksamkeit in der bürgerlichen Öffentlichkeit wegen der gut begründeten Kritik der globalen Ernährungsverhältnisse und der kulturellen Ursachen deren Ungerechtigkeiten.

Seit damals hat Frances Lappé vieles dazu gelernt. Unter anderem ist ihr im Laufe der Zeit bewusst geworden, dass der anfängliche Fehler ihrer Philosophie darin bestand, das Vernunftideal einer ethisch korrekten Ököküche aufzustellen, ohne dies mit einer reizvollen kulinarischen Ästhetik und einem bewussten politischen Hedonismus zusammen zu denken. Diese Würdigung ihres vorbildlichen Lern- und Selbstbildungsprozesses – der auch die feministisch emanzipatorische Selbstbefreiung zum Selbstkochen beinhaltete – muss an dieser Stelle nicht weiter vertieft werden, da dies bereits bei einer anderen Gelegenheit ausführlich geschehen ist.[3]

Doch eine Schlussfolgerung, die sich für Lappé aus der Erkenntnis ergeben hat, dass das Essen wie nichts sonst die Wucht hat, uns begreiflich zu machen, was an der gegenwärtigen Weltordnung falsch läuft, bedarf der Erwähnung. »Mir wurde klar, dass wir Menschen nichts tun, was wir uns nicht vorstellen können«, erkennt sie im Nachhinein, »wenn wir kein Vorbild von Menschen wie du und ich haben, die uns vormachen, wie man die Macht und Fähigkeit entwickelt, um etwas zu verändern und etwas Neues zu schaffen«.[4] Mit der Gründung des *Small Planet Institute* sowie des *Zentrums für lebendige Demokratie* setzt sich Lappé seitdem dafür ein, uns an jenen Gedanken – den Grundgedanken der politischen Philosophin Hannah Arendt – zu gewöhnen, dass Demo-

---

2 | Vgl. Lappé, Diet for a Small Planet; in deutscher Übersetzung: Lappé, Die Öko-Diät.
3 | Vgl. Lemke, Die Kunst des Essens, 115-127.
4 | Lappé, Democracy's Edge; siehe auch: dies., Was für eine Art von Demokratie?

kratie etwas ist, woran alle jeden Tag aktiv beteiligt sind. Immer noch stellen sich die meisten Demokratie als etwas vor, das andere für sie erledigen, das keinen Bezug zum eigenen Lebensalltag hat und ›schon gar nicht Spaß macht‹. »Ich weiß heute«, schreibt Frances Lappé, »dass wir unbedingt etwas Greifbares brauchen, das uns zum Handeln bewegt, damit wir uns an Demokratie beteiligen und uns in diese gelebte Praxis stürzen«.[5]

ALICE IN WONDERLAND:
ZUR ÄSTHETIK DER KULINARISCHEN EXISTENZ

Was Lappé nicht wusste, während sie in Berkeley an ihrem ersten Buch schrieb, war die Tatsache, dass nur wenige Häuserblocks entfernt eine gleichaltrige Hippie-Lady namens Alice Waters ein Lokal eröffnete, welches der gleichen Philosophie der Praxis verpflichtet sein sollte. Mit dem kleinen, feinen Unterschied, dass Waters alles oder fast alles richtig machte, um Politik, Kultur, Demokratie, Gerechtigkeit, Freiheit und Genuss rund ums Essen als menschlicher Lebensmittelpunkt kreisen zu lassen. Das *Chez Panisse* ist heute das vielleicht berühmteste Restaurant einer ethisch guten und politisch korrekten Küche in ganz US-Amerika und seine Chefin sowohl eine einflussreiche Köchin dieses vielleicht immer noch mächtigsten Landes der Welt (des Essens) als auch die internationale Vize-Präsidentin von Slow Food. Waters' politische Forderung, die führende Fastfood-Nation in eine führende Slow-Food-Nation zu verwandeln, hat es bereits bis in den Vorgarten der amtierenden Regierung geschafft. Die Tatsache, dass Michelle Obama vor kurzem damit begonnen hat, direkt vor dem Weißen Haus das Essen selbst anzubauen, mit dem internationale Staatsgäste in gebührender Gastfreundschaft verpflegt werden, ist sicherlich das Geschichtszeichen eines langsamen Fortschritts in der »geschmackvollen Revolution nach europäischem Stil« (Waters), die die Vereinigten Staaten aus der Sklaverei und Völlerei der amerikanischen Fehlernährung befreien könnte.

Von Anfang an nutzte Waters für diese Kulturrevolution die besten Waffen der *Counter-Culture*: die Phantasie und die Lust. Mit kulinarischer Phantasie machte sie ›das Unmögliche möglich‹: Sie experimentierte mit einer geschmackvollen Öko-Küche, deren Genuss – auch ohne Fleisch – überzeugt. Von Anfang an verstand sie es, auf diese Weise Ethik (Ökologie, vegetarische Küche) mit Ästhetik (Geschmack, Genuss) zu vereinen. Darüber hinaus gelang ihr ganz im Geiste der linken 1960er Popkultur auch ›das Undenkbare denkbar‹ zu machen: dass Genießen politisch sein kann und dass es eine Politik des Vergnügens – politischen Hedonismus – geben kann, unter anderem in der ungewöhnlichen Form einer politischen Ethik des guten Essens. Im Nachhinein

---

5 | Lappé/Lappé, Hoffnungsträger, 44.

erinnert sich Waters an die verrückte Zeit von damals: »Wir hatten das Gefühl, dass wir alles machen und die Welt verändern können. Wir wollten anders leben«.[6] Inmitten einer durch und durch unterentwickelten und fleischlastigen Esskultur wollte sie den praktischen Beweis dafür liefern, welche Fülle an köstlichen Dingen und welch großer Reichtum an Geschmacksquellen jenseits der eingefleischten Geschmacksgewohnheiten der Menschheit offen stehen.

Im August 1971 eröffnete Alice ihr Wunderland, um die Dinge von Grund auf zu ändern, um anders zu leben und besser zu essen.[7] Sie lud befreundete Künstlerinnen und Künstler, interessierte Studenten und weltoffene ›alternative‹ Professoren ein, in ihrem für wenig Geld erstandenem und selbst renoviertem Haus ein festgelegtes Mahl zu genießen. Dafür verwendete sie nur Lebensmittel aus ökologischem und lokalem Anbau. Die beste Qualität der Produkte und die geschmackvolle Kreation waren und sind immer noch die entscheidenden Kriterien ihrer Kochkunst. Lange bevor die Weltöffentlichkeit von Nachhaltigkeit, biologischer Landwirtschaft, lokaler Biodiversität oder fairem Handel zu sprechen begann, hatte die junge Waters die notwendige Ausrichtung einer zukunftsfähigen Politik des Essens durchschaut. Die Botschaft ihrer Restaurant-Küche war unmissverständlich und reizvoll: Gebrauche simple, frische Zutaten, sei kompromisslos, was ihre Güte angeht und fördere die konviviale Atmosphäre eines gastfreundlichen, nachbarschaftlichen Lokals. Diese Botschaft kam an; zunächst unter den jungen Helden der neuen Popkultur, wie etwa Led Zeppelin oder David Bowie, die für die richtige Musik in der Küche sorgten und sich mit der populären Art dieses neuen Hedonismus identifizierten.

In der »Counter-Cuisine«, wie Warren Belasco die Anfänge der amerikanischen Slow-Food-Bewegung bezeichnete, kam bereits eine geschmacksästhetische Unterwanderung der amerikanischen Fastfood-Kultur durch europäische Einflüsse zum Tragen.[8] Waters hatte als Studentin Frankreich besucht und war von der französischen Esskultur tief beeindruckt. Der Kauf frischer und saisonaler Produkte vom lokalen Wochenmarkt und die Tatsache, dass die Menschen dort das Kulinarische und den gemeinsamen Genuss als einen zentralen Bestandteil ihres täglichen Lebens begriffen und wertschätzten, inspirierten sie. Diese Erfahrungen ermutigten sie, dass eine bessere Küche möglich wäre als jene eigene Tradition, die sie von klein auf in ihrem Elternhaus kennengelernt hatte.

Man könnte sich fragen, welche Konsequenzen es sowohl für Alice Waters' praktische Gastrosophie im Besonderen als auch für die akademische Philosophie im Allgemeinen gehabt hätte, wäre der französische Philosoph Michel Foucault – zeitweiliger Kulturattaché seines Landes, des Landes der *Haute Cui-*

---

6 | Waters zitiert in: Andrew, The Slow Food Story, 13.
7 | Vgl. McNamee, Alice Waters and Chez Panisse.
8 | Vgl. Belasco, Appetite For Change.

sine – in den 1970er Jahren nach San Francisco nicht nur im Interesse an einer befreiten Sexualität gereist, sondern dort als Repräsentant der französischen Esskultur, insbesondere der *Nouvelle Cuisine*, der neuen französischen Küche aufgetreten. Hätte er nicht an der Universität Berkeley statt nur über die bürgerliche Sexualität und ihre konstruierte Wahrheit erst recht über seine Ideen zu einer ›politischen Ethik‹ und einer ›Ästhetik der Existenz‹ im Bereich der kulinarischen Lüste sprechen können? Wo stünden wir heute, wenn Foucault damals unter den Gästen des *Chez Panisse* gewesen wäre? Wäre ihm vielleicht schon früher jene Erleuchtung zu einer »neuen Lebenskunst« und »Praxis der Freiheit« gekommen, die er später – vergeblich und bloß unter spirituellem Vorzeichen und mit Fastfood-Manier – in Japan in einem buddhistischen Zen-Kloster suchte?[9] Jedenfalls hätte diese gastrosophische Wende die postmoderne französische Philosophie noch spannender gemacht und mit ziemlicher Wahrscheinlichkeit würde die westliche Philosophie jetzt anders dastehen.

Jedenfalls wurde die Forderung der 1968er Generation, dass ›alles politisch sei‹, folglich auch ›das Persönliche‹, von Alice Waters gleich auf dreifache Weise konkretisiert: dadurch, dass eine Frau ein eigenes Unternehmen (ein Restaurant) gründete und dieses bis heute erfolgreich managt; dadurch, dass das persönliche Essen als etwas immanent Politisches erkannt und ernst genommen wurde und schließlich dadurch, dass die politische Arbeit nicht länger ausschließlich als ein erbitterter Kampf begriffen wurde, sondern verstärkt als eine durchaus Spaß bereitende Strategie der praktischen Alternativen und der kulturellen Arbeit bzw. der kulturellen Politik neu erfunden wurde – in diesem Fall durch die eigene Küchenarbeit und eine bessere Esskultur.

Freilich stieß diese kulturelle Politik (*cultural politics*) auf die nicht unberechtigte Kritik, dass der Besuch eines hochpreisigen Ökogourmet-Restaurants wohl herzlich wenig mit politischem Widerstand zu tun habe und erst recht nichts Revolutionäres verkörpere, was in irgendeiner Form die Welt gerechter und besser mache. Böse Zungen drehten sogar den Spieß um: »Die Wahrheit ist, dass Bioessen eine teure Luxusangelegenheit ist, etwas, das sich diejenigen gönnen, die über die entsprechenden Mittel verfügen«.[10] Tatsächlich berührt diese Kritik an einem undemokratischen Elitismus und einem feinschmeckerischen Monetarismus den Schwachpunkt jeder kostspieligen Restaurant- oder Alltagsküche, selbst wenn sie ansonsten politisch korrekt ist.

Es reicht nicht, zu sagen, dass jeder eine ethisch bessere Wahl treffen sollte. Denn dies setzt voraus, dass auch alle die erforderlichen Mittel dazu haben und es praktisch in ihrer monetären Macht steht, diese Wahl – beim Essen – tagtäglich treffen zu können. Den wenigsten ist es möglich, sich durch den täg-

---

9 | Foucaults Spuren folgend, habe ich die philosophische Grundlagen der japanischen Zen-Praxis und Zen-Küche untersucht in: Lemke, Die Weisheit des Essens, 17-162.
10 | Gunlock, Alice in Wonderland .

lichen Besuch eines Lokals wie des *Chez Panisse* zu ernähren. Dies wäre die formale Bedingung, sollte Waters' gastrosophische Politik in eine alltägliche Ethik und eine egalitäre, demokratische Lebenskultur münden. Doch selbst wenn kommerzielle Gourmet-Voküs für alle irgendwie möglich wären, ist diese Art luxuriöser Fremdverköstigung aus einsehbaren Gründen noch nicht einmal wünschenswert: Die betreffenden Gründe wären ein äußerst wichtiger Gesprächsstoff gewesen bei der ersten Begegnung von Alice Waters mit Carlo Petrini, der ihr kurz nach der Gründung von Slow Food einen Besuch abstattete. Beide hätten über eine programmatische Lösung für diese Kritik und Schwäche der eigenen Politik des guten Essens nachdenken können.

Sie lernten sich in den frühen 1990er in Berkeley kennen, als Petrini auf dem Weg war, sich in anderen Teilen der Erde mit Gleichgesinnten zu vernetzen. Das Ergebnis ihrer damaligen Begegnung spiegelte sich, statt in der Behebung der besagten Kritik, darin wider, dass Waters zur Vizepräsidentin der Slow-Food-Vereinigung wurde. Der Slow-Food-Chronist Geoff Andrews hat versucht, die besagte Kritik an einer politisch korrekten Luxusküche sehr elegant zu entkräften. Er argumentiert mit dem postmaterialistischen Geist dieser Generation, demzufolge der schnöde Mammon, das blöde Geld eben nicht alles sei. »Für beide war Geld sekundär gegenüber ihren weiter gefassten Absichten und es geriet kaum in den Fokus ihrer letztthinnigen Ideen. Tatsächlich bauten beide strikt auf den Prinzipien der *Sixties*, das Undenkbare zu denken und das Unmögliche möglich zu machen«.[11]

Obgleich eine Verteidigung des strategischen Idealismus einer egal-wie-teuren Ökogastronomie in der Sache wenig hilfreich ist, steht die kulturpolitische Stärke von Waters' Wunderland eines besseren Essens außer Zweifel. Doch der Grund für diese Stärke liegt vor allem im Erfolg einer ganz anderen Aktivität: ihrer Schulgarten-Projekte. Außerdem hat die *Chez Panisse*-Stiftung, die Waters dank der zahlreichen und zahlungskräftigen Gäste ihres Restaurants gründete, bemerkenswerte Gefängnisgartenprojekte unterstützt.[12] In den 1990er Jahren konnte Alice den Direktor der Martin-Luther-King-Schule, die unweit von ihrem Restaurant lag, davon überzeugen, auf einem verwahrlosten Bodenstück des Schulgeländes einen Küchengarten aufzubauen. Die Kinder sollten einen Garten anlegen, Gemüse anbauen, zubereiten und einander damit bewirten, um inmitten kleiner Paradiese aus Mais- und Amaranth-, Möhren- und Salatbeeten, Artischockenpflanzen und einer Vielfalt anderer Gewächse fürs gastrosophische Leben zu lernen. Und dazu gehören eben das Pflanzen, Unkrautjäten und Ernten ebenso wie das Kochen, das Servieren und das gemeinsame Genießen an einem gedeckten Tisch. Diese Kompetenzen würden, so Waters' Idee, nicht nur die dramatische Fehlernährung der Kinder beenden helfen, sondern ihnen

---

11 | Andrew, The Slow Food Story, 16.
12 | Vgl. Lemke, Die Kunst des Essens, 122f.

auch zu einem ganz anderen Denken verhelfen. Alles, was die Schülerinnen und Schüler im Garten tun würden, sollte in die anderen Unterrichtsstunden einfließen, ob Mathematik, naturwissenschaftliche Fächer oder Englisch.

Alice behielt Recht. Aufgrund des enormen Erfolgs, den diese ›Klassenzimmer im Freien‹ haben, gedeihen inzwischen an unzähligen Schulen solche Erziehungsgärten des guten Geschmacks zur Begeisterung der Schüler, Kinder und der Erwachsenen. Inzwischen ist ein Lehrplan aufgestellt worden, nach dem die Lehrer mit Schülern aller Altersstufen die gesamte Ökologie der Nahrung von der Tüte bis zum Teller behandeln müssen. Tausende von Schulgärten sind in den letzten Jahren in Kalifornien und in vielen anderen Orten der Erde entstanden. Wenngleich noch lange nicht jede Schule einen Garten hat und nicht alle Schüler freien Zugang dazu haben, verbinden mittlerweile ein Fünftel der kalifornischen Schulen schulische Erziehung und Wissensvermittlung mit der Selbstentfaltung in einem solchen Küchengarten und Klassenzimmer im Freien. Dieser Nachwuchs ist der Humus der globalen Küchengartenbewegung: Seine humanen Kräfte sind dabei, die Esskultur von Grund auf und von klein auf zu revolutionieren.

Führt man sich die Zusammenhänge zwischen Waters' Ökogastronomie (Esskultur) und den verschiedenen Gartenprojekten (agrikulturelle Nahrungsproduktion) vor Augen, gewinnt die Tatsache, dass mithilfe der First Lady Michelle Obama in direkter Umgebung des Regierungssitzes des US-Präsidenten ein Küchengarten angelegt wurde, durchaus an politischem Gewicht.[13] Doch die inoffizielle Botschafterin der amerikanischen Slow-Food-Vereinigung will noch mehr: »Ich will den Vereinten Nationen das gute Essen nahebringen. Und ich will einen Friedensgarten im Gaza-Streifen«.[14]

EINE SENSATIONELLE ERFOLGSSTORY

Die politische Gastrosophie der Gegenwart muss selbstverständlich eine kritische Würdigung derjenigen sozialen Bewegung umfassen, die sich mehr als alle anderen Bewegungen programmatisch für besseres Essen weltweit einsetzt: die internationale Slow-Food-Vereinigung. Die sagenhafte Erfolgsstory von Slow Food begann am 9. Dezember 1989. Ein denkwürdiger Augenblick der Zeitgeschichte und ein typischer Fall der Ungleichzeitigkeit des Gleichzeitigen: Zu diesem Zeitpunkt bröckelten in der deutschen Hauptstadt die Mauern des DDR-Sozialismus dahin; die euphorischen Massen feierten die Wiedervereinigung und das Ende des Kalten Krieges. Andernorts war bereits vom Ende der Geschichte die Rede, die auch in Teilen der Linken unwidersprochen hin-

---

13 | Vgl. Dowd, Chef Waters' Vision Becomes Hot Topic.
14 | Waters im Interview: Andrew, The Slow Food Story, 15.

genommen wurde, weil mit dem Fall der Berliner Mauer und mit der Auflösung des kommunistischen Ostblocks die letzten Fesseln entfesselt worden waren, die den westlichen Kapitalismus im globalen Maßstab noch daran gehindert hatten, sämtliche Territorien und Reichtümer sowie alle Lebensbereiche des Menschen seiner Herrschaft unterzuordnen und seines unstillbaren Hungers nach Profit einzuverleiben. Gleichzeitig kamen in der französischen Hauptstadt Delegierte aus 15 Ländern zusammen, um in der Komischen Oper von Paris der Weltöffentlichkeit mit der neuen ›Internationale des guten Geschmacks‹ eine ziemlich verrückte, wenn nicht gar lächerliche, aber nichtsdestotrotz revolutionäre Idee zu präsentieren. Die Debatten, Abendessen, Verkostungen und Galaveranstaltungen des Gründungskongresses dieser neuen internationalen Vereinigung dauerten vier Tage. Deren Höhepunkt war die Verkündigung des Slow-Food-Manifests. Darin wurde in wenigen Sätzen das »Fastlife« (die Fastfood-Lebensweise der Industriegesellschaft) attackiert und unter dem Slogan eines langsamen Essens oder »Slow Food« zur »Wahrung des Rechts auf Genuss« aufgerufen: »Fangen wir gleich bei Tisch mit Slow Food an. Als Antwort auf die Verflachung durch Fastfood entdecken wir die geschmackliche Vielfalt der lokalen Gerichte«.[15]

Innerhalb von nur drei Jahrzehnten ist aus dieser ungewöhnlichen Bürger- und Menschenrechtsbewegung ein alternatives Aktionsbündnis hervorgegangen, das mittlerweile über 100.000 Mitglieder in 150 Ländern und 6 Kontinenten hat. Man stellt damit einen beachtlichen Sachverhalt fest: Unterschiedlichste Leute aus verschiedensten Kontexten und Kulturen fühlen sich von einer »populären politischen Phantasie«[16] angesprochen, die auf eine Politik des guten Essens als eines Rechts aller Menschen abzielt. Als ein kosmopolitisches Netzwerk ist Slow Food eine historische Tatsache, eine Art Faktum der praktischen Vernunft im Kant'schen Sinne. Denn die reale Existenz dieser internationalen Vereinigung steht für eine zivilgesellschaftliche Kraft und eine gut organisierte Solidarisierung, wie sie sich die kühnen Humanisten und Utopisten des 18. und 19. Jahrhunderts vorstellten. Mit einem epochalen Unterschied: Während bei Karl Marx etwa die Vereinigung der ›Proletarier aller Länder‹ noch eine Schnapsidee war, deren Frühreife vielen Marxisten und Sozialisten zum Verhängnis wurde, ist der organisierte Internationalismus mit Slow Food eine ausgereifte Realität geworden; eine politisch-ökonomische und soziokulturelle Tatsache, eine gesellige Gesellschaft, zu der die Vereinigung der ›Kulinarier aller Länder‹, wenn man in Anlehnung an Marx so will, gerne ein Gläschen Wein genießen – mit dem sie auf das Wohl und zur Ehrung der schönen Idee ihres Vordenkers und Vorkämpfers anstoßen könnten.

---

15 | Petrini, Das Slow-Food-Manifest, 15.
16 | Andrew, The Slow Food Story, vi.

Doch gewiss, nicht Karl Marx, sondern Carlo Petrini ist der alleinige Vordenker und Vorkämpfer der Slow-Food-Philosophie; Slow-Food-Mitglieder toasten Petrini zu und nicht Marx – oder Kant. Und es kommt wohl nicht von ungefähr, dass der Gründer und Präsident dieser Vereinigung ein Italiener ist, der also aus dem Land mit einem weltweit anerkannten guten Lebensstil stammt: ›Italien‹ steht, einmal abgesehen von seiner politischen Kultur, wie kaum ein anderes Land für ›guten Geschmack‹. (Im Vergleich dazu ist Deutschland, trotz Kant oder Marx und einigen anderen Ausnahmen und Mutanten, ein kulinarisch unterentwickeltes Land, das bislang entsprechend wenige Philosophen mit gutem Geschmack hervorgebracht hat.)

Wie erklärt es sich angesichts des enormen Zuspruches, den Slow Food weltweit erfährt, und des rasanten Aufstiegs dieser Nichtregierungsorganisation zu einem Global Player der »planetarischen Zivilgesellschaft« (Ziegler), dass gleichwohl ein zäher Widerwille, ein verbreiteter Degout gegen die neue ›Internationale des guten Geschmacks‹ festzustellen ist? Der geläufigste Vorbehalt besagt, dass es sich dabei um einen Dinnerclub für saturierte Gourmets handele, die sich für nichts weiter als für seltene Käsearten und Fleischprodukte, für exquisite Verarbeitungsweisen und teure Spezialitäten, für alte Gemüsesorten und traditionellen Ackerbau interessieren. Die Kritik, dass die Slow-Food-Mitgliedschaft nur für die wohlhabende Mittelschicht in Frage kommt, die sich diese Feinschmeckerei gönnt, deckt sich mit den bereits erwähnten Vorbehalten gegenüber der Öko-Luxusküche von Alice Waters und anderen kommerziellen Sternegaststätten. Neben der Gourmetclub-Schelte wird Slow Food auch wegen anderer Dinge kritisiert, wie beispielsweise Traditionalismus, Ästhetizismus, Hedonismus und Elitismus oder Vereinsmeierei.[17] »Wenn ich Wert auf gutes Essen lege, bin ich elitär, wenn ich die Tradition respektiere, bin ich rückständig, wenn ich die Regeln der ökologischen Verantwortung befolge, bin ich lästig, wenn mir die Bedeutung der bäuerlichen Welt wichtig ist, bin ich auf der Suche nach der ländlichen Idylle«.[18] – Carlo Petrini sind die diversen Vorbehalte oder begründeten Kritiken durchaus bekannt. Der Gründer und Präsident von Slow Food hat sich von Anfang an mit Vorurteilen und Skeptizismen auseinandersetzen müssen. Wer sich für seine Reaktionen und Erwiderungen interessiert, wird in seinen Schriften viele Argumente finden, die zeigen, wie wenig von alledem wirklich zutrifft. Doch mein Anliegen ist es nicht, mich zum Verteidiger von Slow Food zu machen. Weder fühle ich mich dazu berufen noch dazu berechtigt, weil ich kein Vereinsmitglied bin. Niemand wird dazu gezwungen, der Beitritt ist zwar kostenpflichtig, aber freiwillig. Ansonsten sehe ich nicht, dass diese Bewegung irgendwem schadet. Vor allem wird der aufmerk-

---

17 | Vgl. Chrzan, Slow Food: What, Why, and to Where?; Donati, The Pleasure of Diversity in Slow Food's Ethics of Taste.
18 | Petrini, Terra Madre, 71.

same Beobachter und Kenner feststellen, dass Petrini in den zurückliegenden Jahren seine gesamte Philosophie als Antwort auf triftige Kritiken und reale Schwächen immer wieder etwas korrigiert und sukzessive politisiert hat und dies – als wackerer Kämpfer für die Sache – auch in Zukunft weiter tun wird.[19]

Vor allem macht sich an den üblichen Einlassungen verdächtig, dass sich darunter weder eine Kritik des ethischen und politischen Selbstverständnisses von Slow Food findet. Bevor ich diese wirklich ernstzunehmenden Kritikpunkte diskutieren werde, ist an dieser Stelle zu konstatieren, dass Slow Food keine rein vegetarische oder vegane Ernährungsweise fordert (wie sie etwa Francis Lappé oder Peter Singer vertreten) und insofern weder politisch *ganz* korrekt noch *strikt* moralisch ist. Im Sinne ethisch lockerer Sitten geht es stattdessen um art- und umweltgerechte Tierhaltung sowie um den Genuss von handwerklich verarbeiteten Fleisch- und Wurstprodukten, Käse- und Milcherzeugnissen aller Art. Trotz der notwendigen Feststellung dieser Inkonsequenz lässt eine politische Gastrosophie, die grundsätzlich und programmatisch für ethisch lockere Sitten plädiert, diese relative Schwäche durchgehen. Zumal sich der häufigste Vorbehalt gegenüber Slow Food nicht am Defizit in Sachen Vegetarismus oder Veganismus stört, sondern daran, dass es, wie erwähnt, lediglich ein Dinnerclub für den wohlhabenden Mittelstand sei und ein Verein, dem es nur um den geselligen Genuss von guter Kochkunst und Gaumenfreuden gehe.

Was wäre, wenn man den Spieß noch einmal umdreht und fragt, ob es nicht sein könnte, dass vielen Leuten die Konfrontation durch ›Slow Food‹ – die Aufforderung, wir mögen uns doch bitte ethisch und politisch richtig ernähren – schlicht und einfach nicht schmecken will? Und dies in dem Maße, wie die Mehrheit immer noch alles schluckt und akzeptiert, was die Supermärkte bieten und was in einem konformistischen und adipogenen Umfeld zur normalen Ernährungsweise (Diät) gehört. Als eine an alle gerichtete Philosophie ist ›Slow Food‹ letztlich eine massive Kritik an der Fast-Food-Lebensweise der meisten Bürger und an dem schlechten Geschmack völlig durchnormalisierter Esser.

Unter ihnen macht man sich mit solchen Provokationen und Belehrungen selbstverständlich nicht nur Freunde: Weiterhin geben die durchschnittlichen Konsumenten und Konsumentinnen ihr Geld ungern fürs Essen aus. Fastfood-Restaurants dominieren die Fußgängerzonen der meisten Städte. Tiefkühlpizza und industrielle Fertiggerichte sind neben Hamburger, Currywurst und Döner vielerorts die täglichen Highlights. Wer einkaufen geht, taucht in ein anonymes Warenlager ein: alles abgepackt, in Plastik eingeschweißt, mit Aromen und Zusatzstoffen präpariert, ungenau gekennzeichnet und oberflächlich variiert; keine Gerüche, kein Verhältnis zum Produkt und seiner Herkunft, kein Wissen und kein Interesse an ökologischen und fairen Produktionsformen und keine Probleme mit der eigenen kulinarischen Unterentwicklung beherrschen

---

19 | Vgl. Petrini, Gut, Sauber & Fair.

das kulturell hegemoniale Ernährungsbewusstsein. In Haushalten, wo es noch ein intaktes Familienleben gibt, verkürzt sich die Verweildauer am gemeinsamen Esstisch ständig. Inzwischen sind es im Durchschnitt nur noch wenige Minuten am Tag. Wohnungen ganz ohne oder mit dauerhaft kalter Küche und Schulkantinen mit Süßigkeiten-Automaten verheißen das Glück einer lückenlosen Fremdverköstigung. Fast-Food-Paradiese wie McDonald's eröffnen alle fünf Stunden irgendwo auf der Erde eine neue Filiale und Oase des Einheitsgeschmacks. Vor diesem Hintergrund ist die Slow-Food-Bewegung, zusammen mit allen anderen Erscheinungsformen und Realitäten einer ethisch und politisch weitgehend korrekten Esskultur, eine extreme Minderheit. Noch.

Projekte und Aktivitäten

Die praktischen Alternativen zur gegenwärtigen Fastfood-Gesellschaft und die konkreten Inhalte und Projekte sowie die politischen Forderungen, für die Slow Food einsteht, sind es, die von allgemeinem, gastrosophischem Interesse sind. Wie sich herausstellt, liegt in dieser alternativen Praxis die besondere Stärke, liegen in den realen Aktionen und Aktivitäten einer Besseresserei jene enormen Kräfte dieser Vereinigung, welche leicht alle Vorbehalte und Kritiken überragen. Die Keimzellen der Slow-Food-Bewegung sind die so genannten Konvivien, lokale Gruppenzusammenkünfte von Mitgliedern. In dem Umfeld dieser besseren Vereins-Stammtische werden die gemeinsamen gastropolitischen Aktivitäten – Treffen, Verkostungen und Verkostungskurse, Besuche bei Produzenten – organisiert. Jedem Konvivium steht ein demokratisch gewählter Vorstand vor, der diese Aktivitäten koordiniert. Er agiert außerdem als Vermittler zwischen Konvivium und der Slow-Food-Zentrale in Italien und nimmt an den Versammlungen teil, an denen jedes Jahr die Strategien bestimmt werden. Neben den Konvivien werden seit einiger Zeit verstärkt auch die *comunità del cibo*, die Lebensmittelbündnisse oder, wie man auch sagen könnte, gastropolitischen Kommunen als der eigentliche Nährboden der Bewegung in den programmatischen Mittelpunkt gestellt. Unabhängig vom lokalen Vereinsleben wird Slow Food wie eine professionelle Nichtregierungsorganisation von einem zentralen Büro mit einem festen Sitz im piemontesischen Bra gemanagt. Inzwischen zählt der internationale Hauptsitz der Vereinigung mit 150 fest angestellten Mitarbeitern und Mitarbeiterinnen zum zweitgrößten Arbeitgeber der Kleinstadt.

Angefangen hat alles, wie immer, sehr viel kleiner. Als eine der ersten ›Aktionen‹ hatten einige Slow-Food-Gründungsmitglieder das *Osterie d'Italia* erstellt, ein seitdem jährlich im eigenen Verlag erscheinendes Verzeichnis regionaler Restaurants, typischer Gaststuben und geselliger Orte des kulinarischen Genusses. Der Gastro-Guide sollte – und soll es weiterhin – potenzielle Gäste und Touristen dazu bewegen, die lokale Gastronomie mit ihrem Besuch vor dem ökonomischen Ruin zu retten und mit ihrem Geld die kulinarische Tradition und Identität der jeweiligen Gegenden vor dem kulturellen Aussterben zu bewahren.[20] Die vorherrschenden Regeln des Gastgewerbes, nach denen sich in den 1980er Jahren die von der französischen *Nouvelle Cuisine* inspirierten Restaurants zu richten begonnen hatten, konzentrierten sich vor allem auf die Dekoration des Tellers und auf die ästhetische Experimentalität. Im Gegensatz dazu richteten die Slow-Food-Protagonisten ihr Interesse auf die traditionellen gastfreundlichen Lokale, die italienischen Osterien oder Trattorien, um kulinarische Diversität und saisonale, regionale, vom Aussterben bedrohte, einfache Gerichte und Eigenheiten sowie Qualitätsweine zu vernünftigen Preisen zu fördern. So setzten sie sich für eine neue Esskultur ein. Der 1990 erschienene Restaurantführer *Osterie d'Italia*, gewissermaßen ein alternativer *Michelin*, wurde zu einem wirkungsvollen Instrument, um den Gastrotourismus à la Slow Food zu protegieren.[21] Die neue Organisation sorgte nicht nur für eine zeitgemäße Vermarktung der lokalen Gastwirtschaften und der jeweiligen Lebensmittel von kleinbäuerlichen Betrieben und Kleinproduzenten. Hinzu kam die ideelle und finanzielle Unterstützung durch den regelmäßigen Besuch und durch die Vermittlung eines gastropolitischen Konsumverhaltens, das diese lokal-ökonomischen und ökogastronomischen Strukturen ›anfütterte‹.

Mit regelmäßigen Veranstaltungen von Geschmacksmessen (*Salone del Gusto*) hatte die Slow-Food-Organisation bereits wenige Jahre nach ihrer Gründung begonnen. Dieses neue Vermittlungsformat wurde – und ist immer noch – ein großer Erfolg. Für die Weltausstellung Expo 2015 in Milano zum Motto *Nahrung für den Planeten, Energie für das Leben* plant Slow Food die global ausstrahlende Präsentation eines »nachahmenswerten Modells«, wie in Zukunft die Beziehung zwischen der Stadt und der sie umgebenden Landwirtschaft »völlig neu« gestaltet werden könnte.[22] Nicht mehr wie zu Beginn auf Italien und schwerpunktmäßig auf Produkte von Landwirten aus der Umgebung des Veranstaltungsortes Turin beschränkt, finden die Slow-Food-Messen inzwischen in vielen anderen Ländern statt. Die zahlenden Besucher erhalten die Möglichkeit, die Vielfalt von biologisch und handwerklich hergestellten Qualitätsprodukten, von lokalen Spezialitäten und Weinen aus der ganzen Welt zu probieren, sich Wissen über die Produkte, ihre Herkunft, Herstellungsweisen, Produktionstechniken und gustatorischen Eigenheiten anzueignen – und diese schließlich zu kaufen, um dadurch die landwirtschaftlichen Produzenten und Genossenschaften zu fördern. Das neue Marketing von guten Lebensmitteln stieß auf unerwartet große Resonanz: Die Besucherzahlen sind von Mal zu Mal gestiegen

---

20 | Vgl. Osterie d'Italia – die schönsten Gasthäuser Italiens.
21 | Vgl. Petrini, Slow Food, 67ff.
22 | Petrini, Terra Madre, 64.

und die Nachfrage nach lokalen, gastrodiversen Bioprodukten nahm stetig zu und tut dies weiterhin.

Im Dezember 1996 stellte die gastrosophische Bewegung parallel zum Messebetrieb das Projekt »eine Arche des Geschmacks zur Rettung der Geschmacksvielfalt unseres Planeten« vor. Den anwesenden Gastronomiefachleuten, Gourmets, Wissenschaftlern und Politikern wurde die sintflutartige Gefahr vermittelt, die von der fortschreitenden Zerstörung von unwiederbringlichen Lebensformen, Lebensmitteln und Geschmacksquellen durch die globalen Fastfood-Verhältnisse ausgeht. Slow Food begriff sich als ein Rettungsboot für alle; dazu erläuterte Petrini: »Angesichts der Exzesse der zügellosen Modernisierung geht es nicht mehr allein darum, die Welt zu verändern, sondern sie zu retten. Wir müssen uns bewusst sein, dass unser Planet in Gefahr ist«.[23] Obgleich seine Krisenbeschreibung aus dem Jahre 2001 an den Alarm erinnert, welchen Frances Lappé bereits in ihrem dreißig Jahre zuvor erschienenen *Diet for a Small Planet* schlug, so unterscheiden sich die Antworten doch erheblich. Anstatt eine vegetarische Öko-Diät für alle zu fordern, plädiert Petrini für eine neue Arche Noah, um die einzigartige Vielfalt der unzähligen bedrohten Nutzpflanzen und Nutztiere, Anbautechniken, Verarbeitungskenntnisse, Geräte, Berufe, Handwerke, alten Weisheiten und komplexen Lebensmittelbündnisse zu schützen. Die kosmopolitische Rettungsboot-Ethik von Slow Food dient der Wahrung der Gastrovielfalt unseres Planeten und jenem agrarischen, lokalwirtschaftlichen, gastrotechnischen, kulinarisch-ästhetischen Kulturerbe der Menschheit, welches täglich »auf unsere Tische kommt«.[24]

Wo Gefahr ist, wächst das Rettende auch: Doch um die Menschheit vor der Gefahr ihrer esskulturellen Verarmung und ihres sicheren Untergangs durch den Verlust ihrer natürlichen Lebensgrundlagen zu retten, hilft nicht alleine die Poesie, wie Heidegger mit Hölderlin hoffte. Damit das Rettende wirklich aus der Erde und für die Menschen wachsen kann, muss man auch solche Dinge sagen und tun, wie sie das »Arche-Manifest« von Slow Food verkünden: »Um die bäuerliche Kleinproduktion zu bewahren; um zu verhindern, dass die Logik der Rentabilität Hunderte von Tierrassen, Wurst- und Käsesorten, essbare Wild- und Gartenkräuter, Getreide und Obst verschlingt und für immer auslöscht; damit die Geschmackserziehung Verbreitung findet; um engstirnige Hygieneregeln zu bekämpfen, welche die Eigenart vieler Erzeugnisse zunichtemachen, und um das Recht auf Genuss zu wahren«.[25] Solche fundamentalen philosophischen Einsichten verdankt die Welt einem Ökogastronomen und Exmarxisten: Carlo Petrini. Was keineswegs ausschließt, dass Martin Heidegger, würde er

---

23 | Petrini, Slow Food, 104.
24 | Ebd., 110.
25 | Ebd., 109.

noch unter uns weilen, heute ein Slow-Food-Mitglied wäre; vielleicht sogar ein Ehrenmitglied.[26]

Insbesondere mit den so genannten ›Presidi‹-Initiativen oder ›Förderkreisen‹ und den ›Lebensmittelbündnissen‹ ist die internationale Vereinigung auch wirtschaftlich selber aktiv und setzt Ideen professionell um. Obgleich in der Praxis oft schwer, ist die Idee dahinter recht einfach: Sorgfältig ausgewählte Produkte werden in die Slow-Food-Güteklasse aufgenommen, d.h. finanziell und ideell unterstützt, und mithilfe dieser punktuellen Rettungsaktion und Schutzmaßnahme vor dem Aussterben bewahrt. Ihre Präsentation im Rahmen von Slow-Food-Veranstaltungen sorgt außerdem für eine nachhaltige Förderung und Verbesserung auf der Grundlage eines gerechten Preises. Mithilfe der rettenden Kräfte der Förderkreise und Lebensmittelbündnisse werden auf dem Slow-Food-Rettungsboot die Geschmacksvielfalt und Genussgüter – und mit ihnen zusammen die Insassen dieser Produktionsgenossenschaften sowie die Genossen dieser ethischen Tischgesellschaft – von Tag zu Tag mehr. Zu dieser geretteten und verbesserten Welt zählen allerlei Spezialitäten aus vielen italienischen Regionen: diverse Käsesorten, Bohnen, Linsen und andere Gemüsevarianten, Fleischprodukte, Wurstsorten, Fische, Pfirsiche, Nüsse, Brotsorten, Gebäck, Weine und viel mehr. Aber auch gute Lebensmittel aus aller Welt wie Kaffee aus Chiapas, Obstsorten aus den Anden, Käse aus Polen, Reis aus Malaysia usw. zählen dazu.

MUTTER ERDE FOLKLORE?

Seit 2004 veranstaltet Slow Food regelmäßig Terra-Madre-Weltsymposien. Bei diesem internationalen Netzwerktreffen der lokalen Slow-Food-Aktivisten kommen neben Köchen, Wissenschaftlern und interessierten Journalisten vor allem Bauern und Bäuerinnen aus aller Welt zusammen, die die philosophischen Prinzipien dieser Bewegung in ihrer täglichen Arbeit mit Leben füllen. Schon zu früheren Slow-Food-Messen waren Produzenten etwa aus Indien, Mexiko, Marokko oder Malaysia angereist. Ihre Teilnahme verlieh den Veranstaltungen sofort einen starken multikulturellen Charakter. Inzwischen finden auch nationale oder regionale Treffen statt.

Auf den ersten Blick wird auf der bewusst inszenierten Terra-Madre-Weltbühne das uralte Motiv des Schlaraffenlands in einer völlig neuen, grundlegend veränderten Fassung dargeboten: Die Völker dieser Erde treten auf, um eine verkehrte Welt – ein buntes Fest des ernährungssouveränen Volkes – aufzuführen. In karnevalesker Verkehrung der herrschenden Verhältnisse werden aus den Armen der Erde »die mächtige Masse der Bauernklasse« und aus ungebildeten

---

26 | Vgl. McWhorter/Stenstad, Eating Ereignis.

Bauern die »Intellektuellen der Erde«, die in ihren farbenfrohen Folklore-Trachten ein friedliches Treffen der marginalisierten Gruppen der Menschheit feiern. Doch die »Poesie« (Petrini) dieser Dritte-Welt-Parade hat es in sich. Sie klagt nicht an, sondern stimmt mit rebellischem Übermut und würdevollem Stolz zum Abgesang des Systems an: Das Wirtschaftssystem des globalen Kapitalismus hat versagt, es ist nicht in der Lage, alle Menschen – gerade die Bauern in den Ländern der Dritten Welt, aber auch die urbane Bevölkerung in der Ersten Welt – gut zu ernähren, die kostbare Umwelt zu bewahren und lokale Ökonomien aufzubauen, die nachhaltigen Wohlstand für alle produzieren.

In seiner Eröffnungsrede 2008 richtete Carlo Petrini an die 7000 teilnehmenden Slow-Food-Delegierten aus 150 Ländern die Worte: »Ich bin sicher, dass diese Krise dazu führen wird, dass man der ländlichen Wirtschaft mit viel mehr Respekt begegnet. Die Aufmerksamkeit für die Landwirtschaft, für die reale, die wahre Wirtschaft, die mit den Füßen fest auf dem Boden steht und schwielige Hände hat, für das, was ihr alle hier repräsentiert, wird viel größer sein. Wir werden die Arbeit mit den Händen, die mit ihr einhergehende Weisheit, das Handwerk und die kleinen Manufakturbetriebe wieder wertschätzen. Wir werden denjenigen, die die Erde bearbeiten, wieder mehr Aufmerksamkeit schenken und uns vermehrt für die neuen Technologien interessieren, die der Nachhaltigkeit, der Umwelt und der Lebensqualität dienen. Unsere Versammlung vereint all diese Themenkreise, weil es uns, ausgehend vom Essen, gelingt, Landwirtschaft, Klimawandel, Nachhaltigkeit und neue, saubere Energie zusammenzubringen«.[27] Im Geiste eines unternehmerischen Pragmatismus machte der Präsident der Vereinigung kein Geheimnis daraus, dass er die Früchte der gemeinsamen Kulturrevolution nicht unter ihrem fairen Preis vermarkten wird. Der Weltöffentlichkeit wurde »Terra Madre« als »eines der größten Dienstleistungsnetze der Erde« und als »der größte existierende Lebensmittelmulti« verkauft, dessen neuartiges und zeitgemäßes Marketing die Philosophie von Slow Food auf eine weit wirkungsvollere Weise präsentiert als jede herkömmliche Lebensmittelmesse mit ihren veralteten und armseligen Produkten.

Dieses Gipfeltreffen einer alternativen Weltagrarpolitik leistete etwas Einzigartiges. Es bot ›den Armen‹ und ›Hungernden‹ eine öffentliche Bühne, um ihre konkreten Gesichter und ihre Würde – ihr bäuerliches Antlitz – zu zeigen. Man kann durchaus sagen, dass das Terra-Madre-Völkerfest von Petrini bewusst genutzt wird, um über die mediale Berichterstattung einer aufsehenerregenden Veranstaltung die europäische Öffentlichkeit für diese Menschen, für ihre Arbeit und für ihr individuelles Schicksal zu interessieren. »Stellen Sie sich diese Menschen vor: den Kleinbauern in einem abgelegenen Dorf in Bukina Faso, den Fischer mit seinem kleinen Boot auf einer entlegenen Insel Südostasiens, den Reisbauern in Madagaskar, den im brasilianischen *cerrado* lebenden

---

27 | Petrini, Terra Madre, 19.

Indio, die Frau, die durch das Ausbringen besonderer Saaten mithilft, die unglaubliche Artenvielfalt Indiens zu retten; oder auch den mongolischen Hirten, den Samen, der mit seinen Rentieren durch Norwegen, Russland, Schweden und Finnland zieht, den Wanderschäfer in den Abruzzen, den Trockenfrüchteerzeuger in Afghanistan, den Gemüsebauern vor den Toren Sarajevos – sie alle arbeiten hart und verdienen wenig, haben nur wenig Freizeit und kommen in den meisten Fällen nie aus ihren Dörfern heraus«.[28] Doch es sind jene Menschen und Schicksale, die in dem üblichen Welthunger-Diskurs ohne Gesicht und Identität bleiben. Slow Food lud sie alle ein, nach Turin zu kommen; Tausende dieser Kleinbauern und einfachen Landarbeiter, die unsere Nahrung produzieren, kamen aus allen Weltteilen, um sich drei Tage lang in Workshops, Gesprächen, Vorträgen und festlicher Geselligkeit untereinander und mit an guten Lebensmitteln interessierten Unternehmern, Köchen, Wissenschaftlern und Politikern auszutauschen. »Durch diese Begegnungen«, wünschte sich Petrini, »würden auch die Probleme der Bauern und den Kampf, den sie um unsere Zivilisation führen, in das Bewusstsein des Publikums dringen.«

Eine neuartige Kultur- und Bildungspolitik

Neben den erwähnten Veranstaltungen, die eher auf die ökonomischen oder ökogastronomischen Welten des Essens ausgerichtet sind, verfolgt die Vereinigung zusätzlich eine »neue Kulturpolitik«.[29] Die Slow-Food-Kulturpolitik beinhaltet Initiativen zur allgemeinen Geschmacksbildung. Neben den so genannten *Laboratori del Gusto*, den ›Geschmacksschulen‹, die von Anfang an Bestandteil der Messen waren, sind im Laufe der Jahre zwei weitere Aktionsprogramme der Wissensvermittlung hinzugekommen. Unter dem Stichwort »Wege der Geschmacksbildung an den Schulen« hilft Slow Food die Geschmackserziehung im schulischen Bildungsauftrag zu verankern, um gerade den Kindern und Jugendlichen, die die ersten unfreiwilligen Opfer der vorherrschenden Fastfood-Verhältnisse sind, eine bessere Entwicklungschance zu geben. Schulen werden zu Geschmacksschulen revolutioniert – gastrosophisches Wissen und Gedankengut werden in vielen Fächern und Stunden des Alltags zu Lernstoff, nicht nur theoretisch, sondern auch praktisch: Schulzimmer werden zu Küchen und Werkstätten umfunktioniert und immer häufiger kommen die von Alice Waters initiierten Schulgarten-Aktivitäten hinzu, die Slow Food inzwischen ebenfalls fördert. Die Heranwachsenden werden nicht nur zu geistigen Vernunftwesen erzogen, sondern erfahren und entwickeln sich – erstmals in der Geschichte der

---

28 | Ebd., 45.
29 | Petrini, Slow Food, 77.

Schulerziehung und der Selbsterziehung der Menschen – auch als sinnliche, genussbegabte und der Ernährungssouveränität fähige Wesen.

Ein weiteres Aktionsprogramm der Geschmacksschulung sind Geschmacksfortbildungsangebote und Ausbildungslehrgänge (*Master of Food*) für Erwachsene, die Slow Food in vielen Ländern anbietet. Solche Kurse erfreuen sich einer wachsenden Nachfrage, nicht nur speziell bei Leuten, die beruflich mit Lebensmitteln zu tun haben, sondern auch bei der Allgemeinheit der neuen Gastrosophen. Der Erfolg dieser Selbstbildungsangebote zeigt das allgemeine Bedürfnis nach dieser Art von Wissen und belegt, dass wir in einer Zeit leben, die – frei nach Hegel – ein ›Bedürfnis nach Gastrosophie‹ verspürt. Dessen ist sich Petrini bewusst: »Die Bedeutung des Master of Food liegt darin, dass er sich aktiv für die Entwicklung einer neuen Esskultur einsetzt«.[30] Diese kulturpolitische Arbeit oder genauer: diese politische Arbeit an einer neuen Kultur sorgt dafür, dass die Verbreitung von Wissen rund um die Welt des Essens überall zu einer Selbstverständlichkeit wird.

Einen systematischen Ausdruck findet dieses wertvolle Unternehmen in der Einrichtung eines eigenen Studien- und Forschungszentrums. Seit Herbst 2004 bietet die private und mit hohen Studiengebühren äußerst exklusive Universität der Gastronomischen Wissenschaften im italienischen Pollenzo und Colorno einer ausgewählten Anzahl an internationalen Studentinnen und Studenten ein interdisziplinäres Lehrangebot, das natur- und geisteswissenschaftliche Fächer verbindet und viele geisteswissenschaftliche Disziplinen überhaupt erst in die herkömmliche Ernährungswissenschaft integriert. Durch die Zusammenarbeit mit Hochschulen auf der ganzen Welt stammen die Lehrenden aus zahlreichen Ländern mit unterschiedlichen Hintergründen. Deren Lehrinhalte sowie zahlreiche Grundsätze und Grundgedanken der Slow-Food-Philosophie decken sich mit den bereits andernorts erörterten Prinzipien und Wertkomponenten einer Gastrosophie, weshalb diese Gemeinsamkeiten hier nicht weiter vertieft zu werden brauchen. In der Sache erweist es sich weit reizvoller und notwendiger, sowohl über die ethischen als auch über die politischen Stärken und Schwächen von Petrinis Unternehmen nachzudenken.

---

30 | Ebd., 97.

Gastropolitik (II): Politik machen, ohne um Macht zu kämpfen

Warum ist das Interesse an der Slow-Food-Bewegung trotz ihrer avantgardistischen Agenda seitens politisch engagierter Menschen eher verhalten? Wieso kommt das rundum politisch korrekte Anliegen einer »Internationale des guten Geschmacks« bei den jungen Menschen, die Carlo Petrini ausdrücklich erreichen will, nicht richtig an?[1] Obwohl die Konvivien »eine leichte Tendenz zu grün-linken Positionen« aufweisen, wie der Slow-Food-Experte Geoff Andrew hervorhebt, haben alle Slow-Food-Vereinigungen »Probleme, jüngere Mitglieder zu gewinnen«.[2] Es stellt sich grundsätzlich die Frage, was die politische Selbstverortung von Slow Food ist. Auf welche Art und in welchem Ausmaß versteht sich diese Bewegung als Bestandteil der grün-linken Bewegungen der Gegenwart? Mir scheint der Vorbehalt, dieser gutbürgerliche Gourmet-Club sei keine politische Bewegung, die interessanteste und gastrosophisch grundsätzlichste Kritik an Slow Food zu sein. Ich sehe eine gewisse Berechtigung dieser Kritik, werde aber auch versuchen, deren Fragwürdigkeit und apolitischen Geist herauszuarbeiten.

Die leitende Frage, ob sich diese Vereinigung selbst der politischen Linken zuordnet und ob man sie der neuen linken ›Internationale‹ zuordnen sollte oder nicht, birgt eine zusätzliche Brisanz in sich, wenn man die Philosophie von Petrini aus der Geschichte der politischen Kultur Italiens betrachtet und beurteilt. Denn schon einmal – eigentlich schon öfter – ging von Italienern die Idee einer Revolutionierung der Kochkunst und Esskultur aus. Ich denke hier an die Künstlerbewegung des italienischen Futurismus um den Dichter und Avantgardisten Filippo Tommaso Marinetti in den 1930er Jahren. Doch die futuristischen Künstler propagierten eine kulinarische Kulturrevolution, deren Ästhetik von Positionen einer profaschistischen Politik und einem patriarchalen

---

1 | Petrini, Terra Madre, 25.
2 | Andrew, The Slow Food Story, 74.

Nationalismus kontaminiert war.³ Mit alledem hat die Slow-Food-Philosophie nichts zu tun. Umso wichtiger scheint es, dass Klarheit darüber herrscht, in welchem Sinne diese Philosophie ›politisch‹ – politisch links – ist.

Zunächst hilft es, sich darüber Klarheit zu verschaffen, dass die philosophische Tradition des politischen Denkens uns nicht gut dafür bereitet, Aktivitäten einer kulturellen Politik zu begreifen, wie sie bei Slow Food zum Tragen kommen. Traditionellerweise wird politische Praxis als kämpferischer Aktionismus verstanden, bei dem es um kollektiven, demonstrativ öffentlichen Protest geht; um die handgreiflich-spürbare Straßenschlacht, um spontane Barrikaden und klandestine Einsatztruppen oder dergleichen Aufstände und physische Auseinandersetzungen mit der obrigkeitlichen Macht. Vor diesem Hintergrund gelten solche Bewegungen, die an gesellschaftlicher Veränderung durch praktische Alternativen und eine bessere Praxis arbeiten, nach wie vor nicht selbstverständlich als politisch. Wie bereits angesprochen, lebt diese politische Kultur mit der Alternativ-Bewegung der 1960er Jahren auf. Mit ihr kamen eine neue Art des demokratischen Widerstandes und ein phantasievoller Umgang mit den Fragen nach der politischen Macht und der praktischen Veränderung in die Welt. *Flower power*, als gegenkulturelle Praxis der souveränen Selbstermächtigung verstanden, aktivierte und praktizierte Politik, ohne um die Macht zu kämpfen. Das könnte inzwischen jedem klar sein. Wäre dies jedem klar, würde man nicht sagen können, Slow Food sei unpolitisch. Denn Slow Food beerbt gewissermaßen die Alternativ-Bewegung (als politische Bewegung). Doch solange die Erkenntnis, dass Politik gemacht werden kann, auch ohne die Macht (den Staat, die Herrschaft) zu erobern, und das Konzept der kulturellen Politik noch keine Selbstverständlichkeiten sind, um politische Kämpfe zu denken und gesellschaftliche Veränderung zu beschreiben, lohnt es sich, diesen systematischen Punkt an einem konkreten politischen Ereignis zu erörtern.

Für die Begebenheit, die sich hier anbietet, weil sie zugleich den Gründungsmythos von Slow Food betrifft, kommen wir nicht umhin, erneut eine Fastfood-Filiale aufzusuchen – freilich nur von außen. Es ist ein McDonald's in bester Lage inmitten von Rom, der alten und an kulturellen Schätzen reichen Hauptstadt Italiens, in direkter Nähe zur Spanischen Treppe. Im Jahre 1986 hatte sich vor dem Eingang der neuen Filiale eine kleine Gruppe von linken Demonstranten zusammengefunden, um dagegen zu protestieren, dass die globale Schnellrestaurant-Kette bereits die zweite Filiale in Italien eröffnete. Interessant ist nun, welche Konsequenzen diese Aktion im politischen Selbstverständnis von Carlo Petrini, einem der damaligen Demonstranten, zur Folge hatte. Für ihn steht rückblickend fest, dass die damalige Aktion nicht die Strategie verfolgte, in einen offenen Konflikt mit multinationalen Konzernen wie McDonald's zu treten. Ausdrücklich distanziert sich Petrini von José Bové und

---

3 | Siehe dazu meine Ausführungen in: Lemke, Die Kunst des Essens, 17-42.

dessen Weg des Guerillakämpfers. »Slow Food hat weder Kampagnen gegen den König des Hamburgers geführt noch die Erbitterung der WTO-Gegner in Seattle und die Maximen der – ›wo der Hamburger aufkommt, stirbt der Roquefort‹ – voll und ganz geteilt«.[4] Petrini ging es weder darum, die amerikanische Fastfood-Supermacht zu attackieren, noch um den bloßen Protest durch die Demontage eines McDonald's. Mit dieser Weichenstellung im Selbstverständnis der eigenen politischen Praxis war Slow Food geboren: »Viele haben Widerstand geleistet, indem sie Demonstrationen organisierten. Slow Food ging einen anderen Weg, um das Essen und Lebensmittel vor der allgemeinen Vereinheitlichung zu retten.« Seitdem nutzt die Bewegung die eigenen Mittel als Fortsetzung des politischen Kampfes und Widerstandes mit anderen Mitteln. Sie experimentiert mit Projekten und Praktiken eines umfassenden, international organisierten, kulturellen Rettungsprogramms und mit den gegenkulturellen Realitäten der Politik eines für alle besseren Essens, die mit der Zeit die weltweit vorherrschenden Fastfood-Ernährungsverhältnisse revolutionieren könnte. Der Slow-Food-Weg besteht in politisch-ökonomischen oder »ökogastronomischen« Alternativen einer globalen lokalen Ernährungssouveränität der kleinen Bauern, Produzenten, Köche und deren solidarischen Kooperationen mit politisch-ethischen Konsumenten als »Koproduzenten« von »besseren, nachhaltigeren und demokratischeren Lebensmitteln«.

AUCH MARXISTEN HABEN EIN RECHT AUF GUTES ESSEN

Trotzdem stößt diese äußerst politische Bewegung auf Ressentiments vor allem von der politischen Linken. Der Grund dafür führt geradewegs in die traditionelle Küche ›linker Politik‹. Denn Slow Food hat einige Ideen und Dinge genießbar gemacht, die zuvor unter einem geschmäcklerischen Marxismus völlig undenkbar waren. Man muss dazu die politischen Hintergründe der Slow-Food-Bewegung kennen. Mitte der 1970er Jahre kam eine Gruppe von jungen Leuten zusammen, die Mitglieder der Freizeitvereinigung der italienischen Kommunisten (*Assoziacione ricreativa comunista italiana*, kurz: Agri) waren. Als 1980 ein Weinpfuschskandal den Verkauf des regionalen Barolo gefährdete, gründete die Gruppe eine – an den philosophischen Freundeskreis des Sokrates erinnernde – *Freie und Wohlverdiente Vereinigung der Freunde des Barolo*, um fortan die lokale Weinkultur, ihren Erhalt und ihre überregionale Vermarktung zu organisieren. Hilfreich kam hinzu, dass einige Gründungsmitglieder Kontakte zu einer Zeitschrift (*La Gola*) hatten. Diese von einer Verlagskooperative herausgegebene Mailänder Monatszeitschrift berichtete regelmäßig von der neuen Vereinigung und ihren Aktivitäten und verhalf dieser so zu der erforderlichen

---

4 | Petrini, Slow Food, 43.

Öffentlichkeit. Viele politisch offene und neugierig gesinnte Zeitgenossen, die nicht einfach nur Sinn für gute Weine und kulinarische Spezialitäten hatten, sondern auch etwas über deren Herkunft und kulturellen Hintergrund wissen wollten, fühlten sich von der neuen Agrigola-Vereinigung angesprochen und schlossen sich ihr an. Petrini erinnert sich: »Die Ersten, die sich ›Agrigolosi‹ nannten, entstammten der politischen Militanz der 1970er Jahre. [...] Doch die Linke, mochte sie noch so gebildet und fortschrittlich sein, hatte im Allgemeinen eine etwas spröde Beziehung zur Esskultur und zeigte gegenüber der Nahrungsmittelindustrie, in der – notabene – ein bedeutender Teil der italienischen Bevölkerung beschäftigt war, wenig Interesse«.[5]

Es ist keine Kleinigkeit, feststellen zu müssen, dass sich daran bis heute wenig geändert hat. Was schreibt beispielsweise Antonio Negri, der linke Vorzeige-Philosoph Italiens, über das Essen? Nichts. Auf alle Fälle sind Italiens Linksintellektuelle die ersten gewesen, die in Slow Food nichts weiter als einen »Klub hedonistischer Lebemänner« sahen, während wiederum die etablierte Szene der italienischen Feinschmecker-Fraktion ihrerseits nichts von diesen »linken Gastronomen« hielt. Agrigola wurde von beiden politischen Lagern verpönt. Der lächerliche Grund war wohl nicht zuletzt das »hartnäckige Vorurteil, dass Kommunismus einer puritanischen Lebenshaltung gleichzusetzen sei«. Doch aller Orthodoxie von links und rechts zum Trotz machten Petrini und seine Freunde das Undenkbare denkbar und das Unmögliche möglich, indem sie nicht nur den gastrosophischen Kommunismus erfanden, sondern diesen obendrein auch noch als einen politischen Hedonismus zu feiern wussten: Sie vertraten »mit einem Gefühl der Befreiung die Meinung, dass Essen und Trinken Spaß machen dürfe. Sie betrachteten gesellige Tafelrunden als Wert an sich«. Damit taten sie nichts weiter als eine nahezu ausgestorbene philosophische Praxis wiederzubeleben: Sowohl der Genuss von gutem Wein als auch die gute Mahlzeit in guter Gesellschaft hatten echte Weisheitslehrer wie Sokrates und Kant immer schon als Aktivitäten einer wahren Humanität und als Dinge eines guten Lebens gepriesen.

Doch für die politische Linke und allen voran für Marxisten war das nicht nur ungewohnte Kost, sondern eine grundstürzende Provokation. Die Slow-Food-Aktivisten bezeichneten sich selbst als »demokratische und antifaschistische Feinschmecker« oder als »neue Hedonisten«. Sie hielten es für ihre politische Aufgabe, marxistische und kommunistische Genossen zu gutem Geschmack und zum Genuss zu verhelfen. Für diese anspruchsvolle Zielsetzung hatte ein kluger Parteifreund namens Enrico Menduni in einem kleinen Artikel zur Veränderung der vorherrschenden Tischgesellschaft eine konsequent neolinke Kulturkritik skizziert. Er problematisierte den schlechten Wein in den Osterien, die fetten Würste an den *Feste dell'Unità*, den im Sommer von den Kom-

---

5 | Petrini, Slow Food, 26.

munisten organisierten Volksfesten, sowie die faden Gerichte in vegetarischen Restaurants und gelangte zu dem Schluss, dass »auch die Linken ein Recht auf gutes Essen haben«.[6]

Wir kennen inzwischen den rasanten Zuwachs der ›neuen Internationale‹, der es um die volle Verwirklichung dieses Rechts geht. Ihre Akteure sind überall, obwohl es noch keine drei Jahrzehnte her ist, dass im Sommer 1987 Exkommunisten, linke Ökogastronomen, demokratische und antifaschistische Feinschmecker, neue Hedonisten und Vorkämpfer für das Menschenrecht auf gutes Essen am traditionellen Volksfest der italienischen Kommunisten mitwirkten und erstmals dafür sorgten, dass die servierten Speisen und Getränke von möglichst guter Qualität waren. Sie organisierten einen Wettbewerb, »an dem die besten Restaurants der beliebten Volksfeste prämiert wurden«.[7] Mit anderen Worten: Sie stießen eine unscheinbare Kulturrevolution an, die nicht nur das Essen politisch machte, sondern ebenso Politik hedonistisch und den Kampf für eine bessere, ›kommunistische‹ Gesellschaft auch zu einer Sache des alltäglichen Genusses. Dass ausgerechnet ein italienisches Volksfest zu dem Ort wurde, wo sich diese gastrosophische Utopie erstmals in Szene setzte, markierte einen wirklichen Triumph in der langen politischen Geschichte unsouveräner Schlaraffenland-Feiern und -Kulissen.

Wer bei ›politischer Praxis‹ nach wie vor primär an Demontage-Aktionen einer Fastfood-Filiale oder an das Unterzeichnen eines Protestaufrufs gegen Lebensmittelfälschungen denkt, wer zugleich die Weigerung, McDonald's-Hamburger und dergleichen Leckereien zu kaufen und zu essen oder den Akt, »wenn man eine gute Flasche Wein und ein feines Essen genießt«,[8] nicht für politisch hält, unterwirft sich freiwillig der herrschenden Politik in Theorie und Praxis. Das Apolitische dieser Denkart besteht darin, generell etwas zutiefst Politisches als nicht politisch abzutun und speziell im Genuss von ethisch gutem Essen nur deshalb keine Politik zu sehen, weil dieser Denkart der Begriff eines politischen Hedonismus fehlt. In dem allgemeinen Tatbestand, die Slow-Food-Philosophie zu einer unpolitischen Bewegung herabzuwürdigen, wirkt sich folglich nicht zuletzt das apolitische Selbstverständnis aus, welches aus der langen vordemokratischen Tradition der politischen Philosophie stammt und als kulturelles Welterbe ganz offensichtlich nicht auszusterben droht.

Doch selbst in den traditionellen Begriffen des politischen Marxismus kann der Slow-Food-Vereinigung nicht die Auszeichnung verwehrt werden, für einen neolinken Politikstil zu stehen – sofern sie selbst darauf überhaupt Wert legt. Denn ihr ausgeprägter Ökonomismus lässt die Nähe zur marxistischen Tradition der politischen Linken erkennen: Ihr Konzept der Ökogastronomie ist

---

6 | Ebd., 27.
7 | Ebd., 28.
8 | Ebd., 41.

primär auf die Interessen der Arbeiter und Arbeiterinnen (Bauern, Nahrungsproduzenten, Gastronomen), inklusive der politischen Konsumenten als Koproduzenten, ausgerichtet. Unabhängig davon, dass der verengte Fokus auf die Produktionssphäre eher eine konzeptuelle Schwäche als eine Stärke darstellt, würde schon der Hinweis reichen, dass Slow Food die solidarische Zusammenarbeit mit den ausgebeuteten Bauern der Dritten Welt auf der Grundlage einer politischen Ökonomie (anstelle einer auf Geldspenden basierten Entwicklungshilfe) aufbaut, um Grund genug zu haben, diese internationale Organisation eindeutig den progressiven Bewegungen für globale Gerechtigkeit zuzurechnen.

REALE ANARCHIE DER GASTROPOLITISCHEN AKTIVITÄTEN UND PRAXEN

Freilich ist Slow Food nicht die einzige Organisation, die für bessere Ernährungsverhältnisse kämpft. Zahlreiche zivilgesellschaftliche, außerparlamentarische Vereine oder Nichtregierungsorganisationen sind gastropolitisch aktiv. Manche sind erheblich größer und auch mächtiger als Slow Food, wie beispielsweise Greenpeace, FIAN oder Food First, La Via Campesina, Attac oder Oxfam. Sie unterscheiden sich von Slow Food sowohl (zumindest teilweise) durch eine andere Sprache und Begrifflichkeit als auch durch ein politischeres Selbstverständnis, insofern sie sich selbst stärker als ›politische Bewegungen‹ verstehen und ihre Praxis als ›politische Praxis‹ präsentieren. Ein Gespür dafür, wie vergleichsweise schwach das politische Profil von Slow Food ist, bekommt man auch, sobald man sich die lebhafte Diversität von Initiativen, Gruppierungen und Taktiken vor Augen führt, die in den letzten Jahren im Widerstand gegen die vorherrschenden Ernährungsverhältnisse überall wie Pilze aus dem Boden geschossen sind. Ich denke hier an Aktivitäten und Aktionsbündnisse wie Food-not-Bombs-Initiativen, vegane Volxküchen, urbanes Gemüsegärtnern, Reclaim-the-Fields-Gruppen, Community-based Agriculture, Biokisten-Abos, Selbsternte-Aktionen, Wwoofen, Mitesszentralen, Mundraub-Guerilla, Gastro-Riots, Carrotmobs, Containern und dergleichen aktive Gastropolitiken.

Vor diesem Hintergrund spricht zwar nichts dagegen, die Slow-Food-Akteure als »neue politische Subjekte« wahrzunehmen.[9] Doch sollte dies in dem kritischen Bewusstsein geschehen, dass sie ganz sicher weder die einzigen Subjekte einer aktiven Politik des guten Essens sind noch auch nur im Ansatz die gesellschaftliche Verkörperung der politischen Subjektivität der weltweiten gastrosophischen Bewegungen. Unter den erwähnten Bewegungen sind viele,

---

9 | Andrew, The Slow Food Story, 21.

die sich in ihrer politischen Sprache und in ihrer politischen Selbstorganisation deutlich von Slow Food unterscheiden.

Was die Sprache und Begrifflichkeit angeht, setzt sich die Slow-Food-Philosophie bewusst dem Manko aus, als unpolitisch wahrgenommen zu werden. Ich denke, es lässt sich zeigen, dass der Grund für diese allgemeine Wahrnehmung letztlich nicht darin liegt, dass die Aktivitäten des internationalen Netzwerkes nicht politisch wären – auch wenn apolitische Kritiker, genussfeindliche Linksintellektuelle und alle Konformisten, die nichts an der krassen Unvernunft ihres täglichen Essens ändern wollen, dies gerne zu ihrer Selbstverteidigung behaupten. Nicht die Praxis scheint der Grund dafür zu sein, sondern die Theorie: die unpolitische Sprache von ›Slow Food‹ als politischer Bewegung. So hilft es nicht, das eigene ›politisch-sein‹ zu proklamieren. Was Petrini tut, wenn er beiläufig solche allgemeinen Sätze sagt wie:»Unser Nahrung ist Politik, der Respekt vor der Andersartigkeit und der Vielfalt ist Politik, die Art und Weise, wie man sich um die Natur sorgt, ist Politik: Terra Madre ist Politik«.[10] Das mag in der Sache stimmen. Indes bleibt diese Politik solange proklamatorisch, wie dieses politische Selbstverständnis nicht in der Philosophie und in der Selbstdarstellung von Slow Food konsequent zum Ausdruck kommt.

Dass es durchaus anders geht und dass die Slow-Food-Philosophie allemal einen politischen Ton haben kann, beweist unter anderem Vandana Shiva, neben Alice Waters eine weitere Vize-Präsidentin der Bewegung. Die mehrfach, unter anderem mit dem alternativen Nobelpreis, ausgezeichnete Physikerin, die auch Mitglied des Club of Rome ist, schlägt in ihren Werken und öffentlichen Auftritten einen kämpferischen Ton an.[11] Bewusst verwendet die Ökofeministin Shiva etwa für die kosmopolitische Slow-Food-Idee der Terra Madre, der »Mutter Erde«, den politischeren Begriff der »Erd-Demokratie«.[12] Entsprechend sagt die Vize-Präsidentin von Slow Food bei großen Demonstrationen solche Sätze: »Was wir sehen in den Regeln der WTO, den Regeln der Weltbank, den Regeln geformt durch die geheimen Diskussionen und Mittagessen und Dinnerabende der G8, sind Regeln des Diebstahls, und es ist dieser Diebstahl, den wir stoppen müssen«.[13] Doch diese politisch aufrührerischen Worte dienen Shiva nicht einer akademischen, links-theoretischen Kapitalismuskritik. Diese Worte sind eingebettet in eine Politik der praktischen Alternative. Entsprechend führt sie ihre Rede fort: »Lasst uns mit unseren Leben beginnen, lasst uns mit unserer Nahrung beginnen, lasst uns mit unserer alltäglichen Demokratie beginnen um

---

10 | Petrini, Terra Madre, 41.
11 | Vgl. Shiva, Manifestos on the Future of Food & Seed; dies., Geraubte Ernte; dies., Biopiraterie.
12 | Vgl. Shiva, Erd-Demokratie.
13 | Shiva, Abschlussrede des G8-Alternativgipfels in Heiligendamm/Rostock 2007.

unsere Demokratie zurückzufordern. Wenn wir es nicht tun, wird es auf diesem Planeten kein Leben geben.«

Aber nicht Vandana Shiva, sondern Carlo Petrini ist Chef von Slow Food. Er ist die maßgebliche Stimme der Bewegung. Unpolitisch klingt es, wenn neben den philosophischen Kategorien des Guten und der Gerechtigkeit (der Fairness) auch von »Sauberkeit« die Rede ist.[14] Allzu idyllisch wird es, wenn sich in diesen guten, sauberen und fairen Lebensmitteln »die Schönheit« der Nahrung, der Landwirtschaft, der Natur, der Nachhaltigkeit und des Glücks verkörpern soll. Traditionalistisch wirkt es, wenn die Slow-Food-Gemeinde zur jährlichen »Gedenkfeier« ihrer Gründung aufgerufen ist und dies »mit Musik, Liedern und Geselligkeit« tut. Nachgerade patriarchal scheint es zuzugehen, wenn man erfährt: »Für Slow Food steht die Osteria symbolisch für den Familienbetrieb mit traditioneller Küche«, und zwar für »Familienbetriebe, in denen die Kochkunst von der Mutter an die Tochter, von der Großmutter an die Enkelin überliefert wird.«

Mit dieser Schöne-Landküchen-Philosophie wird ein apolitischer Traditionalismus des ethischen Denkens wachgerufen – oder gar ungewollt beschwört? –, ein Traditionalismus, der untermauert wird, wenn die internationale Slow-Food-Organisation in religiöser Analogie rhetorisch als »Pfarrgemeinde« bezeichnet wird oder wenn ausgerechnet einem Geistlichen, einem christgläubigen Klosterprior, das Schlusswort zu Petrinis Philosophie gehört.[15] Wer die Politik eines ethisch guten Essens in familiär-patriarchale und religiös-christliche Begriffe verpackt, verfolgt zweifelsohne ein bewusstes Marketing, welches sich an kein (links-)politisches Publikum richtet. So erscheint es konsequent, wenn in der offiziellen Slow-Food-Selbstdarstellung der Kapitalismus ein unbekannter Begriff ist. Eigentlich spricht Petrini als beispielhaft weltoffener Zeitgenosse über nahezu alle streitbaren Dinge: Konsumismus, Neoliberalismus, Revolution, bessere Welt, Autonomie, Systemkrise, Menschenrechte, neue Wirtschaft, Roquefortkäse, *hummus* und vieles mehr. Aber den ›Kapitalismus‹ – den Zusatz in allem, was wir essen – mag er nicht in den Mund nehmen.

Das ist sympathisch und verständlich gerade bei jemandem, dem seit Jahrzehnten die kapitalistische Weltsystemküche zuwider ist und der diese wie kaum ein anderer Zeitgenosse attackiert – auch ohne dafür den besagten Begriff zu verwenden. Und doch ist es ein Fehler, nicht vom Kapitalismus zu sprechen. Es kann für diesen freiwilligen Verzicht in Zeiten der allgemeinen Krise und der Renaissance einer gut begründeten Kapitalismuskritik höchstens einen halbwegs plausiblen Grund geben: Um sich politisch nicht angreifbar zu machen. Nur scheint es so zu sein, dass Petrini mit dieser ebenso bewährten wie riskanten Strategie gerade die junge Generation, um die es ihm geht und die

---

14 | Vgl. Petrini, Gut, Sauber & Fair.
15 | Vgl. Petrini, Terra Madre, 66f.

politischer ist, als viele denken, nicht hinter ihren Öfen und Kochstellen hervorgelockt bekommt. Wäre dieses ›Problem‹ lediglich eine Sache der philosophischen Sprache und Begriffe, könnte die Slow-Food-Bewegung damit vermutlich zurechtkommen, indem sie eigene Wege und Methoden der Ansprache ersinnt, jüngere Mitglieder anzuwerben. Tatsächlich wurde 2008 das Youth Food Movement, die internationale Jugendbewegung von Slow Food, im Rahmen des Terra-Madre-Welttreffens gegründet.

Doch das Problem scheint zu sein, dass die Slow-Food-Bewegung in einer ganz grundsätzlichen Hinsicht unpolitisch ist, insoweit man ihre Organisationsstruktur und die Form ihrer eigenen politischen Praxis berücksichtigt. Zwar sieht Petrini, dass »heute auf der ganzen Welt eine Sehnsucht nach partizipatorischer Demokratie herrscht und vor Ort sich alle Personen aktiv einbringen, wichtige Aufgabe übernehmen, eine Rolle spielen können«.[16] Auch fordert und fördert seine Philosophie das Konzept einer kosmopolitischen Erd-Demokratie; außerdem unterstützt die Vereinigung in allen ihren Projekten demokratische Strukturen und die Ermächtigung der individuellen Autonomie sowie der aktiven Mitbestimmung jedes Einzelnen. Doch das Netzwerk und die Organisation funktionieren selbst nicht konsequent demokratisch.

SLOW DEMOCRACY:
SUBCOMANDANTE MARCOS VERSUS CARLO PETRINI

Bezüglich des Umgangs mit demokratischen Gruppenprozessen und egalitären Organisationsstrukturen bietet sich ein Vergleich der Gemeinsamkeiten als auch der grundlegenden Unterschiede zwischen der zapatistischen Bewegung und der Slow-Food-Bewegung an. Die erste unerwartete Gemeinsamkeit sind ihre Ziele: Beide Aktionsbündnisse kämpfen *expressis verbis* gegen Neoliberalismus und für Menschlichkeit. Darüber hinaus teilen sie das Ideal einer radikalen Demokratie. Für beide versinnbildlicht sich dieses politische Selbstverständnis in ihrem gemeinsamen Symbol: der Schnecke. Während aber Slow Food mit der Schnecke keine programmatischen Aussagen zu einer demokratischen Selbstorganisation verbindet, sehen die Zapatisten in der eigenen Praxis einer langsamen Demokratie das partizipatorische Prinzip schlechthin realisiert, wonach ›der Langsamste das Tempo bestimmt‹. Vielleicht gewährleistet diese Weisheit, mehr noch als beim täglichen Essen, eine gute Praxis des politischen Lebens.

Freilich entspricht dies durchaus dem Geist von Slow Food. Auch könnten – und sollten – die folgenden Worte von Carlo Petrini kommen, doch nicht er sagt sie, sondern Subcomandante Marcos: »Die Demokratie ist das grundlegende Recht aller Völker. Ohne Demokratie kann es weder Freiheit noch Gerechtigkeit

---

16 | Ebd., 22.

oder Würde geben, und ohne Würde gibt es gar nichts mehr«.[17] Mit anderen Worten: Die Schnecke als ein Symbol der politischen Kultur zu benutzen, heißt zu wissen, dass demokratische Praxis nur im Schneckentempo vorangeht, dass ein menschenwürdiges Leben viel mit frei verfügbarer, langsam sich hinziehender Zeit zu tun hat und Zeitsouveränität ein anderer Begriff für Gerechtigkeit ist. Insofern trifft Raj Patel den Punkt: »Die Slow-Food-Bewegung hat zwar den Ruf, ein Dinnerclub für die Mittelschicht zu sein, aber ihr Ursprung ist radikal, und sie hat einiges mit den Zapatistas gemeinsam. Beide verbindet die Vorstellung, dass jeder ein Recht auf ein erfülltes Leben hat und dass Demokratie Zeit braucht«.[18]

Bei einer weiteren zentralen Errungenschaft an politischer Kultur herrscht eine weitere überraschende Übereinstimmung zwischen den Indígenas, wie sich die ausgegrenzten Ureinwohner Mexikos selbst bezeichnen, und den politischen Hedonisten, wie sich die Slow-Food-Akteure etwas selbstbewusster bezeichnen könnten: Bei beiden hat sich der Mittelpunkt des revolutionären Kampfes vom militanten Protest zur alternativen Politik verlagert, um fragend und experimentierend andere Wege gesellschaftlicher Veränderung zu gehen. Es wird versucht, im Widerstand gegen die weltpolitischen Verhältnisse subpolitische Formen zu entwickeln, die unabhängig von Staat und Parteien praktiziert werden können, nämlich mit der direkten Beteiligung aller, die partizipieren wollen, um Verbesserung zu erreichen. Nicht der traditionelle Aufruf, sich der bewaffneten Bewegung anzuschließen und unterzuordnen, sondern der Appell an die Selbstorganisation und den Aufbau selbstbestimmter Strukturen, um unabhängig von den politischen Parteien und staatlichen Institutionen die eigenen Interessen, Bedürfnisse und Forderungen zu organisieren, bestimmt die politische Praxis dieser beiden altermondialistischen Bewegungen.

Der Zapatismus verbindet sein radikaldemokratisches Politikverständnis mit dem Konzept der Zivilgesellschaft. Die Zivilgesellschaft entsteht nicht dadurch, dass sich Bürger lediglich in Organisationen engagieren, sondern aus der Beteiligung aller politisch Aktiven, die alltägliche Freiräume und selbstbestimmte Lebensbedingungen für sich und andere auftun. Der zapatistische Guerillakampf um Autonomie, Demokratie und Ernährungssouveränität teilt insofern die gleichen Werte und Ziele, für die sich auch Slow Food weltweit einsetzt. Darüber hinaus ist der Grundgedanke von Terra Madre, nämlich ein programmatischer Internationalismus, der lokale Aktivitäten mit ähnlichen Aktivitäten an anderen Orten vernetzt und politische Öffentlichkeit globalisiert, ebenfalls zapatistisch. Gerade das Bestreben, Bündnisse über bestehende nationale Grenzen hinaus zu schließen, hatte die zapatistischen Bauernrebellen

---

17 | EZLN, 2. Erklärung von La Realidad für eine menschliche Gesellschaft und gegen den Neoliberalismus, 180.
18 | Patel, The Value of Nothing, 243.

dazu bewogen, alle Gleichgesinnten zu einem internationalen Treffen einzuladen. Das Ziel war, ein »interkontinentales Netzwerk« aufzubauen und »die Bewegung« mit »all ihren Teilkämpfen« zu koordinieren. Man erklärte, dieses globale Netzwerk der lokalen Kräfte solle »Unterschiedlichkeiten respektieren und Ähnlichkeiten anerkennen« – eine Achtung und Wertschätzung der kulturellen Diversität, die ebenso ein Grundprinzip von Slow Food ist.

Die erwähnten Ähnlichkeiten zwischen den beiden Bewegungen legen den Gedanken nahe, in Slow Food als internationaler politischer Bewegung eine (thematisch spezialisierte) Fortsetzung des Zapatismus zu sehen. Tatsächlich existieren reale Überschneidungen: Beispielsweise wurde eine zapatistische Kooperative, die sich für den Anbau von Kaffee und Vanille mit biologischen Methoden einsetzt und auf diese Weise ihre ökonomische Selbstständigkeit und ihre kulturelle Identität als chiapanekische Campesinos behauptet, mit dem Slow-Food-Preis ausgezeichnet. Allerdings macht die Preisverleihung auch den fundamentalen Unterschied im politischen Selbstverständnis der beiden Bewegungen deutlich. So wurde von den Slow-Food-Juroren zwar zur Kenntnis genommen: »Ein wichtiger Beitrag zur Stärkung des Selbstbewusstseins hat der Guerillakampf gegen die Regierung im Interesse der indigenen Bevölkerung in Chiapas geleistet«.[19] Doch der Preis zeichnete lediglich die »klare Botschaft für die Entwicklung der Landwirtschaft aus dieser Ecke der Welt« aus und nicht den politischen Kampf; nicht die ebenso preiswürdigen Aktivitäten und Ziele, denen es um Autonomie und Würde ebenso wie um Ernährungssouveränität und Erd-Demokratie geht.

STRENGE HIERARCHIE UND DER PERFEKTE ANTIFÜHRER

Damit nähere ich mich der entscheidenden Differenz dieser Bewegungen und ihres exemplarischen Umgangs mit Demokratie. Subcomandante Marcos und seine Mitstreiter bestehen ausdrücklich darauf, »keine Organisationsstruktur« und »keinen zentralen Kopf oder Entscheidungsträger, kein Zentralkomitee oder Hierarchie« zu haben. Partizipatorische Demokratie heißt hier: »Wir alle bilden dieses Netzwerk, alle, die widerständig sind«.[20] Dieses radikaldemokratische Selbstverständnis in der politischen Arbeit und Selbstorganisation hat sich in vielen Bewegungen fortgepflanzt, die in der Nachfolge des zapatistischen Urgebrülls aktiv sind und direkte Aktionen, nichthierarchische Entscheidungsprozesse sowie dezentrale Selbstorganisation praktizieren.

---

19 | Petrini, Slow Food, 130.
20 | EZLN, 2. Erklärung von La Realidad für eine menschliche Gesellschaft und gegen den Neoliberalismus, 180.

In diesem Sinne spricht Jean Ziegler davon, dass »die planetarische Zivilgesellschaft«, die sich langsam koordinieren würde, »kein Zentralsekretariat« und »keinen Vorstand« habe, sondern sich »aus Leuten, die im Kampf stehen«, zusammensetze. Auch Carlo Petrini wünscht sich einen anarchischen Kosmopolitismus durch mehr Souveränität und Autonomie der Basis. Vom Terra-Madre-Netzwerk spricht er ausdrücklich als einer »strengen Anarchie« und er wünscht sich: »Keiner führt hier das Kommando«.[21] Aber stimmt das? Oder entspricht die Realität der Organisationsstruktur von Slow Food nicht doch eher einer strengen Hierarchie, einer hierarchischen Organisation mit einem zentralen Kopf und Chef als internationalem Präsidenten, Ideengeber, Macher, Entscheidungsträger und mit einem Zentralkomitee, mit nationalen Vertretungen, lokalen Vorständen und einfachen Basismitgliedern?[22] Ist jedes regionale Netzwerk (Konvivium) und jedes Lebensmittelbündnis wirklich der Aggregatzustand einer durchweg partizipatorischen Demokratie innerhalb eines Kollektivs ohne Zentrum? Wäre dem so, müsste sich jedes einzelne Schnecken-Konvivium als einer kulinarischen Schwarm-Intelligenz von Slow-Food-Aktivisten ähnlich definieren und organisieren, wie es die maskierten Caracoles der rebellischen Bäuerinnen und Bauern tun und folglich aus autonomen regionalen Selbstverwaltungseinheiten bestehen. Doch die reale Praxis sieht anders aus.

Petrinis Organisation hat noch einen langen und vermutlich langsamen Weg vor sich, will sie ihren politischen Ansprüchen gerecht werden und sich radikal demokratisieren. Würde die neue politische Philosophie der Gegenwart, die hier im Kontext der Gastrosophie als Theorie der Alltagspraxis vorgestellt wird, die Arbeit der rebellischen Bauern und beispielhaft die lokale Biokaffee-Kooperative in Chinantla oder anderswo mit einer Preisauszeichnung würdigen, dann um deren politische Botschaft auszuzeichnen. »Demokratie, Freiheit und Gerechtigkeit!« und »Ya Basta: Eine andere Welt ist möglich!« Diese Botschaft ist der weltweite Aufruf, der einem sagt, man solle nicht auf die Revolution warten, sondern dort beginnen, wo man steht, und mit den Mitteln kämpfen, die einem zur Verfügung stehen. Das wäre eine Revolution in Miniaturformat, die sagt: ›Ja, das kannst du auch daheim probieren.‹

Zu ihren Taten gehören Aktivitäten, die autonome Lebensbereiche für politische Partizipation und Freiräume der ethischen Selbstbestimmung auftun. Beispielsweise von der uneingeschränkten Herrschaft der Lebensmittelindustrie befreite Alltagsküchen, kulinarische Aktionsbündnisse, souveräne Mahlgenossenschaften, in urbane Küchengärten verwandelte öffentliche Räume und Erdböden oder – wie im Falle der *Campesinos* – rurale Landschaften und autonome Zonen, die zugleich auf wieder angeeignetem Land, kollektiver Landwirtschaft und kreativem Widerstand gegen neoliberale Privatisierung basieren. Statt

---

21 | Petrini, Terra Madre, 49.
22 | Vgl. Andrews, The Slow Food Story, 111.

Slow-Food-Konvivien mit Vorständen innerhalb einer hierarchischen ›Internationale‹ käme es dann auf regionale Vereinigungen als gleichberechtigte Räte eines ›guten Regierens‹ an, die als basisdemokratische Selbstregierungen für die jeweiligen lokalen Lebensmittelbündnisse zuständig sein würden und auch die Anliegen von Menschen einbezögen, die keine Slow-Food-Mitglieder sind.

Am konkretesten ist das Defizit von Slow Food im Umgang mit gelebter Demokratie und anarchischer Souveränität als der alltagsethischen Basis einer politischen Gastrosophie anhand des Vergleichs der Führungsfiguren Carlo Petrini und Subcomandante Marcos zu veranschaulichen. Bezeichnend ist schon die Tatsache, dass Marcos seine bürgerliche Identität nie öffentlich preisgab. Bekannt ist lediglich, dass er wahrscheinlich Philosophie studierte und zeitweise als Dozent an der Universität in Mexiko-Stadt gearbeitet haben soll. Wie Petrini war Marcos vom politischen Hintergrund ursprünglich Kommunist und marxistischer Intellektueller. Nach seiner Flucht aus der Stadt, worüber nichts weiter bekannt ist, legte er sich die Identität eines armen Landbewohners an – der freilich etwas anders war als alle anderen Bauern. In der Öffentlichkeit trug Marcos stets die typische Maske der Zapatistas, wozu er nicht ohne Ironie erklärte, er könnte seine wahre Identität nicht enthüllen, weil er fürchten müsste, seine weiblichen Fans zu enttäuschen.

Man wird Marcos kaum davon freisprechen wollen, nichts für seinen Nimbus und seine herausragende Sprecherposition zu können. Der maskierte Philosoph, der sich selbst Subcomandante nannte, weil er sich als bloßes Sprachrohr der Befreiungsbewegung der zapatistischen Bauern begriff, beerbte zwar die Position eines Che Guevara oder eines Emiliano Zapata. Aber diese Revolutionsführer und all die anderen männlichen Helden, die von Kanzeln predigen, hinterlassen regelmäßig orientierungslose Anhänger, die blind umherirren, wenn ihre Anführer erschossen werden oder abdanken, weil sie ihren Kopf verloren haben. Subcomandante Marcos war sich dieser Tücke immerhin bewusst und zog die notwendigen philosophischen Konsequenzen aus dem Demokratiedefizit der traditionellen marxistischen Bewegungen. Er machte sich zum Teil einer Gruppe, die stolz auf ihre Autonomie und fehlende Hierarchie war; mit seiner schwarzen Wollmaske und mit seiner selbstironischen Art schaffte er es zum perfekten Antiführer. Carlo Petrini nicht. Noch nicht, denn auch er weiß um diesen Systemfehler in seiner eigenen Philosophie und Praxis. Er selbst sagt es: »In gewisser Weise muss sich Terra Madre auch von sich selbst befreien, von den Personen, die es erdacht haben und organisieren«.[23] Man wird sehen, was aus Slow Food wird, wenn sich ihr Präsident in den wohlverdienten Ruhestand verabschiedet. Doch solange sich die Vereinigung nicht von sich selbst befreit, von den Personen, die sie erdacht haben und organisieren, solange wird Slow Food damit zu kämpfen haben, dass Kritiker und böse Zungen Petrini als einen

---

23 | Petrini, Terra Madre, 184.

Guru bezeichnen oder gar als einen »Messias«, dessen Bewegung als »Ersatzreligion« am Ende lediglich »Petrini-Jünger« heranzöge.[24]

Im Vergleich zu dieser vernichtenden Kritik scheint es noch einigermaßen verkraftbar zu sein, wenn Slow Food in der öffentlichen Wahrnehmung nach wie vor eher mit einem Feinschmecker-Club für die Mittelschicht assoziiert wird, welcher seltene Lebensmittel und Geschmacksquellen vor dem Aussterben bewahren will. Doch wie sich zeigt, wird man die Anzeichen einer »Slow-Food-Revolution« (Petrini) nicht einfach dadurch los, dass man diese Bewegung als unpolitisch abtut. Wer sich mit ihr vorurteilsfrei beschäftigt, wird feststellen, dass diese ›Internationale des guten Geschmacks‹ – trotz der erwähnten Defizite sowohl in der Sprache ihrer Philosophie als auch in der politischen Praxis ihrer Organisation – eminent politisch ist. Als neue politische Bewegung konfrontiert Slow Food nicht nur die bürgerliche Öffentlichkeit mit einem neuen politischen Hedonismus. Auch das herkömmliche politische Denken der politischen Linken und der politischen Philosophie ist herausgefordert. Nicht nur durch die eigenen Aktivitäten (einer kulturellen Politik) dieser Bewegung, sondern auch dadurch, dass Slow Food wie nur wenige andere zivilgesellschaftlichen Bewegungen der Gegenwart die globalen Fastfood-Verhältnisse zum normativen Mittelpunkt der Kritik des neoliberalen Kapitalismus und dessen Auswirkungen auf unser Leben wählt. Mit diesem ungewöhnlichen Schritt stemmt sie eine der brisantesten und sperrigsten Thematiken unserer Zeit auf die Weltbühne.

WAS SLOW FOOD FEHLT: ETHIK, ALLTAGSKÜCHE, GASTROSOPHIE

Die Absicht der vorangegangenen Erörterungen war es, die Stärken und Schwächen des politischen Profits von Slow Food zu beleuchten. Darüber hinaus hat eine gastrosophische Auseinandersetzung weitere Aspekte und systematische Argumente zu berücksichtigen, die in der Philosophie und in der Praxis dieser internationalen Bewegung für eine bessere Politik des Essens fehlen. Obwohl die Brisanz und Sperrigkeit dieser Thematik damit zusammenhängt, dass alle Menschen darin als Handelnde mitspielen, weil jeder von uns daran beteiligt und davon betroffen ist, fehlt gerade der programmatische Bezug auf das alltägliche Tun des Einzelnen. Erst wenn zu dem programmatischen Bezug auf die Politik der Ernährungsverhältnisse und auf die Ästhetik des Geschmacks auch die Perspektive einer möglichen Ethik der Individuen hinzu kommt, gerät das eigentliche Subjekt eines guten Essens in den Fokus. Doch die Slow-Food-Philosophie richtet sich nicht an die Allgemeinheit, stattdessen spricht sie lediglich Nahrungsproduzenten als potenzielle »Ökogastronomen« an: Bauern, Arbeiter in lokalen Betrieben, Gastwirte und Köche. Ansonsten sind die bevor-

---

24 | Winkler, Der Eiertanz des Messias.

zugten Adressaten der Slow-Food-Veranstaltungen Schulkinder oder spezielle Personengruppen, die beruflich mit Essen zu tun haben. Abgesehen von den eigenen Mitgliedern und deren gelegentlichen Konvivien spielen die maßgeblichen politischen Akteure – wir alle, die politisch angepassten Fastfood-Massen und die Subjekte der politischen Ethik einer besseren Esskultur – bei Slow Food keine Rolle.

Wenn Petrini davon spricht, dass die Ernährungssouveränität heute alle Menschen angehe und es eine zentrale politische Forderung sei, dass alle Konsumenten damit beginnen, sich ethisch zu verhalten, indem sie zu »Koproduzenten« werden, und wenn er dafür die Maxime aufstellt: »Jeder Bewohner der Erde muss beim Einkaufen sein Recht auf Ernährungssouveränität ausüben können. Er muss frei wählen können, bei wem er einkaufen möchte, und ein Angebot vorfinden, das allen Kriterien der Ernährungssouveränität erfüllt«.[25] Dann handelt es sich bei dieser Maxime nicht um eine Anweisung bloß für Slow-Food-Mitglieder, sondern um eine konkrete Aufgabe einer alltäglichen Ethik, die gleichermaßen für alle gilt, die sich täglich ernähren und ihre Lebensmittel einkaufen.

Obwohl der Ausgangspunkt von Slow Food die Kritik an der gesellschaftlich vorherrschenden Lebensweise, den Zumutungen eines Fastlife als der entscheidenden Ursache für die vorherrschende Ernährungsweise, die Unvernunft des Fastfood war, findet eine kritische Auseinandersetzung mit dem kulinarischen Alltagsleben kaum statt. Falsche Einkäufe sind auch eine Folge von Zeitmangel und Alltagsstress. Wer in Eile durchs eigene Leben rennt und ständig tausend Sachen im Kopf haben muss, dem fehlt die Muße zum Nachdenken über die Folgen des Konsums und die Zeit für die Recherche, wo es die besseren Sachen gibt. Darüber hinaus genügt es nicht, sein Geld richtig auszugeben und pflichtbewusster Koproduzent zu sein, um die Ethik eines guten Essens zu leben. Dazu gehören Aktivitäten, die sowohl über den vernünftigen Einkauf als auch über eine Slow-Food-Mitgliedschaft hinausgehen. Im Grunde weiß Slow-Food-Denker Petrini das auch. »Die Neudefinition eines Lebensmittelsystems, das die Ernährungssouveränität garantiert, muss genau an diesem Punkt ansetzen: bei der Subsistenzwirtschaft, beim Recht, in erster Linie für sich selbst Lebensmittel zu produzieren, und bei der Freiheit für jeden, Landwirtschaft und Viehzucht zu betreiben«.[26] Das sind grundlegende Erkenntnisse einer politischen Gastrosophie; darum sollte das Recht auf Freiheit für jeden, Landwirtschaft und Viehzucht zu betreiben und für sich selbst Lebensmittel zu produzieren, buchstäblich ein Menschenrecht sein, das nicht ausschließlich im Sinne einer Slow-Food-Politik für Bauern (insbesondere in den Ländern der Dritten Welt) verstan-

---

25 | Petrini, Terra Madre, 138.
26 | Ebd., 120.

den werden sollte, sondern im Sinne einer gastrosophischen Good-Food-Politik konsequent auch als ein Recht für die Städter in den Ländern der Ersten Welt.

Ernährungssouverän sein heißt, so weit wie möglich Lebensmittel selbst anzubauen und damit humane Lebensmittelbündnisse zu kultivieren. Dann gilt: Durch die einfache Tatsache, dass Menschen ihre eigenen Lebensmittel produzieren, weiterverarbeiten und genießen, vollbringen sie zugleich eine viel tief greifendere Leistung: »Sie verhelfen der menschlichen Existenz als Teil der Mutter Erde wieder zu mehr Bedeutung. Die Lebensmittelbündnisse werden zum Ort eines neuen Humanismus, wo Ethik und Ästhetik wieder verschmelzen«.[27] Wenn Petrini außerdem präzisiert: »Ethik und Ästhetik sind nicht voneinander zu trennen, sondern müssen Hand in Hand gehen«, dann sollte dies die gastrosophische Bedeutung haben, dass wirklich jeder die tägliche Praxis eines ethisch guten, menschenwürdigen Essens, so gut es geht, selbst in die Hand nimmt. Und das heißt erst recht: Es selbst machen, selbst kochen, um sich aus der industriell vorgesetzten Fastfood-Bevormundung zu befreien und die praktische Machtposition einzunehmen, die notwendig ist, um möglichst selbst bestimmen zu können, welche besseren, nachhaltigeren und demokratischeren Lebensmittel in welcher phantasievollen Zusammensetzung und auf welche geschmackvolle Art ›im täglichen Kampf‹ für kulinarische Freiheit eingesetzt werden.

Erst in einer aktiven Alltagsküche mit einer täglichen Hauptmahlzeit als normativem Maß vermählen sich Ethik und Ästhetik zu einem politischen Hedonismus, der die Welt des Essens zum Wohle aller bewegt. Die Slow-Food-Philosophie verbindet die Idee, »Köstlichkeiten zu genießen, die von Hand produziert werden« (Petrini), automatisch mit der Beschaffung von handwerklich hochwertigen Fertigprodukten, die von anderen Händen stammen – Bauernhänden, Käsemachern, Köchen. Doch ist bei diesem gastrosophischen Ideal als allererstes an die eigene Handarbeit zu denken und an das Handanlegen in der eigenen Küche, um unbezahlbare Köstlichkeiten aus guten Produkten selbst zu machen. Weil Essenmachen einen kreativen Umgang mit vielfältigen Dingen des menschlichen Alltagslebens verlangt, bildet sich in dieser wertvollen Selbsttätigkeit allmählich von sich aus eine individuelle Kreativität aus. Bekanntlich machte Joseph Beuys diese alltägliche Kreativität zum Ausgangspunkt seines erweiterten Kunstbegriffs. Jedenfalls berührt Petrini einen zentralen Sachverhalt, wenn er beiläufig feststellt: »Phantasielosigkeit beim Kochen ist oft ein Zeichen allgemeiner Phantasielosigkeit«.[28]

Zweifelsohne sorgen immer mehr professionelle Köche wie Alice Waters dafür, dass sich die Slow-Food-Philosophie in immer mehr Küchen der kommerziellen Gastronomie ausbreitet. Doch um die kulturelle Hegemonie des

---

27 | Ebd., 68.
28 | Petrini, Slow Food, 40.

Fastfood-Alltags in die demokratische Kultur einer egalitären Ernährungssouveränität zu verwandeln, reicht es eben nicht, gelegentlich geschmackvolle Lokale wie das *Chez Panisse* zu besuchen. Die Ästhetik eines politischen Geschmacks ist erst dann kein Luxus für wenige, die genügend Geld haben, sich ständig von anderen gut bekochen zu lassen, wenn diese politisch-hedonistische Ästhetik durch eine praktische Ethik des Selbstkochens selbstverständlicher Teil eines täglichen Gut-lebens ist: Eine gute Alltagsküche ist das Herzstück einer kulinarischen Ästhetik der eigenen Existenz.

Doch gerade dieses ethische Selbstverhältnis markiert eine fragwürdige Leerstelle in Petrinis Philosophie: Bei ihm stehen andere – nur Frauen – in der häuslichen Küche: Großmütter, Mütter, Töchter. Nirgends eine Spur davon, dass der Mann selbst kocht. Aber dies ist nicht seine Privatsache; es ist eine zentrale ethische Herausforderung für eine Politik des guten Essens. Es wäre obendrein ein entscheidender Schritt in der menschlichen (männlichen) Emanzipation aus traditionellen Geschlechteridentitäten. Liegt es da fern, den Eindruck zu bekommen, Slow Food sei ein Klub für hedonistische Lebemänner, die sich gerne bekochen lassen? Was hat Petrini unternommen, um diesen Eindruck zu korrigieren? Ganz sicher ist seine Theorie nicht frei von dieser kulturellen Verarmung und Selbstentfremdung; vermutlich trifft dies aber auch für seine persönliche Alltagspraxis zu. Mit ziemlicher Wahrscheinlichkeit würde sich seine Kochkunst auch in seiner Philosophie widerspiegeln. Jedenfalls scheinen beim Slow-Food-Vordenker die zu genießenden Köstlichkeiten stets schon fertig zubereitet zu sein (immerhin aus den Händen von hoch gelobten und gut bezahlten Produzenten). Zur Partizipation an einer basisdemokratischen Feinschmeckerei aber gehört heute die politische Ethik, sein Essen – wenigstens die tägliche Hauptmahlzeit – selbst zu kochen, um sich auf die wirksamste und nachhaltigste Weise an der Veränderung der globalen Politik des Essens zu beteiligen.

Es gibt zahlreiche Beispiele und prominente Vorkämpfer, die zeigen, wie leicht das geht. Etwa die anfangs erwähnte Frances Lappé, die sich als aktive Feministin und emanzipierter Mensch von der vorherrschenden Fremdbestimmung und kulinarischen Untätigkeit selbst befreit hat. Sie hat das Kochenkönnen zu einer alltäglichen Lebenskunst und zugleich die eigene politische Ethik zur dauerhaften Quelle einer echten Lebenslust gemacht. »Es begann, ich gestehe, als Arbeit. Aber ich entdeckte schon bald die Mysterien der Küche, die Magie, Speisen zur Welt zu bringen, die Befriedigung, delikates, unerwartetes Essen zuzubereiten. Und das, was immer Zeit verschlingend und mühsam schien – Essenmachen – wurde zur Quelle eines Vergnügens. Tatsächlich empfand ich, dass dieses Kochen mir eher Zeit gab, als sie mir zu nehmen. Ich war immer sehr entspannt und gleichzeitig tatkräftiger nach jedem Mahl«.[29]

Mit Anna Lappé, ihrer Tochter und Mitautorin des gemeinsamen Buches *Hoffnungsträger*, beginnt diese praktische Vernunft einer guten Alltagsküche zu einem selbstverständlichen Lebensstil und zum guten Geschmack der nächsten Generation von neuen Hedonisten und Food-Politics-Aktivisten zu werden.[30] Auch vorbildlich emanzipierte Männer und sogar international beachtete Persönlichkeiten wie der Philosoph Peter Singer zeigen, dass selbst zu kochen zu den avancierten Mitteln einer ›direkten Aktion‹ gehören und inzwischen jenseits der traditionellen Linken längst hedonistische Marxisten und neolinke Gastrosophen aller Länder oder dergleichen neue politische Subjekte wissen, dass der politischste und phantasievollste Unruheherd in der eigenen Küche steht. Im feinen Unterschied zu Petrini beteiligt sich der renommierte Ethiker Singer auf eine charmante und selbstironische Weise (die wir im folgenden Kapitel kennenlernen werden) demonstrativ an der Demontage des allgemeinen Fastfood-Alltags samt des globalen Gastrokapitalismus.

Koch werden gehört inzwischen zu den beliebtesten Lehrberufen unter jungen Männern. Wir befinden uns längst inmitten einer gastrosophischen Revolution: Eine kulinarisch lieblos sozialisierte Fastfood-Generation erfindet sich neu, lernt ausländische Kochkünste und schult den eigenen Geschmackssinn für Gutes. Leckere Speisen nach Freistil zubereiten und mit anderen genießen zu können, wird längst in allen Bevölkerungsschichten als eine individuelle und gemeinsam geteilte Lebenskunst entdeckt, die nicht bloß vom Geldbeutel abhängt, sondern weit mehr vom tatsächlichen Willen und von der kulinarischen Phantasie, etwas Genussreiches zu schaffen. Darum ist es eine der Aufgaben einer politischen Gastrosophie, das kulturelle Vermögen und den kollektiven Reichtum einer Gesellschaft auch am Stand der allgemeinen Koch- und Esskünste zu messen.

Insofern bleibt festzuhalten: Im philosophischen Mittelpunkt der »Slow-Food-Revolution« (Petrini) steht nicht das täglich selbst gemachte und das selbst angebaute Essen, sondern die Ökogastronomie. »Deren ideologischer Kerngedanke«, erläutert Slow-Food-Experte Andrew, »ist zum zentralen intellektuellen Fokus ihrer politischen Agenda geworden und hat ihre Mitglieder mit einer neuen Quelle der politischen Identität versorgt«.[31] Dem konzeptuellen Schwerpunkt der politischen Ökonomie einer nachhaltigen, klimaschonenden, umweltfreundlichen, gerechten, biodiversen, lokalen und kooperativen Nahrungs-

---

29 | Lappé/Lappé, Hope's Edge, 335; in einer gekürzten Fassung auf Deutsch erschienenen als: dies., Hoffnungsträger.
30 | Vgl. Lappé/Terry, Grub: Ideas for an Urban Organic Kitchen; siehe auch: Lappé, Diet for a Hot Planet.
31 | Andrew, The Slow Food Story, 18.

produktion fehlt nicht viel zu einer expliziten Gastrosophie. Dem Leitgedanken dieser politischen Gastronomie fehlt lediglich, dass die ökonomischen Gesetze (gr. *nomoi*) dieser postkapitalistischen Wirtschaftsform – oder, in Petrinis Worten, dieser »natürlichen Wirtschaft«, deren »höchstes Ziel es ist, uns ein gutes Leben im Einklang mit unserer Umgebung führen zu lassen«[32] – zuletzt auf die Weisheit (gr. *sophia*) der Alltagspraxis einer ethisch gut gelebten Esskultur zurückzuführen sind.

Wer sagt, der Ökogastronomie fehlt die Gastrosophie, spielt nicht mit Worten. Wer so spricht, markiert begrifflich, dass es Slow Food an einer philosophischen Auseinandersetzung mit der vom Vergessen bedrohten Tradition ihrer gastrosophischen Vordenker und Widersacher fehlt und noch mehr an einer Auseinandersetzung mit anderen zeitgenössischen Bewegungen, die für bessere Ernährungsverhältnisse kämpfen. Wer sagt, Slow Food bedarf der Gastrosophie, weiß, dass es Slow Food an einer politischen Sprache und Begrifflichkeit mangelt, weshalb es Kritikern (allzu) leicht gemacht wird, die ›Internationale des guten Geschmacks‹ als unpolitische Gourmet-Vereinigung zu diskreditieren. Wer sagt, Slow Food bedarf der Gastrosophie, weiß außerdem, dass es an einer politischen Philosophie hapert, die den eigenen demokratischen Ansprüchen genügt und entspricht. Vor allem aber führt eine gastrosophische Beurteilung von Slow Food zu dem Ergebnis, dass Petrini und seinen Anhängern ein ethisches Denken zu fehlen scheint, welches die Politik und die Ästhetik eines guten Essens zu einem Allgemeingut für jeden zu werden hilft; dessen Umsetzung in der alltäglichen Praxis gleichzeitig notwendig ist, damit die globale Ernährungskrise nicht zu unserem Schicksal wird. Darum sollten diejenigen, die weltweit mit möglichst lokalen und fair bezahlten Lebensmitteln ihre tägliche Hauptmahlzeit kochen und diesen Genuss mit anderen teilen, alles tun, was in ihrer Macht steht, um eine gesellschaftliche Veränderung der Ernährungsverhältnisse zu ermöglichen, außerdem sollten sie im Mittelpunkt einer politischen Philosophie des Essens stehen – ohne dafür Mitglieder eines Vereins werden zu müssen.

DAS MENSCHENRECHT AUF DEN GENUSS VON GUTEM ESSEN

Trotz der dargestellten Kritik bleibt es letztlich bei der Feststellung, dass die Gastrosophie mit der internationalen Slow-Food-Bewegung einen starken Verbündeten hat. Wer hätte gedacht, dass die Idee, die im Dezember 1989 ausgerechnet in der Komischen Oper von Paris von den wenigen Delegierten einer selbst ernannten ›neuen Internationale des guten Geschmacks‹ der Weltöffentlichkeit vorgestellt wurde, sich innerhalb von nur wenigen Jahrzehnten zu einer

---

32 | Petrini, Terra Madre, 147-179.

starken Stimme der planetarischen Zivilgesellschaft entwickeln würde? Zwar ist die Welt noch weit von den utopischen Zielen und alltäglichen Wirklichkeiten entfernt, die mit dem ›Slow-Food-Manifest‹ von damals und dessen aktuellen Ergänzungen formuliert worden sind. Doch scheint die politische Forderung einer ›Wahrung des Rechts auf Genuss‹ heute längst nicht mehr so verrückt oder gar lächerlich wie einst. Der Erfolg spricht für sich: Eine internationale Vereinigung, die den kulinarischen Genuss (einer Mahlzeit wie einer Mahlgemeinschaft) als Wert an sich – als etwas für alle Gutes – begreift und darüber hinaus sich das Recht auf diesen Genuss nimmt und politisch fordert, erfreut sich eines enormen Zuspruches und täglich wachsender Kräfte: Die allgemeine Fastfood-Ära gerät langsam – im Schneckentempo – in Bewegung.

Gleichwohl muss der politische Hedonismus eines menschenwürdigen Genusslebens gegenüber der großen Mehrheit, die bislang an den kulturell hegemonialen Fastfood-Lebensverhältnissen festhält, weiterhin begründet und gerechtfertigt werden. Petrini ist sich darüber im Klaren und hat von Anfang an immer wieder betont: »Der Genuss, den wir propagieren, ist nicht etwa ein hedonistischer Akt, der nur dem Selbstzweck dient. Im Gegenteil: Das ›Rezept‹ Slow Food steht dafür ein, dass man bewusst und mit Verantwortung genießt, sich Kenntnisse aneignet und sein Wissen erweitert«.[33] Dabei spielt es keine Rolle, ob die Behauptung wirklich zutrifft, es gäbe kein einziges Slow-Food-Projekt, das Genuss nicht mit Verantwortungsbewusstsein in Einklang brächte.[34] Es kommt vielmehr darauf an, dass die Slow-Food-Philosophie dem kulinarischen Genuss als einem egalitären, allgemeinen Menschenrecht ein programmatisches Gewicht verleiht und damit jegliche Verbindung zu einem unpolitischen und rein ästhetischen Hedonismus kappt. Kulinarischer Genuss kann, wie Petrini argumentiert, »ein hochbrisanter politischer Akt sein. Genuss ist nicht elitär. Er ist ein Recht und muss geschützt werden, indem man ihn fördert, erlebt und wirklich für alle zugänglich macht«.[35]

Die Anerkennung des Genusses als Menschenrecht, als etwas für alle Gutes, ist die längst fällige Würdigung einer ebenso fundamentalen wie entwürdigten Dimension der menschlichen Wohlnatur. Es ist die ethische Anerkennung des *homo sapiens* als eines sich durch die natürliche Gabe und durch das spezifisch menschliche Vermögen seiner Weisheit bzw. seines Geschmacks – seiner *Sapientia* (gr. *Sophia*) – von anderen Tieren unterscheidenden Gattungs- und Lebewesens, welches dazu fähig ist, gutes Essen als ein Glück und diesen Selbstgenuss als ein Konstituens eines, dem menschlichen Wohl gemäßen, guten Lebens zu erfahren. Die Freiheit, unser Genusswesen ›gut zu leben‹, d.h. Wohl-

---

33 | Petrini, Slow Food, 7.
34 | Vgl. ebd., 88.
35 | Petrini, Terra Madre, 77.

schmeckendes genießen und einen eigenen Sinn dafür ausbilden zu können, ist eines der wertvollsten, aber meist missachteten Menschenrechte.

Der politische Hedonismus eines solchen gastrosophischen Menschenrechts stellt einen Großteil der linken Politik auf den Kopf, denn für die traditionelle Linke sind daran wesentliche Dinge neu und fremd: Neu ist, dass Essen – und gerade gutes Essen – politisch sein soll; und fremd ist daran, dass revolutionäre Politik etwas mit verantwortungsvollem Genuss und mit selbst gemachtem Vergnügen zu tun haben könnte. Selbstverständlich haben diese Erkenntnisse auch weitreichende Konsequenzen für die politische Praxis. Weil das gastrosophische Menschenrecht den allgemeinen Zugang zu ökologisch nachhaltigen, sozial fairen und kulturell demokratischen Lebensmitteln als elementaren Grundgütern eines guten Lebens beinhaltet, muss es von einer entsprechenden Politik geschützt, gefördert und auch durch die Verfügbarkeit über entsprechende Lebensmittel gewährleistet und schließlich allen zugänglich gemacht werden. Darum ist es konsequent, wenn Petrini fordert, dass gute Lebensmittel nicht als Luxusgut vermarktet werden dürfen: »Qualität ist ein Recht für alle«.[36] Statt Bioprodukte für wenige zu sichern, mit denen die Nachfrage der verantwortungsbewussten Konsumenten bedient wird und Großkonzerne die Märkte der reichen Länder erobern wollen, bemisst sich eine menschenrechtlich korrekte Politik des Essens an dem Grundsatz: »Wir müssen für alle biologisch und hochwertig produzieren, auch und gerade für arme Menschen«.[37] Zu diesem weitreichenden Ergebnis kommt auch Frances Lappé. Für sie steht außer Frage, dass »gutes, sicheres und vollwertiges Essen ein grundlegendes Menschenrecht ist«.[38] Aus diesem Grundrecht leiten sich dann zahlreiche weitere Rechte ab, die Petrini indirekt zu den Menschenrechten zählt; etwa die Rechte der Tiere und deren Wohlergehen sowie die Rechte der Natur – der Flüsse, der Meere, der Wälder, der Biodiversität.[39]

Ein Menschenrecht auf Genuss umfasst über diese wirtschaftlichen (agrarischen, ökogastronomischen) Aspekte hinaus ebenso soziale und kulturelle Rechte. Auch für sie steht Slow Food ein: »Wenn der Genuss ein moralisches Recht ist, dann sind eine Erziehung und eine Ethik des Geschmacks nicht nur wichtig, sondern unentbehrlich, um dieses Recht zu garantieren«.[40] Was die Berücksichtigung dieser sozialen und kulturellen Aspekte angeht, bestätigt sich die politische Notwendigkeit eines strategischen Bündnisses zwischen Slow Food und Gastrosophie. Denn über die rechtliche Gewährleistung einer Erziehung und Ethik des Geschmacks hinaus impliziert ein gastrosophisch revolu-

---

36 | Ebd., 20.
37 | Ebd.
38 | Lappé/Lappé, Hope's Edge, 334.
39 | Vgl. Petrini, Terra Madre, 142.
40 | Petrini, Slow Food, 88.

tioniertes Menschenrecht auf Genuss im Sinne einer guten Esskultur ebenfalls den allgemeinen Anspruch auf Lebensverhältnisse, die den Bedingungen eines für alle guten Lebens gerecht werden. Hinzu kommt folglich das allgemeine Anrecht auf die gesellschaftliche Gewährleistung eines *Slow Life*, in dessen Mittelpunkt eine gute Alltagsküche oder *Good Food* stünde. Mit diesen beiden Stichworten und konzeptuellen Elementen würde ich die philosophischen Prinzipien einer ›Slow-Food-Gastrosophie‹ markieren.

Dem Menschenrecht auf ein genussvolles Alltagsleben liegt nicht zuletzt der politische Aspekt zugrunde, der das Freiheitsrecht auf radikaldemokratische Selbstbestimmung betrifft. Es gehört zu den bemerkenswertesten Tatsache unserer Zeit, dass das Recht auf gutes Essen heute nicht nur gegenüber der Politik eingefordert wird, sondern viele Menschen sich bewusst dieses Recht, so gut es geht, von selbst nehmen und sich diesen Genuss – ihren gastrosophischen Selbstgenuss – im Alltag erkämpfen.

Veganer werden? Peter Singer als politischer Hedonist und Gastroethiker

In einem YouTube-Video schaut die interessierte Weltöffentlichkeit zu, wie er seine philosophische Theorie einer ›praktischen Ethik‹ anwendet: Er kocht ein simples Dhal-Gericht, jene Speise, deren selbst kreiertes Rezept eines seiner Bücher stolz vorstellt.[1] Um zu verstehen, was diese ungewöhnliche Aktion für die Philosophie der Gegenwart bedeutet, welche politischen Implikationen sie hat und wie wichtig sie für die systematische Begründung einer politischen Ethik des Essens ist, kurz: um alles das zu verstehen, gilt es zu klären, wer dieser kochende Philosoph ist. Wer ist ›Peter Singer‹? Darüber hinaus ist die Frage zu erörtern, warum zwar seine bahnbrechenden Interventionen sowohl zur Spendenethik im Kontext globaler (Un-)Gerechtigkeit als auch zur Tierrechtsbewegung, deren theoretischer Wegbereiter er war, und erst recht warum seine einflussreichen Beiträge zur Bioethik auf große Resonanz gestoßen sind, aber seine neuere Publikation *Eating – What We Eat And Why It Matters* bis dato keinen Einfluss auf die allgemeine Wahrnehmung seiner Philosophie hat.[2] Wie lässt sich dieses merkwürdige Desinteresse an seiner Philosophie des Essens erklären? Denn es scheint mir unbestreitbar, dass Peter Singer zu den prominentesten Gastrosophen der Gegenwart gehört. Mit dem folgenden Porträt schließe ich die in meiner *Ethik des Essens* begonnenen und in weiteren Büchern fortgesetzten Rekonstruktionen der unbekannten Genealogie gastrosophischer Vordenker nunmehr ab.

STÄRKEN UND SCHWÄCHEN EINER INTERVENTIONISTISCHEN PHILOSOPHIE

Obgleich die öffentliche Wahrnehmung des Werkes eines Philosophen stets von unterschiedlichsten Einschätzungen geprägt ist, fällt auf, dass der Name Peter

---

1 | Vgl. Singer, Cooking Dhal; ders., A Vegetarian Philosophy, 305.
2 | Vgl. Singer/Mason, Eating.

Singer häufig allgemeine Vorbehalte hervorruft. Zweifelsohne gab er selbst den Anlass dazu, insbesondere im Kontext einiger Argumentationen seiner Bioethik, die speziell in Deutschland auf unangenehme Missverständnisse gestoßen sind.[3] Immer noch geht es manchen Kollegen leicht von der Hand, Singer als den »umstrittensten Vertreter der Praktischen oder Angewandten Ethik« zu bezeichnen.[4] Eine solche Stigmatisierung – welcher Philosoph möchte gerne umstritten sein und den Ehrentitel des umstrittensten Philosophen tragen? – stellt einer vorurteilsfreien Einschätzung der Philosophie dieses an der renommierten Princeton University lehrenden Professors erhebliche Hindernisse in den Weg. Unbestreitbar dürfte hingegen sein, dass sein Denken – wie bei nur wenigen anderen Philosophen seiner Generation – von einem freien Geist geprägt ist, dessen politisches Engagement sich weder thematisch an vorgegebene Diskurse und etablierte Theorien noch stilistisch an akademische Konventionen oder – wie die Dinge nun einmal stehen – an kleingeistige Gepflogenheiten von allerlei ›Denkschulen‹ hält. Stets wählt Singer gesellschaftlich brisante Themen, die in der Öffentlichkeit kontrovers diskutiert werden. Nun schon seit mehreren Jahrzehnten behandelt er kritische Fragestellungen und Missstände der sozialen Gerechtigkeit, die uns Bürger der demokratischen Wohlstandsländer mit den ethischen Konsequenzen einer rücksichtslosen Lebensweise konfrontiert und die diese Lebensweise in direkten Zusammenhang mit dem Unrecht der massenhaften Armut in anderen Teilen der Welt bringen.

Doch die moralische Anklage, mit der Singers Philosophie seine Leser ein ums andere Mal herausfordert, listet gleichsam zahlreiche weitere Verstöße und Kapitalverbrechen gegen die Menschlichkeit auf. Mit seinen Streitschriften und provokanten Argumenten zur Tierethik gilt Singer nicht nur unter politischen Aktivisten des Tierschutzes als philosophischer Mitkämpfer und Mitbegründer der internationalen Tierrechtsbewegung.[5] Er hat mit der theoretischen Grundlegung einer moralischen Achtung von Tieren auch der universitären Philosophie zu einem neuen großen Themengebiet verholfen und sein Fach durchaus unfreiwillig zu einer grundlegenden Revision und Selbstkritik ihres »speziestischen Egoismus« (Singer) bewegen können. Neben solchen, in den postmodernen 1970er und 1980er Jahren geradezu unzeitgemäßen und unangesagten Thematiken und Kritiken einer konfrontativ vorgetragenen Moraltheorie brachte Singer als einer der ersten Theoretiker eine philosophische Auseinandersetzung mit moralischen Fragen der modernen Medizin und ihrer neuen technischen Möglichkeiten auf. Daraus ergaben sich mit Blick auf die Legalisierung eines Schwangerschaftsabbruchs oder einer Sterbehilfe äußerst

---

3 | Vgl. Singer, Wie man in Deutschland mundtot gemacht wird; Hauskeller, Die »Banalität des Guten«.
4 | Celikates/Gosepath, Einleitung zu ›Peter Singer‹, 397.
5 | Vgl. Singer, Animal Liberation; Kaplan, Leichenschmaus.

heikle Reflexionen einer Wertediskussion sowie einer folgenreichen Grenzziehung zwischen Leben und Tod.

Indem sich Singer solchen gesellschaftlich umstrittenen Fragen der inzwischen – auch als Resultat seines philosophischen Wirkens – so genannten ›Bioethik‹ zuwandte und durch die beachtliche Tatsache, dass er in tagespolitischen Kontroversen philosophisch Stellung bezog, hat Singer der praktischen Philosophie wiederholt neuartige und aktuelle, politisch umkämpfte Problemfelder eröffnet, die dem althergebrachten Kanon des Fachs zuvor fremd waren oder vom akademischen Theoriebetrieb schlicht ignoriert wurden. Meines Erachtens gehört es zur unbestreitbaren Bedeutung von Peter Singer, dass er wie kaum ein anderer Theoretiker unserer philosophisch wenig verwöhnten Zeit ganz maßgeblich zur anhaltenden Wiederbelebung eines politisch-ethischen Denkens sowie zur notwendigen Erneuerung der praktischen Philosophie beiträgt.

Singers unkonventionelle, vom akademischen Mainstream abweichende Form des Philosophierens bringt es mit sich, dass seine stets auf spezifische Sachfragen ausgerichteten Arbeiten wenig von einer fachinternen Auseinandersetzung mit anderen Philosophen und Philosophien geprägt sind. Vielmehr praktiziert er eine Art von interventionistischer, ins öffentliche Leben eingreifender Philosophie, die am ehesten dem Denkstil eines Michel Foucault ähnelt. Foucault sprach zur Charakterisierung seines philosophischen Selbstverständnisses von der Arbeit eines »spezifischen Intellektuellen«.[6] Statt die eigene Aufgabe in der gegenüber dem politischen Geschehen weitestgehend unbekümmerten Konstruktion von universellen Theorien und fachspezifischen Topoi zu sehen, die mit allen und keinem zu tun hat, stellen Foucault und Singer eine neuartige Verbindung zwischen Theorie und Praxis her. Ihre Philosophie greift in die gesellschaftliche Praxis ein, indem sie ›vor Ort‹ die je spezifischen Auseinandersetzungen und sozialen Konfliktherde samt deren umkämpften Wahrheiten und Machtbeziehungen thematisch aufgreift und kritisch problematisiert. Wobei es zweifelsohne Michel Foucaults spezielle Art mit diesen Themen und Dingen umzugehen in der allgemeinen Popularität sehr weit gebracht hat.

Freilich hat diese unkonventionelle, stets sachbezogene und politisch engagierte, spezifische Art des Philosophierens sowohl bei Foucault als auch bei Singer ihre Stärken und Schwächen. Die Stärke von Singers Philosophie besteht sicher darin, dass ihr interventionistisches Vorgehen sie überhaupt erst dazu befähigt, in philosophisch bis dato unbekannte und unzugängliche oder ideologisch tabuisierte Bereiche der gesellschaftlichen Meinungskämpfe vorzudringen, beispielsweise den moralischen Spezialproblemen der modernen Medizin oder den ethischen Alltagsproblemen des Konsums von Fleisch aus industrieller Massentierhaltung oder den politischen Angelegenheiten des Welthungers. Im Falle Foucaults gewannen auf diese Weise auf den ersten Blick

---

6 | Foucault, Die politische Funktion des Intellektuellen.

ebenfalls eher abwegige Themen wie Wahnsinn, Delinquenz oder Sexualität an ungeahnter Bedeutung.[7]

Konzeptuelle Schwächen der eingreifend-aufsuchenden Philosophie entstehen dadurch, dass aus ihren spezifischen Einsatzgebieten und Problemfeldern heraus die ihr zugrunde liegende Systematik nicht ohne weiteres erkennbar ist. Fehlt eine programmatische Darstellung der Wertmaßstäbe und Gründe für die philosophische Vorgehensweise, die zur Wahl mal dieses Themas mal jenes Themas führt, scheint die Kohärenz dieser untypischen ›Philosophie‹ – wenigstens für den oberflächlichen und uninformierten Blick auf kaum nachvollziehbare Weise – irgendwie sowohl fragmentarisch als auch theoretisch oder politisch (›weltanschaulich‹) schwer verortbar zu sein. Bei Foucault hatte dies zur Folge, dass man in ihm wahlweise einen unakademischen Nichtphilosophen, einen zynischen Antihumanisten, einen wirren Kryptonormativisten oder einen verspielten Machttheoretiker vermutete, um zu guter Letzt dann doch den ethisch aufrichtigen Kämpfer und den philosophischen Lebenskünstler wahrzunehmen, der er war.

Bei Singer hat die unklare Systematik seines interventionistischen Denkens bereits dazu geführt, dass einige Geister in ihm lediglich einen utilitaristischen Bioethiker sehen oder gar einen Euthanasie-Ideologen, der rechtsextremen Strömungen zugerechnet werden muss. Während andere im Gegenteil Peter Singer gerne als linken Kritiker abstempeln, welcher beispielsweise die politische (Herrschafts-)Moral des ehemaligen US-Präsidenten George W. Bush bloßstellte oder auf sonst wie »unerlaubte Weise« (Singer) unbequeme Fragen stellt.[8]

Offenbar sind nicht wenigen, die in Singer einen umstrittenen Philosophen der Gegenwart sehen, jene Themen und Aspekte seiner vielseitigen Schriften, welche ein davon stark abweichendes Profil erkennen lassen, entweder unbekannt geblieben oder aber sie wollen diese gar nicht erst kennen lernen. Denn bemüht man sich, sein ganzes Werk kritisch aber unvoreingenommen zu würdigen, wird schnell deutlich, dass dort ein universalistischer Sozialethiker und ein engagierter Gesellschaftskritiker argumentiert, dessen geradezu emphatischer Gerechtigkeitssinn sich gegen großes Unrecht wendet.

Doch bislang wurden tatsächlich eher diejenigen seiner Texte in zahlreiche Nachschlagewerke und Grundlagentextsammlungen der angewandten Ethik (insbesondere der Bioethik) aufgenommen, die ihn als zentralen Impulsgeber und Begründer dieser neuen Disziplinen ausweisen. Viele Argumente von Singer, die anfänglich heftig umstritten waren, sind inzwischen Bestandteil der (links-alternativen) öffentlichen Meinung und der staatlichen Rechtsprechung.

---

7 | Den Stärken und Schwächen der Philosophie Foucaults bin ich an anderer Stelle nachgegangen, siehe: Lemke, Zur Kritik des populären Gouvernementalitäts-Diskurses.
8 | Vgl. Singer, The President of Good & Evil.

An die Stelle einer skeptischen Haltung gegenüber Singers Philosophie und ihrer praktischen Ethik ist allgemeine Anerkennung getreten – bis hin zu unkritischer Gefolgschaft.[9] Wie lässt sich ernsthaft bestreiten, dass die universitäre Institutionalisierung von verschiedenen bereichsspezifischen Ethiken als neuartigen Diskursen und legitimen Arbeitsgebieten der akademischen Philosophie in einem erheblichen Maße von Peter Singer als theoretischem Impulsgeber ausging?

EINE WEITERE PROVOKATION: DIE PHILOSOPHIE DES ESSENS

Und nun auch noch das Essen. Erneut provoziert Singer die Weltöffentlichkeit mit dem Bruch eines philosophischen Tabus. In seinem kürzlich erschienenen Buch *Eating – What We Eat and Why it Matters* wendet sich Singer zusammen mit Jim Mason einem theoretisch völlig vernachlässigten Thema zu. Bislang findet ›das Essen‹ in der Philosophie kaum Beachtung, vor allem nicht in der deutschen Philosophie, womit es sich fast von selbst erklärt, weshalb Singers neues Buch immer noch nicht in deutscher Übersetzung vorliegt – im eklatanten Unterschied zu den offenbar akzeptableren und besser verkäuflichen Problemen seiner anderen, längst übersetzten Werke. Trotz der enormen gesellschaftlichen Relevanz und trotz der zunehmenden normativen Brisanz unseres Essens (dessen landwirtschaftliche Herstellung, politische Steuerung, internationale Vermarktung, industrielle Verarbeitung, alltagskulturelle Verwendung, gesundheitlichen Auswirkungen usw., um nur einige Facetten des Nahrungsgeschehens anzudeuten) ist die ethische Dimension dieser Thematik weder in der politischen Philosophie, in der Gesellschaftstheorie, in den bereichsspezifischen Ethiken noch in irgendeiner anderen Disziplin der akademischen Philosophie bekannt oder gar anerkannt.

Unter der wachsenden Flut von Neuerscheinungen lassen sich kaum philosophische Bücher zur globalen Ernährungskrise finden. Von einer Gastroethik, wie man in begrifflicher Anlehnung an die Bioethik sagen könnte, ist die Gegenwartsphilosophie noch weit entfernt. Doch es spricht vieles dafür, dass sich die ›Gastrosophie‹ (oder ›Gastrophilosophie‹ analog zur Wortschöpfung ›Neurophilosophie‹) in absehbarer Zukunft in den allgemeinen Sprachgebrauch einbürgert und auch die Rede von ›Gastroethik‹ bzw. ›Gastropolitik‹ zu etwas Selbstverständlichem wird. Vielleicht hilft es, dass diese Terminologie an den umgangssprachlich bereits geläufigen Begriff der Gastronomie sowie an diverse andere fachwissenschaftliche Nutzungen des Präfix Gastro- (Gastronomie, Gastrokritiker, Gastrobetriebe, Gastroenterologie, Gastroskopie und dergleichen) anknüpft.

---

9 | Vgl. Schaler, Peter Singer under Fire; Jamieson, Peter Singer und his Critics.

Michiel Korthals, einer der ersten Philosophen, der sich mit der Ernährungsthematik beschäftigt, stellt fest: »Monographien zur Philosophie der Ernährung oder des Essens lassen sich mit den Fingern einer Hand zählen. Was die Frage notwendig macht, inwieweit diese Disziplin überhaupt ein eigenständiges Existenzrecht hat«.[10] Angesichts des in Frage gestellten Existenzrechts einer Philosophie des Essens ist es umso bemerkenswerter, dass eine der wenigen Publikationen, welche in diesem Zusammenhang kürzlich erschienen ist, von einem der international bekanntesten Philosophen der Gegenwart stammt: von Peter Singer. Ich sehe darin ein vielversprechendes Zeichen für das Geburtsrecht dieser neuen Disziplin.

Weil es gerade Peter Singer ist, der die bislang unerkannte Relevanz des globalen Nahrungsgeschehens für die Philosophie aufzeigt, entsteht die begründete Hoffnung, dass in absehbarer Zukunft die intellektuelle Beschäftigung auch mit einem derart ungewohnten Diskurs wie der Food Ethics oder Gastroethik nicht länger bloßes Befremden hervorrufen wird. Ganz im Gegenteil könnte es mit hoher Wahrscheinlichkeit dazu kommen, dass vielen Philosophen und Ethikern aus diesem Grund – in der Nachfolge von Singer – das Essen sowohl theoretisch als auch praktisch besser schmecken wird.

Um die von Singer skizzierte Ethik des Essens philosophisch einordnen zu können, ist es sinnvoll, mit einer allgemeinen Einordnung seines gastrosophischen Denkens anzufangen. Dazu gilt es als Erstes festzustellen und zu würdigen, dass er es schafft, das Essen in der ganzen philosophischen Relevanz und ethischen Brisanz wahrzunehmen. Sofort stellt sich die Frage, ob es wirklich in der Sache hilfreich ist, dass ausgerechnet er – der angeblich umstrittenste Vertreter der philosophischen Ethik – sich mit dieser vermeintlich unphilosophischen Thematik beschäftigt. Oder belegt dieser Sachverhalt nicht vielmehr die Bestreitbarkeit von Singers Position innerhalb der Philosophie? Diese Unsicherheit lässt sich am besten bewältigen, sobald geklärt ist, in welchem Sinne Singers Philosophie selbst davon profitieren würde, wenn gerade ihre gastrosophischen Implikationen stärker in den Vordergrund träten und konzeptuell systematisiert werden würden. Ich werde darum die Behauptung aufstellen, dass speziell mithilfe seines Nachdenkens über das Essen zwei philosophische Anliegen klarer darstellbar werden, die im Zentrum seiner eigenen geistigen Arbeit stehen und deren philosophische Systematik hervortreten lassen. Gemeint sind damit zum einen die gesellschaftstheoretischen Ziele seiner ›Ethik des guten Lebens‹ sowie zum anderen die moraltheoretische oder metaethische Programmatik seiner praktischen Philosophie als einer Philosophie der Praxis.

---

10 | Korthals, Ethics and Politics of Food, 447; vgl. ders., Before Dinner. Korthals versucht sein eigenes Plädoyer für das Existenzrecht der Food Ethics im Umweg über die Philosophie von Jürgen Habermas und John Rawls zu begründen.

GASTROSOPHISCHE GRUNDLAGEN VON SINGERS ETHIK

Um diesen Dingen auf den Grund zu gehen und um die undurchsichtige Systematik Singers Philosophie besser zu durchschauen, bietet es sich an, statt mit der Analyse seiner kürzlich erschienenen Monographie *Eating – What We Eat And Why It Matters* zu beginnen, auf diejenigen seiner früheren Texte zurückzugreifen, die ansatzweise die ethischen Dimensionen des Essens bereits thematisieren. Eine erste Beschäftigung findet sich beispielsweise in seinem einflussreichen Buch *Befreiung der Tiere* aus dem Jahre 1975 sowie in seinem Werk *Praktische Ethik* (1979) und darüber hinaus in dem einschlägigen Text *Vegetarische Philosophie* (1998). Diese durchgängige aber zunächst noch beiläufige Beschäftigung mit der Thematik belegt, worauf es mir ankommt: die zentrale Bedeutung von gastrosophischen Themen im Denken und Lebenswerk von Peter Singer.

Insbesondere seine Tierethik baut auf dem leitenden gastroethischen Gedanken auf, es sei moralisch falsch, dass unsere Gesellschaft Methoden einer industriellen Massentierhaltung toleriere, die den betreffenden Tieren ein leidvolles Leben verursache und deren massenhafte Tötung zur Folge habe, und dass dieses Unrecht darüber hinaus bloß geschähe, »um Fleisch zu erschwinglichen Preisen auf den Tisch zu bekommen«.[11] Angesichts des Unrechts dieses von Menschen täglich veranlassten Leidens und Tötens läuft eine Tierrechtsphilosophie auf eine radikale Sozialkritik unserer »speziestischen« Essgewohnheiten hinaus: »Solange wir nicht Fleisch und alle anderen Produkte aus Tierfabriken boykottieren«, mahnt Singer an, »tragen wir alle, jeder und jede einzelne von uns, zum Fortbestehen, zum Wohlstand und zum Wachstum der Tierfabriken und aller übrigen grausamen Praktiken bei, die bei der Aufzucht und Haltung von Tieren zu Nahrungszwecken eingesetzt werden«.[12]

Schon sein fulminanter philosophischer Erstling *Famine, Affluence, and Morality* aus dem Jahre 1972 richtet den Fokus auf einen zentralen Sachverhalt eines philosophischen Nachdenkens über das Essen: auf die Welthunger-Problematik. In dem gerechtigkeitstheoretischen Bestreben, dem kritischen Befund eines – damals schon – eklatanten Ungleichverhältnisses zwischen der an Hunger und Armut leidenden Bevölkerung der so genannten Dritten Welt und der gleichzeitig im Überfluss lebenden Bevölkerung in den reichen Industrieländern der Ersten Welt philosophisch Rechnung zu tragen, entwirft Singer eine eigene Moraltheorie. Sie begründet ein Moralprinzip, dessen Formalismus und konzeptuelle Schlichtheit mit der genialen Tragweite des Kant'schen Moralprinzips durchaus mithalten kann. Singers Grundsatz besagt: Wenn es in unserer Macht steht, etwas Schlechtes zu verhindern, ohne dabei etwas von vergleich-

---

11 | Singer, Praktische Ethik, 92.
12 | Singer, Animal Liberation, 263.

barer moralischer Bedeutung zu opfern, so sollten wir dies, moralisch gesehen, tun.[13]

Dieses ethische Grundprinzip hat seither viel Beachtung erfahren und ist inzwischen auch als das »Singer-Prinzip« anerkannt.[14] Zieht man für Singers moraltheoretischen Grundsatz das übliche Zuordnungsschema innerhalb der klassischen Positionen der Moralphilosophie zwischen der antiken (aristotelischen) Glücksethik, der modernen (Kant'schen) Prinzipienethik sowie der utilitaristischen Nutzenethik (im Anschluss an Bentham und Mill) heran, bestätigt sich seine formale Nähe zum Universalismus der Kant'schen Ethik. Doch weist Singers Ethik ein systematisches Dilemma auf, welches darin besteht, dass sie ihr konfuses Verhältnis zu diesen drei moraltheoretischen Programmatiken unzureichend reflektiert.[15]

Das konfuse Verhältnis zwischen den drei moraltheoretischen Ansätzen macht den universalistischen Geist von Singers Gerechtigkeitsbegriff (etwa Welthunger oder Fleischessen als etwas für alle gleichermaßen moralisch Unrechtes zu begreifen) und dessen utilitaristische Etikettierung (etwa wegen seines »Prinzips der gleichen Interessenabwägung«) klärungsbedürftig. Hinzu kommt die Frage, wie dieses universalistische und zugleich utilitaristische Denken mit seiner eudämonistischen Ethik des guten Lebens zusammenhängt. Freilich klären sich diese Verwirrungen und Ungereimtheiten ein Stück weit auf, wenn man die verschiedenen Argumentationsstränge und spezifischen Begründungskontexte seiner philosophischen Arbeiten genauer studiert. Folgt man der verbreiteten und sogar von Singer stellenweise selbst vertretenen Ansicht, soll seiner Ethik jedoch ein »Präferenz-Utilitarismus« zugrunde liegen; wie unplausibel dies ist, zeigt sich schon daran, dass das erwähnte »Singer-Prinzip« alles andere als eine utilitaristische Moralphilosophie auf den Begriff bringt. Wie er selbst sagt, basieren die normativen Grundlagen seines Denkens zweifelsohne auf dem ethischen Universalismus von »objektiven Werten«.[16] Denn erst die Prinzipienlehre allgemeiner Werte, die für alle gleichermaßen gut sein sollen, verleiht seinen Aussagen und Urteilen einen entsprechenden, gerechtigkeitstheoretischen, egalitären und, politisch gesehen, links-emanzipatorischen Sinn.[17]

Und genau diese programmatische Ausrichtung und Selbstverortung von Singers Philosophie wird von seinen Kritikern und Kommentatoren häufig unterschlagen oder nicht gesehen. Indes besteht eigentlich kein Zweifel: Singer, der schon Anfang der 1980er ein – positiv gestimmtes – Buch zu Karl Marx vor-

---

13 | Vgl. Singer, Hunger, Wohlstand und Moral, 39.
14 | Vgl. Appiah, Der Kosmopolit, 192.
15 | Vgl. Singer, Praktische Ethik, 17ff., 33-81.
16 | Singer, Wie sollen wir leben?, 220.
17 | Vgl. Singer, One World.

legt, bezeichnet sein eigenes Denken ausdrücklich als den Versuch einer neuen linken Philosophie.[18] »Die Linke braucht ein neues Paradigma. Der Zusammenbruch des Kommunismus und die Preisgabe des traditionellen sozialistischen Ziels des Gemeineigentums seitens der demokratisch-sozialistischen Parteien hat die Linke jener Anliegen beraubt, welche sie über zwei Jahrhunderte beherzigte, in denen diese zu einer Position von großer politischer Macht und großem intellektuellen Einfluss herangewachsen waren. Meine Sichtweise richtet sich diesbezüglich nicht so sehr auf die Linke als einer politisch organisierten Kraft, sondern vielmehr auf die Linke als einem umfassenden Gedankengut, einem Spektrum von Ideen bezüglich der Verwirklichung einer besseren Gesellschaft. Die Linke, in diesem Sinne, braucht dringend neue Ideen«.[19]

Ohne den sozialphilosophischen Geltungsanspruch einer universalistischen Ethik einer besseren Gesellschaft und eines guten Lebens aller wären Aussagen wie ›Hunger und Armut seien etwas moralisch Schlechtes‹ oder ›es sei nicht gut, Tieren durch industrielle Massentierhaltung auf grausame Weise Leid zuzufügen‹ ebenso undenkbar wie die Wertvorstellung, dass ›Menschen in Not zu helfen‹ etwas ethisch Gutes und darum für jeden gleichermaßen normative Pflicht sei. Der moralische Universalist Singer setzt sich für eine globale Ethik ein, deren explizit sokratischer Grundgedanke es ist, dass jeder Mensch, sofern es in seiner Macht steht, das ethisch Gute leben sollte und dementsprechend, wo es geht, das moralisch Richtige tun sollte. Darum fordert er, dass »wir den Gedanken, ein ethisches Leben zu leben, wieder zu einer realistischen und tragfähigen Alternative zu der heute herrschenden Vorstellung vom guten Leben« machen sollten. Und aus diesem einleuchtenden Grund müsse die Philosophie wieder »über die Frage nachdenken und herausfinden, worin ein gutes Leben wirklich besteht«.[20] Wie diese Formulierungen erkennen lassen, verbindet Singer universalistische Moralprinzipien und nicht etwa utilitaristische Erwägungen mit dem sozialphilosophischen, neolinks-politischen Konzept einer ethischen Lebenspraxis.

Vor diesem Hintergrund wird schließlich auch der spezifische Ausgangspunkt seines gastroethischen Denkens verständlich, welches das Ziel auf dem Weg zu einer besseren Welt gleichsam von dem extremen Gegenpol eines guten Lebens bzw. Essens angeht: Singer geht von der Feststellung aus, dass jeder Mensch, der hungert und in Armut leben muss, ein objektiv schlechtes Leben hat. Hunger und Armut werden sozialphilosophisch als etwas universell Ungutes thematisiert, als ein globales Unrecht, welches angesichts des Reichtums unserer Welt praktisch abwendbar wäre. Daran gemessen stellt dieses gesellschaftlich verhinderte Wohl der betroffenen Menschen eine, wenn nicht

---

18 | Vgl. Singer, Marx: A Very Short Introduction.
19 | Singer, Unsanctifying Human Life, 358.
20 | Singer, Wie sollen wir leben?, 29, 68.

die größte, politische Ungerechtigkeit der Gegenwart dar. Aus dieser Sicht der Dinge und dem Anliegen, dieses globale Unrecht zu verhindern, ergibt sich die Notwendigkeit der philosophischen Begründung ›einer besseren Welt‹ und einer ›ethisch guten Praxis‹.

Schon in dem erwähnten frühen Text *Famine, Affluence, and Morality* verbindet Singer einen ersten Schritt der ethischen Praxis, Gutes zu tun, mit der Maxime, dass diejenigen, die in den Wohlstands- und Konsumgesellschaften der Ersten Welt leben, ihren »fairen Anteil« dazu beitragen sollten, das Hungerelend in der Dritten Welt zu verhindern und die miserablen Lebensverhältnisse der armen Bevölkerung zu verbessern. Doch was konkret ist das ethisch Gute und Richtige, was jeder – zumindest von uns – als seinen gerechten Teil tun kann und tun sollte, um der globalen Ungerechtigkeit des Welthungers und damit dem, vom gastrosophischen Standpunkt aus betrachtet, gegenwärtig größten Übel entgegenzuwirken? Singer gibt auf diese Frage zwei praktisch ganz unterschiedliche und konzeptuell auch entgegengesetzte Antworten: In diesem irritierenden Sachverhalt kommt die angesprochene Schwäche seines interventionistischen Philosophierens zum Tragen aufgrund der damit einhergehenden thematischen Spezialisierung und fehlenden Systematik. Auf der einen Seite wird eine mittlerweile weitestgehend bekannte Spendenethik präsentiert, deren Argumente und Defizite ich bereits im Kontext der Erörterungen zur Welthungerthematik ausführlich diskutiert habe; auf der anderen Seite, die hier von Interesse ist, bekommen wir es mit Singers noch weitestgehend unbekannten Gastroethik zu tun.

Eine halbherzige Gastroethik?

Mit *Eating – What We Eat And Why It Matters* präsentiert Singer, in Zusammenarbeit mit Jim Mason, seine erste monothematische Studie zu dieser Fragestellung. Mit der Veröffentlichung eines philosophischen Werks, welches die ethische Relevanz des Essens untersucht, bricht er abermals ein Tabu. Entsprechend beginnt die Abhandlung mit den Worten: »Gewöhnlich denken wir über das, was wir essen, nicht als Angelegenheit der Ethik nach. Stehlen, lügen, Menschen verletzen – solche Taten sind offensichtlich relevant für unseren moralischen Charakter. Das gleiche gilt, würden viele Menschen sagen, für unsere Beteiligung an kommunalen, gemeinschaftlichen Aktivitäten, für unsere Großzügigkeit gegenüber Notleidenden und besonders unser Liebesleben. Aber Essen – eine Tätigkeit, die noch wesentlicher ist als Sex, und an der jeder beteiligt ist – wird im Allgemeinen ganz anders wahrgenommen.« Zu dieser allgemeinen Unsichtbarkeit passt die Tatsache, dass sich kein namhafter Philosoph der Gegenwart vor ihm mit diesem ebenso alltäglichen wie umfassenden Aspekt der individuellen Existenz und dessen gesellschaftlicher Realität beschäftigt hat. Gleichwohl entdeckt Singer für sich selbst, wie gesagt, keine völlig neue Thematik. Mit dem ethischen Blick auf unser Essen nähert er sich vielmehr einem grundlegenden philosophischen Problem, das ihn schon lange beschäftigt, nämlich dem weltweiten Hunger – nun jedoch aus einem ganz anderen Blickwinkel.

Statt wie üblich das Drama des Welthungers nur mit dem Elend der Armen in fern gelegenen Entwicklungsländern in Verbindung zu bringen, wird das tägliche Elend des eigenen Hungers und die gesellschaftliche Unterentwicklung unseres ethisch schlechten Essens thematisiert. Durch diesen Perspektivwechsel in der Betrachtung dreht sich die philosophische Sichtweise auf die ›Welthunger‹-Problematik um die eigene Achse: Die Hauptursache dieser globalen Problematik wird auf die kulturell hegemonialen Ernährungspraktiken der Bevölkerung in den westlichen bzw. den westlich globalisierten Wohlstandsgesellschaften als ihrem spezifischen Ursprungsort zurückgeführt. Gegenstand der von Singer ansatzweise entwickelten Ethik des Essens ist folglich nicht die moraltheoretische Begründung der Pflicht, anderen Gutes zu tun, etwa den Armen durch Geldspenden zu helfen. Auf diese ethische Forderung läuft Singers Welthungerphilosophie im Bezugsrahmen seiner Spendenethik hinaus. Seine Gastroethik setzt anders an. Ihr geht es um die moraltheoretische Begründung einer ungewöhnlichen Gerechtigkeitspflicht, nämlich der Pflicht, sich selbst zu helfen, eine andere Ernährungsweise zu praktizieren, die für einen selbst wie für alle anderen besser ist, und die täglich zu leben ethisch gut wäre.

Indem Singer unsere kulinarische Alltagspraxis zum Ausgangspunkt wählt, weckt sein Buch *Eating – What We Eat And Why It Matters* die nahe liegende Erwartung, dass darin eine umfassende Theorie des ethisch guten Essens entfaltet wird und der Autor zu diesem Zweck alles, was er zum Thema zu sagen hat, ›seine Gastrosophie‹, als ein systematisches Ganzes aufbietet. Doch um das Ergebnis gleich vorwegzunehmen: Diese Erwartung wird letztlich auch in diesem Fall enttäuscht. Sicherlich werden diejenigen Leser, die mit den anderen Schriften von Singer nicht vertraut sind, kaum etwas davon merken, dass viele Aspekte und wichtige Argumente der philosophischen Begründung einer Ethik des Essens, die durchaus – obgleich auf verschiedene Texte verstreut – angeführt werden, jedoch in *Eating* unerwähnt bleiben. So bietet dieses Buch entgegen der Erwartung, die der Titel und die monothematische Präsentation hervorruft, nicht die Summe seines gastrosophischen Gedankenguts.

Dieser Sachverhalt ist ebenso irritierend wie folgenschwer. Folgenschwer, weil deshalb äußerst wichtige und überzeugende Gründe für die Praxis einer ethisch gut gelebten Ernährungsweise nicht zur Sprache kommen; irritierend, weil unverständlich bleibt, wieso Singer mit der offiziellen (monographischen) Präsentation seines gastroethischen Denkens nur halbe Sachen macht. Statt diese Arbeit für die systematische Grundlegung einer Ethik des Essens zu nutzen, bleibt es dabei, dass seine philosophisch-interventionistische Reflexion der globalen Ernährungsverhältnisse in zwei säuberlich getrennte Hälften auseinanderfällt: Welthungerproblematik und Spendenethik hier (Welthunger I), Essensproblematik und bessere Ernährungspraxis oder Gastroethik dort (Welthunger II).

Fest steht: Mit *Eating* bietet der philosophische Vorzeigekoch seinen Gästen lediglich eine halbherzige Kostprobe seines gastroethischen Könnens an. Ihre Halbherzigkeit rührt auch daher, dass in diesem Werk nur die Hälfte dessen steckt, was der Sache nach und auch Singers eigener Position zufolge eine voll entwickelte und eine raffiniert Appetit anregende Theorie des ethisch guten Essens ausmacht. Kurz und genug der vorgreifenden kritischen Worte: Mit seinem vorläufigen Hauptwerk zum Thema stattet Singer den philosophischen Neuling einer ohnehin allseits in Frage gestellten ›Ethik des Essens‹ nicht mit einem denkbar umfassenden Existenzrecht aus. Wie ich denke und auch bei verschiedenen Gelegenheiten zu zeigen versucht habe, könnte es dem Geburtsakt eines neuen philosophischen Welt- und Selbstbezugs, zumal eines so weitreichenden und facettenreichen Wissensbereichs wie des Essens, helfen, wenn dieser Vorgang von einer kritischen Auseinandersetzung mit einschlägigen Vordenkern der Gastrosophie vorbereitet würde.

Ebenso würde die schwierige Geburt einer ›Gastroethik‹ erleichtert, wenn sie seitens der inzwischen vielfältigen fachwissenschaftlichen Diskurse, die für deren Begründung erforderlich sind (wie etwa der Bioethik, Tierethik, der Umweltethik, der Wirtschafts- und Konsumethik oder der Geschlechterethik und der Geschmacksästhetik), professionelle Begleitung und Unterstützung erführe. Mithilfe der Berücksichtigung des aktuellen Forschungsstandes solcher ›gastrosophischen Wissenschaften‹ ließe sich eine philosophische Begründung der damit verbundenen normativen Kriterien und der moraltheoretischen Wertmaßstäbe oder Prinzipien unternehmen. Dann bliebe auch die programmatische (metaethische) Frage nicht unbeantwortet, wie die Philosophie eines ethisch guten Essens insgesamt gedacht und in einer systematisch vollständigen und eigenständigen Form als ›Gastrosophie‹ aufgebaut werden müsste. Fehlen all diese wichtigen begleitenden Geburtshilfen, wie im Falle von Singers *Eating*, kommt die Ethik des Essens nur unnötig geschwächt zur Welt.

Zu den Besonderheiten im formalen Aufbau von *Eating* gehört die journalistische Erzählform, die schon stilistisch jeglichen Anspruch auf eine philosophische Systematik (sprich: Seriosität) in Darstellung und Aufbereitung des Themas von sich weist. Aus dieser fachphilosophisch unvorteilhaften, aber bewusst programmatischen Vorentscheidung ergibt sich freilich auch eine konzeptuelle Stärke von Singers Argumentation. So ermöglicht die unsystematische, narrative Form ein methodisches Verfahren, welches auf die ethnologische Feldforschung zurückgreift. Es sucht die Zusammenhänge der hegemonialen Ernährungspraxis in ihrem gesellschaftlichen Ursprung auf: in den alltäglichen Gewohnheiten der Menschen. Durch dieses aufsuchende Vorgehen holt Singers

Philosophie die Menschen ›dort ab, wo sie sind‹, anstatt sie mit einer komplizierten Theorie oder mit dem üblichen philosophischen Jargon abzuschrecken.

Diese lebensweltliche Zugangsweise von *Eating* erleichtert es den Adressaten seiner Philosophie, sich mit dem ungewohnten Gedanken vertraut zu machen, dass unsere kulinarische Alltagskultur unzählige weitreichende, politisch-ethisch relevante Implikationen beinhaltet, die normalerweise aber weder wahr- noch ernst genommen werden. Eine alltagspraktische Perspektive zu wählen, ist für eine sich aufs ›Praktische‹ verstehende Philosophie von grundlegender Bedeutung. Denn sollte es ihr Anliegen sein, eine ›Praktische Ethik‹ des für alle guten Lebens und nicht etwa wie im Falle der ›Angewandten Ethik‹ das Anliegen von verschiedenen anwendungsfähigen Spezialethiken (im Bereich der Bioethik für Mediziner und Fachethiker, im Bereich der Tierrechte für Tierschützer und Moraltheoretiker oder im Bereich der Fortpflanzung und schweren Erkrankungen für Schwangere und schwer Kranke usw.) entwickeln zu wollen, dann muss sie sich konzeptuell auch auf das menschliche Alltagsleben beziehen. Eine solche Theorie der ethischen Alltagspraxis ist folglich in dem Sinne praktisch, dass sie eine philosophische Anleitung dazu bietet, wie jeder das ethisch Gute tun und ethisch Ungutes vermeiden könnte, sofern dies in seiner Macht steht und er dies überhaupt tun will und in diesem Sinne eine Sache des eigenen Tätigseins ist.

Folgerichtig beschreibt *Eating* den Besuch von drei verschiedenen Familien, die jeweils ein verallgemeinerbares Beispiel für die Alltagspraxis von drei sehr unterschiedlichen kulinarischen Lebensformen repräsentieren. Mit der philosophischen Analyse von verschiedenen, um ihrer selbst willen gewählten Lebensformen nutzt Singer außerdem unausgesprochen eine bewährte Methodik der aristotelischen Moraltheorie.

Die erste Familie isst die durchschnittliche und heute kulturell mehrheitlich gewählte ›Westliche Diät‹. Singer und Mason bezeichnen sie als die *Standard American Diet* oder einfach als *SAD*.[21] Sie ist vor allem durch den täglichen Verzehr von Fleischprodukten aus industrieller Massentierhaltung und von einer Vorliebe für bequeme (Tiefkühl-)Fertigprodukte geprägt. Familien, die sich auf diese Weise ernähren, gehen bevorzugt in Supermärkten und großen Discounterketten wie Wal-Mart oder Aldi einkaufen und wählen gerne Fastfood Schnellrestaurants fürs außerhäusliche Essen. Ihnen schmecken süße und fettige Speisen gut, frisches Gemüse und Obst gibt es gelegentlich, sie stehen aber nicht im Mittelpunkt. Insgesamt hat die alltagspraktische Frage, was und wie gegessen wird, im Vergleich zu anderen Dingen im Leben solcher durchschnittlichen Haushalte einen eher untergeordneten Stellenwert. Gewohnheitsmäßige Kriterien sind möglichst niedrige Preise und maximale Bequemlichkeit, um nicht zu viel Zeit und Energie für die tägliche Ernährung und deren unvermeidbaren

---

21 | Singer/Mason, Eating, 15-82

Tätigkeiten – Einkaufen, Kochen, Speisen, Abwaschen und all die anderen Dinge der kulinarischen Alltagspraxis – zu vergeuden.

Die zweite Familie wird den »conscientious omnivores«, den gewissenhaften Allesessern zugeordnet.[22] Es handelt sich um eine noch kleine, aber seit einigen Jahren stetig größer werdende Gruppe von Menschen. Gewissenhafte Allesesser legen insgesamt größeren Wert auf gutes Essen, insofern es sowohl der Umwelt als auch der Gesundheit gut tut oder auch ihrem kulinarischen Lebensgenuss einen Eigenwert verleiht. Sie kaufen überwiegend Lebensmittel aus zertifizierter Bioproduktion, außerdem frisches saisonales Gemüse, viel Getreideprodukte und wenig Fleisch, welches dann von artgerecht gehaltenen Tieren stammt. Außerdem nutzen sie, wo es geht und im Rahmen ihrer finanziellen Möglichkeiten liegt, das Angebot von Produkten aus fairem Handel. Gewissenhafte Allesesser verhalten sich nicht so, weil diese Ernährungsweise zufällig ihre persönliche Lebensgewohnheit ist, sondern eben aus Gewissensgründen: Weil sie nicht dazu beitragen wollen, dass es so etwas gibt wie industrielle Landwirtschaft, Massentierhaltung und die damit verbundene Umweltzerstörung durch Abholzung, Landverödung, Wasserknappheit und Klimawandel oder so etwas wie unfaire Handelsstrukturen und Ausbeutung von Menschen, die auf die eine oder andere Art im Bereich der Nahrungsproduktion für zumeist schlechte Bezahlung arbeiten.

Sie essen lieber gesund, anstatt sich den Gefahren von ungesunden Lebensmitteln und chronischen Erkrankungen als Folge einer gesundheitsschädigenden Ernährungsweise auszusetzen. Vermehrt essen sie statt Fleisch und Fisch rein pflanzliche und proteinhaltige Produkte aus Sojabohnen (Tofu) und Weizeneiweiß (Seitan) oder Ähnliches. Prinzipiell befürworten diese Haushalte häufig einen Vegetarismus, doch halten sie an ihren nicht hundertprozentig fleischfreien, eben omnivoren Geschmacksgewohnheiten fest, weil sie gerne wenigstens gelegentlich weiter Fleisch und regelmäßig (täglich) Milch, Käse, Eier und andere Tierprodukte genießen möchten. Grundsätzlich sind gewissenhafte Allesesser bereit, nicht nur mehr Geld für gerecht gehandelte Produkte von kleinen Bauernbetrieben aus Entwicklungsländern zu bezahlen, sondern auch eher in kleineren Bio-Läden im eigenen Stadtteil oder auf dem Wochenmarkt zu kaufen. Statt schnellem Konsum von Fertigprodukten wird meistens selber gekocht und Mahlzeiten werden möglichst gemeinsam genossen.

Die dritte Familie, die Singer und Mason zwecks ihrer gastrosophischen Feldforschung aufsuchen, hält sich an eine strikt vegane Ernährungsweise.[23] Das heißt, sie verzichtet sowohl auf den Genuss von Fleisch aus industriellen Tierfabriken oder von Biohöfen als auch auf alle anderen tierischen Produkte wie Milch, Käse, Eier oder Fisch, um in keiner Weise friedliche Tiere aus blo-

---

22 | Ebd., 83-186
23 | Ebd., 187-266

ßen Geschmacksgründen zu instrumentalisieren und töten zu lassen. Veganer stellen konsequent auf Soja- und andere rein pflanzliche Nahrungsmittel als Eiweißquellen um. Sie essen, soweit es geht, saisonale und überwiegend regionale Ware und oft, aber nicht ausschließlich, gemäß Bio- und Fairhandel-Kriterien. Wer sich auf diese Weise ernährt, gehört zu einer extremen Minderheit, die bereit ist – noch mehr als die gewissenhaften Allesesser – die eigene kulinarische Lebenspraxis zu ändern, um sich nicht länger an den Auswirkungen zu beteiligen, die durch die kulturell hegemoniale ›westliche Standard-Diät‹ und vor allem durch den täglichen Konsums von tierischen Produkten und Fleisch zu niedrigsten Preisen aus großindustriellen Tierfabriken verursacht werden.

Soweit in aller Kürze einige Funde der gastrosophischen Feldforschung von Singer und Mason in *Eating*. Im Detail untersuchen sie genau, welche konkreten Produkte von jeder der drei untersuchten Familien gegessen werden und auf welche Weise sie produziert wurden. Im Ergebnis, worauf es hier ankommt, entsteht ein äußerst komplexes Bild der kulturellen, politischen, ökonomischen, gesundheitlichen und sozialen Zusammenhänge des ebenso alltäglichen wie weltweiten Nahrungsgeschehens. Anhand dieser komplexen Herkunftsgeschichte werden ethische Implikationen thematisiert, die sich aus den jeweiligen Entscheidungen und Eigenlogiken der betreffenden kulinarischen Lebensformen ergeben. Aus dem Faktum, dass sich das individuelle oder kollektive Verhalten nachweislich auf das Leben und Wohl (oder Weh) anderer – sowohl anderer Menschen als auch anderer nichtmenschlicher Wesen und Wirklichkeiten – auswirkt, leitet Singer formale gerechtigkeitstheoretische Kriterien dafür ab, warum das jeweilige Essverhalten zum Gegenstand der ethischen Beurteilung und einer praktischen Verantwortung der Akteure wird. Entsprechend basieren die normativen Kriterien dieser moralphilosophischen Reflexion unseres Essens auf einem verantwortungsethischen Universalismus. Mit Bezug auf Singer könnte man ebenso gut von einem kosmopolitischen Konsequenzialismus sprechen.

Die Spezifik einer Ethik des Essens

Statt hier die detaillierten Gründe und Begründungen dieser Kriterien wiederzugeben oder zu diskutieren, genügt es zur kritischen Würdigung von Singers Geburtshilfe der Gastroethik, die Architektur seiner Argumentation zu begutachten. In der Beschreibung der drei sehr unterschiedlichen Ernährungsweisen tut sich ein großes Spektrum an Selbst- und Weltbezügen auf, die durch sie entstehen: Wer isst, so erfahren wir, kommt nicht bloß einem ›biologischen Grundbedürfnis‹ der menschlichen Existenz nach; wer sich ernährt, beschäftigt sich auch nicht mit einem ›reinen Privatvergnügen‹. Die Welt des Essens hat sich leider (aber auch zum Glück) in den zurückliegenden Jahrtausenden der ablaufenden Geschichte des menschlichen Essens grundlegend geändert.

Auch ohne diese schlaraffenländische oder konsumkapitalistische Revolution eigens wahrnehmen und durchschauen zu müssen, ›stecken‹ wir – die durchschnittlichen Bürger und Esser der Ersten Welt – ›mittendrin‹ wie die Maden im Speck. Und egal was wir essen mögen, gelingt es niemandem von uns, aus dieser – je nach Sicht der Dinge – glücklichen oder unglücklichen Situation zu entkommen. In einer globalisierten Welt stellen jeder Essensakt und jeder Einkauf von Lebensmitteln von uns fortwährend Beziehungen in tausend Richtungen her: indirekte Welt-Selbst-Beziehungen zur globalen Landwirtschaft, zu Welthandelsstrukturen, zur Umwelt und zu Nutztieren, zum weltweiten Klima ebenso wie zur Industrie. (Alleine die drei größten Lebensmittelkonzerne setzen mit unserem Geld über 150 Milliarden Euro pro Jahr um.) Und darüber hinaus entstehen durch die Welt des Essens ständig direkte Selbstbeziehungen zur Gesundheit des eigenen Körpers und zum persönlichen, mit anderen geteilten Alltagsleben und damit zu allerlei Allerweltsfragen des Geschmacks, des Genusses sowie unseres individuellen und kollektiven Selbstverständnisses als Menschen.

Singer gelingt es, diese weltweiten Zusammenhänge und Interdependenzen anhand seiner drei ausgewählten Familien trotz deren Komplexität sehr anschaulich und detailliert zu erörtern. Schritt für Schritt wird die eingeübte lebensweltliche Sichtweise, die das Essen auf ›Ernährung‹ und mit diesem Begriff stillschweigend auf naturwissenschaftliche Kategorien und biochemische Prozesse (Stoffwechselvorgänge, Brennwerte, Kalorientafeln, Diätprogramme usw.) reduziert, aus der sachlichen Verengung befreit und gastrosophisch erweitert: Wir lernen buchstäblich über unseren Tellerrand hinauszuschauen und die Welt des Essens zu denken; wir lernen, unser tägliches Essen in seiner Welt konstituierenden Dimension zu begreifen.

Aus der Erkenntnis der Globalität und Komplexität des Essens ergibt sich ein weiterer Aspekt, der das Spezifikum dieses Erkenntnis- und Handlungsbereiches verständlich macht. So wird an der Darstellung der Einzelheiten und ihrer Zusammenhänge begreiflich, dass die sachliche Herleitung der Normativität einer gastrosophischen Ethik nicht, wie gewohnt, aus abstrakten Theorien und Argumenten einer philosophischen Moralkonstruktion möglich ist. Vielmehr leiten sich zahlreiche Bewertungen aus solchen empirischen Fakten ab, die von unterschiedlichsten wissenschaftlichen Fächern im Bereich der Landwirtschaft, der Umwelt, der Tierhaltung, der Gesundheit, der Klimaforschung, der Ästhetik u.a. erforscht werden. Singer und Mason präsentieren keine neuen wissenschaftlichen Erkenntnisse, die in den einzelnen Fachdisziplinen nicht schon bekannt wären. Der philosophische Standpunkt sorgt lediglich für den die fachwissenschaftlichen Grenzen und Einzelerkenntnisse übersteigenden, transdisziplinären Überblick oder, etwas emphatischer formuliert, für die Wahrheit des Ganzen.

Zusätzlich zur überblicksartigen, generalistischen Berücksichtigung aller Facetten und Faktoren des globalen Nahrungsgeschehens kommen moraltheoretische Erwägungen als weitere Medien des philosophischen Geschäfts hinzu. Als notwendige normative Grundlagen einer Gastroethik nutzt Singer – neben dem bereits erwähnten allgemeinen Moralprinzip der ethischen Pflicht eines jeden, wo es geht, Gutes zu tun – im Wesentlichen tier-, umwelt-, wirtschafts-, gesundheits- und konsumethischen Prinzipien. Die Spezifik der Gastroethik ergibt sich folglich nicht aus dem Sachverhalt, dass eine rein theoretisch hergeleitete Ethik ein einziges Universalprinzip auf einen beliebigen Spezialbereich ›praktisch anwendet‹. Nebenbei bemerkt: Keine so genannte Angewandte Ethik besteht lediglich in der Anwendung eines einzigen Universalprinzips. Alle diese bereichsspezifischen Ethiken basieren auf jeweils unterschiedlichen Moralprinzipien, die aus der Spezifik ihres Handlungsbereichs gewonnen werden müssen. Angewandt ist deren Ethik aber durchaus in dem Sinne, dass es dabei stets um Fragen des praktischen Handelns geht.

Die gastrosophische Praxis, ethisch Gutes zu tun, setzt sich aus spezifischen und zwar aus mehreren unterschiedlichen und untereinander irreduziblen Prinzipien und Komponenten zusammen. Dazu gehören Güter und Werte wie: der Schutz der Umwelt (Klima, Artenvielfalt, Tiere, Pflanzen, Böden, Gewässer), Gerechtigkeit (speziell im globalen Wirtschaftssystem), Freiheit der Selbstbestimmung, Demokratie, Intersubjektivität des Geschmacksurteils, Gleichberechtigung in der Küchenarbeit, die Sozialität des Genießens, Gesundheit. Auf solchen normativen Prinzipien und konstitutiven Komponenten baut die philosophische Begründung des ›ethisch Guten‹ auf.

Doch obgleich die inhaltliche Bestimmung dieser Kriterien erst den ganzen Sinn und Begriff eines ›ethisch guten Essens‹ ergeben und obgleich diese philosophische Bestimmung theoretisch durchaus möglich ist (auch wenn sie schwierig bleibt), macht die philosophische Auflistung dieser komplexen Normativität sowie die spezifische Zusammenstellung dieser Moralität von universellen Werten und höchsten Gütern noch nicht einmal die größte Schwierigkeit einer solchen Ethik aus. Denn die betreffenden Informationen, Erkenntnisse und Beurteilungen, warum es besser wäre, ethisch zu essen, sind inzwischen weitestgehend vorhanden; indes sind sie weiterhin aufs Heftigste gesellschaftlich umkämpft. Doch genau auf diesen feinen Unterschied kommt es hier an: der Abgrund zwischen philosophischen Begründungen einerseits und politischem Kampf und gesellschaftlicher Strittigkeit andererseits. Man sollte hier nicht das eine mit dem anderen verwechseln: Im Prinzip können die meisten längst wissen, dass und wie sich die durchschnittlichen Ernährungsgewohnheiten auf die Umwelt, die Tiere, die Bauern (insbesondere in den Entwicklungsländern), die Städte, die Gesundheit, die Alltagskultur etc. auswirken. Der allgemeinen Öffentlichkeit ist durchaus zumindest diffus bewusst und durch ständige Medienberichte auch in einem täglich zunehmenden Maße bekannt, aus welchen Gründen es für alle besser wäre, wenn wir – die Bürger der Wohlstands- und Schlaraffenländer – uns in Zukunft anders ernähren würden.

Die größte Schwierigkeit einer Gastroethik bereitet daher weniger die (philosophische) Theorie als die (alltägliche) Praxis: Nicht das Wissen, was gut wäre zu tun, nicht etwa die Unkenntnis des Guten, sondern die praktische Tatsache, dass es von jedem auch wirklich getan werden muss. So besteht die schwierigste Aufgabe einer philosophischen Ethik des guten Essens wohl darin, ihre Adressaten von sich zu überzeugen. Wahrlich eine delikate Angelegenheit[24]: Wie viel bequemer ist es, die Ethik an die Politik zu delegieren, wo anstelle von uns andere handeln, wenn auch selten auf überzeugende Weise; und wie viel leichter wäre es, die Moral dem Recht zu überantworten, das nicht überzeugen muss, sondern zwingen kann, weil es sich mit staatlicher Macht auch gegen unseren Willen durchsetzen lässt. Weshalb die meisten Moralphilosophen und Gerechtigkeitstheoretiker sich auch lieber ›ans Recht halten‹ – durchaus in diesem doppeldeutigen Sinn, dass sie ausschließlich in Begriffen des Rechts denken und dass sie sich in den moralischen Dingen (einer Ethik des Guten) eher an das halten, was gesellschaftlich als richtig gilt. Doch einer politischen Philosophie, die sich für die Praxis des ethisch guten Essens als einer Form des ethisch guten Lebens ausspricht, die zugleich an der Autonomie des Menschen als eines aus freier Überzeugung handelnden Wesens festhält und an diese appelliert, bleibt nur ein Mittel: uns alle von sich zu überzeugen.

Lehrt Singer die Moral einer strikt veganen Diät?

Mit den Mitteln, die Singer einsetzt, gelingt diese schwierige Aufgabe nur halbwegs. Dies hat vor allem damit zu tun, dass sich die Gastroethik, die er in *Eating* vorstellt, am Ende als die theoretische Vernunft einer rein veganen Diät empfiehlt. Strittig an der Idee, dass die vegane Ernährung die reine Vernunft wäre, ist nicht die moralische Zumutung, nie mehr tierische, sondern ausschließlich pflanzliche Produkte zu essen. Umstritten bleibt diese Ethik eher dadurch, dass den meisten der kategorische Imperativ, dass wir alle ›Veganer‹ werden sollen, schlicht nicht schmeckt – zumindest solange dieses schlichte Rezept ohne weitere Zusätze sowohl in der Darbietung und in der Portionierung als auch hinsichtlich der Raffinessen der ganzen Komposition bleibt.

Die Moralität einer rein veganen Ernährungsweise fordert von jedem primär eine Moral des Verzichts und zwar nicht den Verzicht auf irgendein kleines gelegentliches Lüstchen, sondern den Verzicht auf lieb gewonnene und zutiefst eingefleischte Lebensgewohnheiten: den strikten Verzicht auf Fleisch, Wurstwaren, Milch, Käse, Eier und andere ›leckere‹ Produkte tierischen Ursprungs.

---

24 | Vgl. Niehues-Pröbsting, Überredung zur Einsicht.

Dass eine ›vegane Diät‹ auf den Widerwillen des gesellschaftlichen Geschmacks stößt und allgemein kaum als gutes Essen goutiert wird, ist sich Singer durchaus bewusst. »Veganer werden ist für die meisten unter den Hunderten von Millionen von Menschen in den industrialisierten Ländern, die gegenwärtig Tiere essen, noch immer ein zu großer Schritt«.[25] Er weiß um das philosophische Dilemma, dass die moralische Pflicht einer Abstinenz gegenüber dem gewohnten Fleischkonsum wenig Aussicht hat, Menschen zu erreichen, für die das Essen von tierischen Produkten ein täglicher Genuss ist und dieses – allerdings durch künstliche Billigpreise politisch stimulierte und öffentlich subventionierte – Bedürfnis sogar der Inbegriff »ihrer Vorstellung von einem guten Leben« ist.[26]

Wird gleichwohl diese vegane Ethik als Moralprinzip zugrunde gelegt, entsteht zwischen den drei exemplarischen Familien und ihren jeweiligen kulinarischen Lebensgewohnheiten eine Stufenleiter der moralischen Exzellenz. So bewahrheitet sich, dass die gegenwärtig von den Bürgern der Wohlstandsländer mehrheitlich bevorzugte ›Westliche Diät‹ jeder praktischen Vernunft auf eklatante Weise widerspricht. Was folgerichtig besagt, dass die meisten, jedenfalls moralisch gesehen, kulinarisch schlecht leben und im Bereich des Essens tagtäglich statt des ethisch Guten lieber allerlei Unethisches tun. Bereits wesentlich ethisch korrekter und konsequenter verhält sich die wachsende Zahl der gewissenhaften Allesesser, weil sie sich schon überwiegend vegetarisch ernähren und außerdem Lebensmittel wählen, die ökologisch erzeugt, möglichst fair bezahlt, saisonal und aus der Region sind. Doch insofern sie weiterhin gelegentlich Fleisch oder Fisch genießen wollen und aus dem gleichen Grund regelmäßig Milch, Käse, Butter und Eier essen, wiewohl immerhin aus tiergerechter und nachhaltiger Produktion, erreichen sie noch nicht das Maximum ethisch vollkommenen Handelns und Essens, das Veganer erreichen.

Kein Zweifel, sollte die Praxis einer ethisch gut gelebten Esskultur tatsächlich darin bestehen, dass wir alle zu ›Veganern‹ werden müssen, und sollte die moralische Maxime einer souveränen Ernährung lauten: ›Handle so, dass du jederzeit vegan isst!‹, dann wird vielen von uns, auf die es hier ankommt, diese Ethik nicht schmecken – sowohl buchstäblich als auch im übertragenen Sinne. Wahrscheinlich wird sie den meisten sogar noch weniger gefallen als Singers Forderung, dass wir mehr Geld für Welthunger- und Entwicklungshilfeorganisationen spenden sollten, um ethisch gut zu handeln und unsere Gerechtigkeitspflicht: ›Helfe den Armen und Hungernden in der Dritten Welt!‹ zu erfüllen.[27]

---

25 | Singer/Mason, Eating, 276.
26 | Singer, Wie sollen wir leben?, 58.
27 | Vgl. Singer, The Life You Can Save; in gekürzter Fassung auf Deutsch erschienen als: ders., Leben retten.

Wie die Dinge stehen, wird eine Gastroethik, die einen strikten Veganismus in ihr Zentrum rückt, kaum Appetit auf Veränderung und ein angeblich besseres Essen machen. Im Gegenteil: Nicht nur, dass die geforderte Moral wenig Überzeugungskraft hat; vor dem Hintergrund von lang eingeübten Geschmacksvorlieben und kulinarischen Gewohnheiten unserer Esskultur einerseits sowie den gegebenen politisch-ökonomischen und technisch-industriellen Verhältnissen des globalen Ernährungssystems andererseits werden sich die meisten auch ganz praktisch von einer ganz und gar fleischlosen Küche überfordert fühlen. Am Ende des aufschlussreichen Selbstversuchs, sich von dem üblichen Mitmach-Verhalten zu befreien und konsequent ethisch zu essen, kommt beispielsweise die Bestseller-Autorin Karen Duve zu dem erwartungsgemäßen Ergebnis, dass für sie das Veganer-Werden wohl bedeuten würde, »für den Rest meines Lebens wahnsinnig schlechte Laune und das Gefühl zu haben, ständig verzichten zu müssen«.[28]

Eine Ethik des Essens, die mit der scheinbar übellaunigen Moralität eines asketischen Veganismus für sich wirbt, erscheint nicht nur überfordernd und wenig überzeugend. Mit ihren unbequemen Wahrheiten und ihrem genussfeindlichen Imperativ, den erstrebenswerten Genüssen eines kulinarischen Lebens freiwillig entsagen zu sollen, bringt sie die Menschen letztlich sogar gegen sich auf: Sie vermittelt das Gefühl, eine ethisch gute Ernährungsweise wäre als alltägliche Lebensweise unattraktiv. Sie lässt ›Ethik‹ in Theorie und Praxis als etwas Unerfreuliches erscheinen, das im Gegensatz zum eigenen Interesse an einem guten Leben und am Glück des Genusses steht. Singers Ethik läuft Gefahr, die gleichen Fehler zu wiederholen, die sie an der traditionellen Moralphilosophie, insbesondere der christlichen und der kantianischen Pflichtethik, explizit kritisiert: Sobald nämlich der Eindruck entsteht, »ethisch zu leben sei mühsam, unbequem, bedeute Selbstaufopferung und sei ganz allgemein unattraktiv«, erscheint »die Ethik als etwas uns Äußerliches, ja unseren Interessen Feindliches«.[29] Es ist wenig bekannt, dass sich der große Moraltheoretiker Kant diese Schwierigkeit der ethischen Theorie schon vor Augen geführt hat; wenngleich mit wenig Erfolg. Aber immerhin sieht Kant das Problem einer philosophischen Ethik, »welche freudenlos, finster und mürrisch ist, die Tugend selbst verhasst macht und ihre Anhänger verjagt«. Und der große Vernunfttheoretiker ahnt: »Es muss etwas dazu kommen, was einen angenehmen Lebensgenuss gewährt und doch bloß moralisch ist«.[30]

Aber erweckt Singer nicht genau den Eindruck, dass Ethik etwas uns Äußerliches, ja unseren Interessen Feindliches und an sich Freudenloses ist, wenn seine Moraltheorie davon spricht, dass wir »überflüssigen Luxus« aufgeben sol-

---

28 | Duve, Anständig essen, 316.
29 | Singer, Wie sollen wir leben?, 29.
30 | Kant, Metaphysik der Sitten, 626.

len und »schlechten Gewohnheiten« abzuschwören hätten? Wenn er obendrein pauschal »raffiniertere Gaumenfreuden« einer »Feinschmecker-Küche« und »teure Restaurantbesuche« angefeindet hat oder von ihm auch »teurer Wein« oder ein »Latte Macchiato für 4,50 US-Dollar« als »Frivolitäten« gegeißelt wurde?[31] Entspricht es überhaupt der Wahrheit, dass wir wirklich das »Vergnügen, gut zu essen« und andere Lüste und Glücksmomente eines »sinnlosen Konsumlebens«, wie »Designer-Kleidung«, »Fernreisen«, »Museums- und Konzertbesuche«, aufgeben müssten, damit wir das ethisch Gute tun können? Ungeschickterweise lässt Singer in vielen seiner Texte den Eindruck entstehen, dass dies notwendig so sei.[32]

Mit einer verzichtsmoralischen und in der Sache, wie ich denke, letztlich unnötigen Argumentation tut Singer alles, was ein Philosoph tun kann, um ›Ethik‹ als etwas den Interessen der (meisten) Menschen Entgegengesetztes erscheinen zu lassen. Freilich hat diese moraltheoretische Abstraktion den nicht geringen Preis ihrer praktischen Ohnmacht und Unbeliebtheit – einschließlich der Ohnmacht und Unbeliebtheit des Ethikers selbst. Derart misologische Begründungen und lustlose Argumentationen stellen ein bloßes Sollen auf, dessen unerfreulichen Ideale einer asketischen »Genügsamkeit« und »eines einfachen Lebens«[33] sich kategorisch gegen ein kulinarisches Genussleben jeglicher Art ebenso wie gegen das eigene Interesse an – möglicherweise auch ethisch – gutem Essen richten und der denkbaren Konzeption einer gastrosophischen Ethik als einer für alle wünschenswerten und immanent genussvollen Lebenspraxis widersprechen.

Immerhin: Singer räumt das Dilemma ein, »dass es eine armselige Strategie ist, eine Moralität zu verfechten, welcher die meisten Leute nicht folgen werden«.[34] Eine weniger armselige Strategie ist es, wenn er – zumindest für sein Anliegen, uns zum Spenden für Entwicklungshilfeprojekte zu motivieren – unter Berufung auf Sokrates und Epikur der eigenen universalistischen Pflichtlehre zu einem eudämonistisch-hedonistischen Appeal verhilft. So argumentiert er, dass uns ethisch gutes Handeln auch glücklich machen kann. »Sie können sogar glücklicher werden«, hören wir Singer sagen, »weil die Beteiligung an dem kollektiven Bestreben, den ärmsten Menschen dieser Welt zu helfen, Ihr Leben sinnvoller und erfüllter machen würde«.[35] Aber überzeugt Sie der Gedanke an dieses Glück von der Pflicht zu spenden?

---

31 | Singer/Mason, Eating, 109.
32 | Vgl. Singer, Praktische Ethik, 91, 295; vgl. ähnlich: ders., Armut, Wohlstand und Moral; ders., Leben retten.
33 | Singer, Praktische Ethik, 365.
34 | Singer, One World, 191.
35 | Singer, The Life You Can Save, 170.

Jedenfalls lässt sich eine überzeugendere und weniger armselige Strategie im Falle einer Ethik des guten Essens verfolgen. Deren Moralität und Humanität sind schlichtweg mit Glück, Genuss und Wohlleben verbunden. Darum verspricht ihre Praxis mit hoher Wahrscheinlichkeit einiges ›Gutes‹, was die meisten Leute wirklich auch gut finden werden. Zu einer solchen ausgereifteren und hoffentlich auch überzeugenden Ethik gehört nicht nur, wie sich zeigen lässt, die Entdeckung des täglichen Einkaufs als eines subversiven politischen Akts, der auch deshalb Spaß macht, weil jeder sich einen Spaß daraus machen kann, die kapitalistische Marktlogik gemäß moralischer Prinzipien der globalen Gerechtigkeit und Ökologie zu revolutionieren und das parlamentarische System samt seiner Betriebsangehörigen die alltäglich gelebte Demokratie einer politisch-ethischen Ökonomie fürchten zu lernen.

Singer weiß sehr genau, dass gerade eine Philosophie, der es um das Wohl der Welt und um die Praxis einer entsprechend wohltätigen Lebensweise geht, ihrem einzigen Hoffnungsträger – jedem von uns – praktikable und erstrebenswerte (Beweg-)Gründe vermitteln kann, damit demselben einleuchtet, warum »ein ethisch gutes Leben auch ein gutes Leben für die betreffende Person selbst ist«.[36] Doch solange die philosophische Ethik nicht das allgemeinmenschliche Interesse für kulinarischen Genuss, raffiniertere Gaumenfreuden, Feinschmecker-Küche, geschmackvolle Gerichte, teuren Wein und vieles mehr als konstitutive Dimensionen des ethisch guten Essens und des moralisch angenehmen Lebensgenusses (Kants feinsinnigem Gespür für einen moralischen Geschmack entsprechend) berücksichtigt, solange macht sie ihrer Tugendlehre nur unnötige Feinde, verjagt ihre Anhängerinnen und sorgt letztlich selbst dafür, dass ihre Kultur unter den Menschen verhasst bleibt: Mit dieser Misere der Philosophie spielt Singer leichtfertig.

Darum leidet seine Ethik des Essens, wenn sie wie in *Eating* als Morallehre einer veganen Diät seinen Gästen schmackhaft gemacht werden soll, unter den gleichen Schwächen wie seine Ethik des Spendens. Jedenfalls scheint es so, dass sich viele weder davon überzeugen lassen, dass Geldspenden an Entwicklungshilfeorganisationen das Beste seien, was wir zur Bewältigung des weltweiten Hungers tun könnten, noch wird es sie überzeugen, dass die vegane Diät das einzig Gute und tatsächlich alles sein soll, was wir zur Verbesserung des weltweiten Essens tun müssten. Es gibt bessere Gründe, die belegen, dass ein strikter Veganismus als globale Ethik weder praktisch möglich noch philosophisch nötig ist, um gerechte und nachhaltige Ernährungsverhältnisse zu verwirklichen.[37] Bliebe es dabei, dass Singers Philosophie des ethisch guten Essens nichts anderes lehrte als das Veganer-werden, bestünde die hohe Wahrschein-

---

36 | Singer, Praktische Ethik, 32; siehe darin auch das Kapitel: »Warum moralisch handeln?«, 297ff.
37 | Vgl. Keith, The Vegetarian Myth.

lichkeit, dass sie trotz ihres moraltheoretischen Existenzrechts geringe Chancen auf ein erfülltes Leben in der Alltagspraxis hätte.

Dieser traurige Befund ist Singer zum Glück nicht zu attestieren: Allerdings nur unter der entscheidenden Voraussetzung, dass man zum Verständnis seines ganzen gastrosophischen Gedankenguts nicht einzig und allein *Eating* heranzieht. Wer weitere Erkenntnisse und Texte von ihm berücksichtigt und daraus gleichsam nur die gastrosophisch hochwertigen Zutaten und raffinierteren Leckerbissen herausliest, sieht auch andere und bessere Argumente zur Sprache und auf den Tisch kommen. Solche Argumente und Dinge, die dafür sprechen, dass es für jeden von uns gut ist, ethisch zu handeln und eine politisch gute Esskultur aus dem eigenen Interesse an einem guten Leben wünschenswert ist und folglich die Veränderung unserer Alltagspraxis tatsächlich als etwas nicht nur für die anderen, sondern auch für einen selbst wirklich Gutes erfahren und tagtäglich gelebt werden kann.

Um bei der Geburt dieser voll entwickelten Gastroethik zu helfen, werde ich von nun an die etwas fade Komposition von *Eating* durch zusätzliche und aus verschiedenen Publikationen von Singer ›erlesene‹ Zutaten anreichern. Erst diese vollständigere und facettenreichere Zusammenstellung kann den Eindruck vermitteln, dass sein Denken insgesamt eine weit überzeugendere und umfassendere, geschmacklich phantasiereichere Philosophie des Essens als die, sich ›vegan ernähren‹ zu müssen, beinhaltet: Letztlich muss das Rezept zu einem ethisch guten Essen à la Peter Singer von niemandem für eine (nur auf den ersten Blick) ›unattraktive und genussfeindliche Diätmoral‹ halten. Stattdessen kann eine praktische Ethik kennengelernt werden, die für das Glück eines kulinarischen Wohllebens steht, welches eine ethisch gute Alltagspraxis als ein politisch engagiertes Leben voller Genuss und sinnlicher Vergnügen erfahrbar macht.

SHOPPEN ALS POLITISCHE AKTION

Einen interessanten Grund für eine gastrosophische Ethik führt Singer schon selber in *Eating* an. So lässt sich mithilfe seiner dort vorgetragenen Argumente zeigen, dass jeder von uns auf der Ebene des Alltagslebens – täglich – Gutes tun kann, um die Welt gerechter zu machen, ohne dafür viel tun zu müssen. Mit Blick auf die politisch-ökonomischen Zusammenhänge des globalisierten Nahrungsgeschehens wird die Erkenntnis genutzt, dass es uns inzwischen praktisch möglich ist, Gutes einfach dadurch zu tun, dass wir biologisch erzeugte und fair gehandelte Lebensmittel kaufen. Mit dem gedanklichen Schritt, die Wahlvorgänge im Supermarkt als eine interessante Aktivität des politisch-ethischen Handelns zu begreifen, beginnt Singer abermals als einer der ersten namhaften Philosophen der politischen Philosophie und Ethik ein neues Themenfeld zu erschließen.

Als Singer Anfang der 1970er Jahre begann, sich in seinen Arbeiten zur Tierethik philosophisch mit den ethischen Implikationen und Potenzialen unseres Essalltags zu beschäftigen, bot sich als praktikable Möglichkeit des politischen Widerstandes lediglich die individuelle Verweigerung an, die Herbert Marcuse damals zum allgemeinen Motto des politischen Kampfes erklärte.[38] Singer erinnert sich an diese nicht allzu lang vergangenen Zeiten und Verhältnisse: »Ökologische Themen begannen erst Beachtung zu finden. Lokale Bauernmärkte existierten noch nicht und biologisch angebaute Lebensmittel waren nur in wenigen kleinen Reformhäusern zu haben. Sie waren teuer und wenige Menschen interessierten sich für sie, weshalb sie sich nur langsam verkaufen ließen und meistens schrumpelig und unappetitlich aussahen«.[39]

Innerhalb kürzester Zeit hat sich diese gesellschaftliche Situation spürbar verändert, so dass sich mittlerweile die nun jedem gleichermaßen gegebenen Optionen, sich im Einkauf politisch-ethisch richtiger zu verhalten, wie Singer im Rückblick mit einer gewissen Genugtuung feststellt, erheblich erleichtert und erweitert haben: »Bio-Produkte – nicht nur frische Früchte und frisches Gemüse, auch eine große Auswahl an verpackten und verarbeiteten Angeboten – sind heutzutage in allen größeren Supermärkten verfügbar. Das FairTrade-Zertifikat existierte noch nicht, als ich in England lebte. Inzwischen kann es auf einer zunehmenden Breite Menge von Produkten gefunden werden und die Verkäufe wachsen mit einer außergewöhnlichen Rate: Im Jahre 2004 lag sie um fünfzig Prozent höher als das Jahr zuvor.« Seitdem sind die Verkaufszahlen von FairTrade zertifizierten Produkten weiter gestiegen. In Europa findet man sie mittlerweile in jedem besser sortierten Supermarkt. Fakt ist: Nicht nur Lebensmittel aus biologischer Produktion, auch der Handel mit gerechten Preisen boomt – ganz im zukunftsweisenden Gegensatz zu den Waren aus globalem Freihandel, deren schädlichen Dumping- und Discountgeschmack immer mehr Leute satthaben.

Singer macht sich klar, dass mithilfe der ›politischen Wahl‹ von vernünftig produzierten Lebensmitteln gerade eine alltägliche Ethik des Essens in die ökonomischen Interdependenzen und gewaltigen Machtverhältnisse unserer Welt hineinspielt. »Wenn wir Essen einkaufen«, so seine Erkenntnis, »nehmen wir teil an einer weitläufigen globalen Industrie. Amerikaner geben jedes Jahr mehr als eine Billion Dollar für Nahrungsmittel aus. Das ist doppelt so viel gegenüber dem, was sie für Autos ausgeben, und auch dreimal so viel gegenüber dem, was die Regierung für Verteidigung ausgibt«.[40] Wer sein Geld für den Kauf von

---

38 | Vgl. Marcuse, Versuch über die Befreiung.
39 | Singer/Mason, Eating, viii.
40 | Ebd., 281.

politisch korrekten Lebensmitteln nutzt, setzt mit diesem Tun präzise an einem magischen Punkt innerhalb des weltweiten Wirtschaftsgeschehens an. Jenem magischen Punkt, wo er selbst ein konstitutiver Faktor und der unhintergehbare Ursprung – »das einfache Zentrum« (Marx) – von mächtigen Kräften ist: von politischen Kräften, welche sowohl sein persönliches Leben als auch das Leben vieler anderer auf vielerlei Weise bestimmen – allen voran das Leben von Bäuerinnen und Bauern in den Entwicklungsländern und von etlichen anderen Produzenten unser tagtäglichen Lebensmittel.

Erst aus der Sicht einer Philosophie des Essens, erst als Gastrosoph durchschaut Singer den kausalen Zusammenhang, dass der größte Teil der so genannten Armen und Hungerleidenden schlichtweg einkommensarme und darum schlecht ernährte Menschen sind und als Bauern auf dem Land leben, wo sie die (von der Weltpolitik niedrig gehaltenen) billigen Agrarrohstoffe und Nahrungsmittel nicht für sich selbst, sondern für andere produzieren, vor allem für uns, den Konsumenten in den reichen Ländern. Das Werk dieses Philosophen bietet darum eine zentrale Erkenntnis der politischen Philosophie der Gegenwart: »Drei von vier extrem armen Menschen leben in ländlichen Gebieten in Süd- und Ostasien und im subsaharischen Afrika. Die meisten dieser ruralen Haushalte in Armutsländern sind von Einkünften aus der Landwirtschaft abhängig, wie viel oder wie wenig auch immer es sein mag – es ist die einzig gegebene Option«.[41] Am anderen Ende der Welt läuft diese unspektakuläre Einsicht – wenn alles gut geht – auf leicht begreifbare Tatsachen hinaus: Unsere tägliche Bereitschaft, mehr Geld für fair gehandelte Produkte aus Entwicklungsländern auszugeben, ist das überzeugendste und effektivste Mittel der ›Armutsbekämpfung‹, weil es die ökonomischen Ursachen dieser Armut bekämpft. Zahlen wir gerechtere Preise für die Arbeit dieser Bäuerinnen und Bauern, verbessern sich ihre Lebensverhältnisse und ihr Hunger, ›der Welthunger‹ nimmt ein Ende und die Welt wird gerechter. Nicht nur das: Dann können sich auch diese Menschen ihrerseits wie wir selbst mit gutem Essen versorgen.

Es braucht dafür tatsächlich gar nicht viel. Was es vor allem braucht und was an sich leicht zu haben wäre, ist ein anderes Welthunger-Denken. Ein gastrosophisches Welthunger-Denken, welches die kausalen Zusammenhänge unserer politisch-ökonomischen Mitverantwortung am Zustand der Welt nicht länger ausgeblendet; ein kosmo- und gastropolitisches Denken, welches die schlichte Tatsache durchschaut, dass der Kauf von Lebensmitteln zu möglichst niedrigen Preisen fast immer auf Kosten anderer – anderer Menschen, aber auch der Natur, der Tiere, des Klimas, des eigenen Körpers – geht. Was es braucht, ist folglich ein philosophisches Umdenken und ein neues moraltheoretisches Verständnis davon, was es heißt, ›ethisch zu handeln‹, ›politisch zu sein‹ und ›gut zu leben‹.

---

41 | Ebd., 153.

Wiederholt versucht Singer durch ein einprägsames Beispiel unsere politisch-ethische Pflicht, Gutes zu tun, zu veranschaulichen. Doch das Beispiel, das er wählt, dient ihm allzu selbstverständlich zur Versinnbildichung des spezifischen Gebots, nicht etwa primär uns (als Täter) selbst zu helfen, sondern stets anderen helfen zu sollen, wobei er diese Adressaten unseres ethischen Handelns stets als Opfer und notleidende Menschen denkt. Um diese moralische Pflichterfüllung zu veranschaulichen, wählt er die schon erwähnte Erzählung, wie ein Kind, das in einen Teich gefallen ist, zu ertrinken und zu sterben droht, würde ihm nicht durch uns – unbeteiligte Fremde, die zufällig da sind und helfen können – sofort geholfen werden.

Ein weniger außeralltägliches und auch weniger suggestives Beispiel ethischen Handelns wäre es, jene realistische Lebenssituation zu wählen, mit der *in praxi* inzwischen mehr oder weniger jeder von uns jeden Tag zu tun hat: Zur Abwechslung stellen wir uns eine erwachsene Person vor, die in einen Supermarkt geht. Sie steht vor einem vollen Regal und überlegt, welches Produkt sie wählen soll. Sie könnte das fair gehandelte Bioprodukt wählen, das vermutlich etwas teurer aber dafür aus zahlreichen Gründen besser ist. Wie viel sind ihr eine gute Wahl und der eigene gerechte Anteil an einer besseren Welt des Essens wert? Der Gastroethiker Singer weiß die Antwort: »Falls mehr Leute fair gehandelten Kaffee kaufen, können sich mehr Kleinbauern und -bäuerinnen ein erträgliches Einkommen durch den Anbau von Kaffee verdienen. Aus diesem Grund gilt: Wenn Sie Kaffee kaufen, ist es besser Kaffee aus fairem Handel zu kaufen. Das Gleiche ist wahr für Schokolade, Tee, Zucker, Bananen und andere Produkte«.[42] Solche trivialen Dinge machen den Alltag und die reale Substanz einer praktischen Ethik aus. Und eine Gastroethik bringt diesen gesellschaftspolitisch wirksamen Kauf von Lebensmitteln auf den Begriff.

In dieser ethisch guten Handlung kann die politische Philosophie die individuelle Pflicht und Tugend oder besser gesagt die wenig aufsehenerregende, weil ganz und gar alltägliche Praxis der Gerechtigkeit nachweisen. Indem wir und immer dann, wenn wir Produkte kaufen, deren höhere Erlöse den Bauern und Produzenten bessere Lebensbedingungen ermöglichen, tragen wir direkt und nachhaltig dazu bei, diesen ›anderen zu helfen‹. Doch wir verhalten uns nicht karitativ zu ihnen als hilfsbedürftigen Almosenopfern und Spendenempfängern oder als unselbstständigen Armen, sondern wir behandeln sie als gleichberechtigte Akteure und Weltbürger des globalen Wirtschaftsgeschehens; wir verhalten uns richtig gegenüber Menschen, die sich selbstständig aus ihrer miserablen Lage zu helfen wissen, weil wir sie gerecht behandeln. Dieses gastroethische Gerechtigkeitsprinzip ist ebenso einfach wie folgenreich: Sich beim Kauf von Waren der eigenen Verwicklung in Wirtschaftsstrukturen und Marktmechanismen bewusst zu sein und sich darum, soweit dies in der eige-

---

42 | Ebd., 165.

nen Macht steht, nicht an ungerechten Produktionsbedingungen finanziell zu beteiligen und stattdessen das Geld für fair produzierte und bezahlte Lebensmittel auszugeben.

Peter Singer wurde nicht grundlos dafür kritisiert, eher Mildtätigkeit und Mitleid oder Spendenbereitschaft anstelle von Fragen der politischen Ökonomie und der politischen Gerechtigkeit in den Mittelpunkt seiner umstrittenen Moraltheorie zu stellen.[43] Doch als Pionier einer neuen Gastrosophie sieht er die Dinge anders und erläutert die grundlegenden ethischen Zusammenhänge der globalen Gerechtigkeit am Beispiel von fair gehandeltem Kaffee: »Der Mehrpreis für gerecht gehandelten Kaffee ist keine Barmherzigkeit. Die Produzenten wissen, dass sie den Kaffee anbauen müssen, um ihr Einkommen zu erwirtschaften. Sie wissen auch, dass sie ein Produkt produzieren müssen, welches den Konsumenten sowohl wegen seines Geschmacks als auch wegen seiner Herstellungsweise gefällt. Wenn sich ihr Produkt gut verkauft, können sie stolz darauf sein, etwas produziert zu haben, das weltweit gefragt ist. Aus der Perspektive der Produzenten ist der Erlös eines besseren Preises aus dem Verkauf gerecht gehandelter Produkte einer wohltätigen Gabe vorzuziehen, die sie bekämen, ob sie arbeiten oder nicht und unabhängig von der Qualität des Produzierten«.[44]

Dieser sozialen Gerechtigkeit kann inzwischen immer häufiger durch die simple Bereitschaft Genüge getan werden, dass jeder von uns etwas mehr Geld für faire Preise ausgibt. Sicherlich wirft dies die Frage auf, wie viel ›etwas mehr Geld‹ für den Einzelnen bedeutet. Von der philosophischen Reflexion und der konkreten Beantwortung dieser Frage, die ich an anderer Stelle erörtert habe, hängt vieles ab; wenn nicht gar alles. Das entscheidende Ergebnis ist indes ohnehin bekannt: Wir könnten diesen Preis der Gerechtigkeit zahlen, wenn wir wollten. Und das Fatale daran ist: Eine gerechtere Welt hängt davon ab, dass wir es wollen und tun.

Denn Tatsache ist: Den meisten – und gerade jenen Abermillionen normalen Käufern von billigen und unfair gehandelten Lebensmitteln, um die es hier geht, – fehlt es nicht an dem nötigen Geld. Sie haben für ihr tägliches Essen noch nie so wenig ausgegeben, wie sie es gegenwärtig tun. Das weiß natürlich auch Singer: »Heute geben Amerikaner im Durchschnitt nicht mehr als sechs Prozent ihres Einkommens für den Lebensmitteleinkauf aus«.[45] Was für die durchschnittliche US-amerikanische Bevölkerung und damit für die pflichtbewussten Protagonisten der durchschnittlichen amerikanischen Diät gilt, trifft

---

43 | Unter den zahlreichen Kritikern siehe: Nagel, Poverty and Food; O'Neill, Rights, Oligations and World Hunger; Miller, Wer ist für globale Armut verantwortlich?; Pogge, Weltarmut, Menschenrechte und unsere Verantwortung.
44 | Singer/Mason, Eating, 164.
45 | Singer, The Life You Can Save, 9.

mehr oder weniger auch für viele Millionen anderer Konsumenten in der Ersten Welt zu. Viele empirischen Erhebungen haben ergeben, dass sie einen immer geringeren Teil ihres frei verfügbaren Geldes für Lebensmittel verwenden und sich deshalb mit den möglichst billigen Produkten zufrieden geben, die ihnen die Lebensmittelindustrie in der Gewissheit riesiger Gewinne eifrig schmackhaft macht. Diese Erkenntnisse sind längst jedem bekannt, doch bergen sie für die ethische Theorie und Praxis große Sprengkraft. Denn diese Erkenntnisse besagen: Wenn die meisten von uns wollten, *könnten* sie mehr Geld für Dinge ausgeben, die dem Wohl und den Rechten der Konsumenten (ihnen selbst), der Produzenten, der Umwelt, der Tiere, des Klimas, der Gesundheit, der Erdbewohner der kommenden Generationen sowie dem Wohl und den Rechten von vielem mehr gerecht werden.

Und immer mehr Menschen wollen dies und tun dies auch. »Überall in den entwickelten Ländern lernen Leute widerspenstige Fragen zur Herkunft und Produktionsweise ihres Essens zu stellen«.[46] Denn sie vermögen schlichtweg und mitunter dadurch ethisch zu handeln, dass sie gute und gastropolitisch wirksame Lebensmittel kaufen. Mit ihrer Praxis verwandeln sie den ansonsten affirmativen und konsumistischen Spaß, ›shoppen zu gehen‹, in eine ›Essthetik des Widerstands‹.[47] Die philosophische Ethik, die diese Handlungsoption theoretisch aufgreift und zu einem allgemeinen Prinzip erhebt, politisiert eine tägliche Lebenspraxis. Sie kehrt das Politische des Einkaufs von Lebensmitteln hervor und reflektiert die sich dadurch auftuende Option, das ethisch Gute und Gerechte zu tun, statt sich an Unrecht zu beteiligen und gewissenhaft das Richtige oder Faire zu wählen, statt freiwillig eigentlich Falsches.

Zwar spricht für das Falsche meistens der niedrigere Preis. Dafür ist es aber nicht ohne den weit höheren moralischen Preis zu haben, dass das eigene Verhalten neben weiteren schlimmen Dingen menschenrechtsverletzende Strukturen politisch unterstützt und ökonomisch mitfinanziert. Am besten und wirkungsvollsten kann durch nachhaltiges Verhalten in Form der täglichen Nachfrage von menschenwürdigen Produkten und Wirtschaftsbeziehungen den Herrschern in Politik und Wirtschaft demonstrativ gezeigt werden, dass wir darauf Wert legen und es gutheißen, wenn weltweit gerechte Preise und Produktionsverhältnisse den Markt regieren. Ohne eine Veränderung des täglichen Konsumverhaltens der Menschen – ›der kritischen Masse‹ – werden die großen und kleineren Kapitalisten und die Nutznießer der gegenwärtigen Wirtschaftspolitik freiwillig weder etwas gegen die neoliberalen Regeln und Machtverhältnisse derselben noch etwas gegen ihre eigenen kapitalistischen Interessen unternehmen.

---

46 | Singer/Mason, Eating, 5.
47 | Dazu ausführlicher: Lemke, Die Kunst des Essens, 100-147.

Weil das so ist, lässt sich mit der gastroethischen Praxis eines fairen Kaufverhaltens gut begründen, warum es überzeugt, wenn Singer »die Ethik an die erste und die Politik an die zweite Stelle« setzt.[48] Damit ist ein grundlegender Gedanke einer philosophischen Ethik ausgesprochen, die eine politische Philosophie umfasst. Obgleich Singer selbst der Tragweite dieses Grundsatzes eines ethischen Denkens des Politischen zu wenig Beachtung schenkt, scheint es mir angebracht, an dieser Stelle einige Dinge zum Verhältnis von Ethik und Politik klarzustellen.[49]

Die festgestellte Priorität und Souveränität der Ethik gegenüber der Politik hat eine wichtige Doppelbedeutung: Zum einen ist die Ethik das Erste (»die Erste Philosophie« in den Worten von Emanuel Lévinas und in einer bewussten Umkehrung der metaphysischen Tradition), insofern sie auch über den Erkenntnisfragen der theoretischen (zweiten) Philosophie steht, weil sie in dieser systematischen Rangstellung und in der (euzenologischen) Bedeutung einer Theorie der Moral ›das höchste Gut‹ in den praktischen Fragen des menschlichen Lebens behandelt.[50] Darum umfasst sie zugleich das Politische und steht selbstverständlich über der Politik als bloß einem Bereich unter anderen (ethisch genauso relevanten) Bereichen menschlichen Handelns. Ethik ist nicht nur über allem stehend (lat. *superanus*). Ihre Souveränität beinhaltet ebenso, dass sie der Politik zugrunde liegt und das normativ Grundlegende ist, weil sie in der (praxologischen) Bedeutung einer individuellen, von jedem Menschen alltäglich zu aktivierenden Praxis einer ethisch guten Lebensweise die individuelle ebenso wie die institutionelle politische Praxis konstituiert und diese ethisch – durch das ethisch Gute – zu bestimmen vermag.

Die von Singer angesprochene zweite Bedeutung des Primats der individuellen Ethik gegenüber der institutionellen Politik besagt im Bereich der gastrosophischen Moraltheorie folglich nicht, dass eine Verbesserung der Welt durch das Essen einzig und alleine von der ethischen Alltagspraxis (des gerechten Konsums, des richtigen Geldausgebens, des kreativen Kochens, des gemeinsamen Genießens) abhängt. Das ethische Apriori, wenn man so will, besagt nicht mehr, aber auch nicht weniger, als dass ›die Politik‹ zur Veränderung der gesellschaftlichen Realität ›die Menschen‹ – das Volk, die Allgemeinheit, den demokratischen Souverän – und die politische Alltagsethik jedes Einzelnen braucht. Der Vorrang der ethischen Alltagspraxis ›radikalisiert‹ folglich die politische Arbeit. Als radikal bezeichnet Singer eine Praxis, die ›an die Wurzeln‹ geht, die durch Veränderung des alltäglichen Lebens der Menschen ›von unten‹ gesellschaftliche Veränderung bewirkt. Diese gesellschaftliche Wirksamkeit entfaltet

---

48 | Singer, Wie sollen wir leben?, 253.
49 | Vgl. Critchley, Unendlich fordernd.
50 | Einige provisorische Überlegungen zum Begriff und Konzept der Euzenologie finden sich in: Lemke, Freundschaft, 48f.

zwei Richtungskräfte: Sowohl die direkte (gegen-)kulturelle Politik des individuellen Tuns, *in praxi* besser zu leben, als auch deren indirekten Auswirkungen auf die staatliche Politik. (So verwundert es nicht, wenn er eine größere Sympathie für die anarchistische Revolutionstheorie von Michel Bakunin gegenüber der von Marx bekundet.[51])

Der theoretischen und praktischen Priorität einer täglich gelebten Ethik ›aller‹ gegenüber einer Politik ›weniger‹ liegt die philosophische Erkenntnis zugrunde, dass das Politische weit mehr ist als das staatliche Handeln von Regierungen und Politikern und etwas ganz anderes ist als Rechte und Gesetze oder demokratische Wahlen und Repräsentation. Singers Begriff des Politischen weist erkennbare Berührungspunkte zu den anarchistischen Intentionen und Intuitionen der politischen Philosophie Foucaults auf, deren Anliegen es ist, »das Eingehen des Staates in Denken und Praxis der Menschen« kritisch zu hinterfragen.[52]

An diesem Punkt setzt die ethische Praxis des Einzelnen als eines politischen Käufers und Koproduzenten an. Indem Singer den täglichen Einkauf von möglichst regionalen, saisonalen und fair gehandelten Bioprodukten als eine »Form der politischen Praxis« beschreibt, bringt er gute Gründe vor, den individuellen Konsum als einen neuen spezifischen Bereich der praktischen Ethik philosophisch zu begreifen. Dass wir durch den vernünftigen Einkauf alle politische Macht ausüben können, die wir als politische Kaufkräfte gegenüber ›der Wirtschaft‹ und ›dem Kapital‹ haben: Diese Erkenntnis ist von großer Relevanz bezüglich der gesellschaftstheoretischen Grundfrage, was jeder von uns tun kann, um »die Welt zu einem besseren Ort zu machen«.[53] Indem der tägliche Einkauf zum Handlungsfeld einer politischen Ethik wird, die moralische Prinzipien in das kapitalistische System einschleust, wird die staatliche Einfriedung des Politischen in den Aggregatzustand des parlamentarischen Betriebs und parteipolitischen Regierungshandelns untergraben.

Das Politische wird bei der Wahl der richtigen Lebensmittel durch die Möglichkeit der realen Mitbestimmung aller (kaufkräftigen Akteure) radikal demokratisiert und durch das unkontrollierbare, wählerische und ›schwärmerische‹ Konsumverhalten *in praxi* anarchisch: Strategischer Konsum *en masse* ist eine Erscheinungsform cleverer Selbstverteidigung und subversiver Schwarm-Intelligenz.[54] Aus diesem Grund ist die häufigste Aktivität der kaufenden Masse – der tägliche Einkauf – zutiefst politisch, ganz gleich, ob sich die Konsumen-

---

51 | Vgl. Singer, Wie sollen wir leben?, 252; Singer, Marx: A Very Short Introduction; außerdem: ders., Hegel and Marx.
52 | Foucault, Vorlesungen zur Analyse der Macht-Mechanismen, 30; siehe auch: ders., Omnes et Singulatim: Zur Kritik der politischen Vernunft.
53 | Singer, Wie sollen wir leben?, 265.
54 | Vgl. Rheingold, Smart Mobs.

tinnen und Konsumenten persönlich für politisch oder unpolitisch halten. Für diese unscheinbare Alltagspraxis trifft zu, was Singer sich generell wünscht: »Jeder Mensch kann Teil einer ›kritischen Masse‹ werden, die uns eine Aussicht bietet, die Welt zu verbessern, ehe es zu spät ist«.[55]

Durch die täglich neue Entscheidung, das eigene Geld für umweltfreundliche und sozial gerechte Produkte auszugeben, wodurch die einzelnen Konsumenten ohne weiteres zu einer kritischen Masse werden können, wird ein weit wirksamerer und nachhaltigerer Druck auf Politik und Wirtschaft ausgeübt als durch politische Proteste, Kampagnen oder Forderungen. Das heißt keineswegs, eine Ethik des Essens würde auf ein entsprechendes politisches Engagement von einzelnen Aktivisten und von nicht-staatlichen Organisationen und Initiativen verzichten können und auch nicht, um es noch einmal zu betonen, dass eine gerechtere Welt einzig und allein durch die ethische Alltagspraxis der Massen (durch ihren politischen Konsum oder Protest usw.) entstehen kann.

Damit hier kein Missverständnis entsteht: Nur wenn die individuelle Ethik von politischen Reformen oder Revolutionen der geltenden Rechte, der globalen Wirtschaftsordnung sowie der internationalen Institutionen begleitet ist, können sich die herrschenden Verhältnisse gesamtgesellschaftlich ändern. Deshalb muss Singers pessimistische Einschätzung, dass »die mächtigen politischen Interessen, die sich gegen die Aufhebung von Handelsbarrieren verbünden, politische Veränderung unwahrscheinlich machen«, nicht das letzte Wort in der Sache sein.[56] Er selber bietet viele der Gründe auf, warum es beispielsweise eine dringende politische Forderung bleibt, die neoliberale Globalisierungspolitik der Welthandelsorganisation durch Prinzipien eines ökologisch und sozial gerechten Handelssystems zu transformieren.[57] Solche solide begründeten Erkenntnisse und solche in der Sache Tag für Tag notwendiger werdenden Entscheidungen werden gegenwärtig wie nie zuvor von massenhaften sozialen und politischen Bewegungen eingefordert.

Doch trifft Singers Argumentation zu, dass es letztlich auf die alltäglich praktizierte Ethik jedes Einzelnen ankommt, damit politische und ökonomische ebenso wie auch kulturelle und kulinarische Veränderungen gesellschaftlich dauerhaft möglich werden. Und weit mehr als auf politischen Machtentscheidungen beruht die faktisch alles entscheidende Macht der Massen auf politisch wirksamen Kaufentscheidungen und erst recht auf uns allen als Akteuren einer ernährungssouveränen Existenz. Mit Deleuze und Guattari gesprochen: Das, was »das Volk, die Erde und die politische Philosophie« vereint,[58] ist nicht die Proklamation, dass wir alle zu ›Veganern werden‹ sollen, sondern die Tat, durch

---

55 | Singer, Wie sollen wir leben?, 265.
56 | Singer, The Life You Can Save, 114.
57 | Siehe dazu auch: Singer, One World, 51-105.
58 | Deleuze/Guattari, Was ist Philosophie?, 128f.

die wir in unserem täglichen Einkauf und Essen selbstverständlich immer ›veganer‹, vor allem aber *kulinarisch phantasievoller* werden: Das, was uns mit einer demokratischen Erde und einer politischen Lebensphilosophie vereint, sind unsere Taten, durch die wir zu *Gastrosophen werden* – die Neuerfindung unserer selbst als eines weisen Wesens mit gutem Geschmack, des *homo sapiens* als eines vernunftbegabten Menschen, dem Gutes schmeckt.

Ergänzende kochkünstlerische Prinzipien und Kriterien eines ethisch guten Essens

Bereits in seiner früheren Abhandlung zur *Befreiung der Tiere* sowie in einem anderen einschlägigen Text zu einer *Vegetarian Philosophy* spricht Singer über den politischen Einkauf hinaus weitere Aktivitäten eines ethischen Essens an. Die darin vorgetragenen Erkenntnisse sind folglich nicht nur unerlässlich für ein vollständiges Verständnis der konstitutiven Praktiken oder Tugenden einer Gastroethik. Sie vermitteln darüber hinaus einen erstrebenswerteren Begriff des ethisch guten Essens, welcher den fatalen Eindruck verhindern will, es ginge dabei um eine unerfreuliche Verzichtsmoral, um eine Diätmoral, die jegliche Gaumenfreuden, alles sinnliche Vergnügen einer geschmackvollen Küche und den kulinarischen Genuss oder andere Glücksmomente eines ethisch guten Lebens kategorisch verböte.

Singer nimmt in den besagten Texten das Essen unter dem philosophisch häufig übergangenen Gesichtspunkt des menschlichen Alltagslebens wahr. Neben den gesellschaftlichen Auswirkungen unserer Ernährungsweise geraten dadurch auch die kulturellen Hintergründe stärker in den Blick. Berücksichtigung findet so die für allzu selbstverständlich gehaltene Tatsache, dass das Essen eine tägliche und darüber hinaus an jedem Tag mehrere Male stattfindende und mehrere Mahle umfassende Praxis des Lebens eines jeden ist. Diese Omnipräsenz kann zur anthropologischen Einsicht verarbeitet werden, dass der ständige, tagtägliche und lebenslange Umgang mit Fragen, Dingen und Erlebnissen des Essens ganz essenziell die menschliche Existenz ausmacht: Der Mensch ist, was er isst. Mit dieser Erkenntnis hatte Ludwig Feuerbach – dieser große Gastrosoph *avant la lettre* – nicht nur das philosophisch-materialistische Faktum vor Augen, dass die Menschen nicht primär Geistwesen sind, wie er es als Student in den Vorlesungen von Hegel zu hören bekam. Anders als die altertümliche Geist-Metaphysik des Hegel'schen Idealismus uns glauben macht, behielt Feuerbach einen klaren Sinn für den einfachen und letztlich auch unhintergehbaren Sachverhalt, dass wir vor allem permanent essende Wesen und von der Welt des Essens umfangene und getragene Körper sind. Diese fundamentale Selbstkritik hat in Zeiten einer neoidealistischen Neurophilosophie und einer altmetaphysischen ›Der-Mensch-als-Gehirn‹-Forschung nicht an Aktualität verloren.

Feuerbachs urgastrosophische Einsicht, dass der Mensch ist, was er isst, beinhaltet darüber hinaus einen wegweisenden Hinweis für die philosophische Ethik. Denn weil die allgemeine Esskultur, das globale Nahrungsgeschehen und das Essen als tägliche Lebenspraxis ganz wesentlich die Lebensweise der Menschen, ihrer Kultur, ihre Identitätskonstruktion und nicht zuletzt ihr philosophisches Selbstverständnis bestimmt, lässt sich die Gastroethik nur schwerlich der ›Angewandten Ethik‹ zuordnen. Während diese für spezielle Handlungsbereiche und Spezialprobleme zuständig ist, behandelt eine Ethik des Essens genuine Fragen einer praktischen Ethik, deren allgemeines Anwendungsfeld die Praxis der tagtäglichen Lebensgestaltung aller Menschen betrifft.

Mit dem individuellen Alltagsleben kommt über dessen Bezüge zu Mitmenschen, Umwelt, Klima, Tieren, Wirtschaft, Konsum und Gesundheit hinaus schließlich die kulinarische Gestaltungspraxis im engeren Sinne hinzu. Singer nutzt diesen Aspekt für sein Anliegen, indem er hervorhebt, dass mit dem Essenmachen die »Freude an der Kochkunst« verbunden sein kann.[59] Insofern spricht keine freudenlose Pflicht (Kant), sondern eine tagtäglich mögliche Lebensfreude dafür, ethisch zu essen und in dieser Hinsicht gut zu leben. Die Tätigkeit, selbst zu kochen, ist erfreulich, weil sie den Zugewinn an eigener Macht sichert, selbst bestimmen zu können, welche Produkte gewählt und wie sie letztlich genossen werden. Die Freude an der Kochkunst basiert folglich weniger auf einer beliebigen Zuschreibung oder einer schönredenden Aufwertung dieser Aktivität, wonach das Kochen nur manchen (Hausfrauen oder Gourmets) Spaß mache, während es andere (man selbst) aus voller Überzeugung hassen würde.

Unabhängig von der persönlichen Einstellung wird diese Tätigkeit allemal von einem Gefühl der faktischen oder ethischen Selbstermächtigung und der praktischen Selbstbestimmung getragen. Obgleich Singer keinen systematischen Zusammenhang zu philosophischen Theorien ethischer Gefühle herstellt und auch Adam Smith erwartungsgemäß nichts darüber zu sagen wusste,[60] liegt es doch auf der Hand, dass mit der Freude oder Lust daran, selber geschmackvolles Essen zubereiten zu können, die Kochkunst eine dauerhafte Quelle der Lebensfreude bietet. Man muss sie sich nicht als irgendeine aufgeregte Euphorie vorstellen, sondern als das unaufgeregte gute Gefühl, das man hat, wenn einem etwas im Leben gelingt – glückt. An dieser beispielhaften Lebenspraxis hätte sich auch Kant vor Augen führen können, dass eine ethische Tugendpflicht tatsächlich eine angenehme und auch Genuss bereitende Form der alltäglichen Lebenskunst sein kann. Ohnehin steht ›Tugend‹ in ihrer ur-

---

59 | Singer, Animal Liberation, 276.
60 | Vgl. Smith, Theorie der ethischen Gefühle.

sprünglichen Wortbedeutung, die im griechischen Begriff *arete* noch deutlich zu erkennen ist, für eine praktische Fertigkeit und Vortrefflichkeit und bezeichnet ein Tunkönnen und die Tat-Sache, dass man in dem (geglückten) Vollzug einer bestimmten Praxis ›gut ist‹.

Diese Erkenntnis des alltäglichen Zusammenspiels von Ethik und Kochkunst, von Lust (bzw. Lebensfreude) und kulinarischem Tätigsein macht sich Singer zunutze, um eines der größten gesellschaftlichen Probleme unserer Zeit zu lösen: Er argumentiert, dass, wer gut kochen kann, auch geschmackvolles Essen zuzubereiten weiß, ohne dafür auf tierische Zutaten zurückgreifen zu müssen. Denn ein banaler Grund, warum Menschen weiter unbedingt Fleisch oder andere Dinge essen, die ethisch nicht gut sind, kann schlicht sein, dass sie »aus Mangel an entsprechender Erfahrung nicht wissen, wie hervorragend eine einfallsreiche vegetarische Kost schmecken kann«.[61]

Dieser Satz sitzt, denn er besagt: Wer mit der üblichen, westlich geprägten ›internationalen Küche‹ aufgewachsen ist, wo »das Hauptgericht aus Fleisch und zwei verkochten Gemüsen besteht, sieht sich durch die Streichung von Fleisch einer interessanten Herausforderung an die eigene Phantasie gegenüber«.[62] Vielleicht oder sogar mit ziemlich hoher Wahrscheinlichkeit essen viele Leute ihr gewohntes Fleisch nur aus bloßer geschmacksästhetischer Phantasielosigkeit und aus kulturell eingeübtem Unvermögen, sich vorstellen zu können, was sonst noch alles gut schmecken könnte. Als empirischer Beleg für den Normalfall dieser mangelnden Kreativität berichtet Singer von seinen eigenen Erfahrungen. »Wenn ich vor Publikum über die Fragen dieses Buches spreche, werde ich oft gefragt, was man anstelle von Fleisch essen könne, und daran, wie die Frage gestellt wird, ist ersichtlich, dass diese Person in ihrer Vorstellung das Kotelett oder den Hamburger von ihrem Teller genommen hat, auf dem jetzt nur noch die zerstampften Kartoffeln und der gekochte Kohl übrig sind und sich nun fragt, was sie an die Stelle des Fleisches legen soll«.[63]

Mit dieser Einsicht nimmt Singer einen wichtigen Blickwinkel des gastroethischen Denkens ein: Das in vielerlei Hinsicht so verheerende Essen von Fleisch, vor allem von billiger Ware aus Tierfabriken und der Fastfood-Industrie, ist kulturphilosophisch gesehen nichts weiter als eine schlechte Angewohnheit, die durch die Kochtraditionen einer ästhetisch unterentwickelten Esskultur entstanden ist. Die fatale Tatsache, dass wir »die Zukunft unseres Planeten Hamburgern zuliebe« riskieren,[64] und dieser phantasielose Fleischhunger in der Ersten Welt eine entscheidende Ursache für den Welthunger in der Dritten Welt

---

61 | Singer, Animal Liberation, 276.
62 | Ebd., 288.
63 | Ebd.
64 | Singer, A Vegetarian Philosophy, 302.

ist,[65] kann keineswegs zur allgemeinen Gewissensberuhigung auf einen anthropologisch konstanten Genusstrieb zurückgeführt werden, der alle Menschen wie Raubtiere von Natur aus zum Fleischessen zwingt. Wenn Singer recht hat, ist der wahre Grund, warum sich manche Menschen zu Raubtieren machen, die mit dem tödlichen Hunger ihrer westlichen Diät friedfertigen Artgenossen alles bis auf die Knochen wegfressen, weit banaler als die ›menschliche Natur‹ oder der animalische Sündenfall von vermeintlich ›egoistischen Genen‹: Der Grund wäre im zufälligen Stand der allgemeinen Kochkünste zu suchen.

Das aber besagt nichts Geringes, denn es besagt: Am häuslichen Herd, in unserer eigenen Küche und mit unseren eigenen Kochkünsten beginnt am wirkungsvollsten das Ende der globalen Umweltzerstörung, die durch das System der kapitalistischen Landwirtschaft und insbesondere durch die unökonomische Verschwendung von Getreidefutter für die Fleischproduktion verursacht wird. Es besagt außerdem: Am häuslichen Herd, in unserer eigenen Küche und mit unseren eigenen Kochkünsten beginnt auch der Kampf gegen den Welthunger samt der gebotenen Hilfe für die Armen in fernen Entwicklungsländern. Wer hätte gedacht, dass die Abwendung des vielleicht größten Übels der Gegenwart damit beginnt, unserer Armut und unserer kulturellen Unterentwicklung im elementaren Bereich des kulinarischen Alltagslebens Abhilfe zu schaffen. Auf eine solche ›Welthungerhilfe‹, deren Empfänger wir selbst sind, kommt es an. Ohne diese Erkenntnis und ohne diese Praxis besteht wenig Hoffnung auf eine Welt ohne Hunger und ein gerechteres und besseres Leben für alle.

Im Einklang mit dem Gastrosophen Singer und im Widerspruch zum Diätmoralisten Singer gilt es sich klar zu machen: Statt Verzicht auf alle raffinierteren Gaumenfreuden und auf das Vergnügen, gut zu essen, statt von Genügsamkeit und einfachem Leben zu reden, kommt im Gegenteil alles darauf an, möglichst gut zu essen, Spaß dabei zu haben, in vollen Zügen zu genießen und das Glück eines kulinarischen Wohllebens zu wollen – um die Welt zu einem besseren Ort zu machen und allen Welthunger dauerhaft zufrieden zu stellen.

Der grundlegende Stellenwert guter Kochkünste und einer kreativen Alltagsküche für ein verfeinertes Konzept einer philosophischen Ethik der Ernährung wird von Singer zwar nicht systematisch ausgearbeitet, aber immerhin vorbereitet. Schon die Tatsache, dass derartige Dinge in seinem Werk stecken und wahrnehmbar sind, bedeutet viel für die gastrosophische Vernunft. Immerhin wird die Aufmerksamkeit der Philosophie auf die kulinarische Alltagspraxis gelenkt und ein Denkverbot gebrochen: In der langen Geschichte des philosophischen Denkens, das stets ein männliches Denken war, wurde die Küchenarbeit und das tägliche Essenmachen als ›Frauensache‹ tabuisiert und mit allen Mitteln der Kunst ›selbstverständlich‹ missachtet.

---

65 | Vgl. Singer, The Life You Can Save, 121f.

Diese strukturellen Denkblockaden und metaphysischen Vorentscheidungen haben den ›menschlichen Geist‹, von einer männlich dominierten Philosophie angeführt (oder eher: irregeführt), von den vermeintlich unwichtigen und unwürdigen Dingen des alltäglichen Daseins so lange entfremden können. Auch als Reaktion auf diese Fehlentwicklungen der westlichen Kultur und ihrer Philosophie wächst seit einiger Zeit die Bereitschaft, sich mit der Philosophie nicht-europäischer Kulturen und insbesondere mit der fernöstlichen Weisheitslehre zu beschäftigen. Erneut erweist sich Singer als selbstkritischer Freigeist, dadurch, dass er diese historische Chance für die abendländische Philosophie nutzt.

Er schlägt vor, dass wir von der Weisheit der chinesischen und japanischen Kultur- und Geistesgeschichte lernen sollten, um die vorherrschende normale ›Westliche Diät‹ zu überwinden.[66] Denn durch den Einfluss der buddhistischen Ethik gelang es ganzen Kulturen über Jahrhunderte hinweg, eine heute weltweit hoch gelobte Kochkunst zu entwickeln, deren ästhetische Phantasie und geschmackliche Raffinesse bestens ohne Fleisch auskommt. Ihr gelingt dieser Kunstgriff dadurch, dass sie Zutaten aus tierischen Produkten durch (vegane) Zutaten aus rein pflanzlicher Herkunft zu ersetzen oder auszutauschen weiß. Die bekanntesten Zutaten sind proteinhaltige Nahrungsmittel wie Tofu aus Sojabohnen und Seitan (Fu) aus Weizeneiweiß. Bereits in den frühen 1980er Jahren erläuterte Singer seinen Lesern und Gästen: »Die Chinesen und Japaner verwenden seit langem Sojabohnen zur Herstellung von Nahrungsmitteln, die bei uns aus Milch gemacht werden. Sojamilch ist jetzt auch in den westlichen Ländern sehr verbreitet und Tofu-Eis ist bei Leuten, die weniger Fett und Cholesterin zu sich nehmen wollen, sehr beliebt. Es gibt sogar Käse, Brotaufstriche und Joghurt aus Sojabohnen«.[67]

Diese allmähliche Asiatisierung der westlichen Esskultur ist inzwischen weiter vorangeschritten. Inzwischen sind Tofu- und Seitan-Produkte in vielen Supermärkten und Bioläden westlicher Metropolen zu kaufen und deren Angebotsvielfalt wächst ständig. Immer mehr ›Arme‹ und ›Hungrige‹ in den ›kulinarischen Entwicklungsländern‹ der Ersten Welt gewöhnen sich langsam an eine fleischfreie Feinschmeckerküche. Der sich vegan ernährende Philosoph weiß, wovon er spricht: »Gute chinesische Gerichte sind zum Beispiel vorzügliche Zusammenstellungen von einer oder mehreren einweißreichen Zutaten – in der vegetarischen chinesischen Küche sind das unter anderem Tofu, Nüsse, Bohnensprossen, Pilze und Seitan – mit frischen, kurz gegarten Gemüsen und Reis«.[68] Als eine genussvolle Alternative zur gewohnten Fleischpflicht der westlichen Esskultur stellt die östliche Weisheit damit das hohe Niveau einer

---

66 | Zur fernöstlichen Gastrosophie siehe: Lemke, Die Weisheit des Essens.
67 | Singer, Animal Liberation, 285.
68 | Ebd., 288.

kulinarischen Praxis unter Beweis, die auf interessante Weise die Ethik einer rein veganen Vernunft mit der Ästhetik eines guten Geschmacks zu einem angenehmen Lebensgenuss verbindet, den Immanuel Kant, der »große Chinese aus Königsberg« (Nietzsche), wahrlich zu würdigen gewusst hätte.

DIE LUST UND DAS GLÜCK, DAS ETHISCH GUTE ZU TUN

Singer greift zur theoretischen Begründung einer Ethik des Essens beiläufig auch auf eine zentrale Erkenntnis der sokratisch-aristotelischen Philosophie zurück.[69] Ihr zufolge knüpft die philosophische Moraltheorie an eine menschliche Glückserfahrung an, die dem praktischen Gelingen einer Tätigkeit innewohne: dem Glück einer gelingenden Praxis, dem Glück eines geglückten und insofern auch glücklichen Tätigseins. Dieses praktische Glück, die *Eudaimonia*, können wir beispielsweise beim Kochen erfahren, wenn es uns gelingt oder eben glückt, etwas Wohlschmeckendes zuzubereiten, das genauso hätte misslingen und nicht gut schmecken können. So entsteht das Glück des Kochenkönnens sowohl aus der Lust am Selbstgemachten als auch aus der Freude daran, dass das selbst produzierte Werk nicht nur satt macht, sondern außerdem auch einem selbst und anderen geschmacksästhetisches Wohlgefallen und kulinarischen Genuss (gr. *Hedone*) bereitet. Tatsächlich bezieht sich der Hedonismus, der auch der epikureischen Ethik des Wohllebens zugrunde liegt, ursprünglich auf diese Lust des kulinarischen Vergnügens am Wohlgeschmack einer Speise.

Trotz dieser zentralen Einsicht in die eudämonistisch-hedonistischen Grundlagen der Gastroethik und deren überzeugenden Beweggründe, ethisch zu essen, fehlt bei Singer die Feststellung, dass es keine vergleichbare Lebenspraxis gibt, wo Glück und Moral, Politik und Ethik, das Gute und das Alltägliche derart ineinander greifen wie beim Essenmachen und beim (gemeinsamen) Essensgenuss. Das kulinarische Wohlleben bietet wahrlich das Faktum einer praktischen Vernunft, zu welcher die Philosophie alle Menschen als etwas für jeden Erstrebenswertes anleiten will. So lässt sich mithilfe von Singers Gastrosophie zumindest ansatzweise zeigen, warum ethisch zu handeln und Gutes zu essen auch aus dem wohlverstandenen Eigeninteresse an Genuss und Glück – was jeder für sich gutheißt – wirklich eine gute Lebenspraxis ausmacht.

Mit der Darstellung solcher interessanten, erstrebenswerten und gleichwohl politisch-ethischen Motive werden überzeugende Gründe für ein gastroethisches Alltagsleben aufgeboten. Eine Philosophie, die solche Gründe, Beweggründe und Aktivitäten einbezieht, könnte vielen durchaus schmecken oder ihnen sogar Appetit machen, ihr kulinarisches Schicksal und ihre bislang schlechten Ernährungsgewohnheiten zu ändern. Und wie die Dinge stehen,

---

69 | Vgl. Singer, Praktische Ethik, 413f.

hängt nun einmal von ebendieser Entscheidung unglaublich viel Wohl oder Weh unserer Welt ab. Die philosophische Ethik und Politik vergewissert sich im sachlichen Bezug auf die kulinarische Alltagspraxis schlechterdings desjenigen universellen Handlungsbereichs, wo jederzeit radikale Veränderungen stattfinden könnten und auch stattfinden müssten, um tatsächlich die heute global hegemonialen Ernährungsverhältnisse zu revolutionieren.

Weil das so ist, sollte die Philosophie möglichst konkrete ›Rezepte für die Praxis‹ bieten. Wir wissen inzwischen, dass direkte Aktionen für einen politischen Konsum darin bestehen, möglichst viel vegetarische oder vegane und fair gehandelte, lokale Biolebensmittel zu kaufen. Die Anleitung zu vernünftigen Aktivitäten in der Küche nimmt buchstäblich die Form von Kochrezepten an – ganz abgesehen von dem Universalrezept, dass kochen zu können für niemanden freudenlos ist. Für wahre Buddhisten etwa ist die tägliche Kochkunst eine leichte Möglichkeit zum Buddha zu werden und Erleuchtung, Erwachen, Weisheit und Zen-Selbstverwirklichung zu erreichen. Aber auch für Philosophen jeder Art steht mit der Vernunft in der Küche einiges auf dem Spiel. Alles das hat Singer, der kochende Philosoph, durchschaut.

Als praktische Kostprobe seiner gastrosophischen Weisheit ist etwa, wie bereits eingangs erwähnt, an jenes leckere indische Dhal-Gericht dieses lachenden Buddhas zu denken: eine Kreation aus seiner eigenen Küche. Dass seine Philosophie tatsächlich auch Kochrezepte beinhaltet, zeichnet Peter Singer – zusätzlich zu seinen anderen klugen Interventionen – erneut als einen unkonventionellen Zeitgenossen aus, der sich selbst von den üblichen Diskurszwängen und schlechten Gewohnheiten des philosophischen Geschmacks befreit hat: Aufkochen und Vorkochen auf dem Internetportal YouTube, auf der populärsten Bühne der Welt – eine derart beispielhaft praktische Ethik verfängt sich weder in einem theoretischen Moralismus noch in einem apolitischen Konformismus, weder in eine gastrosophisch unkundige Geschmacksphilosophie noch in einem unphilosophischen Konkretismus, der selbst denkenden und womöglich selbst kochenden Anderen vorschreiben würde, was ihnen gut schmecken soll. Singers Kochrezepte und sein persönliches Beispiel haben vielmehr den tieferen Sinn, demonstrativ zu bewahrheiten und massenmedial unter Beweis zu stellen, dass die Befreiung aus verantwortungs- und phantasielosen Essgewohnheiten im Prinzip jedem (selbst Theoretikern und Kopfmenschen) jederzeit praktisch möglich ist.[70]

Den gleichen Sinn haben alle Argumente *ad personam*, die einen Bezug zu seinem eigenen Essen herstellen. Singer spricht ausdrücklich von seinem persönlichen Vorsatz, die eigene Theorie auch zu praktizieren und folglich einen alltagspraktischen »Zusammenhang zwischen Ethik und der eigenen Lebensweise« herstellen zu wollen. Er tut dies aus der kritischen Reflexion der fatalen

---

70 | Vgl. Dollase, Wenn der Kopf zum Magen kommt.

Geschichte eines alltäglichen Konformismus, dem sein jüdischer Großvater während des Nazi-Regimes zum Opfer fiel.⁷¹ Wenn gerade ein Philosoph, dessen Schriften von Moral handeln, nur in dem Maße ernst genommen werden kann, wie er seine eigene Philosophie auch *in praxi* lebt, also deren Praktikabilität seinen Mitmenschen vorlebt – wie ausgerechnet von Friedrich Nietzsche zu Recht gefordert⁷² –, dann ist Peter Singer ein solcher vorbildlicher Philosoph und ein echter Gastrosoph.

So berichtet er davon, dass ihn die Erkenntnis der globalen Auswirkungen eines täglichen Essens von billigem Fleisch aus Tierfabriken dazu bewog, zum Vegetarier und graduell zum Veganer zu werden; auch spricht er nicht ohne Stolz von der allmählichen Verbesserung seiner eigenen Kochkünste und sogar davon, wie er zu einem »Meister der asiatischen Küche« wurde.⁷³ Um höchst persönlich den gängigen Einwand zu entkräften, nur »Heilige«, »Helden« oder »moralische Monster« seien fähig, das moralisch Gute zu tun, setzt sich der international angesehene Universitätsprofessor sogar – um es noch einmal hervorzuheben – als TV-Koch in Szene. Selbstverständlich mit dem einkalkulierten Risiko, sich lächerlich zu machen: Was kann es Lächerlicheres geben als einen kochenden Philosophen? Oder nicht?

Aber was macht es schon, wenn seine massenmedial dargebotenen Kochkünste nicht wirklich überzeugen. Die ungewohnte Selbstinszenierung eines renommierten Philosophen in der Figur des köchelnden Antihelden – eine solcherart eingängige, popkulturelle Dokumentation des mutigen Selbstversuchs in Sachen gastrosophischer Bildungs- und kulinarischer Entwicklungspolitik dient offenkundig dazu, nicht nur die schlichte Praktikabilität einer ethisch guten Esskultur demonstrativ vorzuleben, sondern vor allem die kritische Masse von der unheroischen Banalität des Guten zu überzeugen, zu der ebenso gut jeder andere fähig wäre.

Letztlich findet selbst ein gewisser Utilitarismus Platz in Singers Gastroethik, deren normative Grundlage gleichwohl strikt universalistisch ist und deren Pflichten sogar politisch-hedonistische und eudämonistische Neigungen berücksichtigen. So räumt Singer ein, dass es durchaus im Einklang mit seinen moraltheoretischen Prinzipien stehe, wenn sich Menschen gelegentlich ethisch unkorrekt oder unethisch verhielten: Denn ›das Gute zu leben‹ verlangt von niemandem, zu jedem Zeitpunkt und unter allen Umständen ein vollkommen ›guter Mensch zu sein‹, also überall und immer korrekt zu handeln und das Richtige zu tun. In Situationen, wo es – aus welchen Gründen auch immer – nur Fleisch oder etwas in anderer Hinsicht Fragwürdiges gibt, macht es wenig

---

71 | Vgl. Singer, Mein Großvater, 173.
72 | Vgl. Lemke, Friedrich Nietzsche: Kritische Theorie als Ethik.
73 | Singer, Animal Liberation, 7; siehe auch: ders./Mason, Eating, vii; Schaler, Peter Singer under Fire, 18.

Sinn und kaum Vergnügen, auf vegetarische Kost und auf in jeder Hinsicht gutes Essen zu bestehen. Ebenso gibt es Lebenslagen, wo es einem einfach nicht möglich ist, vernünftig einzukaufen oder sich ethisch zu ernähren. Erst recht gehört der gelegentliche Exzess zum kulinarischen Leben. In alledem bestätigt die Ausnahme die Regel. Darum ist es wichtig, dass Singer seinen Lesern gut zuredet: »Sie können ethisch sein, ohne fanatisch zu sein«.[74]

Gegen den programmatischen Fanatismus oder kategorischen Rigorismus der traditionellen (philosophischen oder religiösen) Morallehren plädiert eine Ethik des guten Essens für lockere Sitten. So ist sich Singer, wie gesagt, bewusst, dass die von ihm selbst aufgestellte maximale Forderung, wonach wir zu strikten Veganern werden sollten, in einer karnivoren Kultur, welche über Jahrhunderte hinweg die Menschen an fleischfixierte Geschmackspräferenzen und eine phantasielose Küche gewöhnt – und gefesselt – hat, kaum auf spontane Gegenliebe stößt, wenngleich moraltheoretisch betrachtet jeder dazu verpflichtet ist.

Um dem philosophischen Dilemma zu entgehen, politisch-ethische Pflichten zu predigen, die praktisch nichts bewirken (weil ihnen entweder niemand folgen mag oder weil niemand *de facto* in der Lage ist, sie zu praktizieren), passt Singer die Gastroethik strategisch diesen nicht-idealen Bedingungen unserer Welt an. Erst mithilfe dieser weisen Konzeption lässt er sich das gegenwärtige Faktum der praktischen Vernunft einer real praktizierten Ethik des Essens von vielen Menschen nicht entgehen: Jene Gutmenschen, die sich so viel wie möglich von lokalen, saisonalen, fair bezahlten und biologisch produzierten Lebensmitteln ernähren, sich ansonsten aber weiterhin Milch, Eier, Butter, Käse und andere Lebensmittel aus tierischer Erzeugung sowie zumindest gelegentlich Fleisch aus tiergerechter Haltung schmecken lassen – diese gewissenhaften Allesesser tun ethisch *fast alles* Gute, was ihnen gegenwärtig essalltäglich überhaupt ethisch glücken kann.

Und vor allem tun gewissenhafte Allesesser schon sehr viel im Vergleich zu Personen mit unveränderten Essgewohnheiten und Präferenzen für einen gesellschaftlich bzw. moralisch schlechten Geschmack. Indem Singer, anstatt einen rigorosen Universalismus in der Praxis des Guten zu vertreten, einen politischen Hedonismus in der Theorie des Guten im Sinne eines derartigen ›Präferenz-Utilitarismus‹ der größten Zahl des gastroethischen Glücks favorisiert, erhöht seine Philosophie die Wahrscheinlichkeit, dass sich noch mehr Menschen durch philosophische Argumente davon überzeugen lassen, dass ethisch gutes Essen tatsächlich etwas nicht nur für andere, sondern auch für sie selbst Gutes ist.

Gleichwohl sieht Singer die mächtigen und durchaus bösartigen Gegenkräfte einer gastrosophischen Gegenaufklärung, etwa in der milliardenschweren und bildreichen Lebensmittelwerbung: »Die weltweite Ernährungsindustrie

---

74 | Singer/Mason, Eating, 279.

gibt jährlich mehr als vierzig Milliarden Dollar aus, um uns dazu bewegen, ihre Produkte zu essen«.[75] Oder die fatale Trägheit von Gewohnheiten, die vielen Leuten eine ethische Esskultur weiterhin als unerreichbar erscheinen lassen. Obgleich immer mehr Menschen durch ihr tägliches Handeln die allgemeine Machbarkeit dieser politischen Ethik bestätigen, gibt er sich keiner falschen Hoffnung hin, dass eine Veränderung der immer noch von der überwiegenden Mehrheit präferierten Ernährungsweise in nächster Zeit oder überhaupt mit Gewissheit einträte. Doch scheint unstrittig, dass ohne ein gastrosophisches Umdenken der Prinzipien und Praktiken der westlichen Diät noch weit weniger Aussicht auf gesellschaftliche Veränderung bestünde.

So ist es konsequent und eventuell sogar das einzige uns noch zur Verfügung stehende Mittel, die Welt vor der sicheren Ernährungskrise zu retten, wie Singer den dringenden Bedarf hervorzuheben, die neue Gastroethik bildungspolitisch zu fördern und deren wissenschaftlichen Erkenntnisse und transdisziplinären Forschungsperspektiven in Schulen und Universitäten programmatisch zu verankern. »Es gibt einen dringenden Bedarf für die gemeinsame Anstrengung, der Verbreitung unserer desaströsen Ernährungsweise entgegen zu wirken. Dies wird eine interdisziplinäre Anstrengung erfordern, um den besten wissenschaftlichen Kenntnisstand zusammen zu bringen von Experten im Bereich der Ernährungswissenschaft, der öffentlichen Gesundheitsförderung und der Umweltwissenschaften sowie von Philosophen, die zu ethischen Fragen bezüglich unseres Umgangs mit Tieren und der Umwelt arbeiten«.[76]

Mit Blick auf die mittlerweile stark vorangetriebene Institutionalisierung der Bioethik, also jener Disziplin, deren Existenz sich zu einem beträchtlichen Maße dem innovativen Denken seiner Person zu verdanken hat, fügt Singer der nachdrücklichen Forderung, eine Ethik des Essens zu entwickeln, die folgende und speziell an seine philosophischen Kollegen gerichtete Schlussbemerkung hinzu: »Hochschullehrer der Philosophie sollten bei dem Unterfangen, diese Veränderung herbeizuführen, eine Rolle spielen. Essen muss als eine der wichtigsten ethischen Angelegenheiten, mit denen wir konfrontiert sind, wahrgenommen werden. Wenn wir bedenken, wie viel Aufmerksamkeit in ethischen Seminaren solchen Themen entgegen gebracht wird, mit denen Studierende selten (wenn überhaupt) zu tun haben (zum Beispiel Sterbehilfe), erscheint es eigenartig, dass wir die Ethik einer Angelegenheit vernachlässigen, mit der wir drei Mal am Tag zu tun bekommen.«

Zugegeben, man sollte skeptisch bleiben, ob die akademische Philosophie wirklich dazu in der Lage ist, sich auf die alltäglichste und allgemeinste Handlung der Menschen einzulassen. Universitäten sind längst keine Orte des freien Denkens mehr. Doch stimmt mich die unerwartete Resonanz des ethischen

---

75 | Ebd., 4.
76 | Singer, A Vegetarian Philosophy, 304.

Denkens, etwa in den zahlreichen Erscheinungsformen der angewandten Ethik und insbesondere der Bioethik durchaus optimistisch. Warum sollte die Gastroethik mit ihrem enormen, transdisziplinären und alltagspraktischen Wirkungsradius nicht eine ähnliche Anerkennung erfahren? Auf alle Fälle können auch die Philosophen, noch mehr als andere Menschen, nur hinzugewinnen, falls sie die Welt aus der Perspektive unseres täglichen Essens zu denken lernen. Ihnen eröffnet sich die Möglichkeit, sich aus der einseitigen Fokussierung auf das ›geistige Vernunftwesen‹ der Menschen zu befreien, einer metaphysischen Fixierung, die seit ihren platonischen Anfängen bis in die gegenwärtige Neurophilosophie hinein dem Irrglauben anhängt, dass der menschliche Geist sich aus sich selbst ernähre. Dieser philosophischen Autophagie oder Essensvergessenheit hält die Gastrophilosophie einen neuen Geist entgegen. Der neue Geist der Gastrosophie hilft uns zu erkennen, dass viele Grundfragen und aktuelle Themen des philosophischen Denkens ohne systematischen Bezug zum Essen gar nicht sinnvoll behandelt werden können. Die Zukunft unserer Erde und die Utopie eines menschenwürdigen Lebens – die Zukunft der Menschheit hängt ganz entscheidend vom gesellschaftlichen Umgang mit der Nahrungsfrage ab.

Darüber hinaus könnte uns die Gastrosophie, verstanden als politische Philosophie, mit einem philosophischen Gefühl dafür ausstatten, dass ›politisch zu sein‹ heute längst nicht mehr nur darin besteht, eine Partei zu wählen, die Interessen der Politiker zu durchschauen, demonstrieren zu gehen oder gegen etwas zu protestieren. Das Politische steckt eben auch in jenen ethischen Angelegenheiten des Alltagslebens wie dem Essen, zu dessen Fragen und Folgen jeder von uns tagtäglich Stellung beziehen muss. Ob wir die politische Ethik eines guten Essens nutzen, um die Welt zu einem besseren Ort zu machen, wird die Geschichte zeigen. Doch wird dies in dem Maße wahrscheinlicher, wie wir den Geist der Gastrosophie zum selbstverständlichen Teil unseres guten Lebens machen.

Literatur

Adorno, Theodor W., Erziehung zur Mündigkeit, Frankfurt a.M. 1971.
——, Probleme der Moralphilosophie, in: ders., Nachgelassene Schriften. Abteilung IV: Vorlesungen: Band 10, Frankfurt a.M. 1996.
——/Max Horkheimer, Dialektik der Aufklärung. Philosophische Fragmente, Frankfurt a.M. 1971.
Althaler, Birgit, Nestlé. Anatomie eines Weltkonzerns, Zürich 2005.
Appadurai, Arjun, Gastro-politics in Hindu South Asia, in: American Anthropologist, Vol. 8, No. 3, 1981, 494-511.
Appiah, Kwane Anthony, Der Kosmopolit. Philosophie des Weltbürgertums, München 2009.
Arnswald, Ulrich/Hans-Peter Schütt (Hg.), Thomas Morus' *Utopia* und das Genre der Utopie in der politischen Philosophie, Karlsruhe 2010.
Baier, Andrea, Urbane Landwirtschaft und Stadtteilentwicklung, in: Christa Müller (Hg.), Urban Gardening. Über die Rückkehr der Gärten in die Stadt, München 2011, 173-189.
Barett, Christopher B./Daniel G. Maxwell, Food Aid After Fifty Years. Recasting Its Role, Routledge 2005.
Baudrillard, Jean, Vom zeremoniellen zum geklonten Körper, in: Dietmar Kamper/Christoph Wulf (Hg.), Die Wiederkehr des Körpers, Frankfurt a.M. 1982, 350-362.
Bauman, Zygmunt, Wir Lebenskünstler, Frankfurt a.M. 2009.
Beck, Ulrich, Macht und Gegenmacht im globalen Zeitalter, Frankfurt a.M. 2002.
——, Was ist Globalisierung?, Frankfurt a.M. 2004.
——/Edgar Grande, Das kosmopolitische Europa, Frankfurt a.M. 2007.
Becker, Karina (Hg.), Grenzverschiebungen des Kapitalismus: Umkämpfte Räume und Orte des Widerstandes, Frankfurt a.M. 2010.
Belasco, Warren, Appetite For Change: How the Counter-Culture Took on the Food Industry, New York 2006.
Bello, Warren, The Food Wars, London 2009.

Bennholdt-Thomsen, Veronika, Ökonomie des Gebens, in: Christa Müller (Hg.), Urban Gardening. Über die Rückkehr der Gärten in die Stadt, München 2011, 252-265.
Bergdolt, Klaus, Leib und Seele. Eine Kulturgeschichte des gesunden Lebens, München 1999.
Berking, Helmuth/Martina Löw (Hg.), Die Eigenlogik der Städte. Neue Wege für die Stadtforschung, Frankfurt/New York 2008.
Berry, Wendell, The Unsettling of America: Culture and Agriculture, San Francisco 1996.
Beuys, Joseph, Ein Gespräch, in: Jacqueline Burckhardt (Hg.), Ein Gespräch: Joseph Beuys, Jannis Kounellis, Anselm Kiefer, Enzo Cucchi, Zürich 1986.
Beyes, Timon/Daniel Libeskind/et al., Die Stadt als Perspektive. Zur Konstruktion urbaner Räume, Ostfildern 2006.
Bloch, Ernst, Das Prinzip Hoffnung, 3 Bde., Frankfurt a.M. 1985.
Blom, Brett/Ava Bromberg (Hg.), Belltown Paradise/Making Their Own Plans, Illinois 2004.
Bode, Thilo, Abgespeist. Wie wir beim Essen betrogen werden und was wir dagegen tun können, Frankfurt a.M. 2008.
Böhme, Hartmut, Vorwort, in: Stefan Hardt, Tod und Eros beim Essen, Frankfurt a.M. 1987.
Bommert, Wilfried, Kein Brot für die Welt – Die Zukunft der Welternährung, München 2009.
Borries, Friedrich v./Matthias Böttger/Florian Heilmeyer, Bessere Zukunft? Auf der Suche nach den Räumen von Morgen, Berlin 2008.
Bourdieu, Pierre, Die feinen Unterschiede. Zur Kritik der gesellschaftlichen Urteilskraft, Frankfurt a.M. 1982.
Bové, José/François Dufour, Die Welt ist keine Ware. Bauern gegen Agromultis Zürich 2001.
Brodde, Kirsten, Protest! Wie ich die Welt verändern und dabei auch noch Spaß haben kann, München 2010.
Bröckling, Ulrich, Das unternehmerische Selbst. Soziologie einer Subjektivierungsform, Frankfurt a.M. 2007.
——/Susanne Krasmann/Thomas Lemke (Hg.), Gouvernementalität der Gegenwart: Studien zur Ökonomisierung des Sozialen, Frankfurt a.M. 2000.
——/Robert Feustel (Hg.), Das Politische denken. Zeitgenössische Positionen, Bielefeld 2010.
Brook, Isis, The Virtues of Gardening, in: Dan O'Brien (Hg.), Gardening. Philosophy for Everyone, Cultivating Wisdom, Oxford 2010.
Bude, Heinz/Ralf M. Damitz/André Koch, Marx. Ein toter Hund? Gesellschaftstheorie reloaded, Wiesbaden 2010.
BUKO, Rezeptbuch Unternehmen Stadt übernehmen, Flyer 2011.

Bundesministerium für Ernährung, Landwirtschaft und Verbraucherschutz (Hg.), Nationaler Aktionsplan: In Form – Deutschlands Initiative für gesunde Ernährung und mehr Bewegung, Berlin 2010.

Busse, Tanja, Die Einkaufsrevolution, München 2006.

——, Die Ernährungsdiktatur. Warum wir nicht länger essen dürfen, was uns die Industrie auftischt, München 2010.

Callinicos, Alex, An Anti-Capitalist Manifesto, London 2003.

Carpenter, Novella, Meine kleine City-Farm. Landlust zwischen Beton und Asphalt, Köln 2010.

Celikates, Robin/Stefan Gosepath (Hg.), Philosophische Moral. Texte von der Antike bis zur Gegenwart, Frankfurt a.M. 2009.

Chiapello, Ève/Luc Boltanski, Der neue Geist des Kapitalismus, Konstanz 2006.

Choplin, Gérard/Alexandra Strickner/Aurélie Trouvé (Hg.), Ernährungssouveränität. Für eine andere Agrar- und Ernährungspolitik in Europa, Wien 2011.

Chrzan, Janet, Slow Food: What, Why, and to Where?, in: Food, Culture and Society: An International Journal of Multidisciplinary Research, Volume 7, Number 2, Fall 2004, 117-132.

Cole, Alison, Renaissance von Mailand bis Neapel. Die Kunst an den Höfen Italiens, Köln 1996.

Comte-Sponville, André, Kann Kapitalismus moralisch sein?, Zürich 2011.

Critchley, Simon, Unendlich fordernd. Ethik der Verpflichtung, Politik des Widerstands, Zürich/Berlin 2008.

Dahm, Daniel/Gerhard Scherhorn, Urbane Subsistenz. Die zweite Quelle des Wohlstands, München 2008.

Daum, Pierre, Für eine Handvoll Tomaten, in: Le Monde diplomatique, Cola, Reis & Heuschrecken. Welternährung im 21. Jahrhundert, Edition No. 10, 2011, 28-31.

Davis, Mike, Die Geburt der Dritten Welt. Hungerkatastrophen und Massenvernichtung im imperialistischen Zeitalter, Hamburg 2005.

——, Planet der Slums, Berlin 2007.

——, Wer wird die Arche bauen?, in: Anke Haarmann/Harald Lemke (Hg.), Kultur|Natur. Kunst und Philosophie im Kontext der Stadtentwicklung, 2 Bde, Berlin 2009, 21-36.

Deleuze, Gille/Felix Guattari, Was ist Philosophie?, Frankfurt a.M. 1996.

Dell'Agli, Daniele, Alles Käse? Eh Wurscht! Zur gastrosophischen Idiomatik des Deutschen, in: ders. (Hg.), Essen als ob nicht. Gastrosophische Modelle, Frankfurt a.M. 2009, 101-152.

Desmarais, Annette Aurelie, La Via Campesina. Globalisation and the Power of Peasants, London 2007.

Deutsche Adipositas Gesellschaft, Kalorienschlacht: überflüssig und schädlich, Presse-Mitteilung 25. Mai 2009.

Deutsche Welthungerhilfe und terre des hommes Deutschland, Die Wirklichkeit der Entwicklungshilfe, 19. Bericht, Meckenheim 2011.
Die Keimzelle. Soziale Gärten für alle, Hamburg, URL: www.diekeimzelle.de (Stand 06.06.2012).
Dollase, Jürgen, Wenn der Kopf zum Magen kommt. Theoriebildung in der Kochkunst, in: Daniele Dell'Agli (Hg.), Essen als ob nicht. Gastrosophische Modelle, Frankfurt a.M. 2009, 67-100.
Donati, Kelly, The Pleasure of Diversity in Slow Food's Ethics of Taste, in: Food, Culture and Society: An International Journal of Multidisciplinary Research, Volume 8, Number 2, 2005, 227-242.
Dowd, Maureen, Chef Waters' Vision Becomes Hot Topic, The New York Times, 28. April 2009.
Dürckheim, Karlfried v., Untersuchungen zum gelebten Raum, herausgegeben von Jürgen Hasse, Frankfurt a.M. 2005.
Duve, Karen, Anständig essen. Ein Selbstversuch, Berlin 2010.
Easterley, William, The White Man's Burden. Why the West's Efforts to Aid the Rest Have Done So Much Ill and So Little Good, London 2007.
Eberhardt, Pia, Zwischen kapitalistischem Alltagsgeschäft und Ernährungssouveränität, in: Michael Berstreser/Franz-Josef Möllenberg/Gerd Pohl (Hg.), Globale Hungerkrise: Der Kampf um das Menschenrecht auf Nahrung, Wiesbaden 2009.
Ehlers, Torben, Der Aufstand der Zapatisten. Die ›widerspenstige Schnecke‹ (EZLN) im Spiegel der Bewegungsforschung, Marburg 2009.
Ehrenberg, Alain, Das erschöpfte Selbst. Depression und Gesellschaft in der Gegenwart, Frankfurt a.M. 2008.
Ehrlich, Paul, Die Bevölkerungsbombe, Frankfurt a.M. 1973.
Eigmüller, Monika, Grenzsicherungspolitik: Funktion und Wirkung der europäischen Außengrenze, Wiesbaden 2007.
EZLN, 2. Erklärung von La Realidad für eine menschliche Gesellschaft und gegen den Neoliberalismus, 1994, in: Ulrich Brand/Ana Esther Ceceña (Hg.), Reflexion einer Rebellion, ›Chiapas‹ und ein anderes Politikverständnis, Münster 1999.
FAO, The Right To Food – in Theory and Pratice, Rome 1998.
——, Expert Consultation on Food Safety: Science and Ethics, Rome 2003.
——, World Food Report: Food and Agriculture Organization of the United Nations, Rome 2011.
Felber, Christian, 50 Vorschläge für eine gerechtere Welt. Gegen Konzernmacht und Kapitalismus, Wien 2006.
——, Neue Werte für die Wirtschaft. Eine Alternative zu Kommunismus und Kapitalismus, Wien 2008.
Fell, Derek, Vertical Gardening: Grow Up, Not Out, for More Vegetables and Flowers in Much Less Space, New York 2011.

Fine, Ben, The Political Economy of Diet, Health and Food Policy, London 1998.
——/Michael Heasmann/Judith Wright, Consumption in the Age of Affluence. The World of Food, London/New York 1996.
Fletcher, Ben C./Karen Pine/Danny Penman, Die keine Diät Diät, München 2006.
Foer, Jonathan Safran, Tiere essen, Frankfurt a.M. 2011.
FoodWorks. A Vision to Improve NYC's Food System, URL: http://council.nyc.gov/html/action_center/food.shtml (Stand 06.06.2012).
Foucault, Michel, Dispositive der Macht. Über Sexualität, Wissen und Wahrheit, Berlin 1978.
——, Die politische Funktion des Intellektuellen, in: ders.: Schriften in vier Bänden. Dits et Ecrits, Bd. III: 1976-1979, herausgegeben von Daniel Defert/François Ewald, Frankfurt a.M. 2003.
——, Omnes et singulatim. Zu einer Kritik der politischen Vernunft, in: Joseph Vogl (Hg.), Gemeinschaften. Positionen zu einer Philosophie des Politischen, Frankfurt a.M. 1995.
Fourier, Charles, Theorie der sozialen Bewegungen, Reinbek 1977.
Fricke, Christel/Hans-Peter Schütt (Hg.), Adam Smith als Moralphilosoph, Berlin 2005.
Friedmann, Harriet, The Political Economy of Food, New Left Review, 1/197, 1993, 29-57.
Fröhlich, Susanne, Das Moppel-Ich. Der Kampf mit den Pfunden, Frankfurt a.M. 2005.
Funes, Fernando/Luis Garcia/Martin Bourque, Sustainable Agriculture and Resistance: Transforming Food Production in Cuba, Oakland 2002.
Geiselberger, Heinrich (Hg.), Und jetzt? Politik, Protest und Propaganda, Frankfurt a.M. 2007.
Georgescu, Vlad D./Marita Vollborn, Die Joghurtlüge. Die unappetitlichen Geschäfte der Lebensmittelindustrie, Lübbe 2008.
Gerber, Philipp, Das Aroma der Rebellion. Zapatistischer Kaffee, indigener Aufstand und autonome Kooperativen in Chiapas, Mexiko, Münster 2005.
Goehler, Adrienne, Verflüssigungen. Wege und Umwege vom Sozialstaat zur Kulturgesellschaft, Frankfurt/New York 2006.
Goethe, Johann Wolfgang, Dichtung und Wahrheit I, Werke Bd. 9, Hamburg 1961.
Gorz, André, Utopie und Misere der Arbeit, Frankfurt a.M. 2000.
Gosepath, Stefan/Georg Lohmann (Hg.), Philosophie der Menschenrechte, Frankfurt a.M. 1998.
Gottschalk-Mazouz, Niels (Hg.), Übergewicht und Adipositas, Gesundheit und Krankheit. Diskussionsbeiträge aus philosophischer Sicht, Stuttgart 2010.
Gottwald, Franz-Theo, Esst anders! Vom Ende der Skandale. Über inspirierte Bauern, innovative Handwerker und informierte Genießer, Marburg 2011.

Grimm, Ulrich, Die Suppe lügt. Die schöne neue Welt des Essens, München 1999.
——, Die Ernährungslüge. Wie uns die Lebensmittelindustrie um den Verstand bringt, München 2003.
——, Tödlicher Hamburger. Stuttgart 2010.
Gruber, Petra C./Michael Hauser, Ermächtigung und biologische Landwirtschaft. Von Ernährungssicherheit zu Ernährungssouveränität, in: Petra C. Gruber (Hg.), Wie wir überleben! Energie und Ernährung in Zeiten des Klimawandels, Opladen 2010, 87-108.
Grünareal bei der Alten Rindermarkthalle, Hamburg, URL: www.gruenareal.net (Stand 28.05.2012).
Gunlock, Julie, Alice in Wonderland, National Review, 17. April 2009.
Haarmann, Anke, Naturkultur – ein politisches Kollektiv, in: dies./Harald Lemke (Hg.), Kultur|Natur. Kunst und Philosophie im Kontext der Stadtentwicklung, 2 Bde, Berlin 2009, 71-82.
Habermas, Jürgen, Strukturwandel der Öffentlichkeit, Frankfurt a.M. 1990.
——, Zur Vernunft der Öffentlichkeit, in: ders., Ach, Europa, Frankfurt a.M. 2008, 131-191.
——, Ach Europa, Frankfurt a.M. 2008.
Häußermann, Hartmut/Walter Siebel (Hg.), Festivalisierung der Stadtpolitik. Stadtentwicklung durch große Projekte, Wiesbaden 1993.
——/Dieter Läpple, Stadtpolitik, Frankfurt a.M. 2008.
Hall, Matthew, Escaping Eden. Plant Ethics in a Gardener's World, in: Dan O'Brien (Hg.), Gardening. Philosophy for Everyone, Cultivating Wisdom, Oxford 2010, 38-47.
Hardin, Garrett, The Tragedy of the Commons, in: Science, Vol. 162, no. 3859, 1968, 1243-1248.
——, Lifeboat Ethics: The Case Against Helping the Poor, in: Thomas Pogge/Keith Horton (Hg.), Global Ethics, Vol. II, St. Paul 2008, 15-27.
Harrison, Robert, Die Gartenschule Epikurs, in: ders., Gärten. Ein Versuch über das Wesen der Menschen, München 2010, 107-124.
Harvey, David, Kleine Geschichte des Neoliberalismus, Zürich 2007.
——, The Right to the City, New Left Review 53, 2008.
——, Social Justice and the City, Chicago 2009.
——, Der Finanzstaatsstreich: Ihre Krise, unsere Haftung, in: Blätter für deutsche und internationale Politik (Hg.), Das Ende des Kasino-Kapitalismus? Globalisierung und Krise, Berlin 2009, 49-59.
Hauskeller, Michael, Die »Banalität des Guten«. Political Correctness in Deutschland und Österreich, in: ders., Auf der Suche nach dem Guten. Wege und Abwege der Ethik, Kusterdingen 1999, 215-236.
Hausknoth, Florentina, Stadt denken. Über die Praxis der Freiheit im urbanen Zeitalter, Bielefeld 2011.

Heidbrink, Ludger/Imke Schmidt (Hg.), Die Verantwortung des Konsumenten: Über das Verhältnis von Markt, Moral und Konsum, Frankfurt/New York 2011.

Heidegger, Martin, Die Frage nach der Technik, in: ders., Die Technik und die Kehre, Pfullingen 1962.

Heindl, Ines, Studienbuch Ernährungsbildung: Ein europäisches Konzept zur schulischen Gesundheitsförderung, Bad Heilbrunn 2003.

Heistinger, Andrea, Leben von Gärten. Warum urbane Gärten wichtig sind für Ernährungssouveränität, Eigenmacht und Sortenvielfalt, in: Christa Müller (Hg.), Urban Gardening. Über die Rückkehr der Gärten in die Stadt, München 2011, 305-318.

Heldke, Lisa, Kerri Mommer/Cynthia Pineo (Hg.), The Atkins Diet and Philosophy, Illinois 2005.

——, Urbanes Gärtnern und die Erzeugung von Gemeinschaft, in: Anke Haarmann/Harald Lemke (Hg.), Kultur|Natur. Kunst und Philosophie im Kontext der Stadtentwicklung, 2 Bde, Berlin 2009, 101-120.

Helmert, Uwe, Die ›Adipositas-Epidemie‹ in Deutschland – Stellungnahme zur aktuellen Diskussion, in: Friedrich Schorb/Henning Schmidt-Semisch (Hg.), Kreuzzug gegen Fette, Sozialwissenschaftliche Aspekte des gesellschaftlichen Umgangs mit Übergewicht und Adipositas, München 2007, 79-88.

Hessel, Stéphane, Empört euch!, Berlin 2011.

Hirn, Wolfgang, Der Kampf ums Brot. Warum die Lebensmittel immer knapper und teurer werden, Frankfurt a.M. 2009.

Höffe, Otfried, Wirtschaftsbürger, Staatsbürger, Weltbürger. Politische Ethik im Zeitalter der Globalisierung, München 2004.

Holl, Anne, Die neuen Gemüsegärten von Havanna, in: Elisabeth Meyer-Renschhausen/Anne Holl (Hg.), Die Wiederkehr der Gärten. Kleinlandwirtschaft im Zeitalter der Globalisierung, Innsbruck 2000, 104-122.

Holm, Andrej, Recht auf Stadt – Soziale Kämpfe in der neoliberalen Stadt, in: Rosa-Luxemburg-Stiftung Thüringen (Hg.), Die Stadt im Neoliberalismus, Erfurt 2009, 27-37.

Holt-Giménez, Eric/Raj Patel, Food Rebellions! Crisis and the Hunger for Justice, Oakland 2009.

Honneth, Axel, Kampf um Anerkennung. Zur Grammatik sozialer Konflikte, Frankfurt a.M. 1992.

Horkheimer, Max, Kritische Theorie gestern und heute, in: ders., Gesellschaft im Übergang. Aufsätze, Reden und Vorträge 1942-1970, Frankfurt a.M. 1972.

Horn, Christoph, Einführung in die Politische Philosophie, Darmstadt 2009.

Horn, Eva, Schwärme – Kollektive ohne Zentrum, in: dies./Lucas Marco Gisi (Hg.), Schwärme. Kollektive ohne Zentrum. Eine Wissensgeschichte zwischen Leben und Information, Bielefeld 2009, 7-26.

Huberthal, Heidrun, Leberecht Migges Konzept nachhaltiger urbaner Landwirtschaft, in: Christa Müller (Hg.), Urban Gardening. Über die Rückkehr der Gärten in die Stadt, München 2011, 204-208.

Huffschmid, Anne, Diskursguerilla. Wortergreifung und Widersinn. Die Zapatistas im Spiegel der mexikanischen und internationalen Öffentlichkeit, Heidelberg 2004.

Humburg, Manuel, Wem gehört die Elbinsel?, in: Anke Haarmann/Harald Lemke (Hg.), Kultur|Natur. Kunst und Philosophie im Kontext der Stadtentwicklung, 2 Bde, Berlin 2009, 253-258.

Husen, Britta Olényi von, Leberecht Migge und der Reformgarten – Von der Raumkunst im Freien zum Garten der Hunderttausend, in: Brita Reimers (Hg.), Gärten und Politik. Vom Kultivieren der Erde, München 2010, 137-148.

Ingensiep, Hans Werner, Geschichte der Pflanzenseele. Philosophische und biologische Entwürfe von der Antike bis zur Gegenwart, Stuttgart 2001.

Internationale Planungskomitee für Ernährungssouveränität (IPC), Civil Society Statement on the World Food Emergency, URL: www.foodsovereignty.org (Stand 28.05.2012).

James, C. L. R., Every Cook Can Govern. A Study of Democracy in Ancient Greece Its Meaning for Today, Correspondence, Vol. 2, No. 12, June 1956.

Jamieson, Dale (Hg.), Peter Singer und his Critics, Oxford 2000.

Kälber, Daniela, Urbane Landwirtschaft als postfossile Strategie. Agricultura Urbana in Kuba, in: Christa Müller (Hg.), Urban Gardening. Über die Rückkehr der Gärten in die Stadt, München 2011, 279-291.

Kallhoff, Angela, Prinzipien der Pflanzenethik: Die Bewertung pflanzlichen Lebens in Biologie und Philosophie, Frankfurt/New York 2002.

Kampkötter, Markus, Emiliano Zapata. Vom Bauernführer zur Legende, Münster 2002.

Kant, Immanuel, Zur Beantwortung der Frage: Was ist Aufklärung?, in: ders., Werkausgabe, Bd. VIII, Frankfurt a.M. 1968.

——, Die Metaphysik der Sitten. Metaphysische Anfangsgründe der Tugendlehre, in: ders., Werkausgabe, Bd. VIII, herausgegeben von Wilhelm Weischedel, Frankfurt a.M. 1968.

——, Zum ewigen Frieden, in: ders., Werkausgabe, Bd. VII, Frankfurt a.M. 1968.

Kantor, Jodi, Die Obamas – Ein öffentliches Leben, München 2011.

Kaplan, Helmut F., Leichenschmaus – Ethische Gründe für eine vegetarische Ernährung, Reinbek 1993.

Keith, Lierre, The Vegetarian Myth. Food, Justice, and Sustainability, Oakland 2009.

Kersh, Rogan/James Morone, Anti-Fett-Politik. Übergewicht und staatliche Interventionspolitik in den USA, in: Friedrich Schorb/Henning Schmidt-Semisch (Hg.), Kreuzzug gegen Fette, Sozialwissenschaftliche Aspekte des gesellschaftlichen Umgangs mit Übergewicht und Adipositas, München 2007, 89-106.

Kesselring, Thomas, Ethik der Entwicklungspolitik. Gerechtigkeit im Zeitalter der Globalisierung. Ethik im technischen Zeitalter, München 2003.

Kessler, David, Das Ende des großen Fressens: Wie die Nahrungsmittelindustrie Sie zu übermäßigem Essen verleitet – Was Sie dagegen tun können, München 2011.

King, Roger, Eating Well: Thinking Ethically About Food, in: Fritz Allhoff/Dave Monroe (Hg.), Food and Philosophy: Eat, Think, and Be Merry, Wiley-Blackwell 2007, 177-191.

Klein, Noami, Kapitalismus – die Wiedergeburt eines Begriffs, in: dies., Über Zäune und Mauern. Berichte von der Globalisierungsfront, Frankfurt/New York 2003.

———, Foreword, in: José Bové/François Dufour, The World Is Not for Sale: Farmers Against Junk Food, London 2001.

Kleinspehn, Thomas, Sprechen – Schauen – Essen. Formen des öffentlichen Diskurses über das Essen in Deutschland und seine verborgenen Zusammenhänge, in: Gerhard Neumann/Alois Wierlacher/Hans Jürgen Teuteberg (Hg.), Kulturthema Essen. Ansichten und Problemfelder, Berlin 1993, 257-268.

Klotter, Christoph, Mächtiges Fressen. Adipositas als historisches Dispositiv, in: Alexander Schuller/Jutta Anna Kleber (Hg.), Verschlemmte Welt. Essen und Trinken historisch-anthropologisch, 132-149, Göttingen 1994.

Koppelin, Frauke/Rainer Müller, Gesundheit und Krankheit in »biopolitischen« Zeiten, in: Bettina Paul/Henning Schmidt-Semisch (Hg.), Risiko Gesundheit. Über Risiken und Nebenwirkungen der Gesundheitsgesellschaft, München 2010, 73-88.

Korthals, Michiel, Before Dinner: Philosophy and Ethics of Food, New York 2004.

———, Ethics and Politics of Food: Toward a Deliberative Perspective, Journal of Social Philosophy, Vol. 39, No. 3, Fall 2008, 445-463.

Koslowski, Peter/Birger B. Priddat (Hg.), Ethik des Konsums, München 2006.

Krebs, Angelika, Gleichheit ohne Grenzen? Die kosmopolitische Überforderung, in: Peter Siller/Gerhard Pitz (Hg.), Politik der Gerechtigkeit. Zur praktischen Orientierungskraft eines umkämpften Ideals, Baden-Baden 2009, 187-194.

Kreide, Regina, Weltarmut und die Verpflichtungen kollektiver Akteure, in: Barbara Bleisch/Peter Schaber (Hg.), Weltarmut und Ethik, Paderborn 2007, 267-295.

Kreutzberger, Stefan/Valentin Thurn, Die Essensvernichter. Warum die Hälfte aller Lebensmittel im Müll landet und wer dafür verantwortlich ist, Köln 2011.

Kuhse, Helga (Hg.), Peter Singer, Unsanctifying Human Life, Oxford 2002.

La Via Campesina, Declaration of Rights of Peasants – Women and Men, URL: http://viacampesina.net/downloads/PDF/EN-3.pdf (Stand 28.05.2012).

Lappé, Frances Moore/Joseph Collins, Mythos vom Hunger. Die Entlarvung einer Legende: Niemand muss hungern, Frankfurt a.M. 1982.

——, Democracy's Edge: Choosing to Save Our Country by Bringing Democracy to Life, San Francisco 2005.

——, Was für eine Art von Demokratie?, in: Herbert Girardet (Hg.), Zukunft ist möglich. Wege aus dem Klima-Chaos, Hamburg 2007, 283-336.

——/Anna Lappé, Hoffnungsträger. Ein Reiseführer zu grünen Alternativen, München 2001.

Lappé, Anna, Diet for a Hot Planet: The Climate Crisis at the End of Your Fork and What You Can Do About It, San Fransicso 2010.

——/Bryant Terry, Grub: Ideas for an Urban Organic Kitchen, New York 2006.

Latouche, Serge, Die Ideologie der Entwicklung, Le Monde diplomatique 06/2001.

Layard, Richard, Die glückliche Gesellschaft. Kurswechsel für Politik und Wirtschaft, Frankfurt a.M. 2005.

Lefèbvre, Henry, Die Stadt im marxistischen Denken, Ravensburg 1975.

——, Die Revolution der Städte, Berlin 2003.

Lemke, Harald, Freundschaft. Ein philosophischer Essay, Darmstadt 2000.

——, Ethik des Essens. Einführung in die Gastrosophie, Berlin 2007.

——, Die Kunst des Essens. Eine Ästhetik des kulinarischen Geschmacks, Bielefeld 2007.

——, Die Weisheit des Essens. Gastrosophischen Feldforschungen, München 2008.

——/Tadashi Ogawa (Hg.), Essen – Wissen. Erkundungen zur Esskultur, München 2008.

——, Ernährungsmedizin und gastrosophische Ethik. Zur Aktualität des Streits zwischen dem Philosophen Kant und dem Arzt Hufeland, in: Christian Hoffstadt et al. (Hg.), Gastrosophical Turn. Essen zwischen Medizin und Öffentlichkeit, Freiburg 2009, 65-74.

——, Esskultur und Klimagerechtigkeit – oder »Lerne Tofuwürste lieben!«, in: Angelika Ploeger/Gunther Hirschfelder/Gesa Schönberger (Hg.), Die Zukunft auf dem Tisch. Analysen, Trends und Perspektiven der Ernährung von morgen, Wiesbaden 2011, 167-186.

——, Friedrich Nietzsche: Kritische Theorie als Ethik, in: Nietzscheforschung, Band VI, Berlin 2000, 118-137.

——, Genealogie des gastrosophischen Hedonismus, in: Daniele Dell'Agli (Hg.), Essen also ob nicht. Gastrosophische Modelle, Frankfurt a.M. 2009, 17-65.

—, Im Gemüse leben. Globale Renaturalisierung der Stadtgesellschaft durch urbane Agrikultur, in: Anke Haarmann/Harald Lemke (Hg.), Kultur|Natur. Kunst und Philosophie im Kontext der Stadtentwicklung, 2 Bde, Berlin 2009, 121-136.

—, Philosophie der Gastlichkeit, in: Alois Wierlacher (Hg.), Gastlichkeit. Rahmenthema der Kulinaristik, Berlin 2011, 82-125.

—, Die philosophischen Anfangsgründe der Agrarethik, in: Uwe Meier (Hg.), Agrarethik – Wegweiser zu einer zukunftsfähigen Landwirtschaft, Clenze 2012, 12-32.

—, Welt-Essen und globale Tischgesellschaft. Rezepte für eine gastrosophische Ethik und Politik, in: ders./Iris Därmann (Hg.), Die Tischgesellschaft. Philosophische und kulturwissenschaftliche Annäherungen, Bielefeld 2008, 213-236.

—, Zur Metaphysik des einverleibten Anderen, in: Michael C. Frank/Bettina Gockel/Thomas Hauschild/Dorothee Kimmich/Kirsten Mahlke (Hg.), Essen. Zeitschrift für Kulturwissenschaften, Heft 1, Bielefeld 2012.

—, Essen und Gegessen werden. Ein gastrosophischer Zwischenruf, in: Epikur Journal (online), 01/2011.

—, Der Weltgeist des Zuckers, URL: www.nzz.ch/nachrichten/startseite/_weltgeist_zuckers_1.854026.html (Stand 28.05.2012).

—, Zur Kritik des populären Gouvernementalitäts-Diskurses, 2007, URL: www.die-.com/foucault_/review.php?sid=1114 (Stand 28.05.2012).

Lohrberg, Frank, Agrarfluren und Stadtentwicklung, in: Christa Müller (Hg.), Urban Gardening. Über die Rückkehr der Gärten in die Stadt, München 2011, 140-149.

Lorraine, Johnson, City Farmer: Adventures in Urban Food Growing, Vancouver 2011.

Luxenburg, Christoph, Die syro-aramäische Lesart des Koran – ein Beitrag zur Entschlüsselung der Koransprache, Berlin 2000.

MacDonald, Eric, Hortus incantans. Gardening as an Art of Enchantment, in: Dan O'Brien (Hg.), Gardening. Philosophy for Everyone, Cultivating Wisdom, Oxford 2010, 121-134.

Mackinnon, James B./Alisa Smith, The 100-Mile Diet: A Year of Local Eating, Canada 2007.

Mann, Alana, Communicating the Right to Food Sovereignty: The Voice of the Campesino in the Global Campaign for Agrarian Reform, Prism 6(2), 2009.

Marcuse, Herbert, Kritik des Hedonismus, in: ders., Kultur und Gesellschaft, Bd. I, Frankfurt a.M. 1965.

—, Versuch über die Befreiung, Frankfurt a.M. 1968.

Marquis de Sade, Juliette oder die königliche Lust der Cuccagna, in: Dieter Richter, Schlaraffenland. Geschichte einer populären Utopie, Frankfurt a.M. 1995.

Marx, Karl, Ökonomisch-philosophische Manuskripte, in: Marx-Engels-Werke, Ergänzungsband, 1. Teil, Berlin 1968, 465-588.
——, Grundrisse der Kritik der politischen Ökonomie, Marx-Engels-Werke, Band 42, Berlin 1968.
——, Zur Kritik der Hegelschen Rechtsphilosophie, in: Marx-Engels-Werke, Band 1, Berlin 1972.
——, Thesen zu Feuerbach, Werke, Bd. 3, Berlin 1978, 5-7.
——/Friedrich Engels, Manifest der Kommunistischen Partei, in: dies., Ausgewählte Schriften, Band 1, Berlin 1985.
——, Rede über den Freihandel, Marx-Engels-Werke, Band 4, Berlin 1972, 444-458.
McNamee, Thomas, Alice Waters and Chez Panisse: The Romantic Impractical, Often Eccentric, Ultimately Brilliant Making of a Food Revolution, London 2007.
McWhorter, Ladelle/Gail Stenstad, Eating Ereignis, or: Conversation on a Suburban Lawn, in: dies., Heidegger and the Earth: Essays in Environmental Philosophy, Toronto 2009.
Mechlem, Kerstin, Food Security and the Right to Food in the Discourse of the United Nations, European Law Journal, Vol. 10, No. 5, 2004, 631-648.
Methfessel, Barbara, Essen lehren – Essen lernen. Diskussion und Praxis Ernährungsbildung, Hohengehren 2000.
Meyer-Abich, Klaus Michael, Praktische Naturphilosophie. Erinnerung an einen vergessenen Traum, München 1997.
Meyer-Renschhausen, Elisabeth/Anne Holl (Hg.), Die Wiederkehr der Gärten. Kleinlandwirtschaft im Zeitalter der Globalisierung, Innsbruck 2000.
——, Unter dem Müll der Acker. Community Gardens in New York City, Königstein 2004.
Migge, Leberecht, Jedermann Selbstversorger! Eine Lösung der Siedlungsfrage durch neuen Gartenbau, Jena 1919.
——, Der soziale Garten. Das grüne Manifest, Berlin 2000.
Miller, David, Wer ist für globale Armut verantwortlich?, in: Barbara Bleisch/Peter Schaber (Hg.), Weltarmut und Ethik, Paderborn 2007, 153-170.
Mintz, Sidney, Die süße Macht. Kulturgeschichte des Zuckers, Frankfurt/New York 2007.
Misik, Robert, Anleitung zur Weltverbesserung: Das machen wir doch mit links, Berlin 2010.
Mitchell, Alex, Edible Balcony. Growing Fresh Produce in Small Spaces, Rodale 2012.
Morgan, Dan, Merchants of Grain: The Power and Profits of the Five Giant Companies at the Center of the World's Food Supply, Lincoln 2000.
Morus, Thomas, Utopia, Reinbek 1964.

Mougeot, Luc (Hg.), Agropolis. The Social, Political, and Environmental Dimensions of Urban Agriculture, London 2005.
Müller, Christa, Wurzeln schlagen in der Fremde, Internationale Gärten und ihre Bedeutung für Integrationsprozesse, München 2002.
——, Urban Gardening. Grüne Signaturen neuer urbaner Zivilisation, in: dies., (Hg.), Urban Gardening. Über die Rückkehr der Gärten in die Stadt, München 2011, 22-53.
Nagel, Thomas, Poverty and Food: Why Charity Is Not Enough, in: Thomas Pogge/Keith Horton (Hg.), Global Justice, St. Paul 2008, Vol. I, 49-60.
Nida-Rümelin, Julian, Politische Philosophie der Gegenwart. Rationalität und politische Ordnung, Stuttgart 2009.
——/Martin Rechenauer, Internationale Gerechtigkeit, in: Internationale Politik als Überlebensstrategie, Hg. Mir A. Ferdowsi, München 2009, 297-321.
Niehues-Pröbsting, Heinrich, Überredung zur Einsicht. Der Zusammenhang von Philosophie und Rhetorik bei Platon und in der Phänomenologie, Frankfurt a.M. 1987.
Notes from Nowhere (Hg.), Wir sind überall. weltweit. unwiderstehlich. antikapitalistisch, Hamburg 2007.
O'Neill, Onora, Rights, Oligations and World Hunger, in: Thomas Pogge/Keith Horton (Hg.), Global Ethics, St. Paul 2008, Vol. II, 139-156.
Ortega, Bob, Wal-Mart. Der Gigant der Supermärkte, Wien 1999.
Osterie d'Italia – die schönsten Gasthäuser Italiens, Hallwag Verlag.
Ostrom, Elinor, Die Verfassung der Allmende, Tübingen 1999.
Owens, Jasper T., The Farm Bill and its Far-Ranging Impact, London 2008.
Paech, Björn/Niko Paech, Suffizienz plus Subsistenz ergibt ökonomische Souveranität, in: Manuel Schneider (Hg.), Post-Oil City. Die Stadt von morgen, München 2011, 54-60.
Patel, Raj, Stuffed & Starved. From Farm to Fork, the Hidden Battle for the World Food System, London 2008.
——, The Value of Nothing: Was kostet die Welt?, München 2010.
Paulus, Peter (Hg.), Bildungsförderung durch Gesundheit. Bestandsaufnahme und Perspektiven für eine gute gesunde Schule, Weinheim 2010.
Petrini, Carlos, Slow Food. Genießen mit Verstand, Zürich 2003.
——, Gut, Sauber & Fair. Grundlagen einer neuen Gastronomie, München 2007.
——, Terra Madre. Für ein nachhaltiges Gleichgewicht zwischen Mensch und Mutter Erde, München 2011.
Petronius, Das Gastmahl des Trimalchio, Düsseldorf/Zürich 2002.
Pherekrates, Metalleis, nach Hermann Langerbeck, Die Vorstellung vom Schlaraffenland in der alten attischen Komödie, in: Zeitschrift für Volkskunde 59, 1963, 192-204.

Pleij, Herman, Der Traum vom Schlaraffenland. Mittelalterliche Phantasien vom vollkommenen Leben, Frankfurt a.M. 2000.
Pogge, Thomas, World Poverty and Human Rights, Cambridge 2002.
——, ›Armenhilfe‹ ins Ausland, Analyse & Kritik 25, Stuttgart 2003, 220-247.
——, World Poverty and Human Rights, Cambridge 2008.
——, Rawls on International Justice, in: Philosophical Quarterly 51, 2001.
——, Anerkannt und doch verletzt durch internationales Recht: Die Menschenrechte der Armen, in: Barbara Bleisch/Peter Schaber (Hg.), Weltarmut und Ethik, Paderborn 2007, 95-138.
——, Gerechtigkeit in der Einen Welt, in: Heidemarie Wieczorek-Zeul/Julian Nida-Rümelin/Wolfgang Thierse/Gerd Weißkirchen (Hg.) Gerechtigkeit in der Einen Welt, Essen 2009.
——, Der Weltveränderdenker, Die Zeit, 23. April 2009.
——, Weltarmut, Menschenrechte und unsere Verantwortung, in: Detlef Horster (Hg.), Welthunger durch Weltwirtschaft (Hannah-Arendt-Lectures), Weilerswist 2010, 98-110.
Pollan, Michael, Lebens-Mittel: Eine Verteidigung gegen die industrielle Nahrung und den Diätenwahn, München 2009.
——, You Are What You Grow, in: Vandana Shiva (Hg.), Manifestos on the Future of Food & Seed, Cambridge 2007, 132-141.
Rabelais, François, Gargantua und Pantagruel, Frankfurt a.M. 1994.
Raimondi, Francesca/Christoph Menke (Hg.), Revolution der Menschenrechte: Grundlegende Texte zu einem neuen Begriff des Politischen, Frankfurt a.M. 2011.
Rawls, John, Theorie der Gerechtigkeit, Frankfurt a.M. 1974.
——, Politischer Liberalismus, Frankfurt a.M. 1996.
——, Das Recht der Völker, Berlin/New York 2002.
Reichholf, Josef H., Warum die Menschen sesshaft wurden. Das größte Rätsel unserer Geschichte, Frankfurt a.M. 2008.
——, Stadtnatur. Eine neue Heimat für Tiere und Pflanzen, München 2009.
Reinecke, Ingrid/Petra Thorbrietz, Lügen, Lobbies, Lebensmittel. Wer bestimmt, was Sie essen müssen, Reinbek 1998.
Revel, Jean-François, Erlesene Mahlzeiten. Mitteilungen aus der Geschichte der Kochkunst, o. O. o.J.
Rheingold, Howard, Smart Mobs: The Next Social Revolution, Cambridge 2003.
Ricardo, David, Über die Grundsätze der politischen Ökonomie und der Besteuerung, Marburg 1994.
Richter, Dieter, Schlaraffenland. Geschichte einer populären Utopie, Frankfurt a.M. 1995.
Rifkin, Jeremy, Das Ende der Arbeit, Frankfurt a.M. 1995.
——, Der europäische Traum. Die Vision einer leisen Supermacht, Frankfurt a.M. 2004.

Rippe, Klaus Peter, Ethik im außerhumanen Bereich, München 2008.
Robin, Marie-Monique, Mit Gift und Genen: Wie der Biotech-Konzern Monsanto unsere Welt verändert, Frankfurt a.M. 2009.
Rorty, Richard, Who Are We? Moral Universalism and Economic Triage, in: Thomas Pogge/Keith Horton (Hg.), Global Ethics, St. Paul 2008, Vol. II, 313-324.
Rosol, Marit, Gemeinschaftsgärten – Politische Konflikte um die Nutzung innerstädtischer Räume, in: Brita Reimers (Hg.), Gärten und Politik. Vom Kultivieren der Erde, München 2010, 208-217.
Rosset, Peter M., Food Is Different: Why the WTO Should Get out of Agriculture, New York 2006.
Rubin, Jeff, Warum die Welt immer kleiner wird: Öl und das Ende der Globalisierung, München 2010.
Sachs, Jeffrey, Das Ende der Armut: Ein ökonomisches Programm für eine gerechtere Welt, München 2005.
Sassatelli, Roberta, Critical Consumerism: Virtue, Responsibility and Consumer Choice, in: Mark Harvey/Andrew McMeekin/Alan Warde, Qualities of Food, Manchester 2004.
Saunders, Doug, Arrival City: Über alle Grenzen hinweg ziehen Millionen Menschen vom Land in die Städte. Von ihnen hängt unsere Zukunft ab, München 2011.
Schaler, Jeffrey A. (Hg.), Peter Singer under Fire: The Moral Iconoclast Faces His Critics, New York 2009.
Schlosser, Eric, Fast Food Gesellschaft. Fette Gewinne, faules System, München 2002.
Schmidt, Michael, Utopie als Vermarktung. Nozicks missbräuchliche Verwendung des Begriffs Utopie für seine libertäre Staatstheorie, in: Ulrich Arnswald/Hans-Peter Schütt (Hg.), Thomas Morus' *Utopia* und das Genre der Utopie in der politischen Philosophie, Karlsruhe 2010, 105-115.
Schmitz, Hermann, Heimisch sein, in: Jürgen Hasse (Hg.), Die Stadt als Wohnraum, Freiburg 2008, 25-39.
Schneider, Willy, McMarketing. Einblicke in die Marketing-Strategie von McDonald's, Wiesbaden 2007.
Schorb, Friedrich, Dick, doof und arm: Die große Lüge vom Übergewicht und wer von ihr profitiert, München 2009.
Schumann, Harald, Die Hungermacher. Wie Deutsche Bank, Goldman Sachs und Co. Auf Kosten der Ärmsten mit Lebensmitteln spekulieren, URL:// foodwatch.de (Stand 28.05.2012).
Schwartau, Silke/Armin Valet, Vorsicht Supermarkt! Wie wir verführt und betrogen werden, Reinbek 2007.
Sen, Amartya, Ökonomie für den Menschen. Wege zu Gerechtigkeit und Solidarität in der Marktwirtschaft, München 1999.

Sennett, Richard, Verfall und Ende des öffentlichen Lebens. Die Tyrannei der Intimität, Frankfurt a.M. 1993.
Shiva, Vandana, Biopiraterie. Kolonialismus des 21. Jahrhunderts. Eine Einführung, Münster 2002.
——, Geraubte Ernte. Biodiversität und Ernährungspolitik, Zürich 2004.
——, Erd-Demokratie. Alternativen zur neoliberalen Globalisierung, Zürich 2006.
—— (Hg.), Manifestos on the Future of Food & Seed, Cambridge 2007.
——, Soil Not Oil: Climate Change, Peak Oil, and Food Insecurity, Cambridge 2008.
Siefert, Eva Maria, »Friss die Hälfte!« Die Diktatur der Diätratschläge, in: In aller Munde. Ernährung heute, Frankfurt a.M. 2004.
Singer, Peter, Marx. A Very Short Introduction, Oxford 1980.
——, Animal Liberation – Befreiung der Tiere, Reinbek 1984.
——, Praktische Ethik, Stuttgart 1994.
——, Wie sollen wir leben? Ethik in einer egoistischen Zeit, Erlangen 1996.
——, One World. The Ethics of Globalization, London 2004.
——, The President of Good & Evil. The Ethics of Georg W. Bush, London 2004.
——, Mein Großvater. Die Tragödie der Juden von Wien, Leipzig 2005.
——/Jim Mason, Eating – What We Eat And Why It Matters, Arrow 2006.
——, The Life You Can Save. Acting Now To End World Poverty, London 2009.
——, Leben retten. Wie sich Armut abschaffen lässt und warum wir es nicht tun, Zürich/Hamburg 2010.
——, Hegel and Marx: Dialogue with Peter Singer, in: Bryan Magee (Hg.), The Great Philosophers: An Introduction to Western Philosophy, London 1987, 190-208.
——, Wie man in Deutschland mundtot gemacht wird, in: ders., Praktische Ethik, Stuttgart 1994.
——, A Vegetarian Philosophy, in: Helga Kuhse (Hg.), Peter Singer, Unsanctifying Human Life, Oxford 2002, 297-305.
——, Hunger, Wohlstand und Moral, in: Barbara Bleisch/Peter Schaber (Hg.), Weltarmut und Ethik, Paderborn 2007, 37-51.
——, Cooking Dhal, URL: www.youtube.com/watch?v=2_e1CYXZL4A (Stand 15.02.2012).
Sloterdijk, Peter, Im Weltinnenraum des Kapitals, Frankfurt a.M. 2006.
Smith, Adam, Der Wohlstand der Nationen, Paderborn, o.J.
——, Theorie der moralischen Gefühle, Hamburg 2004.
Snowden, Frank, Naples in the Time of Cholera 1884-1911, Cambridge 2002.
Stédile, Joao Pedro, Landless Battalions: The Sem Terra Movement of Brazil, in: New Left Review, 15, 2002.
Steel, Carolyn, Hungry City. How Food Shapes Our Lives, London 2008.

Steigleder, Klaus, Vernunft und Universalismus am Beispiel Immanuel Kants, in: Volker Steenblock (Hg.), Kolleg Praktische Philosophie Band 2, Grundpositionen und Anwendungsprobleme der Ethik, Stuttgart 2008, 55-82.
Steinman, Susan Leibovitz, Manifest: Gärten für Alle!, in: Anke Haarmann/ Harald Lemke (Hg.), Kultur|Natur. Kunst und Philosophie im Kontext der Stadtentwicklung, 2 Bde, Berlin 2009, 93-100.
Stiglitz, Joseph, Fair trade. Agenda für einen gerechten Welthandel, Hamburg 2006.
Stone, Dori, Beyond the Fence: A Journey to the Roots of the Migration Crisis, Oakland 2009.
Stuart, Tristram, Für die Tonne: Wie wir unsere Lebensmittel verschwenden, München 2011.
Subcomandante Insurgente Marcos, Our Word is our Weapon. Selected writings London 2000.
——, Botschaften aus dem lakandonischen Urwald, Hamburg 2005.
Telekeides, Amphiktyones, nach Hermann Langerbeck, Die Vorstellung vom Schlaraffenland in der alten attischen Komödie, in: Zeitschrift für Volkskunde 59, 1963, 192-204.
Thomas, Janet, The Battle in Seattle: The Story Behind and Beyond the Wto Demonstrations, London 2000.
Todd, Emmanuel, Frei! Der arabische Frühling und was er für die Welt bedeutet, München 2011.
Tracey, David, Urban Agriculture: Ideas and Designs for the New Food Revolution, Gabriola Island 2011.
Tudge, Colin, Future of Food. Philosophy, Politics and Recipes for the 21st Century, New York 1984.
Twickel, Christoph, Gentrifidingsbums oder eine Stadt für alle, Hamburg 2010.
UN, World Economic Situation and Prospects, New York 2009.
UN-Economic and Social Council/Commission on Human Rights: Jean Ziegler, The Right to Food, E/CN.4/2004/10.
Unfried, Peter, Öko. Al Gore, der neue Kühlschrank und ich, Köln 2008.
Vigna, Anne, Billigmais für Mexico, in: Le Monde diplomatique, Cola, Reis & Heuschrecken. Welternährung im 21. Jahrhundert, Edition No. 10, 2011, 77-80.
Voltaire, Candide oder der Optimismus, Frankfurt a.M. 2009.
Wallraff, Günter, Undercover, DVD 2010.
Walten, John/David Seddon, Free Markets and Food Riots. Politics of Global Adjustment, Cambridge 1994.
Walzer, Michael, Universalismus, Gleichheit und das Recht auf Einwanderung, in: Herlinde Pauer-Studer (Hg.), Konstruktionen praktischer Vernunft. Philosophie im Gespräch, Frankfurt a.M. 2000, 237-259.

Watson, Robert, Agriculture at a Crossroads. International Assessment of Agricultural Knowledge, Science and Technology for Development, Washington 2009.

Weiner, Christine, Keine Diät ist die beste Diät. Abnehmen ohne Kalorienzählen, Diätplan und schlechter Laune, München 2006.

Weis, Tony, The Global Food Economy: The Battle for the Future of Farming, New York 2007.

Werlhof, Claudia von/Veronika Bennholdt-Thomsen/Nicholas Faraclas (Hg.), Subsistenz und Widerstand, Wien 2003.

Werner, Karin, Eigensinnige Beheimatungen. Gemeinschaftsgärten als Orte des Widerstandes gegen die neoliberale Ordnung, in: Christa Müller (Hg.), Urban Gardening. Über die Rückkehr der Gärten in die Stadt, München 2011, 54-75.

Whit, William C., World Hunger, in: John Germov/Lauren Williams (Hg.), A sociology of food and nutrition: the social appetite, Oxford 2008, 13-34.

Wilkinsen, Richard/Kate Pickett, Gleichheit ist Glück: Warum gerechte Gesellschaften für alle besser sind, Leipzig 2009.

Windfuhr, Michael/Jennie Jonsén (Hg.), Food Souvereignty. Towards Democracy in Localized Food Systems, FIAN-International 2005.

Winkler, Thomas, Der Eiertanz des Messias, taz die tageszeitung, 19. März 2011.

Wittman, Hannah Kay/Annette Aurelie Desmarais/Nettie Wiebe (Hg.), Food Sovereignty: Reconnecting Food, Nature and Community, Oakland 2010.

Wood, Ellen Meiksins, Peasant-Citizen and Slave: The Foundations of Athenian Democracy, London 1988.

World Fair Trade Organization (WFTO)/FairTrade Labeling Organizations International (FLO), Eine Grundsatz-Charta für den Fairen Handel, 2009; URL: http://www.fairtrade.de

Wüpper, Jürgen, Über Wilhelmsburger Wein und die zweite Vertreibung aus dem Paradies, in: Anke Haarmann/Harald Lemke (Hg.), Kultur|Natur. Kunst und Philosophie im Kontext der Stadtentwicklung, 2 Bde, Berlin 2009, 239-252.

Würth, Peter, Gärtnern. Kleine Philosophie der Passionen, München 2000.

Xenophon, Oikonomikos oder Vom Hauswesen, herausgegeben von Bertram Schefold, Düsseldorf 1998.

Yung, Eddie/Daniel Burton Rosen/George N. Katsiaficas (Hg.), The Battle of Seattle: The New Challenge to Capitalist Globalization: Debating Corporate Globalisation and the WTO, London 2001.

Zervas, Georgios, Global Fair Trade – Transparenz im Welthandel: Der Weg zum gerechten Wohlstand, Düsseldorf 2008.

Ziegler, Jean, Wie kommt der Hunger in die Welt? Ein Gespräch mit meinem Sohn, München 2000.

——, Die neuen Herrscher der Welt und ihre globalen Widersacher, München 2003.
——, Das Imperium der Schande. Der Kampf gegen Armut und Unterdrückung, München 2008.
——, Das tägliche Massaker des Hungers, Vortrag 2008, URL: www.hintergrund.de/content/view/331/63/.
——, Der Aufstand des Gewissens: Die nicht-gehaltene Festspielrede, Salzburg 2011.
Zimmering, Raina, Zapatismus – Ein neues Paradigma emanzipatorischer Bewegungen, Münster 2010.
Žižek, Slavoj, Auf verlorenem Posten, Frankfurt a.M. 2009.
Zola, Emile, Der Bauch von Paris, Gütersloh o.J.
Zwick, Michael/Jürgen Deuschle/Ortwin Rinn (Hg.), Übergewicht und Adipositas bei Kindern und Jugendlichen, München 2011.

Sozialtheorie bei transcript

Silke Helfrich,
Heinrich-Böll-Stiftung (Hg.)

Commons

Für eine neue Politik jenseits
von Markt und Staat

2012, 528 Seiten, Hardcover,
24,80 €,
ISBN 978-3-8376-2036-8

■ Commons – die Welt gehört uns allen! Die nicht enden wollende globale Finanzkrise zeigt: Markt und Staat haben versagt.

Deshalb verwundert es nicht, dass die Commons, die Idee der gemeinschaftlichen Organisation und Nutzung von Gemeingütern und Ressourcen, starken Zuspruch erfahren – nicht erst seit dem Wirtschaftsnobelpreis für Elinor Ostrom. Commons sind wichtiger denn je. Sie beruhen nicht auf der Idee der Knappheit, sondern schöpfen aus der Fülle.

Dieser Band mit Beiträgen von 90 internationalen Autorinnen und Autoren aus Wissenschaft, Politik und Gesellschaft stellt ein modernes Konzept der Commons vor, das klassische Grundannahmen der Wirtschafts- und Gütertheorie radikal in Frage stellt und ein Wegweiser für eine neue Politik sein kann.

»Obwohl ihre Formel im Grunde recht simpel ist, trifft die Commons-Bewegung einen Nerv.« *(Süddeutsche Zeitung, 22.05.2012)*

www.transcript-verlag.de

Sozialtheorie bei transcript

Chimaira – Arbeitskreis für Human-Animal Studies (Hg.)

Human-Animal Studies

Über die gesellschaftliche Natur von Mensch-Tier-Verhältnissen

2011, 424 Seiten, kart., zahlr. Abb., 24,80 €, ISBN 978-3-8376-1824-2

■ Was ist der Mensch im Unterschied zum Tier? Die Human-Animal Studies hinterfragen die Gesellschaftlichkeit des Mensch-Tier-Verhältnisses und zeigen innovative Anknüpfungspunkte zu Themen wie Geschlecht, Identität und politische Praxis. Dieser Band versammelt als eine der ersten deutschsprachigen Veröffentlichungen transdisziplinäre Beiträge, die nicht nur theoretische Fragen, sondern auch daran anschließende Diskussionen aufzeigen.

»Das Forschungsprogrammm ist sicher mehr als der wissenschaftliche Reflex auf die breite gesellschaftliche Bewegung, die – inspiriert durch Bücher wie Jonathan Safran Foers ›Tiere essen‹ – den Vegetarismus zum allgemeinen Stilvorbild gemacht hat.«
(Frankfurter Allgemeine Zeitung, 23.11.2011)

www.transcript-verlag.de

X-Texte bei transcript

Peter Mörtenböck,
Helge Mooshammer
Occupy
Räume des Protests

2012, ca. 190 Seiten, kart.,
ca. 17,80 €,
ISBN 978-3-8376-2163-1

■ Die Welt befindet sich in einer Krise: Was sich einst als ökonomischer Einbruch zu verstehen gegeben hat, wird immer mehr als Grundzug des Systems erkannt und als politischer Konflikt erfahren. Seit Herbst 2011 erscheint die weltweit aktive und beständig weiter wachsende Occupy-Bewegung als neuer Hoffnungsträger für die vielen Verlierer dieser Entwicklung.
Diese Zeitdiagnose diskutiert die Ausgangslage sowie Schauplätze und Perspektiven einer radikalen Inanspruchnahme kollektiver Räume. Was kann über die physische Besetzung von Räumen erreicht werden? Und wie soll mit der Kluft zwischen den Produktionsorten der globalen Ökonomie und den Räumen des Politischen umgegangen werden? Ein Buch über die Chancen und Hindernisse einer weltweiten Bewegung.

www.transcript-verlag.de

Global Studies bei transcript

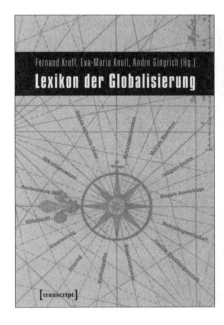

Fernand Kreff,
Eva-Maria Knoll,
Andre Gingrich (Hg.)

Lexikon der Globalisierung

2011, 536 Seiten, kart.,
29,80 €,
ISBN 978-3-8376-1822-8

■ Das erste umfassende Lexikon zur Globalisierung mit Perspektiven aus Anthropologie und Sozialwissenschaften: Begriffe für ein Zeitalter kultureller Vielfalt in Theorie und Alltag und ein unverzichtbarer Wegweiser im Dickicht der Globalisierungsdebatten.

»[E]in wissenspralles, seinen Subjektivismus nicht verbergendes, ethisch wertvolles Kompendium, das der Moderation der diskursiven Analyse unserer Gegenwart einen wertvollen Dienst erweist.«
(Frankfurter Allgemeine Zeitung, 03.04.2012)

»Seinen besonderen Wert gewinnt dieses hervorragende Lexikon aus den Querverweisen. Die Beiträge eröffnen [hierdurch] mitunter überraschende Perspektiven. Der Erkenntnisgewinn durch ständig neue Blickwinkel ist beträchtlich.«
(Süddeutsche Zeitung, 15./16.10.2011)

www.transcript-verlag.de

Zeitschrift für Kulturwissenschaften

Dorothee Kimmich,
Schamma Schahadat (Hg.)

Essen

Zeitschrift für Kulturwissenschaften, Heft 1/2012

2012, 206 Seiten, kart.,
8,50 €,
ISBN 978-3-8376-2023-8

■ Essen ist nicht nur eine physiologische Notwendigkeit für alle Lebewesen, sondern integriert zudem fast alle Bereiche des sozialen und kulturellen Verstehens, Deutens und Handelns: Es ist anthropologische Konstante – und doch zugleich kulturell, sozial, ökonomisch, sogar politisch und nicht selten erotisch konnotiert. Essen (und damit auch Geschmack, Sitten, aber auch Magie und Ritual) bestimmt Prozesse der Inklusion und Exklusion, markiert Identität und überschreitet zugleich geographische, soziale und ethnische Grenzen.
Die Beiträge des Heftes zeigen: Im Kontext der Globalisierung ist »Essen« seit einigen Jahren ein Feld genuin kulturwissenschaftlicher Forschung geworden, das auch ökologische Ansätze, kritische Positionen und politische Stimmen mit einschließt.

www.transcript-verlag.de

Sozialtheorie bei transcript

Stephan Lorenz
Tafeln im flexiblen Überfluss
Ambivalenzen sozialen und ökologischen Engagements

■ Tafeln in der Überflussgesellschaft – der Band zeigt die ganze Ambivalenz der neuen Wohltätigkeit, die soziale Ausgrenzung und ökologische Probleme mehr verstärkt als vermindert.

2012, 312 Seiten, kart., 28,80 €
ISBN 978-3-8376-2031-3

Stephan Lorenz
TafelGesellschaft
Zum neuen Umgang mit Überfluss und Ausgrenzung

■ Nirgendwo zeigen sich Exklusion und soziale Spaltung deutlicher als bei den immer zahlreicheren Lebensmittel-Tafeln. Prominente Vertreter aus Wissenschaft und Politik diskutieren dieses aktuelle sozialpolitische Problem.

2010, 240 Seiten, kart., 22,80 €
ISBN 978-3-8376-1504-3

www.transcript-verlag.de

Edition Moderne Postmoderne

Harald Lemke
Die Kunst des Essens
Eine Ästhetik des kulinarischen Geschmacks

■ »[Es] wird eine ›Essthetik‹ kreiert, die wesentliche Zutaten der Ethik und Politik eines besseren Welt-Essens auftischt.«
(www.literatur-report.de)

2007, 220 Seiten, kart., 20,80 €
ISBN 978-3-8376-686-1

Iris Därmann, Harald Lemke (Hg.)
Die Tischgesellschaft
Philosophische und kulturwissenschaftliche Annäherungen

■ »Der Band serviert dem bildungshungrigen Leser mithin nahrhafte kulturgeschichtliche Häppchen. Ideale Lektüre zur Einstimmung auf den nächsten Philosophenstammtisch.«
(Die Welt, 16.08.2008)

2008, 244 Seiten, kart., 24,80 €
ISBN 978-3-8376-694-6

www.transcript-verlag.de

Thema Essen bei transcript

Claudia Schirrmeister
Bratwurst oder Lachsmousse?
Die Symbolik des Essens – Betrachtungen zur Esskultur

■ Kultur geht durch den Magen! Essen ist der kulturelle Seismograph schlechthin: Dieses anschaulich geschriebene Buch zeigt die Vielzahl der symbolischen Bedeutungen des Essens.

2010, 230 Seiten, kart., 23,80 €,
ISBN 978-3-8376-1563-0

Susanne Bauer, Christine Bischof, Stephan Gabriel Haufe, Stefan Beck, Leonore Scholze-Irrlitz (Hg.)
Essen in Europa
Kulturelle »Rückstände« in Nahrung und Körper

■ Wenige Dinge sind in Europa so verregelt wie unser Essen. Die hier vereinigten ethnographischen Zugänge werfen ein neues Licht auf die Aushandlungs- und Aneignungsprozesse der europäischen Standards zu Ernährung.

2010, 196 Seiten, kart., 24,80 €,
ISBN 978-3-8376-1394-0

www.transcript-verlag.de

Thema Essen bei transcript

Kurt Röttgers
Kritik der kulinarischen Vernunft
Ein Menü der Sinne nach Kant

■ Die Philosophie entdeckt das Essen und erhält in diesem Buch einen sinnlichen und lustvollen Geschmack wie selten. Der Band macht Appetit: auf das Essen, aber auch auf das Nachdenken darüber, was uns schmeckt und warum.

2009, 256 Seiten, kart., 26,80 €,
ISBN 978-3-8376-1215-8

Sigrid Baringhorst, Veronika Kneip, Annegret März,
Johanna Niesyto (Hg.)
Politik mit dem Einkaufswagen
Unternehmen und Konsumenten als Bürger in der globalen Mediengesellschaft

■ Können Konsumenten und Unternehmen Bürger sein? Eine Diskussion zur Neuverortung von Bürgerschaft vor dem Hintergrund der Globalisierung.

2007, 384 Seiten, kart., 28,80 €,
ISBN 978-3-89942-648-9

www.transcript-verlag.de